FERDINAND DE S

MÉMOIRE

SUR LE

SYSTÈME PRIMITIF DES VOYELLES

DANS LES

LANGUES INDO-EUROPÉENNES

Elibron Classics
www.elibron.com

Elibron Classics series.

© 2005 Adamant Media Corporation.

ISBN 1-4212-5889-7 (paperback)
ISBN 1-4212-5888-9 (hardcover)

This Elibron Classics Replica Edition is an unabridged facsimile
of the edition published in 1879 by B. G. Teubner,
Leipsick.

Elibron and Elibron Classics are trademarks of
Adamant Media Corporation. All rights reserved.

This book is an accurate reproduction of the original. Any marks, names, colophons, imprints, logos or other symbols or identifiers that appear on or in this book, except for those of Adamant Media Corporation and BookSurge, LLC, are used only for historical reference and accuracy and are not meant to designate origin or imply any sponsorship by or license from any third party.

MÉMOIRE

SUR LE

SYSTÈME PRIMITIF DES VOYELLES

DANS LES

LANGUES INDO-EUROPÉENNES

PAR

FERDINAND DE SAUSSURE.

LEIPSICK

EN VENTE CHEZ B. G. TEUBNER.

1879.

LEIPSICK: IMPRIMERIE B. G. TEUBNER.

TABLE DES MATIÈRES.

Étudier les formes multiples sous lesquelles se manifeste ce qu'on appelle l'*a* indo-européen, tel est l'objet immédiat de cet opuscule: le reste des voyelles ne sera pris en considération qu'autant que les phénomènes relatifs à l'*a* en fourniront l'occasion. Mais si, arrivés au bout du champ ainsi circonscrit, le tableau du vocalisme indo-européen s'est modifié peu à peu sous nos yeux et que nous le voyions se grouper tout entier autour de l'*a*, prendre vis-à-vis de lui une attitude nouvelle, il est clair qu'en fait c'est le système des voyelles dans son ensemble qui sera entré dans le rayon de notre observation et dont le nom doit être inscrit à la première page.

Aucune matière n'est plus controversée; les opinions sont divisées presque à l'infini, et les différents auteurs ont rarement fait une application parfaitement rigoureuse de leurs idées. A cela s'ajoute que la question de l'*a* est en connexion avec une série de problèmes de phonétique et de morphologie dont les uns attendent encore leur solution, dont plusieurs n'ont même pas été posés. Aussi aurons-nous souvent, dans le cours de notre pérégrination, à traverser les régions les plus incultes de la linguistique indo-européenne. Si néanmoins nous nous y aventurons, bien convaincu d'avance que notre inexpérience s'égarera mainte fois dans le dédale, c'est que pour quiconque s'occupe de ces études, s'attaquer à de telles questions n'est pas une témérité, comme on le dit souvent: c'est une nécessité, c'est la première école où il faut passer; car il s'agit ici, non de spéculations d'un ordre transcendant, mais de la recherche de données élémentaires, sans lesquelles tout flotte, tout est arbitraire et incertitude.

1

Je suis obligé de retirer plusieurs des opinions que j'ai
émises dans un article des Mémoires de la Société de Linguistique
de Paris intitulé: «Essai d'une distinction des différents *a* indo-
européens». En particulier la ressemblance de *ᴀr* avec les phonèmes sortis du *ɼ* m'avait conduit à rejeter, fort à contre-cœur,
la théorie des liquides et nasales sonantes à laquelle je suis
revenu après mûre réflexion.

Bopp et ceux qui suivirent immédiatement l'illustre auteur
de la *Grammaire Comparée* se bornèrent à constater qu'en regard
des trois voyelles *a e o* des langues européennes, l'arien montrait
uniformément *a*. L'*e* et l'*o* passèrent dès lors pour des affaiblissements propres aux idiomes de l'Occident et relativement récents
de l'*a* unique indo-européen.

Le travail de M. Curtius dans les Sitzungsberichte der Kgl.
Sächs. Ges. der Wissensch. (1864) enrichit la science d'un grand
fait de plus: M. Curtius montrait que l'*e* apparaît à la même
place dans toutes les langues d'Europe, qu'il ne peut par conséquent s'être développé indépendamment dans chacune d'elles. Et
partant de l'idée reçue que la langue-mère ne possédait que les
trois voyelles *a i u*, il tira cette conclusion, que tous les peuples
européens avaient dû traverser une période commune, où, parlant encore une même langue, ils étaient déjà séparés de leurs
frères d'Asie: que durant cette période une partie des *a* s'étaient
— sous une influence inconnue — affaiblis en *e*, tandis que le
reste persistait comme *a*. Plus tard les différentes langues ont
laissé s'accomplir, séparément les unes des autres, un second
scindement de l'*a* qui a produit l'*o*. Au sud de l'Europe néanmoins, cette voyelle a dû prendre naissance dès avant la fin de
la période gréco-italique, vu la concordance de l'*o* des deux
langues classiques, notamment dans la déclinaison des thèmes
masculins en *-a* (*ἵππος* = *equos*).

Nous croyons représenter exactement le système de M. Curtius par le tableau suivant[1]:

---

1. Il y faut ajouter cependant la remarque suivante des Grundzüge
(p. 54): «le dualisme (Zweiklang) primitif *gan* (skt. *ġan-â-mi*) et *gân* (skt.

Indo-europ.   *a*   *ā*

Européen   *a; e*   *ā*

Plus tard   *ao; e*   *ā*

L'exposé de M. Fick (Spracheinheit der Indogermanen Europas, p. 176 seq.) reproduit en gros le système précédent. L'ancien *a* s'est scindé dans la période européenne en *a* et *e*. Lorsqu'un mot montre *e* dans toutes les langues, il faut supposer que le changement de son *a* en *e* remonte jusqu'à cette période; apparaît-il au contraire avec *a* ou *o*, ne fût-ce que dans une seule langue, il faut admettre que l'*a* subsistait encore à l'époque de la communauté. L'*ablaut* du grec δέρκομαι δέδορκα, mais surtout du germanique *ita at*, est une admirable utilisation du scindement de l'*a*. Sur ce dernier point. chez M. Curtius cf. la note ci-dessous.

Autre était le système de Schleicher. Admettant dans chaque série vocalique deux degrés de renforcement produits par l'adjonction d'un ou de deux *a*, il posait pour la série de l'*a* les trois termes: *a aa āa*.

Il retrouve ces trois degrés en grec: *a* y est représenté ordinairement par ε (ex. ἔδω), puis par o (ποδός) et par α (ἄκων). *a* + *a*, le premier renforcement, est représenté par o lorsqu'il se produit sur un ε, ainsi «γέ-γον-α, forme première: *ga-gān-a*; skr. «*ǵa-ǵān-a*, à côté de ἐ-γεν-όμην.» Ce même degré se traduit sous la forme de *ā*, η, lorsqu'il a un α pour base: ἔλακον, λέλακα. Le second renforcement est ω: ἔρρωγα. — Le gothique posséderait aussi les trois degrés; les autres langues auraient confondu les deux renforcements.

L'arbre généalogique des langues, tel que le construisait Schleicher, n'étant pas celui que la plupart des autres savants ont adopté et ne comportant pas de période européenne, il est

---

«parf. *ǵa-ǵán-a*), *bhar* (skt. *bhar-á-mi*) et *bhár* (skt. *bhára-s* fardeau) devint par une substitution insensible d'abord: *gen gan, bher bhar,* puis *gen gon* (γενέσθαι, γέγονα), *bher bhor* (φέρω, φόρος). Mais rien ne peut faire penser qu'il y ait jamais eu une période où γεν et γον, φερ et φορ se seraient échangés arbitrairement, de telle sorte qu'il eût pu arriver de dire γονέσθαι, φόρω ou inversément γέγενα, φέρος.» Ici par conséquent le savant professeur admet une diversité originaire de l'*e* et de l'*o* et fait remonter l'*o* de γέγονα à l'indo-européen *ā*.

clair que l'*e* des langues d'Europe ne remonte pas pour lui à une
origine commune. En particulier l'*i* gothique a dans son Compendium une toute autre place que l'*ε* grec: ce dernier est considéré comme le représentant régulier de l'*a* indo-européen, l'*i*
gothique comme un affaiblissement anormal. Nous faisons donc
abstraction de l'idée d'un développement historique commun du
vocalisme européen, en formulant dans le schéma suivant le
système de Schleicher:

Indo-europ.   *a*   *aa*   *āa*

Européen   *a e o*   *a o ā*   *ā*

Il faut noter en outre que l'*α* grec et l'*a* latin ne sont pas mentionnés comme degrés renforcés.

Dans un opuscule intitulé: «Die bildung der tempusstämme
durch vocalsteigerung» (Berlin 1871), le germaniste Amelung,
prématurément enlevé à la science, a essayé d'appliquer le système de Schleicher d'une manière plus conséquente en le combinant avec la donnée de l'*e* commun européen. Cet *e* est à ses
yeux le seul représentant normal de l'*a* non renforcé. L'*a* européen — sous lequel il comprend aussi l'*o*, comme l'avait fait
M. Curtius — remonte au premier renforcement qu'il désigne par
ā, et le second renforcement (*â*) est l'*ā* long des langues d'Europe.
Les présents tels que goth. *fara*, gr. ἄγω, ὄζω montrent donc une
voyelle renforcée, et il faut admettre que ce sont des dénominatifs. — En un mot le dualisme d'*e* et *a* est primitif, et le rapport
qu'il y a entre eux est celui de la voyelle simple à la voyelle renforcée. Voici le tableau:

Indo-europ. *a*   *ā*   *â*

(Arien   *a*   *a ā*   *ā*)

Européen   *e*   *a*   *ā*

Gothique   *i*   *a*   *ō*

Grec   *ε*   *α o*   *ā ω*

Le débat qu'Amelung a eu sur cette question avec M. Leo
Meyer dans le Journal de Kuhn (XXI et XXII) n'a pas ap-
porté de modification essentielle à ce système qui a été exposé
une seconde fois d'une manière détaillée dans la *Zeitschrift für
deutsches Alterthum* XVIII 161 seq.

M. Brugman (Studien IX 367 seq. K. Z. XXIV 2) fait remonter l'existence de l'*e*, en tant que voyelle distincte de toute

autre, à la période indo-européenne, sans prétendre par là que sa prononciation ait été dès l'origine celle d'un *e*; et il en désigne le prototype par a_1. Concurrement à cette voyelle, le même savant trouve dans gr. lat. slav. *o* = lith. goth. *a* = skr. *ā* (du moins dans les syllabes ouvertes) un phonème plus fort qu'il appelle a_2 et dont la naissance serait provoquée par l'accent.

D'après cette théorie on dresse assez généralement le tableau suivant, qui cependant n'est certainement pas celui qu'approuverait M. Brugman lui-même, puisqu'il fait allusion (Studien IX 381) à la possibilité d'un plus grand nombre d'*a* primitifs:

$$\text{Indo-europ.} \quad \overset{(a)}{\underset{a_1 \quad a_2}{}} \quad \bar{a}$$
$$\text{Européen} \quad e \quad a \quad \ddot{a}$$

On voit qu'en résumé, pour ce qui est des langues de l'Occident, les différents auteurs, quel que soit leur point de vue, opèrent avec trois grandeurs; l'*e*, l'*a* et l'*ā* des langues européennes. Notre tâche sera de mettre en lumière le fait qu'il s'agit en réalité de quatre termes différents, et non de trois; que les idiomes du nord ont laissé se confondre deux phonèmes fondamentalement distincts et encore distingués au sud de l'Europe: *a*, voyelle simple, opposée à l'*e*; et *o*, voyelle renforcée, qui n'est qu'un *e* à sa plus haute expression. La dispute entre les partisans du scindement (*a* primitif affaibli partiellement en *e*) et ceux du double *a* originaire (a_1, a_2 devenus *e* et *a*), cette dispute, il faut le dire, porte dans le vide, parce qu'on comprend sous le nom d'*a* des langues d'Europe un aggrégat qui n'a point d'unité organique.

Ces quatre espèces d'*a* que nous allons essayer de retrouver à la base du vocalisme européen, nous les poursuivrons plus haut encore, et nous arriverons à la conclusion qu'ils appartenaient déjà à la langue-mère d'où sont sorties les langues de l'Orient et de l'Occident.

Chapitre I.
Les liquides et nasales sonantes.

Avant de commencer une recherche sur l'*a*, il est indispensable de bien déterminer les limites de son domaine, et ici se présente d'emblée la question des liquides et nasales sonantes: car quiconque admet ces phonèmes dans la langue-mère considérera une foule de voyelles des périodes historique de la langue comme récentes et comme étrangères à la question de l'*a*.

L'hypothèse des nasales sonantes a été mise en avant et développée par M. Brugman, Studien IX 287 seq. Dans le même travail (p. 325), l'auteur a touché incidemment le sujet des liquides sonantes, dont la première idée est dûe, paraît-il, à M. Osthoff.

§ 1. Liquides sonantes.

Dans la langue-mère indo-européenne la liquide ou les liquides, si l'on en admet deux, existaient non-seulement à l'état de *consonnes*, mais encore à l'état de *sonantes*, c'est-à-dire qu'elles étaient susceptibles d'accent syllabique, capables de former une syllabe. C'est ce qui a lieu, comme on sait, en temps historique, dans le sanskrit. Tout porte à croire que les liquides sonantes n'ont jamais pris naissance que par un affaiblissement, en raison duquel l'*a* qui précédait la liquide se trouvait expulsé; mais cela n'empêche pas, comme nous le verrons, de les placer exactement sur le même rang que *i* et *u*.

Il est certain tout d'abord qu'au *r̥* indien[1] correspond presque constamment en zend un phonème particulier, très-voisin

---

1. Le signe diacritique que nous adoptons pour marquer les liquides et nasales sonantes (*r̥ n̥ m̥*) a un emploi différent dans les Grundzüge der Lautphysiologie de Sievers (p. 89). Aussi avons-nous cherché à l'éviter, mais inutilement: qu'on considère que la désignation ordinaire *r* devenait impossible, puisqu'elle eût entraîné la confusion de la nasale sonante (*n*) avec la nasale cérébrale sanskrite; que d'autre part la désignation *r̥* (Sievers, Brugman) ne saurait être introduite dans la transcription du sanskrit, qu'enfin le caractère *r̥* a été employé déjà par M. Ascoli précisément avec la valeur du *r*-voyelle, et l'on reconnaîtra que si nous innovons, c'est du moins dans la plus petite mesure possible.

sans doute du *ŗ*-voyelle, savoir *ĕrĕ:* aussi le *ŗ* de la période indo-iranienne ne trouvera plus aujourd'hui de sceptiques bien décidés. — L'ancien perse, il est vrai, n'offre rien de semblable, si ce n'est peut-être *akunavam* = skr. *ákŗṇavam.* En regard du skr. *kŗtá,* du zd. *kĕrĕta,* il montre *karta,* et il n'y a point là d'inexactitude de l'écriture, car la transcription grecque nous donne αρ, par exemple dans ἄρξιφος = skr. *ŗģipyá,* zd. *ĕrĕzifya* «faucon» [1]. Les noms qui contiennent Ἀρτα- sont moins probants à cause du zend *asha* qui, lui aussi, remonte à **arta* en dépit du skr. *ŗtá.*

En présence de l'accord du zend et du sanskrit, on est forcé d'admettre que le perse a confondu des phonèmes différents à l'origine, et c'est là un des exemples les plus patents de la tendance générale des langues ariennes à la monotonie du vocalisme; l'iranien en cela rend des points au sanskrit, mais dans le sein de l'iranien même l'ancien perse est allé plus loin que le zend.

En regard du *ŗ* des langues ariennes, les langues d'Europe montrent toutes un *r*-consonne (ou *l*-consonne) accompagné d'une voyelle distinctement articulée. Mais cette voyelle est, chez plusieurs d'entre elles, de telle nature, qu'on ne saurait ramener simplement le groupe phonique où elle se trouve à *a + r*, et que tout parle au contraire pour qu'elle ne soit qu'un développement anaptyctique survenu postérieurement.

Au *ŗ* arien et indo-européen répond:

    En grec: αρ, αλ; ρα, λα
    En latin: *or, ul (ol)*
    En gothique: *aúr, ul*

Le slave et le lithuanien n'ont pas conservé d'indice positif du *ŗ.* On peut dire seulement que cette dernière langue l'a remplacé souvent par *ir, il.*

---

1. La forme perse a dû être *arzifya.* Disons tout de suite que le mot existe aussi en grec avec la substitution régulière: d'abord dans l'idiome macédonien où il a la forme ἀργίπους (Hes.) pour laquelle M. Fick (K. Z. XXII 200) a tort de chercher une autre étymologie. A côté d'ἀργίπους l'Etymol. Mag. nous a conservé αἰγίποψ· ἀετὸς ὑπὸ Μακεδόνων qui est évidemment le même mot, et ceci nous amène avec sûreté au grec αἰγυπιός. La disparition du ρ a son analogie dans deux autres cas de *ŗ*-voyelle: μαπέειν de μάρπτω et αἴγλη = skr. *ŗģrá.* Pour l'*ι* d'αἰγυπιός et d'αἴγλη v. ces mots au registre.

Nous passons à l'énumération des cas:

1. Syllabe radicale.

L'ordre adopté ici, pour distinguer les différents cas où ap parait *r̥*, se base sur une classification nouvelle des racines, qui ne pourra être justifiée que plus tard mais qui ne saurait non plus désorienter le lecteur.

Nous ne nous occuperons que des racines contenant *e*. — Toute racine qui dans les langues d'Europe contient *e*, a la faculté d'expulser cet *e* et de prendre ainsi une forme plus faible, à condition seulement que les combinaisons phoniques ainsi produites puissent se prononcer commodément.

Sont à ranger dans les racines contenant *e*: les racines où se trouvent les diphthongues *ei* et *eu* et qu'on a l'habitude de citer sous leur forme affaiblie, privée d'*e*; ainsi *kei, sreu, deik, bheugh* (*ki, sru, dik, bhugh*).

L'*i* et l'*u* de ces racines, ainsi que la liquide et la nasale des racines telles que *derk bhendh*, peuvent prendre le nom de *coefficient sonantique*. Ils concourent au vocalisme de la racine. Suivant que l'*e* persiste ou disparaît, leur fonction varie: *r, l, m, n*, de consonnes deviennent sonantes; *i* et *u* passent de l'état *symphthongue* à l'état *autophthongue*.

A. Racines terminées par un coefficient sonantique.

Exemples *kei* (forme faible *ki*) *sreu* (f. fble *sru*) *bher* (f. fble *bhr*) *men* (f. fble *mn*).

B. Racines renfermant un coefficient sonantique suivi d'une consonne.

Ex. *deik* (f. fble *dik*) *bheugh* (f. fble *bhugh*) *derk* (f. fble *dr̥k*) *bhendh* (f. fble *bhn̥dh*).

C. Racines sans coefficient sonantique, terminées par une consonne.

Ex. *pet* (f. fble *pt*) *sek* (f. fble *sk*) *sed* (f. fble *sd*).

Nous n'avons pas à nous occuper ici des racines *terminées* par *e*, comme, en grec, *ϑε δε έ*.

Dans la forme faible, selon que le suffixe ajouté commence par une consonne ou par une voyelle, les racines de la classe A seront assimilables à celles de la classe B ou à celles de la classe C.

En effet, dans la classe B, le coefficient sonantique, à l'instant

où l'*e* disparaît, prend nécessairement la fonction de voyelle puisqu'il se trouve entre deux consonnes. C'est là aussi ce qui arrive
pour les racines de la classe A, lorsqu'elles prennent un suffixe
commençant par une consonne: ainsi *mn̥-to*.

Mais si le suffixe commence par une voyelle, leur coefficient
sonantique aura la qualité de consonne, et ces mêmes racines
ressembleront de tout point aux racines de la classe C; ainsi
ἐ-πλ-ό-μην comme *ἔ-σχ-ο-ν*.

En vue du but spécial que nous nous proposons dans ce chapitre, nous tirons des remarques qui précèdent l'avantage suivant: c'est que nous connaissons le point précis où il faut s'attendre à trouver les liquides sonantes et que nous assistons pour
ainsi dire à leur formation; la comparaison seule d'un *r̥* indien
avec un *αρ* grec n'a, en effet, qu'une valeur précaire si l'on ne
voit pas comment cet *αρ* a pris naissance. et s'il y a une probabilité pour que ce soit un *ar* ordinaire. Partout où l'*e* tombe
normalement, partout en particulier où apparaît l'*i* ou l'*u* autophthongue, les liquides sonantes doivent régulièrement exister
ou avoir existé, si la position des consonnes les forçait à fonctionner comme voyelles.

2. FORMATIONS VERBALES.

Aoriste thématique. On a dit souvent que ce temps coïn-
cidait entièrement, pour ce qui est de la forme, avec l'imparfait
de la sixième classe verbale des grammairiens hindous. Reste à
savoir si cette sixième formation remonte aux temps indo-européens, comme cela est indubitable pour notre aoriste, mais infiniment moins certain pour le présent.

Quoi qu'il en soit, cet aoriste réclame l'expulsion de l'*e* —
ou de l'*a* dans les langues ariennes —. En conséquence les racines
des classes A et C (v. plus haut) font en grec très-régulièrement:

πελ:	*ἐ-πλ-ό-μην*	*πετ*:	*ἐ-πτ-ό-μην*
(ἐ)γερ:	*(ἔ)γρ-ε-το* ·	*σεχ*:	*ἔ-σχ-ο-ν*
		1 *σεπ*:	*ἔ-σπ-ο-ν*
		2 *σεπ*:	*ἐνί-σπ-ε* [1]

1. La présence de l'*s* dans les trois derniers exemples atteste l'ancienneté de cette formation. — En ce qui concerne *ἐνίσπε* on ne peut re-
pousser complètement l'idée qu'il y a là un imparfait dont le présent

Les impératifs σχές et ἐνίσπες ont déterminé M. Curtius à admettre dans ces deux aoristes la métathèse de la racine[1]. M. Osthoff dans son livre: *das Verbum in der Nominalcomposition* p. 340, a déjà déclaré ne pouvoir souscrire à une opinion semblable de l'éminent linguiste relative aux présents comme γίγνο-μαι, μίμνω, et cela en partant aussi de la conviction que la dégradation de la racine y est absolument normale. Comment d'ailleurs la métathèse se mettra-t-elle d'accord avec le vocalisme des thèmes σχε σχο, σπε σπο? — Ces impératifs ont donc suivi l'analogie de ϑές, ἕς.

Chose étonnante, le sanskrit ne forme cet aoriste que sur les racines de la classe B: les formes comme ἔ-πτ-ε-το lui sont étrangères; la seule trace qu'il en offre peut-être est la 3ᵐᵉ personne du plur. *kránta* qui, à côté de *ákrata* (3ᵉ pl.) a l'air d'être une forme thématique; qu'on veuille bien comparer plus bas ce qui a trait aux nasales des désinences[2].

En revanche les exemples abondent pour les racines de la forme B: *róhati áruhat, várdhati ávr̥dhat* etc. En grec φευγ fait ἔφυγον, στειχ fait ἔστιχον; de même, et c'est là que nous en voulions venir,

δέρκομαι fait ἔ-δρακ-ο-ν (skr. *ádr̥çam*)

πέρϑω   -   ἔ-πραϑ-ο-ν

πέρδω   -   ἔ-παρδ-ο-ν

τέρπω   -   ταρπ-ώ-μεϑα

ἔτραπον de τρέπω vient aussi d'une forme ἔτρπον, mais ici c'est une liquide *précédant l'e* qui s'est transformée en sonante.

Aoriste thématique redoublé. Il n'est pas certain que les aoristes causatifs du sanskrit soient immédiatement comparables aux aoristes grecs redoublés. Mais il existe d'autres aoristes in-

---

serait *ἵ-σπ-ω. Cf. ἵ-σχ-ω, πί-πτ-ω et notre note 1, page 11. Il faudrait donc diviser ainsi: ἐν-ι-σπ-ε.

1. Dans les autres aoristes on aurait la syncope. Verbum II 7.

2. M. Delbrück (Altind. Verb. p. 63) dit bien que *sran* dans *avasran* (R. V. IV 2, 19) contient la voyelle thématique. Mais les preuves positives manquent et Grassmann interprète cette forme d'une manière toute différente (*a-vas-ran*). — *á-gama-t* est d'une autre formation qui se reproduit en grec dans le dorien ἔ-πετο-ν, dans l'attiq. ἔ-τεμο-ν. Cet aoriste-là coïncide pour la forme avec l'imparfait de la 1ʳᵉ classe verbale. C'est l'aoriste non-sigmatique slave: *nesŭ*.

diens, moins nombreux, qui coïncident exactement avec les formes grecques: ici encore l'*a* (*e*) est invariablement expulsé.

Racines des formes A et C:

skr. *saç*: *á-sa-çç-a-t*[1]   gr. σεπ: ἔ-σπ-έ-σϑαι

pat: *á-pa-pt-a-t*   κελ: ἔ-κέ-κλ-ε-το

φεν: ἔ-πε-φν-ο-ν

τεμ: ἔ-τε-τμ-ο-ν

Racines de la forme B, avec *i*, *u* pour coefficient sonantique:

skr. *tveš*: *á-ti-tviš-a-nta*   gr. πειϑ: πε-πιϑ-έ-σϑαι

πευϑ: πε-πυϑ-έ-σϑαι

Et enfin avec une liquide pour coefficient sonantique:

skr. *darh*: *á-da-dr̥h-a-nta*   gr. τερπ: τε-τάρπ-ε-το

M. Delbrück range une partie de ces formes indiennes dans le plus-que-parfait; mais si l'on peut accéder sans réserves à sa manière de voir pour les formes *sans voyelle thématique* comme *aǵabhartana*, on n'en sera que plus enclin à placer les premières sous la rubrique aoriste.

PARFAIT. Le parfait indo-européen affaiblissait la racine au pluriel et au duel de l'actif, et dans tout le moyen. Voy. en particulier Brugman Stud. IX 314. Ce mode de formation s'est conservé intact dans les langues ariennes.

Racines des formes A et C:

skr. *sar*: *sa-sr-ús*   *pat*: *pa-pt-ús*

Devant les suffixes commençant par une consonne, certaines racines en *r* n'admettent pas l'*i* de liaison, et l'on a alors un *r̥* comme dans *ća-kr̥-má*. Ce même *i* de liaison permet, chez les racines de la classe C, des formes telles que *pa-pt-imá*[2].

---

1. On dira qu'*ásaççat* est imparfait (présent *sáçćati*); sans doute, mais il n'y a pas de limite fixe entre les deux temps. Les aoristes redoublés sont les imparfaits d'une classe verbale que la grammaire hindoue a oubliée et dans laquelle rentreraient, avec *sáçćati*, le skr. *sídati*, le part. *píbdamāna*, le gr. πίπτω, γίγνομαι, μίμνω, μέμβλεται etc.

2. M. Brugman (Studien IX 386) éprouve une certaine hésitation à attribuer aux périodes les plus anciennes des formes comme *paptima*, et croit plutôt qu'elles doivent le jour à l'analogie de *ća-kr-* etc. Au fond la question reviendrait à cette autre, de savoir si la voyelle de liaison existait déjà dans la langue-mère, auquel cas *pat* faisait nécessairement *pa-pt-* au parfait pluriel. Or l'*u* des formes germaniques (bund*u*m, bund*u*ts) s'accorderait bien avec cette hypothèse, et l'*α* du grec γεγήϑαμεν

En arrivant aux racines de la forme B nous pouvons tout de suite mettre le gothique en regard de l'indien:

     bhaugh: skr. *bu-bhúg-imá*   goth. *bug-um*

et avec $\underset{\circ}{r}$:

     vart: skr. *va-vṛt-imá*   goth. *vaurþ-um*

Cf. goth. *baug = bubhóga, varþ = vavárta.*

En grec la forme du singulier a peu à peu empiété sur celle du pluriel; dans les quelques restes de la formation primitive du pluriel actif (Curtius Verb. II 169) nous trouvons encore ἐπέπιϑμεν en regard de πέποιϑα, ἔϊκτον en regard de ἔοικα, mais le hasard veut qu'aucun cas de $\underset{\circ}{r}$ n'ait subsisté [1]. Le moyen du moins s'est mieux conservé:

Racines de la forme A:

    σπερ: ἔ-σπαρ-ται   περ: πε-παρ-μένος

    δερ: δε-δαρ-μένος   στελ: ἔ-σταλ-μαι

    φϑερ: ἔ-φϑαρ-μαι cf. ἔ-φϑορ-α

    μερ: εἵ-μαρ-ται, et ἔ-μβρα ται Hes. — cf. ἔ-μμορ-α

Il est superflu de faire remarquer encore ici que ἔ-φϑαρ-μαι est à φϑερ ce que ἔ-σσυ-μαι est à σευ.

Les langues italiques ont trop uniformisé la flexion verbale pour qu'on puisse s'attendre à retrouver chez elles l'alternance des formes faibles et des formes fortes. Mais il est fort possible que les doublets comme *verto — vorto* proviennent de cette source. On ne doit pas attacher beaucoup d'importance à *pepuli* de *pello, perculi* de *percello;* il y a peut-être là le même affaiblissement de la voyelle radicale que dans *detineo, colligo,* avec cette différence que l'influence du *l* aurait déterminé la teinte *u* au lieu d'*i.*

L'ombrien possède, en regard de l'impératif kuvertu, le futur antérieur vurtus — prononcé sans doute vortus — formé

---

n'y répugne pas, bien qu'il s'explique plus probablement par la contamination du singulier γέγηϑα et de la 3ᵉ p. du plur. γεγήϑασι; qu'on compare enfin le latin *-imus* dans *tulimus.* — Dans cette question il faut considérer aussi les parfaits indiens comme *sedimá,* gothiques tels que *sētum,* et latins tels que *sēdimus* qui sont reconnus pour contenir la racine redoublée et dénuée de voyelle. Ainsi *sedimá = *sa-zd-imá.* Il va sans dire que la même analyse phonétique ne serait pas applicable à chacune de ces formes: la formation s'est généralisée par analogie.

   1. τέ-τλᾰ-μεν vient de la rac. τλᾱ comme ἔστᾰμεν de στᾱ; son λα ne remonte pas à une liquide sonante.

sur le thème faible du parfait. Sur les tables en écriture latine on a *covertu* et *covortus*. Si l'on était certain que *covortuso* fût un parfait (v. Bréal, Tables Eugubines p. 361), cette forme serait précieuse. Seulement il ne faut pas perdre de vue que sur sol italique *vort-* représente aussi bien *va₂rt-* que *vṛt-*, en sorte que toutes ces formes ont peut-être pour point de départ le singulier du parfait, non pas le pluriel; elles n'en restent pas moins remarquables. Autre exemple: persnimu, pepurkurent.

PRÉSENT. Dans la 2ᵉ et la 3ᵉ classe verbale, au présent et à l'imparfait, la racine ne conserve sa forme normale qu'aux trois personnes du singulier de l'actif; le duel, le pluriel et tout le moyen demandent l'expulsion de l'*a*: ainsi, en sanskrit, pour ne citer que des racines de la forme A:

e	fait *i-más*	*kar* fait *kṛ-thás* (véd.)
ho	- *ǵu-hu-más*	*par* - *pi-pṛ-más*

En grec πίμ-πλα-μεν correspond exactement à *pi-pṛ-más;* cette forme, en effet, n'appartient point à une racine πλᾱ qui serait la métathèse de πελ, autrement les Doriens diraient πίμπλᾱμι. L'η panhellène indique au contraire que πίμπλημι est une transformation récente de *πιμπελμι = skr. *píparmi*[1].

La rac. φερ prend la forme πι-φρα- (dans πιφράναι) qui est égale au skr. *bi-bhṛ-* (*bibhṛmás*). Les traces nombreuses de l'ε, par exemple dans φρές (Curtius Stud. VIII 328 seq.), nous garantissent que la racine était bien φερ, non φρᾱ.

Les autres formations du présent n'offrant dans les langues d'Europe que des traces incertaines de *ṛ*, il n'y aurait pas grand avantage à les passer en revue. Rappelons seulement le latin *po(r)sco* identique à l'indien *pṛ́čhâmi*. Si la racine est bien *prak*, le *ṛ* est né ici de la même manière que dans ἔτραπον de τρέπω. Pour comparer ces deux présents, il faut partir de l'idée que *posco* est bien le descendant direct de la forme indo-européenne, exempt de toute contamination venant des autres formes ver-

---

1. Il existe, il est vrai, des formes comme πλᾱϑος (v. Joh. Schmidt Vocal. II 321), mais celles qui se trouvent chez les tragiques attiques sont, suivant Ahrens, des dorismes de mauvais aloi, et celles des inscriptions peuvent provenir, comme les formes éléennes bien connues, d'un passage secondaire d'ä à α. On pourrait du reste admettre que πλᾱ existait parallèlement à πελ. Cf. récemment Schrader Studien X 324.

bales, et une telle supposition aura toujours quelque chose de
périlleux, étant donnée l'habitude des dialectes itàliques de passer
le niveau sur le vocalisme de la racine et de propager une seule
et même forme à travers toute la flexion. Mais, dans le cas de
posco, c'est sans doute précisément la forme du présent qu'on a
généralisée de la sorte. — Avec les mêmes réserves, on peut
rapprocher *horreo* et *torreo*, ce dernier dans le sens intransitif
seulement, des présents indiens *hṛ́ṣyati* et *tṛ́ṣyati*[1]; ces deux racines montrent l'*e* dans les formes grecques non affaiblies: χέρ-
σος, τέρσομαι.

b. FORMATIONS NOMINALES.

Dans les langues ariennes, le PARTICIPE PASSÉ PASSIF en -TÁ
rejette régulièrement l'*a* radical, si cela est possible, c'est-à-dire
si la racine est de la forme A ou B (page 8). Ainsi en sanskrit *yo*
donne *yu-tá*, en zend *dar* donne *dĕrĕ-ta*, etc. A la dernière forme
citée correspond exactement le grec δαρ-τό ou δρα-τό de δέρω,
et l'on a de même σπαρτός de σπερ, καρτός de κερ, (πάμ-)φθαρ-
τος de φθερ.

Dans φερτός, dans ἄ-δερκτος et dans les autres adjectifs
semblables, il faut voir des formations récentes. C'est ainsi, pour
ne citer que cet exemple entre cent, qu'à côté de l'ancien πύσ-τι-ς
= skr. *buddhi*, nous voyons apparaître πεῦσις, formé à nouveau
sur l'analogie de πεύθομαι.

La racine de σπάρτον (câble) est σπερ, comme on le voit par
σπεῖρα.

βλαστός = skr. *vṛddhá* montre aussi un λα fort régulier;
mais comme ce participe a perdu son présent, notre principal
moyen de contrôle, savoir l'ε des formes congénères, nous fait ici
défaut.

Le latin a *pulsus* de *pello*, *vulsus* de *vello*, *perculsus* de *per-cello*,
sepultus de *sepelio*.

M. Fick identifie *curtus* — qui paraît être sorti de **cortus* —
au grec καρτός.

pro-cul rappelle vivement l'indien *vi-pra-kṛṣ-ṭa* (éloigné), *pra-
kṛṣ-ṭa* (long, grand, en parlant d'une distance); il faudrait alors
le ramener à un cas du thème **proculsto-*[2]. *recello* et *procello* ont

---

1. Mémoires de la Soc. de Linguistique III 283.
2. Ou au comparatif neutre **proculstis, *proculsts?*

d'ailleurs un sens voisin de celui du skr. *karš*, mais comme *verro* s'en approche encore davantage, toute cette combinaison est sujette à caution.

On a comparé l'ancien mot *forctus* (Corssen Ausspr. I² 101) au skr. *dṛḍhá* de *darh*.

L'étymologie *porta a portando* étant difficile à accepter, *porta* doit être un participe de la racine *per* (d'où gr. $\pi\varepsilon\ell\varrho\omega, \delta\iota\alpha\mu\pi\varepsilon\varrho\varepsilon\varsigma$), et il équivaudrait à une forme grecque $*\pi\alpha\varrho\tau\eta$.

Le gothique a les participes *þaurft(a)-s, daurst(a)-s, faurht(a)-s, handu-vaurht(a)-s, skuld(a)-s.*

L'adjonction du suffixe -TI nécessite également l'expulsion de l'*a* (*e*) radical. Nous ne citons que les cas où cette loi a donné naissance au *ṛ*:

Les exemples abondent dans les langues d'Asie: skr. *bhṛ-tí*, zend *bĕrĕ-ti* de la rac. *bhar*, et ainsi de suite.

Le grec a $\varkappa\acute{\alpha}\varrho\text{-}\sigma\iota\varsigma$ de $\varkappa\varepsilon\varrho$. Hésychius donne: $\dot{\alpha}\gamma\alpha\varrho\varrho\ell\varsigma\cdot \ddot{\alpha}\vartheta\varrho\text{o}\iota\text{-}\sigma\iota\varsigma$ (l'accent paraît être corrompu) qui doit remonter à $*\ddot{\alpha}\gamma\alpha\varrho\text{-}\sigma\iota\text{-}\varsigma$ de $\dot{\alpha}\gamma\varepsilon\ell\varrho\omega$. — $\sigma\tau\acute{\alpha}\lambda\text{-}\sigma\iota\varsigma$ de $\sigma\tau\varepsilon\lambda$ est d'une époque tardive.

Le gothique forme sur *bairan: ga-baurþ(i)-s*, sur *tairan: ga-taurþ(i)-s;* de même *þaurft(i)-s, fra-vaurht(i)-s.*

Le latin *fors* (thème *for-ti-*) de *fero* coïncide avec le skr. *bhṛtí.* — *mors* est l'équivalent du skr. *mṛti*, seulement le prés. *morior* et le grec $\beta\varrho\text{o}\tau\text{ó}\varsigma$ montrent que l'*o* est répandu par toute la racine et recommandent donc la prudence.

sors, pour **sorti-s*, paraît être sorti de la même racine *ser* qui a donné *exsero, desero, praesertim*[1]. Le mot serait donc à l'origine simplement synonyme d'*exsertum.*

Si les adverbes en -*tim* dérivent, comme on le pense, de thèmes nominaux en -*ti*, il faut citer ici l'ombrien *trah-vorfi* = *transversim;* cf. *covertu.*

Le suffixe -ú demande, dans la règle, l'affaiblissement de

---

1. Toute différente est la racine de *con-sero, as-sero* qui signifie *attacher.* Le *sero* dont nous parlons est le skr. *sárati, sisarti* «couler, avancer»: composé avec la préposition *pra* il a aussi le sens transitif et donne le védique *prá bāhávā sisarti* (R. V. II 38, 2) «il étend les bras», exactement le grec $\chi\varepsilon\tilde{\iota}\varrho\alpha\varsigma$ $\acute{\iota}\acute{\alpha}\lambda\lambda\varepsilon\iota\nu$ (= $\sigma\iota\text{-}\sigma\alpha\lambda\text{-}\gamma\varepsilon\iota\nu, \sigma\iota\text{-}\sigma\lambda\text{-}\gamma\varepsilon\iota\nu$). Le verbe *insero* peut appartenir à l'une ou à l'autre des deux racines en question.

la racine. En dehors des langues ariennes, le r ainsi produit se reflète encore fidèlement dans l'adjectif gothique:

$$þaursus \text{ (rac. } þers) = \text{skr. } tṛṣú$$

Nous insistons moins sur les adjectifs grecs:

$$βραδύς = \text{skr. } mṛdú^1$$
$$πλατύς = \text{skr. } pṛthú$$

Le lithuanien *platùs* donnerait à croire que le $λα$ de $πλατύς$ est originaire, car dans cette langue on attendrait *il* comme continuation du r. En tous cas on aimerait trouver parallèlement à $πλατύς$, $βραδύς$ des formes contenant l'e^2.

Lorsque les racines des classes A et B (page 8) sont employées SANS SUFFIXE comme thèmes nominaux, elles expulsent leur a (en Europe leur e). Sous cette forme elles servent fréquemment en composition:

$$\text{skr. } bhed: \quad pūr-bhíd \quad\quad darç: sam-dṛ́ç$$

Tel est, en grec, l'adverbe $ὑπό$-$δρα(κ)$ de $δερκ$. Cf. pour la fonction comme pour la forme le skr. $ā$-$pṛ́k$ «mixtim».

Voici enfin quelques mots, de différentes formations, qui renferment un r:

Skr. $hṛd$ «cœur» = lat. *cord*-. Le grec $καρδία$, $κρᾰδίη$ se place à côté de la forme indienne $hṛdí$. — Le goth. *hairto*, le gr. $κῆρ$ ($= κερδ$? Curtius Grdz. 142) offrent une forme non affaiblie de la racine.

Skr. $ṛ́kṣa$ «ours» = gr. $ἄρκτος$ = lat. *ursus* (*orcsus*).

Le lat. *cornua* au pluriel répond peut-être exactement au védique $çṛ́ṅgā$; il serait donc pour **coriṅgua*. Dans cette hypothèse le singulier ne serait pas primitif. Le goth. *haurn*, dans la même supposition remonterait à **hauriṅg*, et la flexion se serait dirigée d'après la forme du nom.-accus. où la gutturale devait facilement tomber[3].

---

1. A côté de $βραδύς$ on a avec l: $ἀβλαδέως· ἡδέως$ Hes. ce qui rend bien vraisemblable l'ancienne étymologie du latin *mollis* comme étant pour **moldvis*.

2. $πλέθρον$, $πέλεθρον$ seraient-ils par hasard ces parents de $πλατύς$ où nous trouverions l'e?

3. Le capricorne, ce coléoptère à grandes antennes, qui s'appelle en grec $κεράμβυξ$, nous a peut-être conservé la trace d'un ancien thème **κ(ε)ραμβο-* $= çṛ́ṅga$.

Le rapprochement du grec τράπελος avec le skr. *tr̥prá, trpála* (Fick W. I³ 96) demeure très-incertain.

κάρχαρος «hérissé» (cf. κάρκαρος) fait penser au skr. *kr̥ćhrá* «âpre, pénible etc.»

Le lat. *furnus* «four» sort de **fornus* = skr. *ghr̥ṇā́* «ardeur».

κελαινός «noir», ramené à **κ(ε)λασνyo-ς*, devient le proche parent du skr. *kr̥ṣṇá* (même sens) [1].

λαυκᾱνίη «gosier» est pour **σλακϝαν-ίη*, amplification du thème *sl̥kvan* qui signifie en sanskrit *coin de la bouche;* le thème parent *srákva* a suivant Böhtlingk et Roth le sens général de *bouche, gueule* [2]. L'épenthèse de l'*u* dans le mot grec a des analogies sur lesquelles nous aurons l'occasion de revenir. Chez des auteurs post-homériques on trouve aussi λευκανίη.

ε-ὐλάκα (lacon.) «charrue», α-ῦλακ-ς «sillon» répondent, d'après l'étymologie de M. Fick, au védique *vr̥ka* «charrue».

Le lat. *morbus* est sans doute parent du skr. *mr̥dh* «objet hostile, ennemi», mais la différence des thèmes ne permet pas d'affirmer que l'*or* du mot latin soit sorti de *r̥.*

ταρτημόριον· τὸ τριτημόριον Hes. Cf. skr. *tr̥tíya.*

Gr. πράσον = lat. *porrum* contient sans doute aussi le *r̥.*

Si l'on fait abstraction des formations courantes, comme les substantifs grecs en -σι-ς, dans lesquelles la voyelle du présent devait inévitablement pénétrer peu à peu, les exceptions à la loi de correspondance énoncée en commençant sont peu nombreuses.

Les cas tels que γέλγις — *gr̥ŋgana,* merda — *mr̥d,* ou περ-κνός — *pr̥çni* n'entrent pas en considération, vu que les thèmes ne sont pas identiques; à côté de περκνός nous trouvons d'ailleurs πρακνός (Curt. Grdz. 275). — δειράς (dor. δηράς) «crête de montagne» a été rapproché de skr. *dr̥ṣád* «pierre», mais à tort, car δειράς ne saurait se séparer de δειρή.

---

1. Ce qui rend suspecte la parenté de κελαινός avec κηλίς, c'est l'*a* du dorien κᾱλίς et du lat. *cāligo.*

2. Si l'on compare en outre les sens de *srakti,* on reconnaît que tous ces mots contiennent l'idée de *contour,* d'*angle* ou d'*anfractuosité.* Ce mot d'*anfractuosité* lui-même s'y rattache probablement en ligne directe, car le latin *an-fractus* sort régulièrement de **am-sractus* comme **cerefrum, cerebrum* de *ceres-rum.* Cf. cependant Zeyss K. Z. XVI 381 qui divise ainsi: *anfr-actus.* — Le grec ajoute à cette famille de mots: ῥακτοί· φάραγγες, πέτραι, χαράδραι et ῥάπται· φάραγγες, χαράδραι, γέφυραι. Hes.

L'identification de *Φλέγυς* avec *bhŕ́gu* (Kuhn, herabk. des feuers) est séduisante, mais elle ne peut passer pour parfaitement sûre.

Au skr. *kŕ́mi* répond presque sans aucun doute, et très-régulièrement pour ce qui est du *ŗ*, le goth. *vaurms;* mais le gr. *ἕλμις*, le lat. *vermis* montrent *e.* La forme de ce mot a du reste une instabilité remarquable dans son consonantisme[1] aussi bien que dans la voyelle radicale: l'épel *krimi* est très-fréquent en sanskrit, et *λίμινϑες· ἕλμινϑες· Πάφιοι* (Hes.) nous donne la forme correspondante du grec.

2. Syllabes suffixales.

Les noms de parenté et les noms d'agent en -TAR expulsent, aux cas faibles, l'*a* du suffixe qui se réduit à *-tr*, ou, devant les désinences commençant par une consonne, à *-tŗ.* De là:

gr. *πα-τρ-ός*, lat. *pa-tr-is:* cf. skr. *pi-tr-á̆*

et avec *ŗ*: gr. *πα-τρά-σι* = skr. *pi-tŕ́-šu.*

V. Brugman, *zur Gesch. der stammabstufenden Declinationen*, Studien IX 363 seq. On a de même: *μητράσι, ἀνδράσι, ἀστράσι* etc.

Le mot en -*ar* est-il le premier membre d'un composé, il faut attendre la forme faible, comme dans l'indien *bhrātŗ-varga.* Peut-être en grec *ἀνδρά-ποδο-ν* est-il, comme le prétend M. Brugman, un dernier échantillon de ce mode de formation.

Au nom.-acc. sing. de certains neutres apparaît un suffixe -*ŗ* ou -*ŗ-t* qui a donné skr. *yakŕt* = gr. *ἧπαρ* = lat. *jecur* (probablement pour **jequor*). Cependant tous les neutres grecs en -*αρ* ne remontent pas à une forme en *ŗ*: *οὖϑαρ*, par exemple, répond au védique *údhar*, et son *α* n'est point anaptyctique.

§ 2. Nasales sonantes.

Tandis que la liquide sonante s'est maintenue du moins dans l'antique langue de l'Inde, les nasales sonantes ont entièrement disparu, comme telles, du domaine indo-européen[2]. Il y a

---

1. Le *k* remplacé par *v*, au lieu de *kv;* le *m* remplacé par *v* dans le slave *črŭvĭ;* la liquide variant entre *l* et *r*, et cela, même en-deçà des limites du grec, ainsi que l'indique la glose: *ῥόμος· σκώληξ ἐν ξύλοις.*

2. Il n'est naturellement pas question ici des nasales sonantes qui se sont formées à nouveau dans plusieurs langues anciennes et modernes.

plus: la liquide, en cessant d'être sonante, n'a point du même coup cessé d'exister; elle s'est bornée à prendre la fonction de consonne. Autre a été le sort des nasales, soit dans le grec, soit dans les langues ariennes: en donnant naissance à un phonème vocalique, elles ont elles-mêmes succombé, et, pour mettre le comble à la complication, le phonème en question est venu se confondre avec l'*a*.

Cet *a* n'a rien qui le fasse distinguer de prime abord dans le sanskrit ni dans le zend. En grec on peut heureusement le reconnaître plus facilement, parce qu'il se trouve souvent opposé à un *ε* radical (τείνω — τατός).

Dans les langues congénères la nasale s'est conservée; en revanche, la voyelle qui s'est développée devant elle a pris, dans plusieurs de ces idiomes, la couleur de l'*e*; et il est souvent impossible de savoir si le groupe *en* remplace réellement une nasale sonante.

Le travail où M. Brugman a exposé sa théorie offre des matériaux considérables à qui est désireux d'étudier la question; mais il convient de rassembler ici les principaux faits dont il s'agit en les plaçant dans le cadre qui nous a servi pour les phénomènes relatifs aux liquides. Les deux séries se complètent et s'éclairent ainsi l'une l'autre.

Voici les différents phonèmes qui sont sortis des nasales sonantes:

(Indo-eur.	$n̥$ [$ṇ$]	$m̥$)	(Indo-eur.	$n̥$ [$ṇ$]	$m̥$)
Arien[1]	*a*	*a*	Latin	*en*	*em*
Grec	*α*	*α*	Paléosl.	*ę*	*ę*
Goth.	*un*	*um*	Lithuan.	*in*	*im*

Les nasales sonantes ont pu prendre naissance de deux manières: ou par la chute d'un *a*, comme c'est toujours le cas pour les liquides sonantes; ou par l'adjonction à un thème consonantique d'une désinence commençant par une nasale. Nous considérons d'abord le premier cas:

---

1. Il s'entend qu'en zend l'*a* sorti de la nasale sonante participe aux affections secondaires de l'*a*, par exemple à la coloration en *e*.

1. Syllabe radicale.

a. FORMATIONS VERBALES.

AORISTE THÉMATIQUE (cf. page 9). L'indien *randh* «tomber aux mains de» a un aoriste *á-radh-a-t*, lequel sort de **a-rṇdh-a-t*, à supposer du moins que la racine soit bien *randh*, et non *radh*.

On voit ici dès l'abord le contraste des conceptions, suivant qu'on croit ou non à la nasale sonante. Jusqu'ici on regardait la nasale d'une racine telle que *randh* comme un élément mobile rejeté dans la forme faible. Avec la théorie nouvelle c'est au contraire l'*a* qui a été rejeté, en concordance parfaite avec ce qui a été développé plus haut, et l'*a* que nous voyons, l'*a* de *áradhat*, équivaut à une nasale, car il est fait de la substance même de cette nasale évanouie. Si le hasard avait voulu que ce fût un *u* et non un *a* qui se développât dans les langues ariennes sur la nasale sonante, l'aoriste en question serait «*árudhat*».

Le grec est là pour en donner la preuve irréfragable, car chez lui la monotonie de l'*a* cesse et le dualisme se révèle dans les deux teintes ε et α:

La racine πενθ donne l'aoriste: ἔ-παθ-ο-ν[1].

L'AORISTE THÉMATIQUE REDOUBLÉ ne fournit aucun exemple grec. En sanskrit on peut citer le védique *áa-krad-a-t* de *krand*[2].

L'AORISTE SANS VOYELLE THÉMATIQUE qui coïncide pour la forme avec l'imparfait de la 2ᵐᵉ classe verbale[3] n'a pas été mentionné plus haut à propos des liquides, parce qu'il n'offrait aucun cas de ṛ en Europe. — Le singulier de l'actif conserve l'*a* (*e*). Le reste de l'actif ainsi que tout le moyen l'expulsent; on a donc en sanskrit:

---

1. Ce n'est pas que, dans l'espèce, nous n'ayons quelques doutes sur la véritable qualité de l'alpha d'ἔπαθον, et cela à cause du latin *patior*, sur lequel nous reviendrons plus bas. Mais ἔπαθον se trouve être le seul aoriste thématique où l'on puisse supposer une nasale sonante, et, si on le récusait, il suffirait de renvoyer aux exemples qui suivent.

2. Toujours en supposant que la nasale est radicale.

3. Les formes qui ont le «vriddhi» comme *áçvait*, *ávāṭ* sont entièrement différentes. Il faut y voir, avec M. Whitney, des aoristes sigmatiques.

1° Racines de la forme A (page 8):

Singulier	Pluriel, duel et moyen
çro: *á-çrav-[a]m; á-çro-t*	*çru-tám*
var: *á-var(-s)*	*á-v̥r-ta*

et avec nasale sonante dans la forme faible:

gam: *á-gan(-t)*	*ga-tám*

2° Racines de la forme B:[1]

Singulier	Pluriel, duel et moyen
doh: *á-dhok-(t)*	*á-duh-ran*
varǵ: *várk(-s)*	*á-v̥rk-ta*

M. Brugman me fait part d'une explication très-ingénieuse des aoristes grecs comme ἔχευα, ἔσσευα qui jusqu'alors avaient résisté à toute analyse. Ce sont les formes de l'actif correspondant aux aoristes moyens comme ἐχύμην, ἐσσύμην. La flexion primitive était: ἔχευα (pour ἔχευm̥), *ἔχευς, *ἔχευ(τ); — pluriel *ἔχυμεν etc.; — moyen ἐχύμην. Comme au parfait, l'α de la première personne ἔχευα s'est propagé par tout l'actif, et l'ancien pluriel à syllabe radicale faible s'est retiré devant des formes forgées sur le modèle du singulier (ἐχενάμεν). Cet *ἔ-χυ-μεν qui n'existe plus et qui est à ἔχευα ce qu'en sanskrit *á-çru-ma est à á-çrav-am a son analogue parfait, avec nasale sonante, dans la forme ἔ-κτᾰ-μεν (rac. κτεν): seulement, dans ce dernier aoriste, c'est le singulier qui a subi des changements sous l'influence du pluriel: *ἔ-κτεν-α, *ἔ-κτεν(-τ) ont été remplacés par ἔκταν, ἔκτᾰ. — Dans κτά-μεναι, κτά-σθαι, κτά-μενος, ἀπ-έ-κτα-το l'α doit être sorti directement de la sonante. — M. Curtius (Verb. I² 192) fait remarquer que l'hypothèse d'une racine κτα est inadmissible.

PARFAIT (cf. page 11). Les racines de la forme A présentent encore en grec des restes du parfait primitif tels que:

μέ-μα-τον; cf. sing. μέ-μον-α de μεν

γε-γά-την; cf. pf. sg. γέ-γον-α de γεν;

et au moyen:

τέ-τα-ται de τεν	πέ-φα-ται de φεν[2]

---

1. Les racines de cette forme contenant une nasale ne paraissent pas fournir d'exemple.

2. La 3ᵉ pl. πέφανται est une formation récente faite sur l'analogie des racines en α; il faudrait régulièrement πε-φν-αται. — γεγάασι, μεμαυῖα et les autres formes où le suffixe commence par une voyelle n'ont pu se

Dans les formes indiennes, la voyelle de liaison a permis à la nasale de rester consonne: *ǵa-gm-imá*, *ta-tn-iśé*. Le participe *sa-sa-ván* (de *san*) offre la sonante; voy. cependant ce mot au registre.

Dans les racines de la forme B on peut citer avec M. Brugman: skr. *tastámbha*, 3ᵉ pl. *tastabhús* (c'est-à-dire *tastṃbhús*); *ćaććhánda* a un optatif *ćaććhadyát*. En grec on a πεπαϑυῖα en regard de πέπονϑα (rac. πενϑ); M. Brugman adoptant en outre une leçon d'Aristarque obtient: πέπασϑε (= πέ-παϑ-τε) au lieu de πέποσϑε Iliad. 3, 99 et pass. — Cf. cependant notre remarque sur ἔπαϑον, p. 20 i. n.

Le goth. *bund-um* (rac. *bend*) est naturellement pour *bṇdum*, et tous les verbes gothiques de cette classe présentent semblablement la sonante au parf. pluriel et duel.

PRÉSENT. Dans la 2ᵉ classe verbale (cf. page 13) on peut signaler en grec (ἔ)ραμαι ramené à ῥṇ-μαι dans un récent article de M. Brugman K. Z. XXIII 587; la racine est la même que dans l'indien *rámati* «se plaire, etc.». En sanskrit nous trouvons par exemple: *hán-ti*, 2ᵉ plur. *ha-thás*, c'est-à-dire *hṇ-thás*.

La 8ᵐᵉ classe verbale fera l'objet d'un prochain travail de M. Brugman, où il montrera que *tanómi*, *vanómi* etc., sont pour *tṇ-nó-mi*, *vṇ-nó-mi*. Aussi le grec montre-il l'alpha significatif dans τά-νυ-ται de la racine τεν, dans ἄ-νυ-ται de la rac. ἑν[1]. Cela est dans l'ordre, puisqu'on a, de la rac. k₂ai: *ći-nómi*, de la rac. *dhars: dhṛṣ-ṇómi* et non pas: «*će-nomi, dharṣ-ṇomi*»[2].

La classe des inchoatifs ajoute -*ska* à la racine *privée d'a*: skr. *yú-ććhati* de *yo*, *ućcháti* de *vas*. Il est clair par conséquent que *yá-ććhati* de *yam*, *gá-ććhati* de *gam* ont la nasale sonante, et il n'y

produire que par analogie. Il est remarquable que les formes fortes du singulier soient restées à l'abri de toute contamination de ce genre, car γέγαα, μέμαα n'existent que dans nos dictionnaires ainsi que le montre Curtius Verb. II 169. L'ancienne flexion: γέγονα, plur. γέγαμεν est donc encore transparente.

1. M. Curtius a montré l'identité de ἄνυται (Homère a seulement ἤνυτο) avec le skr. *sanuté* (rac. *san*); la sifflante a laissé une trace dans l'esprit rude de l'att. ἀ-νύ-ω. Quant à la racine non affaiblie ἑν, elle vit dans le composé αὐϑ-έν-της «auteur d'une action». Cf. Fick Wœrterb. I³ 789.

2. Les formes comme δείκνυμι, ζεύγνυμι sont des innovations du grec.

a pas de raison de croire que le grec βά-σκω soit formé différemment, bien qu'il puisse venir de la racine sœur βᾶ.

b. FORMATIONS NOMINALES.

Le suffixe -ΤΆ (cf. page 14) donne les thèmes suivants:

de *tan (ten)*: skr. *ta-tá* = gr. *τα-τός* = lat. *ten-tus*

de $g_2am (g_2em)$: skr. *ga-tú* = gr. *βα-τός*[1] = lat. *ven-tus*

de *man (men)*: skr. *ma-tá* = gr. *μα-τος*[2] = lat. *men-tus*[2]

de $gh_2an (gh_2en)$: skr. *ha-tá* = gr. *φα-τός*[3]

de *ram (rem)*: skr. *ra-tú* = gr. *ἐρα-τός* (= lat. *lentus*?)

Ces formes indiennes auxquelles il faut ajouter *yatá* de *yam*, *natá* de *nam*, *kšatá* de *kšan*, et qui se reproduisent dans le zend et l'ancien perse (zd. *gata* «parti», a. p. *gata* «tué» etc.) appartiendraient suivant Schleicher Beiträge II 92 seq. à des racines en -ă, et l'auteur s'en sert pour démontrer la théorie qu'on connaît; mais comment se ferait-il que ce fussent précisément là les seuls cas d'un *a* sanskrit terminant une racine et que dans tous les exemples où la nasale n'est pas en jeu, on trouve *i* ou *ī* dans les mêmes participes: *sthitá, pitá*? On peut dire tout au contraire que cet *a* porte en lui-même la preuve de son origine nasale.

Les thèmes en -ΤΙ (cf. page 15) sont tout semblables aux précédents: skr. *tati* = gr. *τάσις*, cf. lat. *-tentio; kšati* (de *kšan*) a pour parallèle grec l'homérique *ἀνδρο-κτασίη* (de *κτεν*). Le skr. *gáti*, le gr. *βάσις* et le goth. *(ga-)qumþ(i)s* se réunissent de même dans l'indo-européen g_2m-ti. Le goth. *(ga-)mund(i)s* répond au véd. *matí* (skr. classique *máti*), au lat. *men(ti)s*[4].

ΤΗÈΜΕS ΕΝ -Ύ (cf. page 15). L'identité de l'ind. *bahú* et du gr. *παχύς* (*bahulá* = *παχυλός*) s'impose avec non moins de force que

---

1. *βατός* pourrait aussi appartenir à la racine *βᾶ* qui a donné *ἔβην*; les deux formes devaient nécessairement se confondre en grec. En revanche le skr. *gatá* ne saurait dériver de *gā*.

2. Forme conservée dans le mot *αὐτόματος*, suivant l'étymologie la plus probable. — *-mentus* se trouve dans *commentus*.

3. L'identification du skr. *han* et du grec *φεν* sera justifiée plus bas.

4. Les formes latines n'inspirent pas une confiance absolue, en ce sens qu'elles peuvent tout aussi bien s'être formées postérieurement comme le gr. *δέρξις, θέλξις*. Pour les formes slaves telles que *-męti* cette possibilité se change presque en certitude.

le rapprochement de *pinguis* avec παχύς que l'on doit à M. Curtius. On est obligé d'admettre la réduction de la première aspirée *ph* dans la période antéhistorique où l'italique n'avait pas encore converti les aspirées en spirantes, et ceci n'est point sans doute un cas unique dans son genre. Or *pinguis* pour **penguis* nous prouve que l'*a* de *bahú* et de παχύς représente une nasale sonante. Le superlatif skr. *bámh-iṣṭha* en offrait du reste la preuve immédiate.

Le skr. *raghú, laghú* = gr. ἐλαχύς contient également la nasale sonante à en juger par les mots parents skr. *rámhas* et *rámhi*. Donc le latin *lĕvis* est pour **leṅhuis, *leṅuis;* les traitements divers de *pinguis* et de *levis* n'ont d'autre raison que la différence des gutturales (gh_1 et gh_2: *bahú, raghú*). La discordance du vocalisme dans *levis* vis-à-vis d'ἐλαχύς est supprimée. Le lith. *lèngvas*, le zd. *reñǵya* confirment l'existence de la nasale. Enfin, pour revenir au skr. *raghú*, l'*a* de ce mot ne s'explique que s'il représente une nasale sonante, autrement il devait disparaître comme dans *r̥ǵú* (superl. *ráǵiṣṭha*) et dans les autres adjectifs en *-ú*.

Le lat. *densus* indique que δασύς est pour δṇσύς.

L'affaiblissement de la syllabe radicale devant le suff. *-ú* se vérifie encore dans βαθú-ς, de la racine βενθ dont la forme pleine apparaît dans βένθ-ος. Ici cependant, comme plus haut pour παθεῖν, on peut être en doute sur la provenance et par conséquent aussi sur la nature de l'α: car à côté de βενθ on a la rac. βᾱθ sans nasale. Ces sortes de doublets nous occuperont dans un prochain chapitre.

Thèmes de diverses formations:

Skr. *así* = lat. *ensis*. Skr. *vastí* et lat. *vē(n)sīca*.

Le goth. *ūhtvo* (c.-à-d. **unhtvo*) «matin» répond, comme on sait, au védique *aktú* «lumière», auquel on a comparé aussi le grec ἀκτίς «rayon».

Le gr. πάτο-ς «chemin» doit remonter à **πṇτο-ς, vu la nasale du skr. *pánthan*, gén. *path-ás* (= *pṇth-ás*).

Le thème *ṇdhara* (ou peut-être *mdhara*) «inferior» donne l'indien *ádhara*, le lat. *inferus*, le goth. *undaro*.

M. Scherer (Z. Gesch. der deutsch. Spr. p. 223 seq.), parlant des thèmes des pronoms personnels, se livre à des conjectures dont M. Leskien a fait ressortir le caractère aventureux (Declination p. 139); sur un point cependant le savant germaniste a touché juste sans aucun doute: c'est lorsqu'il restitue pour le pluriel du pronom de la 1re personne un thème contenant une nasale devant l's: *amsma, ansma.* Ce n'est pas que les raisons théoriques de M. Scherer soient convaincantes; mais le germanique *uns, unsis* ne s'explique que de cette façon. Au lieu de *amsma* ou *ansma*, il faut naturellement *m̥sna* ou *n̥sma*, d'où sortent avec une égale régularité le goth. *uns*, le skr. *asmád*, le grec (éol.) *ἄμμε* = **ἄσμε.*

Plusieurs cas d'une nature particulière, celui du nom de nombre cent par exemple, trouveront leur place dans un autre chapitre [1].

2. Syllabes suffixales.

La flexion des thèmes en *-an (-en), -man (-men), -van (-ven)* demande un examen détaillé qui trouvera mieux sa place dans un chapitre subséquent. Il suffit ici de relever ce qui a trait à la nasale sonante: dans la langue-mère, le suffixe perdait son *a* aux cas dits *faibles* et *très-faibles.* Dans ces derniers, la désinence commence par une voyelle et la nasale restait consonne; aux cas «faibles» au contraire elle était obligée de prendre la fonction de voyelle, parce que la désinence commence par une consonne. Là est toute la différence. On a en sanskrit, du thème *ukšán:*

gén. sing. *ukšn-ás*   intr. pl. *ukšá-bhis* (= *ukšn̥-bhis*)
dat. sing. *ukšn-é*   loc. pl. *ukšá-su* (= *ukšn̥-su*)

Le grec fait au gén. sing.: *ποιμένος*, au dat. plur.: *ποιμέσι,*

---

1. Il est possible que la nasale sonante soit représentée en arien par *i, u,* dans le mot qui signifie *langue:* skr. *ǵihvä̃* et *ǵuhü̃,* zd. *hizva, hizu;* — l'ancien perse serait *izāva* selon la restitution de M. Oppert, mais . . *āva* seul est encore écrit sur le rocher. Comme la consonne qui commence le mot est un véritable Protée linguistique — elle diffère même dans l'iranien vis-à-vis de l'indien — et qu'en lithuanien elle devient *l,* on conviendra que la glose d'Hésychius: *λαυχάνη· γλῶσσα* trouve son explication la plus naturelle dans la comparaison des mots cités: le thème primitif serait *?-n̥gh₁ü* ou *?-n̥gh₁wā:* de là le lat. *d-ingua,* le goth. *t-uggon-,* et le gr. **λ-αχϜαν-η, λαυχάνη.* Le slave *j-ęzy-k̆ŭ* montre aussi la sonante. Seul l'*ë* du lith. *l-ëžuv-i-s* s'écarte de la forme reconstruite. — Pour l'épenthèse de l'*u* dans le mot grec cf. plus haut (p. 17) *λαυκανίη.*

tous deux hystérogènes. Les anciennes formes ont dû être
*ποιμν-ός et *ποιμᾰ-σι. Il a subsisté quelques débris de cette
formation: κυ-ν-ός du thème κυ-ον, φρ-ᾰ-σί (Pindare) du thème
φρ-εν. V. Brugman Stud. IX 376.

Au nom.-acc. sing. des neutres en -man, l'a final de skr.
nāma, zd. nãma, gr. ὄνομα[1] est sorti, aussi bien que l'ę du slave
imę et l'en du lat. nōmen d'une nasale sonante indo-européenne.
Morphologiquement, c'est ce que font conclure toutes les analogies, ainsi celle de l'ind. dātŗ au nom.-acc. neutre; phonétique-
ment, c'est la seule hypothèse qui rende compte de l'absence de
la nasale dans les deux premières langues citées. — Voilà la
première fois que nous rencontrons une nasale sonante à la fin
du mot, et le cas mérite une attention spéciale. Si simple que la
chose paraisse à première vue, elle ne laisse pas que d'embar-
rasser quelque peu, aussitôt qu'on considère le mot dans son rôle
naturel de membre de la phrase. L'indien dātŗ, qui vient d'être
cité, placé devant un mot commençant par une voyelle, comme
api, donnerait, d'après les règles du sandhi: dātrapi. En d'autres
termes, le dātŗ du paradigme n'a de réalité que suivi d'une consonne ou finissant la phrase; devant les voyelles il n'y a que dātr.
Et cependant ŗ (ce qui veut dire: r doué d'accent syllabique)
peut fort bien se maintenir devant les voyelles. C'est ainsi que
la phrase anglaise: the father is se prononcera couramment: the
fathŗ is, non pas: the fathr is[2]. Il en est de même de ṇ dans l'alle-
mand siebn-und-zwanzig (sieben-und-zwanzig).

Un mot indo-européen comme stämn (nom.-acc. de stāman-
= skr. sthāman-[3]) a donc pu faire à la rencontre d'une voyelle,

---

1. Le τ des cas obliques (ὀνόματος) n'a probablement existé à aucune
époque au nomin.-accusatif. — Le goth. namo n'est pas mentionné, parce
qu'il est de formation nouvelle.

2. Il est vrai que ŗ, ṇ etc. placés devant une voyelle paraissent se
dédoubler en ŗr, ṇn etc. V. Sievers Lautphysiol. p. 27 au milieu. Et, bien
qu'on puisse dire que i et u sont aussi consonnes durant un instant dans
le passage des organes à une autre voyelle, dans ia ou ua par exemple,
il n'en reste pas moins certain que la triple combinaison phonique 1) i̯a.
2) ia c. à d. i̯i̯a. 3) i̯i̯a, transportée dans la série nasale se réduit à 1) na ‧
et 2. 3) ṇna dans la série de l'ŗ: à 1) ra et 2. 3) ŗra. — i̯ désigne l'i consonne.

3. Le mot choisi plus haut pour exemple (skr. nāman) ne convenait

devant *api* par exemple: *stāmn̥ api* — ou bien *stāmn̥ api* (cf. note 2. p. 26). Se décider pour la première alternative serait peut-être admettre implicitement qu'on disait *madhw api* et non *madhu api*, c'est-à-dire faire remonter la règle de sandhi sanskrite relative à *i* et *u* devant les voyelles, du moins dans son principe [1], jusqu'à la période proethnique; et l'usage védique ne parlerait guère en faveur de cette thèse. Nous n'entrerons pas ici dans la discussion de ce point, parce que nous croyons que l'hypothèse: *stāmn̥ api* est en effet la plus probable, mais qu'on veuille bien comparer plus loin ce qui a rapport à l'accusatif singulier des thèmes consonantiques. — On a donc dans la phrase indo-européenne: *stāmn̥ tasya* et *stāmn̥ api*.

A l'époque où la nasale sonante devint incommode à la langue, époque où Hindous et Iraniens parlaient encore un même idiome, l'ancien *stāmn̥ tasya* devint nécessairement *stāma tasya*, skr. *sthāma tasya*. Placé à la fin de la phrase, *stāmn̥* devait également donner *stāma*. Quant à *stāmn̥ api*, son développement normal a dû être, en vertu du dédoublement dont il a été question: *stāma-n-api*. Cette dernière forme a péri: il y a eu unification comme dans une foule de cas analogues pour lesquels il suffit de citer les récents travaux de M. Curtius: *Zu den Auslautsgesetzen des Griechischen*. Stud. X 203 seq. et de M. Sievers dans les *Beiträge de Paul et Braune* V 102.

Dans le grec et le slave la marche de cette sélection a dû être à peu de chose près la même que dans les langues ariennes.

FLEXION DES NEUTRES EN -*man*, DANS LA LANGUE GRECQUE. — La flexion grecque (ὀνόματος, -ματι etc.) présente partout la nasale sonante grâce à la création d'un thème en -τ difficile à expliquer. Il faut natu-

---

plus ici, parce que la forme primitive de sa syllabe initiale est assez incertaine.

1. Dans son principe seulement, car il faudrait supposer en tous cas un *i* indo-européen à la place de la spirante du sanskrit classique, et le *v* de la même langue serait encore bien plus éloigné de la consonne primitive (*u*). — Nous ajoutons que dans la restitution des formes indo-européennes nous nous servons des signes *w* et *y* sans essayer de distinguer l'*u* et l'*i* consonnes (*u* et *i* de Sievers), des spirantes correspondantes (*w* et *j* de Sievers). Dans le cas de *madhw api*, *w* représenterait certainement *u*.

rellement mettre cette déclinaison en regard de celle de ἧπαρ, ἥπατος. ὀνόματος répond au skr. $n\bar{a}mnas$, ἥπατος au skr. $yakn\acute{a}s$; et pour ce qui est de cette dernière classe de thèmes, nous pouvons être certains, quelle que soit l'origine du τ grec, que la déclinaison indienne $yak\acute{r}t$, $yakn\acute{a}s$, qui ne connaît l'r qu'au nom.-acc. sing. reflète fidèlement celle de la langue-mère [1].

Mais quant à savoir si l'insertion du τ est partie des thèmes en -μα, ou des thèmes en -αρ, ou si elle s'est développée de pair sur les deux classes de thèmes, sans qu'il y ait eu de contamination entre elles, c'est une question qui peut se trancher de plusieurs façons, sans qu'aucune solution soit bien satisfaisante.

Voici quelques points à considérer dans la discussion des probabilités:

1° Les langues parentes possèdent un suffixe -mn-ta, élargissement du suff. -man; en latin par exemple ce suffixe a donné $augmentum$, $cognomentum$. Ce suffixe manque en grec. — Un suffixe -n-ta parallèle à un neutre grec en -αρ, -ατος existe probablement dans le lat. $Oufens$ (masc.), $Oufentina$: cf. οὖθαρ, -ατος. Car $Oufens$ remonte à $*Oufento$-s.

2° Le t qui se montre au nom.-acc. du skr. $yak\acute{r}$-t pourrait bien malgré tout avoir joué un rôle dans le phénomène. On aurait un parallèle frappant dans le lat. s-an-$gu(-en)$ en regard du sanskrit $\acute{a}s$-$\acute{r}$-g, g. as-n-$\acute{a}s$ [2]; là nous voyons clairement l'élément consonantique ajouté au $\acute{r}$ du nom.-acc. se propager sur le thème en -n. D'autre part il y a quelque vraisemblance pour que la dentale de $yak\acute{r}t$ ($yak\acute{r}d$) ne soit autre que celle qui marque le neutre dans les thèmes pronominaux [3]; dans ce cas c'est en réalité un d, et il n'y a plus à s'en préoccuper dans la question du τ grec.

3° Dans le cas où l'insertion du τ serait partie des thèmes en -αρ, il est remarquable que le nom.-acc. des mots en -μα ait subi lui aussi un métaplasme venant de ces thèmes, car les formes ἧ-μαρ, τέκ-μαρ, τέκ-μωρ n'ont point d'analogue dans les langues congénères. Il est vrai que, selon l'étymologie qu'on adoptera, il faudra peut-être diviser ainsi: ἧμ-αρ, τέκμ-αρ, τέ-κμ-ωρ.

---

1. Partir d'un ancien génitif $*\mathring{\eta}παρτος$ serait récuser le témoignage du sanskrit et en même temps admettre inutilement en grec un cas d'altération phonétique, dont les exemples, s'ils existent (v. p. 7), sont en tous cas très-sporadiques. Il est vrai que $yak\acute{r}t$ s'est aussi, plus tard, décliné en entier; mais le fait important, c'est que $yakan$ ne peut point avoir d'autre nominatif que $yak\acute{r}t$. — Le lat. $jecinoris$ a remplacé l'ancien $*jecinis$, grâce à la tendance à l'uniformité qui fit passer l'or du nominatif dans les cas obliques. — M. Lindner (p. 39 de son $Altindische\ Nominalbildung$) voit aussi dans ἥπατος le pendant du skr. $yakn\acute{a}s$.

2. Excellent rapprochement de Bopp, en faveur duquel nous sommes heureux de voir intervenir M. Ascoli ($Vorlesungen\ über\ vgl.\ Lautlehre$ p. 102). La chute de l'a initial a sa raison d'être; v. le registre.

3. Cf. $y\acute{u}vat$ ($y\acute{u}vad$), neutre védique de $y\acute{u}van$.

4° Les thèmes neutres δουρατ, γουνατ, qui, dans la plus grande partie de la flexion, remplacent δόρυ, γόνυ, sont peut-être au skr. *dā́ru-n̥-(-as)*, *ǵā́nu-n̥(-as)* ce que ὀνοματ est au skr. *nā́mn(-as)*. Ceci, sans vouloir préjuger la valeur morphologique de la nasale de *dāru-n̥-*, et surtout sans insister sur le choix de ces deux thèmes en *u* dont la flexion primitive soulève une foule d'autres questions.

5° Même en sanskrit, certaines formes faibles de thèmes terminés en *an* s'adjoignent un *t;* ainsi *yuvatí* (= *yuvn̥ti*) à côté de *yū́nī*, tous deux dérivés de *yuvan-*. A son tour l'indien *yuvatí* nous remet en mémoire la formation grecque: **προφρητya*, προφρασσα, féminin de προφρον-. Cf. encore *yúvat* pour **yúva* au neutre, forme qui comporte aussi une autre explication (p. 28, note 3), et *varimátā̄, r̥kvatā̄*, instrumentaux védiques de *varimán, r̥kvan*.

6° Les mots paléoslaves comme *žrěbę*, gén. *žrěbęt-e* «poulain», *telę telęt-e* «veau» etc. ont un suffixe qui coïncide avec l'-*ατ* du grec dans une forme primitive -*n̥t*. Seulement ces mots sont des diminutifs de formation secondaire, et le grec n'a peut-être qu'un seul exemple de ce genre, l'homérique προσώπατα qui semble être dérivé de πρόσωπο-ν. On peut conjecturer néanmoins que les formes slaves en question sont bien la dernière réminiscence des thèmes comme ἧπαρ, -ατος et *yakr̥t, -nás*. D'après ce qui a été dit plus haut, le nom.-acc. en -*ę* ne pourrait qu'être récent; nous trouvons semblablement en latin le nom.-acc.: *ungu-en*, en grec: ἄλειφα à côté d'ἄλειφαρ.

Voilà quelques-uns des rapprochements qui se présentent à l'esprit dans la question de l'origine du τ dans les suffixes -*ατ* et -*ματ*. Nous nous abstenons de tout jugement; mais personne ne doutera, en ce qui concerne l'α qu'il ne soit le représentant d'une nasale sonante.

A côté de skr. *nā́ma* se placent, sous le rapport du traitement de la nasale sonante finale, les noms de nombre suivants:

saptá̄ = lat. *septem*, goth. *sibun*, gr. ἑπτά

náva = lat. *novem*, goth. *niun*, gr. ἐννέα

dáça = lat. *decem*, goth. *taihun*, gr. δέκα

C'est là la forme du nomin.-accusatif, la seule qui donne matière à comparaison. A la question: «quels sont les thèmes de ces «noms de nombre?» la grammaire hindoue répond: *saptan-, navan-, daçan-*, et à son point de vue elle a raison, car un instr. pl. comme *saptabhis* ne se distingue en rien de la forme correspondante du thème *nāman-*, qui est *nāmabhis*. Cependant, si nous consultons les langues congénères, deux d'entre elles nous montrent la nasale labiale, le latin et le lithuanien (*dészimtis*[1]), et ces deux

1. *septynì, devynì* sont de formation secondaire. Leskien, *Declin. im Slavisch-Lit.* p. XXVI.

langues sont les seules qui puissent éclairer la question, vu que
le gothique convertit l'*m* final en *n*.

SECONDE PREUVE EN FAVEUR DE LA NASALE LABIALE. Le sanskrit termine
ses noms de nombre ordinaux, de deux à dix, par *-tīya*, *-tha* ou *-ma*[1]. En
omettant pour un instant l'adjectif ordinal qui correspond à *páñča*, et en
mettant ensemble les formes dont le suffixe commence par une dentale, on
a une première série composée de:

$$\text{dri-tīya, tr̥-tīya, čatur-thá, šaš-ṭhá,}$$

et une seconde où se trouvent:

$$\text{saptamá, aṣ̌ṭamá, navamá, daçamá.}$$

Dans les langues européennes la première formation est la plus répandue, et en gothique elle a complétement évincé la seconde. Il est encore visible néanmoins que les deux séries du sanskrit remontent telles
quelles, à part les changements phonétiques, à la langue indo-européenne.
En effet aucun idiome de la famille ne montre la terminaison *-ma* là où
le sanskrit a *-tha* ou *-tīya*, tandis qu'à chaque forme de notre seconde
série répond, au moins dans une langue, un adjectif en *-ma*: nous ne citons
pas l'iranien, trop voisin du sanskrit pour changer beaucoup la certitude
du résultat.

En regard de *saptamá:* gr. ἕβδομος, lat. *septimus,* boruss. *septmas,*
                       paléosl. *sedmŭ,* irland. *sechtmad.*

En regard de *aṣ̌ṭamá:* lith. *aszmas,* paléosl. *osmŭ,* irland. *ochtmad.*

En regard de *navamá:* lat. *nonus* pour **nomus* venant de **noumos,*
                       v. Curtius Grdz. p. 534.

En regard de *daçamá:* lat. *decimus.*

Donc les noms de nombre sept, huit, neuf et dix, et ceux-là seuls, formaient dans la langue-mère des adjectifs ordinaux en *-ma*. Or il se trouve
précisément que ces quatre noms de nombre[2], et ceux-là seuls, se ter-

---

1. Nous ne tenons pas compte de *prathamá* et *turíya,* étrangers à la
question.

2. Une des formes du nom de nombre huit se terminait en effet par
une nasale. Il est vrai que les composés grecs comme ὀκτα-κόσιοι, ὀκτά-
πηχυς n'en offrent qu'une trace incertaine, et qu'ils s'expliquent suffisamment par l'analogie de ἑπτα-, ἐννεα-, δεκα- (cf. ἑξα-). Pour le lat. *octin-
genti,* une telle action de l'analogie est moins admissible; cette forme
d'autre part ne saurait renfermer le distributif *octōni;* on peut donc avec
quelque raison conclure à un ancien **octem.* Le sanskrit lève tous les
doutes: son nom.-acc. *aṣ̌ṭá* est nécessairement l'équivalent d'**octem,* car
personne ne s'avisera de le ramener à un primitif *akta* répondant à une
forme grecque fictive «ὀκτε» semblable à πέντε: une pareille supposition
serait dénuée de tout fondement. Tout au plus pourrait-on penser à un
duel en *ă* dans le genre de *deva* pour *devā,* et c'est en effet dans ce sens
que se prononcent les éditeurs du dictionnaire de St-Pétersbourg. Mais

minent par une nasale. Ou bien il y a là un jeu singulier du hasard, ou bien la nasale des cardinaux et celle des ordinaux sont en réalité une seule et même chose; en d'autres termes, pour autant qu'on a le droit de regarder les premiers comme bases des seconds, le suffixe dérivatif des ordinaux est -a, non pas -ma [1].

La nasale latente de *saptá,* identique à celle qui apparaît dans *saptamá,* est donc un *m.* Même conclusion, en ce qui concerne *aṣṭá, náva, dáça.*

Nous revenons au nom de nombre cinq. Bopp (Gr. Comp. II p. 225 seq. de la trad. française) fait remarquer l'absence de la nasale finale dans les langues européennes [2], ainsi que l'ε du grec πέντε en regard de l'α de ἑπτά, ἐννέα, δέκα «conservé par la nasale.» — «De tous ces faits, dit-il, «on est tenté de conclure que la nasale finale de *páñcan,* en sanskrit et «en zend, est une addition de date postérieure.» C'est trop encore que de la laisser aux langues ariennes: en effet, le gén. skr. *pañcānám* (zd. *páñcanām*) serait tout à fait irrégulier s'il dérivait d'un thème en -*an;* il est simplement emprunté aux thèmes en -*a* [3]. Les composés artificiels tels que *priyapañćānas* (Benfey, Vollst. Gr. § 767) n'ont aucune valeur linguistique, et les formes *pañćábhis, -bhyas, -su* ne prouvent rien ni dans un sens ni dans l'autre [4]. Ainsi rien ne fait supposer l'existence d'une nasale.

---

pourquoi, dans ce cas, cette forme se perpétue-t-elle dans le sanskrit classique? On est donc bien autorisé à admettre une forme à nasale, qui peut-être avait une fonction spéciale dans l'origine. — Pour ce qui est de la forme *aktau,* assurée par le goth. *ahtau,* nous nous bornons à relever dans la formation de son ordinal (gr. *ὄγδοϝ-ο-* ou *ὄγδϝ-ο-*, lat. *octāv-o-*) le même mode de dérivation au moyen d'un suff. -*a* que dans *aṣṭam-á,* *saptam-á* etc. (v. la suite du texte).

1. Quant à savoir si, en tout dernier ressort, on ne trouverait pas telle ou telle parenté entre le -*ma* du superlatif et le -*m-a* des adjectifs ordinaux, de façon par exemple que déjà dans la période proethnique, la terminaison *ma* de ces derniers aurait produit l'impression du superlatif et aurait été étendue de là à d'autres thèmes pour les élever à cette fonction, ce sont des questions que nous n'avons pas à examiner ici.

2. Le gothique *fimf* ferait «*fimfun*» s'il avait eu la nasale finale.

3. Le point de départ de tous ces génitifs de noms de nombre en -*ānām* paraît être *trayāṇám,* lequel dérive de *trayá-,* et non de *tri-.* L'accentuation s'est dirigée sur celle des autres noms de nombre. Le zend *ϑrayām* qui permet de supposer *ϑrayanām* (cf. *vehrkām, vehrkanām*), atteste l'ancienneté de ce génitif anormal.

4. Ces mêmes formes dont le témoignage est nul dans la question de savoir si le nom de nombre cinq a ou non une nasale finale, ne pèsent naturellement pas davantage dans la balance, lorsqu'il s'agit de savoir si la nasale de *náva, dáça* etc. — dont l'existence n'est pas douteuse — est un *n* ou un *m.*

Les adjectifs ordinaux de ce nombre sont:

gr. πέμπτος, lat. *quin(c)tus*, (goth. *fimfta*), lith. *pènktas*, paléosl. *peṭŭ*, zd. *puχđa*, skr. véd. *panćathá*.

Le nombre cardinal n'ayant pas la nasale finale, ces formations sont conformes à la règle établie plus haut. Si, à côté de *panćathá*, le sanskrit — mais le sanskrit seul — nous montre déjà dans le Véda la forme *panćamá*, c'est que, pour nous servir de la formule commode de M. Havet, étant donnés *panća* et le couple *saptá-saptamá*, ou bien *dáça-daçamá* etc., l'Hindou en tira tout naturellement la *quatrième proportionnelle: panćamá* [1].

M. Ascoli, dans son explication du suffixe grec -τατο, prend pour point de départ les adjectifs ordinaux ἔνατος et δέκατος. Notre thèse ne nous force point à abandonner la théorie de M. Ascoli; il suffit d'ajouter une phase à l'évolution qu'il a décrite et de dire que ἔνατος, δέκατος sont eux-mêmes formés sur sol grec à l'image de τρίτος, τέταρτος, πέμπτος, ἕκτος [2].

La valeur phonétique primitive de la terminaison -*ama* des formes sanskrites, et de ce qui lui correspond dans les autres langues, est examinée ailleurs.

Il n'était pas inutile pour la suite de cette étude d'accentuer le fait, assez généralement reconnu, que la nasale finale des noms de nombre est un *m*, non pas un *n*. La valeur morphologique de cet *m* n'est du reste pas connue, et en le plaçant provisoirement sous la rubrique *syllabes suffixales* nous n'entendons en aucune manière trancher cette obscure question.

Outre la flexion proprement dite, deux opérations grammaticales peuvent faire subir aux suffixes des variations qui engendreront la nasale — ou la liquide — sonante, savoir la composition et la dérivation. Ce sont elles que nous étudierons maintenant [3].

C'est une loi constante à l'origine, que les suffixes qui expulsent leur *a* devant certaines désinences prennent aussi cette

---

1. On trouve inversément *saptátha*, zd. *haptaþa*, à côté de *saptamá*. En présence de l'accord à peu près unanime des langues congénères, y compris le grec qui a cependant une préférence bien marquée pour le suff. -το, on ne prétendra point que c'est là la forme la plus ancienne.

2. Nous n'avons malheureusement pas réussi à nous procurer un autre travail de M. Ascoli qui a plus directement rapport aux noms de nombre, intitulé: *Di un gruppo di desinenze Indo-Europee.*

3. Le nombre des liquides sonantes dûes à la même origine étant très-minime, nous n'avons fait qu'effleurer ce sujet à la page 18.

forme réduite, lorsque le thème auquel ils appartiennent devient
le premier membre d'un composé. Brugman K. Z. XXIV 10. Cf.
plus haut p. 18.

Le second membre du composé commence-t-il par une consonne, on verra naître la sonante à la fin du premier. Les langues
ariennes sont toujours restées fidèles à.cette antique formation:
skr. *nāma-dhéya* (= *nāmn̥-dhéya*)
Cette forme en -*a* qui ne se justifie que devant les consonnes s'est
ensuite généralisée de la même manière qu'au nomin.-acc. neutre:
on a donc en sanskrit *nāmāṅka* au lieu de *nāmnaṅka. — *açmāsyà*
de *açman* «rocher» et *āsyà* «bouche» 'est un exemple védique de
cette formation secondaire; c'est aussi le seul qui se trouve dans
le dictionnaire du Rig-Véda de Grassmann[1], et l'on a simultanément une quantité de composés dont le premier membre est
vŕ̥ṣan et qui offrent les restes du procédé ancien: *vr̥ṣan* composé
avec *áçva* par exemple, donne, non pas *vr̥ṣāçva*, mais *vr̥ṣaṇaçvá*,
ce qu'il faut traduire: *vr̥ṣn̥-n-açvá*. D'après l'analogie des thèmes
en -*r* (*pitrartha* de *pitar* et *artha*), on attendrait **vr̥ṣṇaçvá*; et nous
retrouvons ici l'alternative formulée plus haut dans *stāmn api*,
stāmn̥ api. Peut-être que dans la composition il faut comme dans
la phrase s'en tenir à la seconde formule, et que *pitrartha* doit en
fait d'ancienneté céder le pas à *vr̥ṣaṇaçva*.

Dans les composés grecs dont le premier membre est un
neutre en -μα, ὀνομα-κλυτός par exemple, on peut avec M. Brugman (Stud. IX 376) reconnaître un dernier vestige de la formation primitive, à laquelle s'est substitué dans tous les autres cas
le type ἀρρεν-ο-γόνος. Cf. p. 34 ἅπαξ et ἁπλόος.

DÉRIVATION. Il va sans dire qu'ici comme partout ailleurs
la sonante ne représente qu'un cas particulier d'un phénomène
général d'affaiblissement; qu'elle n'apparaîtra que si l'élément
dérivatif commence par une consonne. Voyons d'abord quelques
exemples du cas inverse, où le suffixe secondaire commence par
une voyelle. Déjà dans le premier volume du Journal de Kuhn
(p. 300), Ebel mettait en parallèle la syncope de l'*a* aux cas faibles du skr. *rā́jan* (gén. *rā́jñas*) et la formation de λίμν-η, ποίμν-η,

---

1. Ajouter cependant les composés des noms de nombre, tels que
saptā́çva, dáçāritra. Leur cas est un peu différent.

dérivés de λιμήν, ποιμήν. M. Brugman (Stud. IX 387 seq.) a réuni un certain nombre d'échantillons de ce genre qui se rapportent aux thèmes en -ar, et parmi lesquels on remarquera surtout lat. -sobrīnus = *-sosr-īnus, de soror. Cf. loc. cit. p. 256, ce qui est dit sur ὕμν-ο-ς, considéré comme un dérivé de ὑμήν.

L'élément dérivatif commence par une consonne:

Le suffixe -man augmenté de -ta devient -mṇta. Un exemple connu est: skr. çró-mata = v. haut-all. hliu-munt. Le latin montre, régulièrement, -mento: cognomentum, tegmentum etc.

Un suffixe secondaire -bha qui s'ajoute de préférence aux thèmes en -an sert à former certains noms d'animaux. Sa fonction se borne à *individualiser*, suivant l'expression consacrée par M. Curtius. Ainsi le thème qui est en zend *arshan* «mâle» n'apparaît en sanskrit que sous la forme amplifiée r̥ṣa-bhá (= r̥ṣṇ-bhá) «taureau». De même: vŕ̥ṣan, vr̥ṣa-bhá. A l'un ou à l'autre de ces deux thèmes se rapporte le grec Εἰραφ-ιώτης, éol. Ἐρραφ-εώτης, surnom de Bacchus[1], v. Curtius Grdz. 344.

Le grec possède comme le sanskrit un assez grand nombre de ces thèmes en -ṇ-bha, parmi lesquels ἔλ-αφο-ς est particulièrement intéressant, le slave j-elen-ĭ nous ayant conservé le thème en -en dont il est dérivé. M. Curtius ramène ἑλλός «faon» à *ἐλ-ν-ό-ς; ce serait une autre amplification du même thème el-en.

Les mots latins *columba, palumbes*, appartiennent, semble-t-il, à la même formation; mais on attendrait -emba, non -umba.

Le skr. yúvan «jeune», continué par le suff. -ça, donne yuvaçá. A qui serait tenté de dire que «la nasale est tombée», il suffirait de rappeler le lat. juven-cu-s. Le thème primitif est donc bien yauṇ-k₁á. Le goth. juggs semble être sorti de *jivuggs, *jiuggs; cf. *niun* pour *nivun*.

Skr. *párvata* «montagne» paraît être une amplification de *párvan* «articulation, séparation». On en rapproche le nom de pays Παρρασία, v. Vaniček Gr.-Lat. Et. W. 523.

Le thème grec ἐν- «un», plus anciennement *σεμ-, donne ἅ-παξ et ἁ-πλόος qui sont pour *σṃπαξ, *σṃπλοος. La même

---

1. L'ε initial n'est probablement qu'une altération éolo-ionienne (cf. ἔρσην) de l'α que doit faire attendre le r̥ de la forme sanskrite.

forme *sm̥-* se retrouve dans le lat. *sim-plex* = *sem-plex et dans l'indien *sa-kŕ̥t*.

Dans le Véda, les adjectifs en *-vant* tirés de thèmes en *-an*, conservent souvent l'*n* final de ces thèmes devant le *v: ómanvant, vŕ̥ṣaṇvant* etc. Cela ne doit pas empêcher d'y reconnaître la nasale sonante, car devant *y* et *w*, soit en grec soit en sanskrit, c'est *an* et non pas *a* qui en est le représentant régulier[1]. C'est ce que nous aurions pu constater déjà à propos du participe parf. actif, à la page 22 où nous citions *sasavā́n*. Cette forme est seule de son espèce, les autres participes comme *ǵaghanvā́n, vavanvā́n,* montrant tous la nasale. *sasavā́n* lui-même répugne au mètre en plusieurs endroits; Grassmann et M. Delbrück proposent *sasanvā́n*[2]. C'est en effet *-anvā́n* qu'on doit attendre comme continuation de *-ṇvā́n,* et *-ṇvā́n* est la seule forme qu'on puisse justifier morphologiquement: cf. *çuçukvā́n, ćakr̥vā́n.* Le zend *ǵaγnvāo* est identique à *ǵaghanvā́n.*

La formation des féminins en *-ī* constitue un chapitre spécial de la dérivation. Relevons seulement ceux que donnent les thèmes en *-vant* dont il vient d'être question: *nr̥-vátī, re-vátī* etc. Le grec répond par *-ϝεσσα* et non **-ϝασσα* comme on attendrait. Homère emploie certains adjectifs en *-ϝεις* au féminin: *ἐς Πύλον ἠμαθόεντα,* mais il ne s'en suit pourtant point que le fém. *-ϝεσσα* soit tout moderne: cela est d'autant moins probable qu'un primitif *-ϝεντya* est impossible: il eût donné *-ϝεισα.* Mais l'absence de la nasale s'explique par le **-ϝασσα* supposé, qui a remplacé son *α* par *ε* et qui, à part cela, est resté tel quel, se bornant à imiter le vocalisme du masculin.

Nous arrivons aux nasales sonantes des syllabes désinentielles, et par là au second mode de formation de ces phonèmes (v. page 19), celuî où l'*a*, au lieu d'être expulsé comme dans les

---

1. Cette évolution de la nasale sonante ne doit pas être mise en parallèle avec les phonèmes *ĭr* et *ŭr,* p. ex. dans *titirvän, pūryáte,* ou du moins seulement avec certaines précautions dont l'exposé demanderait une longue digression. L'existence du *r̥* dans *ćakr̥vän, ǵāgr̥vän, papr̥vän* etc., suffit à faire toucher au doigt la disparité des deux phénomènes.

2. On pourrait aussi conjecturer *sasūvän;* cf. *sātá, sāyáte.*

cas précédents, n'a existé à aucune époque. Il sera indispensable de tenir compte d'un facteur important, l'accentuation du mot, dont nous avons préféré faire abstraction jusqu'ici, et cela principalement pour la raison suivante, c'est que la formation des nasales — et liquides — sonantes de la première espèce, coïncidant presque toujours avec un *éloignement* de la tonique, l'histoire de leurs transformations postérieures est de ce fait même à l'abri de ses influences.

Au contraire, la formation des nasales sonantes de la seconde espèce est évidemment tout à fait indépendante de l'accent; il pourra donc leur arriver de supporter cet accent, et dans ce cas le traitement qu'elles subiront s'en ressentira souvent.

Nous serons aussi bref que possible, ayant peu de chose à ajouter à l'exposé de M. Brugman.

Pour les langues ariennes, la règle est que la nasale sonante portant le ton se développe en *an* et non pas en *a*.

DÉSINENCE -NTI DE LA 3ᵉ PERSONNE DU PLURIEL. Cette désinence, ajoutée à des thèmes verbaux consonantiques, donne lieu à la nasale sonante. La plupart du temps cette sonante est frappée de l'accent, et se développe alors en *an:*

    2ᵉ classe: *lih-ánti = lih-n̥ti*   7ᵉ cl.: *yuṅǵ-ánti = yuṅǵ-n̥ti*

Dans la 3ᵉ classe verbale, la 3ᵉ pers. du pluriel de l'actif a la particularité de rejeter l'accent sur la syllabe de redoublement; aussi la nasale de la désinence s'évanouit: *pí-pr-ati = pí-pr-n̥ti*. Il en est de même pour certains verbes de la 2ᵉ classe qui ont l'accentuation des verbes redoublés, ainsi *çás-ati* de *çās* « commander».

En ce qui concerne *dádhati* et *dúdati*, il n'est pas douteux que l'*a* des racines *dhā* et *dū* n'ait été élidé devant le suffixe, puisqu'au présent de ces verbes l'*a* n'est conservé devant *aucune* désinence du pluriel ou du duel: *da-dh-más, da-d-más* etc. La chose serait plus discutable pour la 3ᵉ pers. du pl. *ǵáhati* d'un verbe comme *hā* dont la 1ᵉ pers. du pl. fait *ǵa-hī-más*, où par conséquent l'*a* persiste, du moins devant les désinences commençant par une consonne. Néanmoins, même dans un cas pareil, toutes les analogies autorisent à admettre l'élision de l'*a* radical; nous nous bornons ici à rappeler la 3ᵉ pers. pl. du parf. *pa-p-ús* de *pā*, *ya-y-ús* de *yā*, etc. L'*a* radical persistant, il n'y aurait jamais eu de nasale sonante et l'*n* se serait conservé dans «*ǵá-ha-nti*», aussi bien qu'il s'est conservé dans *bhára-nti*. — Ceci nous amène à la forme correspondante de la 9ᵉ classe: *punánti*. Ici aussi nous diviserons: *pu-n-ánti* = *pu-n-n̥ti*, plutôt que d'attribuer l'*a* au thème; seulement la nasale est restée, grâce à l'accent, absolument comme dans *lihánti* [1].

La désinence -*ntu* de l'impératif passe par les mêmes péripéties que -*nti*.

LA DÉSINENCE -NT de l'imparfait apparaît, après les thèmes consonantiques, sous la forme -*an* pour -*ant*. Cette désinence recevant l'accent — ex. *vr-án* de *var* —, elle n'a rien que de régulier.

LA DÉSINENCE DU MOYEN -NTAI devient invariablement -*ate* en sanskrit, lorsqu'elle s'ajoute à un thème consonantique. C'est que, primitivement, la tonique ne frappait jamais la syllabe formée par la nasale, ce dont témoignent encore les formes védiques telles que *rihaté*, *aṅǵaté*. Brugman Stud. IX 294.

Au sujet de l'imparfait *liháta*, l'accentuation indo-européenne *righn̥tá* ne peut faire l'objet d'aucun doute, dès l'instant où l'on admet *righn̥tái* (*rihaté*). Quant à l'explication de la forme indienne, on peut faire deux hypothèses: ou bien le ton s'est déplacé dans une période relativement récente, comme pour le présent (véd. *rihaté*, class. *liháte*). Ou bien ce déplacement de l'accent remonte à une époque plus reculée (bien que déjà exclusivement arienne) où la nasale sonante existait encore, et c'est ce que suggère le védique *kránta* (Delbrück A. Verb. 74) comparé à *ákrata*. On dirait, à voir ces deux formes, que la désinence -*ata* n'appartient en réalité qu'aux formes pourvues de l'augment [2] et que dans toutes les autres la nasale sonante accentuée a dû devenir *an*, d'où la désinence -*anta*. Plus tard -*ata* aurait gagné du terrain, et *kránta* seul aurait subsisté comme dernier témoin du dualisme perdu. Cette seconde hypothèse serait superflue, si

---

1. S'il y a un argument à tirer de l'imparfait *apunata*, il est en faveur de notre analyse.

2. Il est certain que l'accentuation de ces formes a été presque partout sans influence sur le vocalisme, et qu'il faut toujours partir de la forme *sans augment*. Mais cela n'est pas vrai nécessairement au-delà de la période proethnique.

kránta était une formation d'analogie, comme on n'en peut guère
douter pour les formes que cite Bopp (Kr. Gram. d. Skr. Spr.
§ 279): *prāyuñíganta* etc. Cf. plus haut p. 10.

PARTICIPE PRÉSENT EN -NT. Le participe présent d'une
racine comme *vaç* «vouloir» (2ᵉ classe) fait au nom. pl. *uçántas*,
au gén. sg. *uçatás*. Dans les deux formes il y a nasale sonante;
seulement cette sonante se traduit, suivant l'accent, par *an* ou
par *a*. Au contraire dans le couple *tudántas, tudatás*, de *tud*
(6ᵉ classe), la seconde forme seulement contient une nasale sonante, et encore n'est-elle point produite de la même manière que
dans *uçatás:* **tudn̥tás* (*tudatás*) vient du thème *tuda₂nt-* et a perdu
un *a*, comme **tn̥-tá* (*tatá*) formé sur *tan;* tandis que **uçn̥tás*
(*uçatás*) vient du thème *uçn̥t-* et n'a jamais eu ni perdu d'*a*. —
Certaines questions difficiles se rattachant aux différents participes en -*nt* trouveront mention au chapitre VI.

Jusqu'ici l'existence de la nasale sonante dans les désinences
verbales en -*nti* etc., n'est assurée en réalité que par l'absence de
n dans les formes du moyen et autres, dans *rihaté* par exemple.
Les langues d'Europe avec leur vocalisme varié apportent des
témoignages plus positifs.

Les verbes slaves qui se conjuguent sans voyelle thématique
ont -*ętĭ* à la 3ᵉ pers. du plur.: *jadętĭ, vĕdętĭ, dadętĭ; cf. nesatĭ.*
De même les deux aoristes en -*s* font *nĕsę, nesosę*, tandis que
l'aoriste à voyelle thématique fait *nesǫ.*

Le grec montre, après les thèmes consonantiques, les désinences suivantes: à l'actif, -αντι (-ᾶσι), -ᾰτι (-ᾰσι); au moyen,
-αται, -ατο [1]. Les deux dernières formes n'offrent pas de difficulté;
il s'agit seulement de savoir pourquoi l'actif a tantôt -ατι, tantôt
-αντι. La désinence -ατι n'apparaît qu'au parfait: ἐϑώκατι, πε-
φήνᾶσι, mais le même temps montre aussi -αντι (-ᾶσι): γεγρά-
φᾶσι etc. Le présent n'a que -αντι. M. Brugman attribue à l'influence de l'accent la conservation de *n* au présent: ἔᾶσι = *sánti.*
En ce qui concerne le parfait, il voit dans -ατι la forme régulière [2]:
-αντι y a pénétré par l'analogie du présent ou plus probablement
par celle de parfaits de racines en α comme ἔστα-ντι, τέϑνα-ντι.

---

1. Hésychius a cependant une forme ἐσσύανται.
2. Ici il faut se souvenir que l'auteur regarde à bon droit le parfait
grec comme dénué de voyelle thématique; l'α n'appartient pas au thème.

— Ce qui est dit sur l'accent ne satisfait pas entièrement, car, ou bien il s'agit de l'accentuation que nous trouvons en grec, et alors ἕαντι ἐθώκατι se trouvent tous deux dans les mêmes conditions, ou bien il s'agit du ton primitif pour lequel celui du sanskrit peut servir de norme, et ici encore nous trouvons parité de conditions: *sánti, tutudús.* L'hypothèse *tútudati* ou *tutudatí,* comme forme plus ancienne de *tutudús* (p. 320) est sans fondement solide. L'action de l'accent sur le développement de la nasale sonante en grec demeure donc enveloppé de bien des doutes [1].

A la 3ᵉ pers. du plur. ἕλυσαν, -αν est désinence; le thème est λυσ, ainsi que le montre M. Brugman (p. 311 seq.). L'optatif λύσειαν est obscur. Quant à la forme arcadienne ἀποτίνοιαν, rien n'empêche d'y voir la continuation de -ṇt, et c'est au contraire la forme ordinaire τίνοιεν qu'on ne s'explique pas. Elle peut être venue des optatifs en ιη, comme δοίην, 3ᵉ pl. δοῖεν.

Parmi les participes, tous ceux de l'aoriste en σ contiennent la nasale sonante: λύσαντ. Au présent il faut citer le dor. ἕασσα (Ahrens II 324) et γεκαθά (ἐχοῦσα, Hes.) que M. Mor. Schmidt change à bon droit en γεκᾶσα. Toute remarque sur une de ces deux formes ferait naître à l'instant une légion de questions si épineuses que nous ferons infiniment mieux de nous taire.

DÉSINENCE -NS DE L'ACCUSATIF PLURIEL. L'arien montre après les thèmes consonantiques: -as: skr. *ap-ás,* ce qui serait régulier, n'était l'accent qui frappe la désinence et qui fait attendre **-ăn = *-áns.* M. Brugman a développé au long l'opinion que cette forme de la flexion a subi dans l'arien une perturbation;

---

1. La question est inextricable. Est-on certain que les formes du présent n'ont pas, elles aussi, cédé à quelque analogie? Au parfait, on n'est pas d'accord sur la désinence primitive de la 3ᵉ pers. du pluriel. Puis il faudrait être au clair sur l'élision de l'*a* final des racines, devant les désinences commençant par une sonante: lequel est le plus ancien de τίθε-ντι ou de *ǵáhati = ǵah-ṇti?* Plusieurs indices, dans le grec même, parleraient pour la seconde alternative (ainsi τιθέασι, arcad. ἀπυδόας seraient un vestige de **τιθαντι — ou *τιθατι? —, *ἀποδας;* la brève de γνούς, ἔγνον s'expliquerait d'une manière analogue). Enfin les formes étonnantes de la 3ᵉ p. pl. de la rac. *as* «être» ne contribuent pas, loin de là, à éclaircir la question, et pour brocher sur le tout, on peut se demander, comme nous le ferons plus loin, si la 3ᵉ pers. du plur. indo-européenne n'était pas une forme à syllabe radicale forte, portant le ton *sur la racine.*

que primitivement l'accusatif pluriel a été un cas fort, comme il
l'est souvent en zend et presque toujours dans les langues européennes, et que l'accent reposait en conséquence sur la partie
thématique du mot. Nous ne pouvons que nous ranger à son
avis. — La substitution de l'*a* à la nasale sonante précède ce
bouleversement de l'accusatif pluriel; de là l'absence de nasale.

Le grec a régulièrement -*ας*: *πόδ-ας*, cf. *ἵππους*. Les formes
crétoises comme *φοινίκ-ανς* ne sont dûes qu'à l'analogie de *πρει-*
γευτά-νς etc. Brugman loc. cit. p. 299. — Le lat. -*ēs* peut descen-
dre en ligne directe de -*n̥s, -ens;* l'ombr. *nerf* = **nerns.* — L'acc.
goth. *broþruns* est peut-être, malgré son antiquité apparente,
formé secondairement sur *broþrum,* comme le nom. *broþrjus.* Cf.
p. 47.

DÉSINENCE -M. (*Accusatif singulier et 1ᵉ pers. du sing.*) L'acc.
sing. *pắdam* et la 1ᵉ pers. de l'imparf. *ằsam* (rac. *as*) se décom-
posent en *pād* + *m, ās* + *m.*

D'où vient que nous ne trouvions pas «*pắdă, ằsa*», comme plus haut
nắma, dắça? La première explication à laquelle on a recours est infailli-
blement celle-ci: la différence des traitements tient à la différence des
nasales: *pắdam* et *ằsam* se terminent par un *m, nắma* et *dắça* par un *n.*
C'est pour prévenir d'avance et définitivement cette solution erronée, que
nous nous sommes attaché (p. 29 seq.) à établir que la nasale de *dắça* ne
peut être que la nasale labiale; il faut donc chercher une autre réponse
au problème. Voici celle de M. Brugman (loc. cit. p. 470): «laissée à elle-
«même, la langue semble avoir incliné à rejeter la nasale, et dans *dắça*
«elle a donné libre cours à ce penchant, mais l'*m* dans *pắdam* était tenu
«en bride par celui de *ắçva-m,* et dans *ằsam* par celui de *ắbhara-m.*» Ceci
tendrait à admettre une action possible de l'analogie sur le cours des
transformations phonétiques, qu'on regarde d'ordinaire comme étant toujours purement mécaniques; principe qui n'a rien d'inadmissible en lui-
même, mais qui demanderait encore à être éprouvé. Si nous consultons
les langues congénères, le slave nous montre l'acc. sing. *matere*[1] = skr.
mātáram, mais *ime̜* = skr. *nắma;* le gothique a l'acc. sing. *fadar* = skr.
pitáram, mais *taíhun* = skr. *dắça.* Ceci nous avertit, je crois, d'une différence primordiale. Plus haut nous avons admis qu'un mot indo-européen
stắm̥ (skr. *sthắma*) restait toujours disyllabique, que, suivi d'une voyelle,

---

1. M. Scholvin dans son travail *Die declination in den pannon.-sloven.*
denkmälern des Kirchensl. (Archiv f. Slav. Philol. II 523), dit que la syn-
taxe slave ne permet pas de décider avec sûreté si *matere* est autre chose
qu'un génitif, concède cependant qu'il y a toute probabilité pour que cette
forme soit réellement sortie de l'ancien accusatif.

il ne devenait point *stāmn* [1]. On peut se représenter au contraire que l'acc. *patarm* faisait *patarm͜ api*, et admettre même que *patarm* restait disyllabique devant les consonnes: *patarm͜ tasya* [2]. Sans doute on ne doit pas vouloir poser de règle parfaitement fixe, et la consonne finale du thème amenait nécessairement des variations; dans les accusatifs comme *bharantm*, une prononciation disyllabique est impossible devant les consonnes. Mais nous possédons encore les indices positifs d'un effort énergique de la langue tendant à ce que l'*m* de l'accusatif ne formât pas une syllabe: ce sont les formes comme skr. *ušắm*, zd. *ushām* = *ušásm, *pánthām*, zd. *pañtām* = *pánthanm [3], et une foule d'autres que M. Brugman a traitées Stud. 307 seq. K. Z. XXIV 25 seq. Certains cas comme *Zῆν* = *dyắm*, *βῶν* = *gắm*, semblent remonter plus haut encore. De même, dans le verbe, on a la 1re pers. *vam* = *varm (Delbrück, A. Verb. p. 24). Si cette prononciation s'est perpétuée jusqu'après la substitution de l'*a* à la nasale sonante, on conçoit que l'*m* de *patarm* et *āsm*, ait été sauvé et se soit ensuite développé en -*am* par svarabhakti. — Le goth. *fadar* pour *fadarm a perdu la consonne finale, tandis que *tehm se développait en *taihun*. En ce qui concerne la première personne du verbe, M. Paul a ramené le subjonctif *bairau* à *bairaj-u = skr. *bhárey-[a]m;* si cet -*u* ne s'accorde guère avec la disparition totale de la désinence dans *fadar*, il laisse subsister du moins la différence avec les noms de nombre, qui ont -*un*. M. Brugman a indiqué (p. 470) une possibilité suivant laquelle l'acc. *tunþu* appartiendrait à un thème *tunþ-;* l'accord avec *bairau* serait alors rétabli; mais pourquoi *fadar* et non «*fadaru*»? Doit-on admettre une assimilation de l'accusatif au nominatif? — Le slave *materem, *matere* doit s'être développé sur *materm encore avant l'entrée en vigueur de la loi qui a frappé les consonnes finales. La première personne des aoristes non-thématiques *něsŭ*, *nesochŭ* n'est plus une forme pure: elle a suivi l'analogie de l'aoriste thématique. Du côté opposé nous trouvons *imę* pour *imn̥*. — Nous aurions dû faire remarquer plus haut déjà que la règle établie par M. Leskien suivant laquelle un *ǫ* final contient toujours un ancien *ā long* n'entraîne pas d'impossibilité à ce que *ę* dans les mêmes conditions continue une nasale sonante; car ce dernier phonème a pu avoir une action toute spéciale (cf.

---

1. Pour les neutres en -*man* qui sont dérivés d'une racine terminée par une consonne, c'est *la seule supposition possible*, attendu que *n* se trouvait alors précédé de deux consonnes (*vaknn̥*, *sadmn̥*) et que dans ces conditions il était presque toujours forcé de faire syllabe même devant une voyelle. — Pour ce qui est des noms de nombre on remarquera que le dissyllabisme de *saptm̥* est prouvé par l'accent concordant du skr. *saptá*, du gr. *ἑπτά* et du goth. *sibun*, lequel frappe la nasale.

2. Cf. la prononciation de mots allemands comme *harm*, *lärm*.

3. Ces formes, pour le dire en passant, sont naturellement importantes pour la thèse plus générale que la désinence de l'accus. des thèmes consonantiques est -*m* et non -*am*.

goth. *taíhun* etc. où il a conservé la nasale contre la règle générale), et l'*ę*
ne termine le mot que dans ce cas-là. — En grec et en latin les deux finales
se sont confondues dans un même traitement.

Mentionnons encore la 1ᵉ pers. du parf. skr. *véd-a*, gr. οἶδ-α.
Aux yeux de M. Brugman la désinence primitive est -*m*. Dans ce
cas, dit M. Sievers, le germ. *vait* est parti de la 3ᵉ personne, car
le descendant normal de *vaidṃ* serait «*vaitun*».

En résumé, la somme de faits dont il a été question dans
ce chapitre et dont nous devons la découverte à MM. Brugman et
Osthoff[1] est extrêmement digne d'attention. Ces faits trouvent
leur explication dans l'hypothèse des mêmes savants de liquides
et de nasales sonantes proethniques, que nous regardons à l'ave-
nir comme parfaitement assurée. — Résumons les arguments les
plus saillants qui parlent en sa faveur:

1. Pour ce qui est des liquides, quiconque ne va pas jusqu'à
nier le lien commun que les faits énumérés ont entre eux, devra
reconnaître aussi que l'hypothèse d'un *r* voyelle est celle qui en
rend compte de la manière la plus simple, celle qui se présente
le plus naturellement à l'esprit, puisque ce phonème existe, puisqu'on le trouve à cette place dans une des langues de la famille,
le sanskrit. — Dès lors il y a une forte présomption pour que
les nasales aient pu fonctionner de la même manière.

2. Certaines variations du vocalisme au sein d'une même
racine qui s'observent dans plusieurs langues concordamment,
s'expliquent par cette hypothèse.

3. L'identité théorique des deux espèces de nasales sonantes
— celles qui doivent se produire par la chute d'un *a* (τατός) et
celles qu'on doit attendre de l'adjonction à un thème consonantique d'une désinence commençant par une nasale (ἤαται) — est
vérifiée par les faits phonétiques.

4. Du même coup les dites désinences se trouvent ramenées
à une unité: il n'est plus nécessaire d'admettre les doublets: -*anti*,
-*nti*; -*ans*, -*ns*, etc.

---

1. L'hypothèse des liquides sonantes indo-européennes a été faite il y
a deux ans par M. Osthoff, *Beiträge de Paul et Braune* III 52, 61. La loi
de correspondance plus générale qu'il établissait a été communiquée avec
son autorisation dans les Mémoires de la Soc. de Ling. III 282 seq. Malheureusement ce savant n'a donné nulle part de monographie complète du sujet.

5. L'idée qu'on avait, que les nasales ont pu dans certains cas être rejetées dès la période proethnique conduit toujours, si l'on regarde les choses de près, à des conséquences contradictoires. La théorie de la nasale sonante supprime ces difficultés en posant en principe que dans la langue mère aucune nasale n'a été rejetée.

En fait d'objections, on pourrait songer à attaquer la théorie précisément sur ce dernier terrain, et soutenir la possibilité du rejet des nasales en se basant sur le suffixe sanskrit *-vaṃs* qui fait *-uš* aux cas très-faibles; le grec *-υια* = *-uší* prouve que cette dernière forme est déjà proethnique. Dans l'hypothèse de la nasale sonante la forme la plus faible n'aurait jamais pu donner que *-vas* = *-wṇs*. Mais il est hautement probable, comme l'a fait voir M. Brugman K. Z. XXIV 69 seq. que la forme première du suffixe est *-was*, qu'il n'a été infecté de la nasale aux cas forts que dans le rameau indien de nos langues, et cela par voie d'analogie [1].

M. Joh. Schmidt, tout en adhérant en général à la théorie de M. Brugman dans la recension qu'il en a faite *Jenaer Literaturz.* 1877 p. 735, préférerait remplacer la nasale sonante par une nasale précédée d'une voyelle irrationnelle: *āsᵃntaí* = *ἤαται*. Il ajoute: «si l'on voulait en se fondant sur *ukšnás*, ramener *ukšá-*«bhis à *ukšṇbhís*, il faudrait aussi pour être conséquent, faire sortir «*çvábhis, pratyágbhis* de **çunbhís, *pratīgbhís.*» L'argument est des mieux choisis, mais on ne doit pas perdre de vue le fait suivant, c'est que les groupes $i + n$, $u + n$, ou bien $i + r$, $u + r$ peuvent toujours se combiner de deux manières différentes, suivant qu'on met l'accent syllabique sur le premier élément ou sur le second — ce qui ne change absolument rien à leur nature. On obtient ainsi: *in* ou *yṇ* (plus exactement *i̯ṇ*), *un* ou *wṇ* (*u̯ṇ*) etc. Or l'observation montre que la langue se décide pour la première ou pour la seconde alternative, suivant que le groupe est suivi

---

1. On peut faire valoir entre autres en faveur de cette thèse le mot *anaḍvah*, nomin. *anaḍvān* qui vient de la racine *vah* ou de la racine *vadh:* on n'a jamais connu de nasale à aucune des deux. Puis le mot *púmān* dont l'instr. *pumsá* ne s'explique qu'en partant d'un thème *pumas* sans nasale. Il est vrai que ce dernier point n'est tout à fait incontestable que pour qui admet déjà la nasale sonante.

d'une voyelle ou d'une consonne: *çu + n + as* devient *çunas*,
non *çuṇ(n)as; çu + n + bhis* devient *çuṇbhis* (= *çvabhis*), non
çuṅbhis. Les liquides attestent très-clairement cette règle: la
racine *war*, privée de son *a*, deviendra *ur* devant le suff. *-u: uru*,
mais *wṛ* devant le suff. *-ta: vṛta*[1].

On pourrait encore objecter que *ukṣṇbhis* est une reconstruction inutile puisque dans *dhaníbhis* de *dhanín* où il n'est pas
question de nasale sonante nous remarquons la même absence
de nasale que dans *ukṣábhis*. Mais les thèmes en *-in* sont des formations obscures, probablement assez récentes, qui devaient
céder facilement à l'analogie des thèmes en *-an*. On peut citer à
ce propos la forme *maghóśu* de *maghávan* assurée par le mètre
R. V. X 94, 14 dans un hymne dont la prosodie est, il est vrai,
assez singulière. Des cas très-faibles comme *maghónas* on avait
abstrait un thème *maghon-*: de ce thème on tira *maghóśu*, comme
de *ukṣan ukṣásu*.

La chronologie de la nasale sonante est assez claire pour
les langues asiatiques où elle devait être remplacée dès la période
indo-iranienne par une voyelle voisine de l'*a*, mais qui pouvait
en être encore distincte. Pour le cas où la nasale sonante suivie
d'une semi-voyelle apparaît en sanskrit sous la forme *an* (p. 35),
le zend *ġaγnváo* = *ġaghanváṅ* prouve qu'à l'époque arienne il n'y
avait devant la nasale qu'une voyelle irrationnelle[2].

---

1. Les combinaisons de deux sonantes donnent du reste naissance à
une quantité de questions qui demanderaient une patiente investigation
et qu'on ne doit pas espérer de résoudre d'emblée. C'est pourquoi nous
avons omis de mentionner plus haut les formes comme *ćinvánti, δεικνύασι*
(cf. *δεικνῦσι*); *ćinvánt*, cf. *δεικνύς*. La règle qui vient d'être posée semble
cependant se vérifier presque partout dans l'arien, et probablement aussi
dans l'indo-européen. Certaines exceptions comme *purún* (et non «*pur-
vas*») = *purú + ns*, pourront s'expliquer par des considérations spéciales:
l'accent de *purú* repose sur l'*u* final et ne passe point sur les désinences
casuelles — le gén. pl. *purúṇám* à côté de *purúṇām* a un caractère récent —; l'*u* est par conséquent forcé de rester voyelle: dès lors la nasale
sera consonne, et la forme **purúns* se détermine. Les barytons en *-u*
auront ensuite suivi cette analogie.

2. Si le skr. *amá* «domi» pouvait se comparer au zd. *nmāna* «demeure», on aurait un exemple de *a = ṇ* produit dans la période indienne.
Mais le dialecte des Gāthās a *demāna* (Spiegel Gramm. der Ab. Spr.
p. 346), et cette forme est peut-être plus ancienne?

Les indices que fournissent les langues classiques, ceux du moins que j'ai aperçus, sont trop peu décisifs pour qu'il vaille la peine de les communiquer. Dans les langues germaniques, M. Sievers (*Beiträge de P. et B.* V 119) montre que la naissance de l'*u* devant les sonantes *r̥*, *l̥*, *m̥*, *n̥*, *ṅ̥*, date de la période de leur unité et ne se continue point après la fin de cette période. Ainsi le goth. *sitls*, c'est-à-dire *sitl̥s*, qui, ainsi que l'a prouvé l'auteur, était encore *setlas à l'époque de l'unité germanique, n'est point devenu «*situls*».

§ 3. Complément aux paragraphes précédents.

Il faut distinguer des anciennes liquides et nasales sonantes différents phénomènes de svarabhakti plus récents qui ont avec elles une certaine ressemblance.

C'est ainsi qu'en grec le groupe *consonne* + *nasale* + *y* devient *consonne* + *avy*[1]: ποιμν + yω donne *ποιμανyω, ποι-μαίνω; τι-τν + yω donne *τιτανyω, τιταίνω; le dernier verbe est formé comme ἵζω qui est pour σι-σδ-yω (v. Osthoff, *das Verbum etc.* p. 340). Les féminins τέκταινα pour *τεκτν-yα, Λάκαινα, ζύγαινα etc. s'expliquent de la même manière.

Les liquides sont moins exposées à ce traitement, comme l'indique par exemple ψάλτρια en regard de Λάκαινα. Le verbe ἐχθαίρω dérive peut-être du thème ἐχθρό, mais les lexicographes donnent aussi un neutre ἔχθαρ. — En revanche l'éolique offre:

---

1. On peut néanmoins considérer l'*αν* ainsi produit comme représentant une nasale sonante, la nasale, comme dans le skr. *ǵaghanvā́n* = *ǵaghn̥vā́n (p. 35) ayant persisté devant la semi-voyelle. Ainsi ποιμαίνω = ποιμ̥νyω. Dans un mot comme *ποιμνyον, s'il a existé, la langue a résolu la difficulté dans le sens inverse, c'est-à-dire qu'elle a dédoublé *y* en *iy*: *ποίμνιyον, grec historiq. ποίμνιον. Nous retrouvons les deux mêmes alternatives dans les adverbes védiques en -*uyā* ou -*viyā*: *ā́çuyā se résout en ā́çuyā́, tandis que *ur̥vyā devient ur̥viyā́. Dans ces exemples indiens on ne voit pas ce qui a pu déterminer une forme plutôt que l'autre. Dans le grec au contraire, il est certain que la différence des traitements a une cause très-profonde, encore cachée il est vrai; le suffixe de ποίμνιον est probablement non -*ya*, mais -*ia* ou -*iya*: il y a entre ποιμαίνω et ποίμνιον la même distance qu'entre ἄζομαι et ἅγιος ou qu'entre οὖσα et οὐσία. La loi établie par M. Sievers *Beitr. de P. et B.* V 129 n'éclaircit pas encore ce point.

Πέρραμος = *Πρίαμος*, *ἀλλότερρος* = *ἀλλότριος*, *μέτερρος* = *μέτριος*, *κόπερρα* = *κόπρια* (Ahrens I 55); ces formes sont bien dans le caractère du dialecte: elles ont été provoquées par le passage de l'*i* à la spirante jod — d'où aussi *φθέρρω*, *κτέννω* — qui changea *Πρίαμος* en *Πρjαμος*. C'est alors que la liquide développa devant elle une voyelle de soutien, qui serait certainement un *α* dans tout autre dialecte, mais à laquelle l'éolien donne la teinte *ε*. Dans des conditions autres, *ἅμ-ᾰ* est, suivant une explication que M. Brugman m'autorise à communiquer, sorti de *σμ-α* qui est l'instrumental de *εἷς* «un» (thème *sam-*); tandis que *μία* pour *σμ-ία* (Curtius Grdz. 395) s'est passé du soutien vocalique.

On peut ramener la prépos. *ἄνευ* à *σνευ* qui serait le locatif de *snu* «dos»; le Véda a un loc. *sắno* qui diffère seulement en ce qu'il vient du thème fort. Pour le sens cf. *νόσφι* (Grdz. 320). On trouve du reste en sanskrit: *sanutár* «loin», *sánutya* «éloigné» qui semblent être parents de *snu; sanutár* est certainement pour *snutár;* cf. *sanúbhis* s. v. *snú* chez Grassmann. Ce savant fait aussi de *sanitúr* un advérbe voisin de *sanutár;* dans ce cas le goth. *sundro* nous donnerait l'équivalent européen. Cf. enfin le latin *sine.*

La 1ʳᵉ pers. du pl. *ἐλύσαμεν* est pour *ἐλυσμεν*. Cette forme est avec *ἔλυσα, ἔλυσαν* et le part. *λύσας* la base sur laquelle s'est édifié le reste de l'aoriste en *-σα.*

L'aor. *ἔκτανον* de *κτεν* appartient à la même formation que *ἔ-σχ-ον* (p. 9). Il doit son *α* à l'accumulation des consonnes dans *ἔ-κτν-ον*. L'*α* de *ἔδραμον* a la même origine, à moins, ce qui revient assez au même, que *ρα* ne représente *ṛ* et qu'on ne doive assimiler *ἔδραμον* à *ἔτραπον.* — *σπαρέσθαι,* s'il existe (Curtius Verb. II 19), remonte semblablement à *σπρέσθαι* [1].

---

[1]. Les aoristes du passif en *-θη* et en *-η* sont curieux, en ce sens que la racine prend chez eux la forme réduite, et cela avec une régularité que la date récente de ces formations ne faisait pas attendre. Exemples: *ἐτάθην, ἐτάρφθην; ἐκλάπην, ἐδράκην.* A l'époque où ces aoristes prirent naissance, non-seulement une racine *δερκ* avait perdu la faculté de devenir *δṛκ*, mais il n'est même plus question d'existence propre des racines; leur vocalisme est donc emprunté à d'autres thèmes verbaux (par exemple l'aoriste thématique actif, le parfait moyen), et il nous apprend seulement que le domaine des liquides et nasales sonantes était autrefois fort étendu. Néanmoins certaines formes de l'aor. en *-η* restent inexpliquées: ce sont

Le germanique est très-riche en phénomènes de ce genre; c'est, comme on pouvait attendre, l'*u* qui tient ici la place de l'*α* grec. M. Sievers (loc. cit. p. 119) ramène la 1re pers. pl. parf. *biṇum* à *bitṃ* né lors de la chute de l'*a* de *(*bi*)*bitmá*. Cf. plus haut p. 11 i. n. — M. Sievers explique semblablement *lauhmuni*, p. 150.

M. Osthoff considère le dat. pl. *broþṛum* (l'*u* de ce cas est commun à tous les dialectes germaniques) comme étant pour *broþṛm*, skr. *bhrātṛbhyas*. Mais il reste toujours la possibilité que la syllabe *um* soit ici de même nature que dans *bitum*. En d'autres termes l'accent syllabique pouvait reposer sur la nasale, aussi bien que sur la liquide. Cf. les datifs du pluriel gothiques *bajoþum*, *menoþum*, où la liquide n'est point en jeu.

Quant aux participes passifs des racines à liquides ou à nasales de la forme A (p. 8), comme *baurans* en regard du skr. *babhrāṇá*, il faut croire que la voyelle de soutien est venue, le besoin d'ampleur aidant, de certains verbes où la collision des consonnes devait la développer mécaniquement, ainsi dans *numans* pour *nmans, *stulans* pour *stlans. Ajoutons tout de suite que les formes indiennes comme *ça-çram-āṇá* (= *ça-çṛmm-āṇá*) présentent le même phénomène, et que dans certaines combinaisons il date nécessairement de la langue-mère. En thèse générale, les insertions récentes dont nous parlons se confondent souvent avec certains phonèmes indo-européens dont nous aurons à parler plus tard, et qu'il suffit d'indiquer ici par un exemple: goth. *kaurus* = gr. *βαρύς*, skr. *gurú*.

On sait l'extension qu'a prise dans l'italique le développement des voyelles irrationnelles. Le groupe ainsi produit avec une liquide coïncide plus ou moins avec la continuation de l'ancienne liquide sonante; devant *m* au contraire nous trouvons ici *e*, là *u:* (*e*)*sm*(*i*) devient *sum*, tandis que *pedm* devient *pedem*. Un *n* semble préférer la voyelle *e: genu* est pour *gnu, *sinus* pour *snus (skr. *snú*. Fick W. I³ 226).

---

celles comme *ἐάλη*, *ἐδάρην*, où *αλ*, *αρ* est suivi d'une voyelle. Ces formes, comme nous venons de voir, se présentent et se justifient à l'aoriste actif *après une double consonne*, mais non dans d'autres conditions: il faut donc que *ἐάλην*, *ἐδάρην* soient formés secondairement sur l'analogie de *ἐτάρπην*, *ἐδράκην* etc. qui eux-mêmes s'étaient dirigés sur *ἐταρπόμην*, *ἔδρακον* etc.

En zend, ce genre de phénomènes pénètre la langue entière; c'est en général un *e* qui se développe de la sorte. — Le sanskrit insère un *a* devant les nasales; nous en avons rencontré quelques cas précédemment; la prosodie des hymnes védiques permet, comme on sait, d'en restituer un grand nombre. D'autres fois l'*a* se trouve écrit: *tatane* à côté de *tatné*, *kšamá* à côté de *kšmás*. L'accent de *kšamá* suffirait pour déterminer la valeur de son *a*; si cet *a* avait été de tout temps une voyelle pleine, il porterait le ton: «*kšámā*».

————

En quittant les liquides et nasales sonantes, phonèmes dûs la plupart du temps à la chute d'un *a*, il est impossible de ne pas mentionner brièvement le cas où l'*a est empêché d'obéir aux lois phonétiques qui demandent son expulsion.* Ce cas ne se présente jamais pour les racines de la forme A et B (p. 8), le coefficient sonantique étant toujours prêt à prendre le rôle de voyelle radicale. Au contraire les RACINES DE LA FORME C ne peuvent, sous peine de devenir imprononçables, se départir de leur *a* que dans certaines conditions presque exceptionnelles.

Devant un suffixe commençant par une *consonne* elles ne le pourront jamais[1]. Les formes indiennes comme *taptá*, *sattá*, *tašṭá*, les formes grecques comme ἑκτός, σκεπτός etc., pouvaient-elles perdre leur *a*, leur ε̆? Non, évidemment; et par conséquent elles n'infirment en aucune façon le principe de l'expulsion de l'*a*.

Le suffixe commence-t-il par une *voyelle* et demande-t-il en même temps l'affaiblissement de la racine, cet affaiblissement pourra avoir lieu dans un assez grand nombre de cas. Nous avons rencontré plus haut σχ-εῖν, σπ-εῖν, πτ-έσθαι etc. des racines σεχ, σεπ, πετ etc. En sanskrit on a par exemple *bá-ps-ati* de *bhas*, *á-kš-an* de *ghas* lequel donne aussi par un phénomène analogue la racine secondaire *ǵa-kš*. Le plus souvent l'entourage des consonnes ne permettra pas de se passer de l'*a*. Prenons par exemple le participe parfait moyen sanskrit, lequel rejette l'*a* radical: les racines *bhar* de la forme A et *vart* de la forme B suivront la règle sans difficulté: *ba-bhr-āṇá*, *va-vṛt-āná*. De même *ghas*, bien qu'étant de la

————

1. On a cependant en sanskrit *gdha*, *gdhi*, *sá-gdhi*, zd. *ha-γδaṅhu*, venant de *ghas* par expulsion de l'*a* et suppression de la sifflante (comme dans *pumbhís*).

forme C, donnerait s'il se conjuguait au moyen: *$\acute{g}a$-$\check{k}\check{s}$-$\bar{a}\eta\acute{a}$; mais
telle autre ra̍cine de la forme C, $spa\varsigma$ par exemple, sera contrainte
de garder l'a: pa-$spa\varsigma$-$\bar{a}n\acute{a}$. Ce simple fait éclaire tout un paradigme germanique: à $babhr\bar{u}\eta\acute{a}$ répond le goth. $baurans$, à $vav\mathring{r}$-
$t\bar{a}n\acute{a}$ le goth. $vaur\dh ans$; le type $paspa\varsigma\bar{a}n\acute{a}$, c'est $gibans$. Tous les
verbes qui suivent l'$ablaut$ $giba$, gab, $gebun$, $gibans$, ont au parti-
cipe passif un e (i) pour ainsi dire illégitime et qui bien que très-
ancien n'est là que par raccroc.

Il y a dans les différentes langues une multitude de cas de
ce genre, que nous n'avons pas l'intention d'énumérer ici. La
règle pratique très-simple qui s'en dégage, c'est que, lorsqu'on
pose la question: «telle classe de thèmes a-t-elle l'habitude de
conserver ou de rejeter l'a (e) radical?», on doit se garder de
prendre pour critère des formes où l'a (e) ne $pouvait$ pas tomber.

C'est ici le lieu de parler brièvement de ce qui se passe dans
les racines dont as et wak peuvent servir d'échantillons. Il est
permis à la rigueur de les joindre au type C; mais chacun voit
que la nature sonantique de la consonne initiale chez wak et
son absence totale chez as créent ici des conditions toutes particulières.

Chez les racines comme as, peu nombreuses du reste, la
chute de l'a, n'entraîne point de conflit ni d'accumulation de
consonnes. Elle est donc possible, et en temps et lieu elle devra
normalement se produire. De là la flexion indo-européenne: $\acute{a}s$-mi,
$\acute{a}s(\text{-}s)i$, $\acute{a}s$-ti; s-$m\acute{a}si$, s-$t\acute{a}$ etc. Optatif: s-$y\acute{a}m$. Impératif: (?)z-$dh\acute{i}$
(zend $\varepsilon d\bar{\imath}$). Voy. Osthoff K. Z. XXIII 579 seq. Plus bas nous ren-
contrerons skr. d-$\acute{a}nt$, lat. d-ens, participe de ad «manger».

La ra̍cine wak est en sanskrit $va\varsigma$ et fait au pluriel du pré-
sent $u\varsigma$-$m\acute{a}s$; on a semblablement $\check{\imath}s$-$\underset{.}{t}\acute{a}$ de $ya\acute{g}$, $\mathring{r}\acute{g}$-$\acute{u}$ de $ra\acute{g}$ etc.
Quel est ce phénomène? Un affaiblissement de la racine, sans
doute; seulement il est essentiel de convenir que ce mot $affaiblis$-
$sement$ ne signifie jamais rien autre chose que $chute$ de $l'a$. C'est
laisser trop de latitude que de dire avec M. Brugman (loc. cit.
p. 324) «$Vocalwegfall$ unter dem Einfluss der Accentuation.» Entre
autres exemples on trouve cités à cette place indo-eur. $snus\acute{a}$ «bru»
pour $sunus\acute{a}$, skr. $str\acute{\imath}$ «femme» pour *$sutr\acute{\imath}$. Lors même que dans
ces mots un u serait tombé (la chose est indubitable pour le véd.
$\varsigma masi$ = $u\varsigma m\acute{a}si$), il s'agirait ici d'un fait absolument anormal

qu'on ne saurait mettre en parallèle et qui est plutôt en contradiction avec la loi de l'expulsion de l'*a*, car un corollaire de cette
loi, c'est précisément que les *coefficients de l'a* se maintiennent.
Gardons-nous aussi de prononcer le mot *samprasāraṇa*: ce terme,
il est vrai, désigne simplement le passage d'une semi-voyelle
à l'état de voyelle; mais en réalité il équivaut dans tous les
ouvrages de linguistique à: rétrécissement des syllabes *ya, wa,*
ra (ye, we; yo, wo) en *i, u, ṛ*. Dans l'esprit de celui qui emploie
le mot *samprasāraṇa*, il y a inévitablement l'idée d'une action
spéciale de *y, w, r* sur la voyelle qui suit, et d'une force absor-
bante dont jouiraient ces phonèmes. Si tel est le sens qu'on
attache au mot *samprasāraṇa*, il faut affirmer nettement que
les affaiblissements proethniques n'ont rien à faire avec le *sam-*
prasāraṇa. L'*a* tombe, voilà tout. Et ce n'est point par plusieurs
phénomènes différents, mais bien par un seul et même phénomène que *pa-pt-ús* est sorti de *pat, s-mási* de *as, rih-mási* de *raigh,*
uç-mási de *wak*. — D'ailleurs, lorsque dans des périodes plus
récentes nous assistons véritablement à l'absorption d'un *a* par
i ou *u*, la voyelle qui en résulte est dans la règle une longue.

Plus haut, nous n'avons fait qu'indiquer ce mode de formation des liquides sonantes, ainsi τρέπω donnant ἔτραπον;
mṛdú, pṛthú des racines *mrad* et *prath*. La liste serait longue. Il
vaut la peine de noter le gr. τρεφ qui, outre ἔτραφον et τέθραμ-
μαι, présente encore la sonante régulière dans l'adjectif ταρφύς.

Chapitre II.

Le phonème *A* dans les langues européennes.

---

§ 4. La voyelle *a* des langues du nord a une double origine.

La tâche que nous nous étions posée dans le chapitre précédent n'était qu'un travail de déblai: il s'agissait de dégager l'*a*,
l'ancien et le véritable *a* — un ou complexe, peu importe ici —
de tout l'humus moderne que différents accidents avaient amassé
sur lui. Cette opération était tellement indispensable que nous

n'avons pas craint de nous y arrêter longtemps, de dépasser même les limites que nous fixait le cadre restreint de ce petit volume.

Il est possible à présent de condenser en quelques mots le raisonnement qui nous conduit à la proposition énoncée en tête du paragraphe.

1. L'*u* (*o*) germanique n'entre plus en considération dans la question de l'*a*. Il sort toujours d'une liquide ou d'une nasale sonante, lorsqu'il n'est pas l'ancien *u* indo-européen.

2. Il n'y a plus dès lors dans le groupe des langues du nord que 2 voyelles à considérer: l'*e*, et ce que nous appellerons l'*a*. Cette dernière voyelle *apparaît en slave sous la forme de o*, mais peu importe: un tel *o* est adéquat à l'*a* du lithuanien et du germanique; la couleur *o* ne fait rien à l'affaire.

3. Dans le groupe du sud on a au contraire 3 voyelles: *e a o*.

4. L'*e* du sud répond à l'*e* du nord; l'*a* et l'*o* du sud réunis répondent à l'*a* du nord.

5. Nous savons que lorsqu'un *α* grec alterne avec *ε* dans une racine contenant une liquide ou une nasale (non initiale), l'*α* est hystérogène et remonte à une sonante.

6. Or les dites racines sont *les seules* où il y ait alternance d'*α* et d'*ε*, ce qui signifie donc que l'*a* gréco-latin et l'*e* gréco-latin n'ont aucun contact l'un avec l'autre.

7. Au contraire l'alternance d'*e* et d'*o* dans le grec, et primitivement aussi dans l'italique, est absolument régulière (ἔτεκον: τέτοκα, τόκος. *tego: toga*).

8. Comment l'*a* et l'*o* des langues du sud pourraient-ils donc être sortis d'un seul et même *a* primitif? Par quel miracle cet ancien *a* se serait-il coloré en *o*, *et jamais en a*, précisément toutes les fois qu'il se trouvait en compagnie d'un *e*? — Conclusion: le dualisme: *a* et *o* des langues classiques est originaire, et il faut que dans l'*a* unique du nord deux phonèmes soient confondus.

9. Confirmation: lorsqu'une racine contient l'*a* en grec ou en latin, et que cette racine se retrouve dans les langues du nord, on observe en premier lieu qu'elle y montre encore la voyelle *a*, mais de plus, et voilà le fait important, *que cet a n'alterne point avec l'e*, comme c'est le cas lorsque le grec répond par un o. Ainsi le gothique *vagja* = gr. ὀχέω, *hlaf* = gr. (κέ)κλοφα sont

4*

accompagnés de *riga* et de *hlifa*. Mais *agis(a-)* = gr. ἄχος, ou
bien *ala* = lat. *alo* ne possèdent aucun parent ayant l'*e*. A leur
tour les racines de la dernière espèce auront une particularité
inconnue chez celles de la première, la faculté d'allonger leur *a*
(*agis: ōg, ala: ōl*), dont nous aurons à tenir compte plus loin.

M. Brugman a désigné par a_1 le prototype de l'*e* européen;
son a_2 est le phonème que nous avons appelé *o* jusqu'ici. Quant
à ce troisième phonème qui est l'*a* gréco-italique et qui constitue
une moitié de l'*a* des langues du nord, nous le désignerons par
la lettre *A*, afin de bien marquer qu'il n'est parent ni de l'*e* (a_1)
ni de l'*o* (a_2). — En faisant provisoirement abstraction des autres
espèces d'*a* possibles, on obtient le tableau suivant:

Langues du nord.	Etat primordial.	Gréco-italique.
e	a_1	e
a {	a_2	o
	A	a

§ 5. Equivalence de l'*α* grec et de l'*a* italique.

Dans le paragraphe précédent nous avons parlé de l'*α* grec
et de l'*a* italique comme étant une seule et même chose, et il est
reconnu en effet qu'ils s'équivalent dans la plupart des cas.
L'énumération des exemples qui suit, et qui a été faite aussi
complète que possible, est en grande partie la reproduction de la
première des listes de M. Curtius (Sitzungsberichte etc. p. 31).
Il était indispensable de mettre ces matériaux sous les yeux du
lecteur quand ce n'eût été que pour bien marquer les limites où
cesse en grec le domaine des liquides et nasales sonantes, en rappelant
que l'alpha n'est point nécessairement une voyelle anaptyctique
d'origine secondaire.

D'autre part le mémoire cité contient deux listes d'exemples
avec le résultat desquelles notre théorie paraît être en contradiction.
La première de ces listes consigne les cas où un *α* grec
se trouve opposé à un *e* latin; la seconde donne les mots où au
contraire l'*e* grec répond à l'*a* latin. Or un tel échange d'*e* et d'*a*,
qui peut s'accorder plus ou moins avec le scindement d'un *a*
unique, est à peu près incompatible avec l'hypothèse des deux

phonèmes *a* et *a₁* différents dès l'origine. Mais, aux yeux de celui-là qui accepte la théorie des nasales sonantes, le nombre des cas de la première espèce se réduira déjà considérablement: il supprimera ἑκατόν — *centum*, δασύς — *densus*, παχύς — *pinguis* etc. En y regardant de plus près, en tenant-compte de toutes les rectifications motivées par les travaux récents, on arrivera à un résidu absolument insignifiant, résidu dont presque aucune loi d'équivalence phonétique n'est exempte. Nous pouvons nous dispenser de faire cela tout au long. Un ou deux exemples suffiront. Κρέας — *caro*: M. Bréal a montré (Mém. Soc. Ling. II 380) que ces deux mots ne sont point parents. Μέγας — *magnus*: la racine n'est point la même, comme nous le verrons plus bas. Κεφαλή — *caput*: le φ du grec continue à rendre ce rapprochement improbable. Τέσσαρες — *quattuor*: les plus proches sœurs de la langue latine montrent l'*e*: ombr. *petur*, osq. *petora*; *quattuor* est sans doute une altération de *quottuor pour *quettuor (cf. *colo* = *quelo etc.). Βαστάζω — *gesto* (Fick): leur identité n'est pas convaincante, car on attendrait du moins *(*g*)*vesto*; *gesto* et *gero* sont bien plutôt parents du gr. ἀ-γοστός[1] «paume de la main» dont l'*o* est *a₂*. En ce qui concerne ἀχήν (cf. ἀχηνία) qu'on rapproche du lat. *egeo*, il y aurait en tous cas à tenir compte de la glose ἀεχῆνες· πένητες (Hes.). — L'exemple le plus saillant qu'on ait cité pour la prétendue équivalence d'*e* et d'*a*, c'est le grec ἑλίκη «saule» = lat. *salix* (vieux haut-all. *salaha*); mais ici encore on pourra répliquer que ἑλίκη et un mot arcadien et l'on pourra rappeler ζέρεθρον = βάραθρον et autres formes du même dialecte[2] (Gelbke, Studien II 13).

Au sein du grec même — il ne s'agit pas ici des différences de dialecte — on a souvent admis un échange d'*e* et d'*a*. Comme nous avons eu occasion de le dire au § 4, ce phénomène est limité à une classe de racines chez lesquelles l'*a*, étant un produit récent des liquides et nasales sonantes, n'est pas en réalité un *a*. Nous ne croyons pas que cet échange se présente nulle part ailleurs.

---

1. Egal lui-même au skr. *hásta*. Le zend *zaçta* montre que la gutturale initiale est palatale, non vélaire. C'est un cas à ajouter à la série: *hánu* — γένυς, *ahám* — ἐγώ, *mahánt* — μέγας, *gha* — γε (*hŕd* — καρδία).

2. C'est avec intention que nous nous abstenons de citer ζέλλω, qui en apparence serait un parallèle meilleur.

Il nous semble superflu d'ouvrir ici une série d'escarmouches
étymologiques dont l'intérêt serait fort médiocre. Déjà le fait
qu'il n'est aucun des cas allégués qui ne prête à la discussion
suffit à éveiller les doutes. Un simple regard sur la flexion verbale permet de constater que là du moins il n'y a pas trace d'un
α remplaçant l'*ε* en-dehors des racines à liquides et à nasales.
Autant le paradigme τρέπω, ἔτραπον, τέτραμμαι, ἐτράφϑην est
commun dans ces deux dernières classes, autant partout ailleurs
il serait inouï. Un exemple, il est vrai, en a été conjecturé. M.
Curtius est porté à croire juste la dérivation que font Aristarque
et Buttmann de l'aor. pass. homérique ἐάφϑη (ἐπὶ δ᾽ ἀσπὶς ἐάφϑη,
Iliade XIII 543, XIV 419). Le mot semble signifier *suivre dans
la chute*, ou selon d'autres *rester attaché, adhérer*. Partant du premier sens, Buttmann voyait dans ἐάφϑη un aoriste de ἕπομαι,
rejetant l'opinion qui le rattache à ἅπτω. Dans tous les cas personne ne voudra sur une base aussi frêle soutenir la possibilité
de l'*ablaut* ε-α dans la flexion verbale. Avant de s'y avouer réduit, il serait légitime de recourir aux étymologies même les plus
hasardées (cf. par exemple goth. *sigqan* «tomber», ou bien skr.
saṅg «adhérer»; *α* serait alors représentant d'une nasale sonante).

Examinons encore trois des cas où l'équivalence d'*ε* et d'*α*
est le plus spécieuse: νέ(ϝ)ω «nager», νά(ϝ)ω (éol. ναύω) «cou-
ler»; cf. skr. *snáuti*. Comment une même forme primitive a-t-elle
pu donner à la fois νέϝω et νάϝω? C'est ce qu'on ne saurait concevoir. La difficulté est supprimée si, séparant νάϝω de l'ancienne
racine *snau*, nous le rapprochons de *snā*: ναϝ s'est développé sur
snā absolument comme φαϝ (φαῦος) sur *bhā*, χαϝ (χαῦνος, χάος)
sur *ghā*, σταϝ (σταυρός) sur *stā*, λαϝ (ἀπολαύω) sur *lā*, δοϝ
(δυϝανοίη) sur *dā*, γνοϝ (νόος, gnavus) sur *gnā*. — νέ(σ)ομαι «venir», ναίω, ἔνασσα, ἐνάσϑην «demeurer»; cf. skr. *násate*. Les
sens ne s'accordent pas trop mal, mais rien ne garantit que la
véritable racine de ναίω soit *nas*; qu'on compare δαίω, ἐδάσσατο,
-δαστος. D'autre part il faut tenir compte de ναῦος «temple»,
que M. Curtius propose, il est vrai, de ramener à *ναστος. —
ϝάστυ «cité» appartient à la racine du goth. *visan* qu'on croit retrouver dans le gr. ἑστία et avec plus de certitude dans ἀέσκω,
ἄεσα «passer la nuit, dormir». ϝάσ-τυ est à ἀϝέσ-κω ce que le
thème latin *vad*- est au gr. ἄϝεϑ-λον; il s'agit ici de phénomènes

phoniques tout particuliers. — Les autres cas peuvent tous s'éliminer semblablement. Dans deux mots: δεῖπνον = *δαπινον, et εἴκλον, autre forme de αἴκλον (v. Baunack, Studien X 79), l'α semble s'être assimilé à l'*i* qui suivait. Quant à κλείς, γείτων, λεώς, λειτουργός, ῥεῖα etc., à côté de κλαΐς, γᾶ, λᾱός, ῥᾴδιος etc., il n'est pas besoin de dire que leur ε pour η n'est que la traduction ionienne d'un ᾱ.

Après la critique détaillée de ce point par M. Brugman on ne sera plus disposé à attribuer aux formes dialectales φάρω, τράχω, τράφω etc., pas plus qu'à Ϝεσπάριος, ἀνφόταρος, πατάρα, une importance quelconque dans la question de l'*a*. M. Havet (Mémoires de la Soc. de Linguist. II 167 seq.) a depuis longtemps expliqué leur α par l'influence de *r*. Il va sans dire qu'ici nous n'avons point affaire à un *r* voyelle donnant naissance à α, mais bien à un *r* consonne transformant ε en α. C'est le phénomène inverse qui se manifeste dans certaines formes ioniennes et éoliques telles que ἔρσην, γέργερος, χλιερός.

Comme on le voit par le tableau de Corssen (II² 26), l'échange de l'*a* et de l'*e* est aussi presque nul dans le latin, pour autant du moins que certaines affections phonétiques spéciales et de date récente ne sont pas en jeu. Le vocalisme concorde également entre les différents dialectes italiques qu'il est donc permis de considérer à cet égard comme un tout. La divergence la plus considérable est dans le latin *in-* (préfixe négatif) et *inter* en regard de *an-*, *anter*, de l'osque et de l'ombrien. Cette divergence s'expliquera plus loin, nous l'espérons.

Les exemples qui suivent sont répartis en trois séries, d'après la place de l'*a* et son entourage dans la racine.

1. *La syllabe radicale ne contient ni nasale ni liquide qui ne serait pas initiale.* En tête de la liste se trouvent les racines communes à un grand nombre de mots. Les lettres C et F renvoient aux ouvrages d'étymologie de M. Curtius et de M. Fick.

*ak*₁:	ἄκ-ρος, ἀκαχ-μένος	*ac-ies, ac-us* etc.
*ak*₂:	ἄκ-αρος, ἀχ-λύς	*aqu-ilus*. F.
ag:	ἄγ-ω, ἀγ-ός	*ag-o, ac-tio*.
ap:	ἄπ-τω	*ap-tus, ap-ere*(?).
kwap:	καπ-ύω, καπ-νός	*vap-or, vappa*. C.

dap: δάπ-τω, δαπ-άνη   *dap-es, dam-num*[1].
1 *mak:* μάκ-αρ, μακ-ρός   *mac-te (macer?).*
2 *mak*[2]: μάχ-ομαι, μάχ-αιρα   *mac-tare, mac-ellum.*
mad: μαδ-άω, μαδ-αρός   *mad-eo, mad-idus.*
lak: λάκ-ος, λακ-ερός   *lac-er, lac-erare.*
lag: λάγ-νος, λαγγ-άζω   *lac-sus, langu-eo.* C.
lap: λάπ-τω, λαφ-ύσσω   *la-m-b-o, lab-rum.*
las: λιλα(σ)-ίομαι, λάσ-τη   *las-c-ivus.*
sap: σαπ-ρός, σαφ-ής   *sap-io, sap-or.* C.

ἄβιν· ἐλάτην	abies.	βάκτρον	baculus.
ἀγρός	ager.	βασκαίνω	fascinare (?).
ἀκχός	axilla, āla.	δάκρυ	dacruma.
ἀμνός	agnus[3].	κάδος	cadus.
ἀξίνη	ascia.	κακκάω	cacare.
ἄξων	axis.	κάπρος	caper.
Ἀπι-δανός	amnis[4].	ῥάξ	racemus (?).
ἀπό	ab.	ἰάπτω	jacio (?).
ἄττα	atta.	λάχνη	lāna.
ἄχνη	agna.	ψαφαρός	scabies.

Dans la diphthongue:

ai. αἴθω	aestas, aestus.	λαιός	laevus.
αἰών	aevum[5].	σαῖοι	saevus[6] (?).
αἶσα (αἰκ-ya)	aequus.	σκαιός	scaevus.
(δα(ϝ)ήρ	lēvir.)	dor. αἰ	osq. svaí[7].

1. Sur le rapport de *damnum* et de δαπάνη, v. Bechstein, Studien VIII 384 seq. L'auteur omet de mentionner que même au temps de Suétone (Néron, chap. 31) *damnosus* signifiait *dépenser*. — 2. Il est préférable de ne pas inscrire ici une troisième racine *mak*, dans μάσσω — *mācero*, parce que l'e du sl. *meknąti* complique la question. — 3. V. Fick, K. Z. XX 175; le sl. *jagnę* qui a *g₂* justifie la forme ancienne *ἀβνός qu'on suppose pour le mot grec. — 4. M. Curtius interprète le nom de fleuve Ἀπιδανός par ἀπι «eau» + δανο «donnant», étymologie qui trouverait peut-être quelque appui dans Ἡρι-δανό-ς (skr. *vári* «eau»); il rapporte à la même racine Μεσσάπιοι, γῆ Ἀπία etc. La question est seulement de savoir si nous avons affaire à *ap* (d'où *amnis*) ou à *ak₂* (dans *aqua*); mais dans l'un et l'autre cas le latin montre l'*a*. — 5. L'*a* est long: gr. ἐπη-ετανός, skr. *áyus*. — 6. V. Savelsberg, K. Z. XVI 61. L'épel σαῖοι rend le rapprochement douteux. — 7. Encore ici on peut supposer l'*a* long; on arriverait peut-être à expliquer de la sorte εἰ pour ηι.

au. *aug:* αὐγ-ή, αὖκ-σις *aug-ere, aug-ustus.*

 1 *aus:* αὖως; ἀέλιος *aur-ora; Aus-elius.* C.

 2 *aus:* ἐξ-ανσ-τήρ *h-aur-io, h-aus-tus*[1] (?).

 gau: γαῦ-ρος, γη-θέω *gau-dere, gav-isus.* C.

 kaup: κάπ-ηλος[2] *caup-o, cōp-a.* C.

 pau: παύ-ω *pau-cus, pau-per.*

 stau: σταυ-ρός *in-stau-rare.* C.

1. Fick, *Beiträge de Bezzenberger* II 187. — 2. L'*u* est tombé en grec, comme dans κλόνις et d'autres formes. Osthoff, *Forschungen* I 145. Misteli, K. Z. XIX 399.

αὖρα	*aura* (emprunté?).
αὖτε	*autem* (?).
ἐνι-αυτός	*autumnus* (?).
θαῦνον· θη-ρίον Hes.	*Faunus* (?).

θραύω	*fraus.*
καυλός	*caulis.*
σαυχμός	*saucius.*
ταῦρος	*taurus.*

a est suivi de *v.*

 ἀπο-λαύ-ω *Lav-erna, lav-erniones.* C.

 ἀ(ϝ)-ίω *av-eo, av-idus* (?). C.

 πα(ϝ)-ίω *pav-io.*

 φαῦ-ος, φα(ϝ)εινός *fav-illa.* C.

2. *La racine contient une liquide ou une nasale non initiale*[1].
Dans un certain nombre d'exemples (nous en avons placé quelques-uns entre crochets) l'*a* représente certainement autre chose que *A*: c'est un *a* anaptyctique, en rapport avec les phénomènes étudiés au chapitre VI.

 ank: ἀγκ-ών, ἀγκ-ύλος *anc-us.* C.

 angh: ἄγχ-ω *ang-o, ang-ustus.*

 1 *ar:* ἀραρ-ίσκω, ἄρ-θρον *ar-tus.*

 2 *ar:* ἀρ-όω *ar-are, ar-vum.*

 ark: ἀρκ-έω *arc-eo, arx.*

 arg: ἀργ-ός [ἄργ-υρος] *arg-uo [arg-entum].*

 — ἁρπ-άζω, ἁρπ-αλέος *rap-io, rap-ax.*

 al: ἄν-αλ-τος *al-o, al-umnus.* C.

(?) *alg:* ἄλγ-ος, ἀλγ-έω *alg-eo* (?).

 kan: καν-άζω, ἠι-καν-ός[2] *can-o, can-orus.*

 [*kard:* κράδ-η, κραδ-αίνω *card-o.* C.]

 kal: καλ-έω *cal-endae, cal are.*

[*bhark:*   φράσσω, φρακ-τός   *farc-io, frac-sare.*]
[*sark₂:*   ῥάπ-τω   *sarc-io.* Bugge.]
[*sarp:*   ἅρπ-η   *sarp-o, sarmen.*]
1 *sal:*   ἅλ-λομαι   *sal-io, sal-tus.*
2 *sal:*   σάλ-ος, σαλ-άσσω   *sal-um.* C.
[*skand:*   κάνδ-αρος   *cand-eo, cand-ela.* C.]

ἄλλος	*alius.*	λάξ	*calx.*
[ἄλκη	*alces.*]	κάρταλος	*cartilago*[4].
ἀλκυών	*alcedo.*	κράμβος	*carbo.*
ἀλφός	*albus.*	μάλβαξ ⎫	
[ἀμφί	*amb-.*]	μαλάχη ⎭	*malva.*
[ἄμφω	*ambo.*]	μάμμη	*mamma.*
ἄν	*an.*	dor. νᾶσσα	*anat-*
[ἀν- (priv.)	*osq.ombr.an-.*]	δί-πλαξ	*ombr.* tu-plak[5].
ἄνεμος	*animus.*	[παλάμη	*palma.*]
ἀντί	*ante.*	πάλη	*palea.* F.
ἀράχνη	*arānea.*	dor. πᾶνίον	*pannus.*
[ἁρμός	*armus.*]	πλάξ	*planca.*
ἄρον	*arundo*(?). F.	πραπίδες	*palpito*[6].
[βαρύς	*gravis.*]	ῥαιβός	*valgus* (?).
βλάπτω	*suf-flāmen*(?)[3].	ἅλς	*sal.*
βάρβαρος	*balbus.*	ῥακτοί	*an-fractus*[7].
βάλανος	*glans.*	σκάλοψ	*talpa.* C.
γάλακτ-	*lact-.*	σκάνδαλον	*scando.* C.
γλαμυρός	*gramia.*	[ἄφλαστον	*fastigium.* F.]
γλαφυρός	*glaber* (?).	ἧλος ⎫	
κάλχη	*clacendix.*	Ϝάλλος ⎭	*vallus.* C.
καμάρα	*camurus.*	χάλαζα	*grando.*
dor. κᾶπος	*campus.*	dor. χάν[8]	*anser.*
καρκίνος	*cancer.*		

1. Les couples σφάλλω — *fallo* et ἀλφάνω — *labor* ne sont pas insé-
és dans cette liste, parce qu'ils prêtent matière à discussion. — 2. ἠικα-
ός· ὁ ἀλεκτρυών. Hes. — 3. Fick, Beitr. de Bezzenb. I 61. — 4. Studien
V 184. — 5. L'e du latin *duplex* n'est dû qu'à la loi d'affaiblissement qui
frappe les seconds membres des composés. — 6. Nous séparons ainsi *pal-*
pito de *palpo* = ψηλαφάω. — 7. V. page 17. — 8. Ahrens II 144. — *an-*
rum et *bracchium* sont empruntés au grec.

Au tableau qui précède il faut ajouter 5 racines qui, au fond, semblent ne pas contenir de nasale, bien qu'elles en soient infectées dans plusieurs langues, sans doute par l'influence du suffixe. Ces racines sont du reste dans un tel état qu'on peut quelquefois douter si leur voyelle est *e* ou *a*, et que l'étude de leurs perturbations est à peine possible à l'heure qu'il est. On peut en dire autant de quelques-unes de celles qui viennent d'être mentionnées et qui sont placées entre crochets.

κλάζω, ἔκλᾰγον, κέκλαγγα,   *clango, clangor.*
κεκληγώς, κλαγγή

Cf. norr. *hlakka;* goth. *hlahjan, hloh;* lith. *klegù.* F. I³ 541.

τεταγών   *tango, tago, tetigi, tactus.*

M. Fick compare le goth. *stiggvan* ce qui s'accorde mal avec le lat. *tago.* Il est certain qu'on ne doit pas songer au goth. *tekan;* ce dernier a un parent grec dans δάκτυλος (rac. *dag;* cf. *digitus*).

πήγνυμι, πέγηγα, ἐπᾰ́γη,   *pango, pago, pepigi,*
πηκτός, πάγη   *pignus, păciscor, pāx.*

Cf. goth. *fâhan, faifâh,* ou bien v. hᵗ-all. *fuogi;* skr. *pằça.*

πλήσσω, dor. πλᾱγά, ἐξεπλᾰ́γην; *plango, planxi, planctus,*
πλᾰ́ζω, ἐπλάγχϑην   *plāga.* C. Grdz. 278.
κάκαλον «mur d'enceinte»   *cancelli* «treillis, barrières».

M. Fick qui rapproche ces deux mots (II³ 48) leur compare le skr. *kắcate* et *kắñcate* «attacher». Mais de là il n'y a qu'un pas au goth. *hâhan, haihâh* «suspendre». L'identification de ce dernier verbe avec le skr. *çắñkate* «être préoccupé, douter etc.» (I³ 56) a un côté faible dans la signification du mot indien. Cf. Pott, Wzlw. III 139.

Voici enfin différents exemples appartenant aux tableaux 1 et 2, mais qui présentent un *ā* long, dans l'une des deux langues ou dans toutes deux. Cet *ā* long est un nouveau phonème à enregistrer, et comme il est évidemment en rapport avec *A*, nous pouvons lui donner tout de suite la désignation *Ā*, tout en nous promettant de l'étudier ailleurs plus à loisir.

dor. γᾱρύω	*garrio*[1].	dor. κλᾱ(ϝ)ίς[2] {	*clāvis.*
dor. (ϝ)ᾱγώ[2] }	*vāgio.*		*claudo.*
(ϝ)ι(ϝ)ᾰχή }		dor. κλᾱρος[2]	*glārea*[3].
dor. κᾱλίς[2]	*cāligo.*	λᾰ́ας	bas-lat. *gravarium*[4](?).

μᾶλον	*mālum.*	ῥάπυς	*rāpa.*
ναῦς	*nāvis.*	σκήπων[7]	*scāpus.*
dor. πᾱλός[2]	*pălūd-*[5].	ἀδύς ⎫	
πηρός, παῦρος ⎫	*pārum.*	εὔᾰδε ⎭	*suāvis.*
dor. τὸ πᾶρος ⎭	*parvus.*	(ταῶς	*pāvo*[3].)
πεπαρεῖν	*ap-pāreo*[6].	χαμός	*hāmus.*
ῥάδιξ ⎫		ψηλαφάω (η=ā?)	*palpare.*
ῥάδαμνος ⎭	*rādix.*	dor. ψᾱφος	*săbulum.*

Ici se place aussi la racine de *magnus, mājor*, osq. *mahiis* etc. qui a donné en grec μῆχος, μῆχαρ, dor. μᾱχανά (Ahrens II 143). V. page 64.

1. La racine de *garrio* n'est pas, il est vrai, exactement la même que celle de γαρύω (cf. lith. *garsà*). — 2. Ahrens II 137 seq. — 3. Il est possible que *glārea* soit emprunté; *pāvo* l'est presque certainement. — 4. Pictet, *Origines Indo-européennes* I[1] 132. — 5. D'autre part πλάδος se rapproche de *palus.* — 6. Curtius, *Verbum* II 29. — 7. Dor. σκᾱπάνιον Ahrens II 144.

3. *a termine la racine:*

ghā[1]:	χᾱ-λά, χᾰ-τέω	*fă-mes, fă-tuus.*
	χᾰ-τίζω, χᾰ-τίς	*fă-t-iscor, fă-t-igo.*
pā:	πᾰ-τ-έομαι,	*pā-nis, pā-bulum, pa-sco,*
	ᾰ-πα-σ-τος, πᾰ-νία	*pā-s-tor*[2]*, pā-vi.*
bhā:	dor. φᾱ-μί, φᾰ-μα;	*fā-ri, fă-ma,*
	φᾰ-τις, 1[e] p. pl. φᾰ-μέν	*fā-bula, fă-t-eor.*
(?)*lā*[3]:	ὑλᾰ-ω, ὑλα-κ-ή	*lă-trare (lā-mentum?).*
stā:	dor. ῐ-στᾱ-μι, ἔ-στᾱ-ν;	*Stā-tor, stāmen,*
	στᾰ-τήρ; 1e p. pl. ῐ-στᾰ-μεν	*stă-tus, stă-bulum.*
(s)*nā:*	νᾱ-ρός, νᾰ-μα,	*nă-tare, nă-trix,*
	νᾰ-σος, Νᾱ-ῐάς	*nāre.*
spā:	dor. σπᾰ-διον; σπά-ω	*spă-tium (pa-t-eo?),*
		pa-nd-o, pa-s-sus.

1. La dépendance des mots latins de la rac. *ghā* est assez généralement reconnue; quant à *hisco, hiare* etc., on ne saurait les dériver immédiatement de *ghā; hiare* est le lith. *zióti* (rac. *ghyā*); et la ressemblance de *hisco* avec χάσκω ne doit point faire passer sur cette considération. — 2. Schmitz, *Beiträge zur lat. Sprachk.* p. 40. — 3. En admettant dans ὑλάω un cas de prothèse de l'*v* nous restituons au grec une racine qui ne manque presque à aucune des langues congénères. M. Fick il est vrai la trouve dans λῖρος, ληρέω. Le λάων d'Homère est controversé. ἀλυκτεῖ· ὑλακτεῖ. Κρῆτες nous apporte peu de lumière.

Les exemples qui précèdent offrent plusieurs cas d'amplification au moyen d'une dentale, amplification qu'affectionnent
les racines en *ā*, qui s'est accomplie du reste de plusieurs manières
différentes. Voici une racine qui dans les deux langues n'apparaît que sous la forme amplifiée (cf. Curtius Grdz. 421):

   lā: dor. *λά-ϑ-ω*; *ἔ-λᾰ-ϑ-ον*   *lă-t-eo.*

La nasale de *λανϑάνω* ne prouve nullement une racine *lan*,
que le skr. *rándhra* «caverne», vu son isolement, ne confirmerait
pas. Hésychius il est vrai donne: *ἀλανές· ἀληϑές*, mais une autre
glose: *ἀλλανής· ἀσφαλής. Λάκωνες*, interdit d'en tirer aucune
conséquence quant à *λανϑάνω*.

Le lat. *ma-nd-o* «mâcher» (cf. *pa-nd-o*, *λα-νϑ-άνω*), *ma-s-ticare*,
ma-nsu-cius etc., et le grec *μα-σάομαι* se basent pareillement sur
une racine *mā* dont dérive encore le goth. *mat(i)-s* «repas».

Ici se place enfin lat. *pa-t-ior*, *pa-s-sus*, en regard de *πά-σχω*,
ἔ-πα-ϑον; nous avons vu et nous verrons plus bas qu'il est à peu
près impossible de décider si l'*α* de ces mots grecs est un *α* ancien
ou le représentant d'une nasale sonante.

Il reste à mentionner:

   dor. *μᾱ́τηρ* = *māter.*   *χλᾱρός*   = *h(i)lăris*(?).
   φρᾱ́τηρ   = *frāter.*   [dor. *τλᾱτός* = *lātus.*]
   πατήρ   = *pater.*   *πρᾱσιά*   cf. *prātum.*

Döderlein (Handbuch der Lat. Etym.) compare *latex* «ruis-
seau» à *λάταξ* «bruit du dé qui tombe». M. Roscher a montré
(Stud. IV 189 seq.) que les nombreuses formes du mot *βάτραχος*
«grenouille» remontent à **βράτραχος* qu'il rapproche du lat. *bla-
terare*. Il faudrait citer aussi *λάτρις* en regard de *latro* si ce dernier n'était emprunté au grec (Curtius Grdz. 365).

Les syllabes suffixales fournissent *a* et *ā* en nombre relativement restreint. Ces phonèmes sont, peu s'en faut, limités au
suffixe des féminins de la 1ʳᵉ déclinaison: grec *χώρᾱ*, vieux-latin
formā. Certains cas de cette déclinaison montrent aussi *a* bref,
voy. § 7 fin. Un *a* bref apparaît ensuite au nom.-acc. plur. des neutres de la 2ᵉ déclinaison, où probablement il a été long d'abord:
grec *δῶρᾰ*, latin *dŏnă* (vieux lat. *falsā*?). V. § 7.

a est de plus désinence des thèmes neutres consonantiques

au nom.-acc. plur. Ex. γένε-α, *gener-a.* Mais on sait que l'âge de cette désinence est incertain.

§ 6. Le phonème *A* dans les langues du nord.

Que faut-il, quand il s'agit d'un mot gréco-latin, pour être sûr que ce mot contient *A*? Il faut simplement, toutes précautions prises contre les liquides et nasales sonantes, qu'il ait l'*a* en grec et en latin. Mais il suffit en général, si le mot existe dans l'une des deux langues seulement, que dans cette langue il montre l'*a*: l'*a* italique ou grec *non anaptyctique* a, dans quelque forme qu'il se trouve, la qualité *A*. — Dans les idiomes du nord le problème est plus compliqué: chaque *a* peut, en lui-même, être *A* ou a_2. Avant de lui attribuer la valeur *A*, il faut s'être assuré qu'il ne peut représenter a_2. Cette épreuve sera possible bien souvent dans chaque langue sans qu'il soit besoin de recourir aux idiomes congénères, et cela au moyen des données morphologiques qui indiquent dans quelles formations a_1 est remplacé par a_2. Là formation est-elle de celles qui n'admettent pas a_2, on sera certain que l'*a* est un *A*. Le thème du présent, mais seulement chez les verbes primaires, est la plus répandue de ces formations.

Dans le choix des racines données comme exemples de *A* dans les langues du nord, nous avons suivi autant que possible ce principe. Il faut que sans sortir de ce groupe de langues on puisse conclure que la racine contient *A*, puis on compare les langues du sud, et il y a confirmation en tant que ces dernières montrent l'*a*. Cf. § 4, 9. Des exemples tels que sl. *orja* en regard du lat. *arare* ou goth. *þahan* en regard de *tacere* ont été laissés de côté: ce n'est pas qu'il y ait lieu de douter que leur *a* ne soit un *A*, mais ces verbes étant dérivés on ne peut distinguer dans la langue même, si leur *a* ne représente pas a_2; on ne le peut décider qu'en invoquant l'*a* des langues du sud. Or, c'est précisément à mettre en lumière l'identité de l'*a* du sud avec celui des *a* du nord qui ne peut être a_2, qu'est destiné le tableau. — Cependant un tel triage était impossible pour les thèmes nominaux détachés.

La plupart des exemples se trouvent dans les riches collections d'Amelung auxquelles nous ne saurions toutefois renvoyer le lecteur purement et simplement: car, conformément à son

système, qui n'admet qu'un seul phonème primitif soit pour l'*a*
du nord soit pour l'*a* et l'*o* réunis du sud, l'auteur citera indistinctement goth. *akrs* = gr. *ἀγρός*, goth. *hlaf* = gr. *κέκλοφα*. La
présente liste est très-loin d'être complète; c'est plutôt un choix
d'exemples.

₄k_1:	sl. *os-trŭ;* lith. *asz-trùs, aszmen-*	*ac-ies, ἄκ-ρος.*
₄g_1:	norr. *ak-a, ōk*	*ag-o, ἄγ-ω.*
₄gh_2[1]:	goth. *ag-is, og* (irland. *ag-athar*)	*ἄχ-ος, ἀκαχ-ίζω.*
k_Ap:	goth. *haf-jan, hof*[2]	*cap-io.*
tw₄k[3]:	goth. *þvah-an, þvoh*	*τάκ-ω, ἐ-τάκ-ην.*
dh₄bh[4]:	sl. *dob-rŭ;* goth. *ga-daban, ga-dob*	*fäb-er.*
m₄k_1:	goth. *ma(h)-ists*[5]	*μακ-ρός.*
m₄gh_2:	sl. *mog-ą;* goth. *mag-an*[5]	*mag-nus, μᾶχ-ανά.*
w₄dh:	norr. *vað-a, vōð*	*vād-o, vāsi.* F.
sk₄p:	sl. *kop-ają*[6]; lith. *kap-óju*	*σκάπ-τω, κάπετος.*
sk₄bh:	goth. *skab-an, skof*	*scab-o, scābi.*
₄n:	goth. *an-an, on;* sl. *ą-ch-a*	*an-imus, ἄν-εμος.*
₄ngh_1:	goth. *agg-vus;* sl. *ąz-ŭkŭ;* lith. *ànksztas*	*ang-o, ἄγχ-ω.*
₄l:	goth. *al-an, ol* (irland. *al*)	*al-o, ἄν-αλ-τος.*

1. Le grec *ἄχομαι, ἄχος, ἤκαχον, ἄχθος*; le goth. *ag-is, un-agands,*
parf.-prés. *og* etc. sortent d'une racine *agh* sans nasale qui semble être
distincte de *angh.* La première donne en sanskrit *aghá* «méchant» (*aghá-m*
«mal, malheur»), *aghalá* (id.), *agháyáti* «menacer»; la seconde: *amhú,*
ámhas etc. La première désigne un mal moral, du reste assez indéterminé,
la seconde signifie *attacher, resserrer.* La gutturale finale prouve assez
qu'il y a lieu de faire la distinction; en effet le zend *ázaṅh* le slave *ązŭkŭ*
montrent *gh*₁ et élèvent par conséquent une barrière entre skr. *amhú* et
skr. *aghá.* Ce n'est qu'en apparence que le *gv* du goth. *aggvus* contredit
au *z* du slave et du zend: nous croyons que le *v* en question vient des cas
obliques où il ne fait que continuer l'*u* suffixal. Mais il faut avouer que
le zend *ayana* «vinculo» compromet la combinaison. — 2. *hafjan* est un
verbe fort; autrement, d'après ce qui vient d'être dit, nous ne devrions pas
le citer. — 3. Il semble à peu près impossible de maintenir le rapprochement du goth. *þvahan, þvoh* avec le grec *τέγγω* (malgré *ἄτρεγκτος* =
ἄτ.Fεγκτος). Le grec *τήκω* au contraire n'offre aucune difficulté de forme;
les significations il est vrai s'écartent sensiblement, mais elles peuvent
s'unir dans l'idée de *faire ruisseler* qui est précisément celle du skr. *tócate*
auquel on a comparé *þvahan.* Cf. d'ailleurs les sens variés des racines
prau et *snā.* — 4. Fick K. Z. XIX 261. — 5. Comme l'a fait voir M. Ascoli
(K. Z. XVII 274) le goth. *maists* est pour **mahists,* ce qui le place à côté
de *μακρός* en le séparant de *mikils,* ainsi que le demandait déjà la diffé-

rence des voyelles. M. Ascoli a montré en même temps que *major*, *magnus*, remontent à *mah*, *magh*; et nous nous permettrions seulement de mettre en doute que ce *magh* ait donné le skr. *mahắnt*. Ne pouvant développer la chose au long, nous nous contentons de constater qu'il y a 3 racines. 1° $m_A k_1$: zend *maçyāo*, anc. pers. *maϑista*, goth. *ma(h)ists*, *ma(h)iza*, grec μαϰϱός, et aussi μάϰαϱ et le latin *macte*. 2° $m_A g h_2$: skr. *maghá* «richesse», goth. *magan*, lat. *magnus*, *ma(h)jor*, gr. μᾱχανά, sl. *mogą*; — mais point *mahắnt*, vu le *z* du zend *mazāoñt*. 3° $m a_1 g_1$ ou $m a_1 g h_1$: gr. μέγας, goth. *mikils*, skr. *mahắnt*; cf. *maǵmán*. — En ce qui concerne spécialement le gothique, il faut admettre que le parf. sing. *mag* est pour *mog et qu'il a suivi l'analogie du pluriel *magum*; de même qu'inversément *forum* a remplacé *farum. Cf. plus loin, chap. V. — 6. Les verbes dérivés de la classe dont fait partie *kopają* n'ont pas l'habitude de changer un *e* radical en *o* (a_2); il était donc permis de le citer ici.

goth. *a(j)iza-*	*a(j)es.*		goth. *aljis*	*alius*, ἄλλος.
goth. *akrs*	*ager*, ἀγϱός.		goth. *ana*	ἀνά.
lith. *akmŭ* (? sl.			lith. *ąsà*	*ansa.*
kamy = *okmy,			goth. *and-*	*ante*, ἀντί.
norr. *hamarr*)	ἄϰμων.		v. h^t-all. *ano*, lith.	
goth. *ahva*	*aqua.*		*anýta*	*ănus.*
lith. *áklas*	*aquilus*, ἄϰαϱος.		goth. *arhvazna*	*arcus.*
v. haut-all. *ahsa*,			goth. *avo*	*avus.*
sl. *osĭ*, lith. *aszìs*	*axis*, ἄξων.		sl. *brada*(*borda)	
goth. *af*	*ab*, ἀπό.		lith. *barzdà*,	
sl. *otĭcĭ*, goth. *atta*	*atta*, ἄττα.		v. h^t-all. *part*	*barba.*
goth. *tagr*	*lacrima*, δάϰϱυ.		goth. *bariz-eins*	
sl. *bobŭ*, boruss.			(sl. *borŭ* F.)	*far*, g. *farris.*
babo	*fāba.* F.		v. haut-all. *gans*,	
goth. *gazds*[1]	*hasta.*		sl. *gąsĭ*, lith. *żąsìs*	*anser*, χάν.
sl. *lomŭ*	*lāma*(*lacma).F.		goth. *fana*,	
goth. *ma(h)il*	*măcula.* F.		sl. *o-pona*	*pannus*, πᾱνίον.
			goth. *salt*, sl. *solĭ*	*sal*, ἅλς.

1. Osthoff K. Z. XXIII 87.

Les exemples suivants vont nous faire voir le $\bar{A}$ long des langues du nord. Ce phonème qui dans le groupe du sud ne diffère de *A* bref que par la quantité, chez elles en général s'en distingue encore par la teinte. Dans le germanique et le lithuanien c'est un $\bar{o}$ long (v. h^t-all. *uo*), tandis que le slave chez qui *A* bref devient *ŏ* donne à $\bar{A}$ long la couleur *a*. On sait que l'*a* slave ne sort d'une voyelle brève que dans un ou deux cas tout à fait exceptionnels. Les formes placées entre crochets enfreignent cette loi de substitution.

fāgus	v. h^t-all. *buocha.*	*πᾱχυς*	norr. *bōgr.*
cāligo, *κᾱλίς*	sl. *kalŭ.* F.	*rāpa*	v. h^t-all. *ruoba*, lith.
μᾱκων	sl. *makŭ* [v. h^t-all.		*rópé* [sl. *rěpa*].
	māgo].	*suāvis*, *ᾱδύς*	germ. *svōtya-:* norr.
nāres, nāsus	lith. *nósis*, anglo-s.		*soetr*, v. h^t-all.
	nōsu (cf. sl. *nosŭ*,		*suozi* (F. III[3]
	v. h^t-all. *nasa*).		361).

a et *ā terminent la racine:*

g h ā:	*χή-μη* (*χᾱ-λά*)	germ. *gō-men-*, lith. *go-mŭrýs* «palatum». F.
t ā:	*tā-bes*	sl. *ta-ją* [anglo-s. *þāven*].
b h ā:	*fā-ri*, *φᾱ-μί*	sl. *ba-ją.*
l ā:	*lă-trare*	sl. *la-ją*, lith. *ló-ju* [mais en gothique *laia* = *lē(j)a*].
s t ā:	*stă-tus*, *ἔ-στᾱ-ν* etc.	sl. *sta-ną*, lith. *stóju;* goth. *sto-min-*, *sta-da-* [v. h^t-all. *stām, stēm*].
(s)t ā:	dor. *τᾱ-τάω*[1]	sl. *ta-ją*, *ta-tï*, *ta-jĭnŭ.*

La racine est augmentée d'une dentale, par exemple dans:

p ā-t:	*πα-τ-έομαι*, *pā-s-tor*	goth. *fo-d-jan*[2], sl. *pa-s-tyrĭ.*
l ā-(t):	*λά-ω* «vouloir»	goth. *la-þ-on*, *la-þa-leiko.* F.
s ā-t[3]*:*	*să-t-ur*, *să-t-is*	goth. *sa-d-a-*, *so-þ-a-;* lith. *só-t-us* (sl. *sytŭ*).

1. Ahrens II 144. Au slave *tajĭ* «en cachette», *tajĭnŭ* «secret» cf. le thème indien *tāyú* «voleur» d'où aussi *τηῦ-σιος* «vain, sans résultat» (Pott, Wurzelwörterb. I 100). — 2. *fodjan suppose une racine* contenant *a*, et c'est à ce titre-là seulement que nous le citons; il est bien probable en effet, si nous considérons le mot *fodjan* lui-même, que son *o* répondrait à un *ω*, non pas à un *ā* du grec. Cf. chap. V § 11. — 3. La racine simple se trouve dans le grec *ἕωμεν* = *ἥομεν* (Curtius, Verb. II 69).

Parmi les mots plus isolés nous nous bornerons à citer:

(*pater*, *πατήρ*	goth. *fadar;* cf. § 11.)	
māter, *μάτηρ*	v. h^t-all. *muotar*, sl. *mati*, lith. *moté.*	
frāter, *φράτηρ*	goth. *broþar*, sl. *bratrŭ*, lith. *broterělis.*	

Le *ā* du suffixe des féminins s'observe commodément aux cas du pluriel dont la désinence commence par une consonne: goth. *gibo-m*, lith. *mergó-ms*, sl. *žena-mŭ*. Placé dans la syllabe finale, il a subi, comme on sait, diverses altérations. Au nominatif singulier, le slave (*žena*) garde encore *a*, chez lui représentant de l'*ā* long, tandis que les lois qui régissent les sons du germanique et du lithuanien commandaient d'abréger la voyelle finale: *giba*, *mergà*, sauf dans le goth. *so*, gr. *ἄ*. Sur le vocat. *ženo* v. p. 93.

a dans la diphthongue donne lieu à quelques remarques particulières.

Plusieurs savants ont nié qu'il y eût une diphthongue européenne *eu*, en d'autres termes et en se plaçant au point de vue de l'unité originaire de l'*a*, qu'il y ait eu scindement de la diphthongue *au* en *eu*: *au* à la même époque où dans toute autre position l'*a* s'était scindé en *e*: *a*. M. Bezzenberger (*Die a-Reihe der gotischen Sprache* p. 34) prétend, ou plutôt mentionne, car, ajoute-t-il, il est à peine besoin de le dire expressément, que dans le présent gothique *kiusa* pour **keusa* = gr. *γεύω*, l'*e* de la première langue est sans lien historique avec l'*e* de la seconde. La raison de cette violente séparation de deux formes dont la congruité est aussi parfaite que possible? C'est que les idiomes letto-slaves n'ont pas de diphthongue *eu*, et que par conséquent la période européenne n'en pouvait point posséder non plus.

En général nous ne nous sommes posé aucune tâche relativement à l'*e* européen, le fait de son apparition concordante dans les différentes langues étant reconnu par les partisans de tous les systèmes. Nous devons cependant nous occuper de l'*e* pour autant qu'on veut le mettre en rapport avec l'*a* et combattre les arguments qui tendraient à établir qu'à une époque quelconque l'*e* et l'*a* (*a*) ne faisaient qu'un. Evidemment l'origine récente de la diphthongue *eu*, si elle se confirmait, rentrerait dans cette catégorie. D'autre part nous nous abstenons de poursuivre jusqu'au bout les conséquences où M. Bezzenberger se verrait entraîné par le principe qu'il pose, parce que nous voulons éviter de subordonner à la question de l'*eu* celle de l'unité européenne ou celle du scindement de l'*a*. Disons donc tout de suite que l'absence de l'*eu* dans les langues letto-slaves, sur laquelle l'auteur se fonde, est révoquée en doute par M. Joh. Schmidt qui en signale des traces nombreuses K. Z. XXIII 348 seq. M. Schmidt regarde le paléosl. *ju* et le lith. *iau* comme étant dans certains cas des représentants de l'*eu* (sl. *b(l)judą* = goth. *biuda*, gr. πεύ-θομαι; lith. *riáugmi*, gr. ἐρεύγω). Depuis il est vrai, M. Bezzenberger a rompu une nouvelle lance pour la cause qu'il défend. Notre incompétence ne nous permet point de jugement; mais voici ce que nous tenons du moins à dire:

Lors même que la supposition de M. Schmidt ne devrait pas se vérifier, lors même qu'il n'existerait aucun indice d'une diphthongue *eu* dans le domaine letto-slave, il ne s'en suivrait pas qu'elle n'a jamais existé: les langues italiques non plus ne possèdent pas l'*eu*, et n'était le seul *Leucetio*, on pourrait venir dire que jamais dans l'italique l'ancienne diphthongue *au* n'a peu la forme *eu*. Personne ne doute cependant que *douco* ne soit sorti de *deuco. La même chose semble s'être passée dans le letto-slave, non-seulement dans la diphthongue, mais aussi, comme en latin, dans le groupe *ev*. Ceci se voit avec le plus de clarté dans le paléosl. *člověkŭ:* le lette *zilweks* montre en effet que l'*o* n'est pas primitif[1], et sans aller si loin il suffit de constater la palatale initiale *č* pour savoir que la forme ancienne est *čelvěkŭ (voy. à ce sujet J. Schmidt Voc. II 38 seq.). D'où vient l'*o* par conséquent? Il ne peut venir que du *v* avec lequel la métathèse de la liquide l'avait mis en contact. — Par un raisonnement d'un autre genre on acquiert la conviction que *slovo* est sorti de **slevo:* en effet les neutres en -*as* n'ont de toute antiquité que a_1, jamais a_2, dans la syllabe radicale: il en est ainsi dans l'arien, le grec, le latin, le germanique. Or le slave lui-même n'enfreint point cette règle ainsi que le montre *nebo* = gr. νέφος. Comment donc expliquer *slovo* = κλέϜος autrement que par l'influence du *v* sur l'*e*? Il y aurait la même remarque à faire sur le présent *plovą* = gr. πλέϜω, car πλώω est évidemment de formation postérieure. — Dans une syllabe de désinence nous trouvons semblablement en sanskrit *sūnā̆vas*, en grec πήχεες, en gothique *sunjus*, et dans le slave seul *synove*.

Cette action du *v* qui a duré fort tard, comme le montre *člo-věkŭ*, commence de se produire dès la période d'unité letto-

---

1. On trouve aussi l'*e* dans le goth. *fairhvus* «monde» qu'on peut ramener à *hverhvus, *hvervehvus et rapprocher de *člověkŭ*.

slave. En regard du grec νέϝο-ς apparaît en lithuanien *naújas*
comme en slave *novŭ*.

Ici quelques mots sur l'*a* lithuanien. En présence de la complète équivalence de cet *a* et de l'*o* slave (tous deux représentent
ʌ et *a₂*), on se demande naturellement auquel des deux phonèmes
appartient la priorité. Le mot dont il vient d'être question est-il
sous sa forme letto-slave *novos* ou bien *navas?* A voir toutes les
fluctuations entre l'*ō* et l'*ā* des différents dialectes de la Baltique,
borussien, lithuanien, lette, et à considérer la divergence de teinte
entre l'*a* bref et l'*a* long soit en lithuanien soit en slave (lith.
á : *ō*; sl. *ŏ* : *ā*), une troisième hypothèse se présente vite à l'esprit,
savoir *nåvås*. Dans la période letto-slave on aurait prononcé non
un *a* pur, mais un *å*, bref et long. Sans doute il n'y a pas pour
cette hypothèse d'argument bien positif, mais il y en a encore
moins, croyons-nous, qu'on puisse invoquer contre elle. Elle
appuie les faits d'assimilation dont nous parlions, comme d'autre
part elle en est appuyée. La méthode comparative est et sera toujours obligée de recourir parfois à ces sortes d'inductions doubles.

Je cite encore le lith. *javaí*, gr. ζεά (skr. *yắva*), *sávo*, gr. ἐϝός,
puis deux mots où le même phénomène se manifeste, semble-t-il,
en sens inverse comme dans le lat. *vomo* pour **vemo*. Ce sont
vákaras = gr. ἕσπερος, sl. *večerŭ; vasarà* = gr. ἔαρ, lat. *vēr*.
Plusieurs de ces exemples et des précédents font partie de la liste
où M. J. Schmidt consigne les cas prétendus de concordance in-
complète de l'*e* dans les langues européennes: ce seraient, si tout
ceci n'est pas illusoire, autant de numéros à retrancher d'un catalogue déjà bien diminué.

Cette transformation letto-slave de *ev* en *åv* diffère du phénomène analogue que présente l'italique principalement en ce
qu'elle n'a pas lieu constamment. Il faut bien qu'il y ait une
cause pour que *devętì* (lith. *devynì*) n'ait pas été traité comme
*slevo devenu *slovo*, mais cette cause demeure cachée. — Dans la
diphthongue au contraire l'assimilation de l'*e* est la règle, abstraction faite des cas tels que *bljudą* et *riáugmi* que nous avons vus
plus haut. Il y a peut-être une preuve de cette double origine de
l'*au* (en dernière analyse elle est triple, l'*a* (*å*) étant lui-même
formé de *ʌ* + *a₂*) dans le génitif lithuanien *sunaús* des thèmes
en *-u* en regard du gén. *akḗs* (et non «*akais*») des thèmes en

-*i*[1]. Toutefois le rapport exact entre *ë* et *ai* étant encore incertain, nous n'insistons pas.

Dans la descendance letto-slave des diphthongues a_1i, a_2i, *ɑi*, il y a également, nous venons d'y faire allusion, des perturbations assez graves. La signification exacte de l'*i* et de l'*ë* en slave, de l'*ë* (*ei*) et de l'*ai* en lithuanien est encore un problème. Il semble que l'*ë* de la dernière langue, qui représente apparemment a_1i, ne soit ailleurs qu'une dégradation de l'*ai*: on a par exemple en regard du goth. *haims*, du boruss. *kaima*, voire même du lith. *kaimýnas*, un *ë* dans *këmas*.

De ce qui précède il ressort que les exemples de *ɑ* lithuänien ou slave dans la diphthongue ne peuvent avoir comme tels qu'une valeur très-relative, presque nulle lorsqu'il s'agit de *ɑu*.

(?)*ghɑis*:	*haer-eo*	lith. *gaisztù, gaiszti*. F.
skɑidh:	*caed-o*	goth. *skaid-an, skaiskaid*.
ɑug:	*aug-eo*, αὔξις	goth. *auk-a, aiauk;* lith. *áug-u*.
(?)*ɑus*:	*h-aur-io, h-aus-tus*	norr. *aus-a, jōs*. F.
aevum, αἰών	goth. *aivs*. cf. p.56.	*aurora*	lith. *auszrà*.
caecus	goth. *haihs*.	*caulis*, καυλός	lith. *káulas*. C.
δα(ιϜ)ήρ	ags. *tācor;* sl. *dě-*	*vāus*	norr. *nau-st*.
	verï, lith. *dëverìs*.	*pau-cus*	goth. *fav-ai*.
haedus	goth. *gaits*.	σαυσαρός	lith. *saúsas*.
laevus, λαιός	sl. *lëvŭ*.	'Α-χα(Ϝ)ιοί	goth. *gavi*[1].

1. Le thème du mot gothique est *gauja-* (contrée): 'Αχαιοί signifierait ὁμόχωροι. Ici se placent peut-être aussi les *Δωριέες τρι-χάϊκες*, à moins d'y voir un composé de τρίχα — à la manière de l'indien *purudhá-pratīka* — avec un thème Ϝικ- = zend *vīç* «clan».

Chapitre III.

Les deux *o* gréco-italiques.

C'est pour des raisons toutes pratiques que nous avons jusqu'ici considéré l'*o* gréco-italique comme un tout homogène. En

---

1. L'*au* du gothique *sunaus* ne s'explique pas de la sorte, comme le fait voir la forme correspondante des thèmes en -*i* qui, elle aussi, a l'*a*: *anstais*. Jusqu'à présent cet *au* et cet *ai* ne s'expliquent pas du tout.

réalité il en existe au contraire deux espèces bien distinctes que nous allons étudier l'une après l'autre.

§ 7. o_2 gréco-italique. — a_2 indo-européen.

Les phénomènes des langues ariennes sont ici trop intimément liés à ceux qu'on observe en Europe pour pouvoir être traités à part. Nous avons donc inscrit en tête du paragraphe l'a_2 *indo-européen* à côté du gréco-italique o_2.

La véritable définition de a_2 est, ce me semble: la voyelle qui, dans les langues européennes, alterne régulièrement avec e au sein d'une même syllabe radicale ou suffixale.

Ainsi, pour parler d'un a_2 proethnique, il faut absolument placer aussi le germe de l'e européen dans la période d'unité première. C'est là l'hypothèse de M. Brugman. Ce savant, par une conception qu'Amelung avait entrevue (v. p. 5), renonce à chercher dans l'état du vocalisme que nous représente l'arien la donnée d'où il faut faire découler les phonèmes de l'Occident et transporte au contraire jusque dans la langue mère le principe de l'e européen et du phonème qui remplace parfois cet e (a_2), laissant du reste le nombre total des a provisoirement indéterminé.

Dans tout ce qui suit nous partons de cette hypothèse non prouvée de l'origine proethnique de $a_1 = e$. Quant à a_2, nous voulons le prouver par le moyen des faits réunis dans le paragraphe, lesquels du reste sont généralement connus. — Plus tard nous examinerons jusqu'à quel point ces faits, en assurant a_2, n'assurent pas du même coup l'a_1 indo-européen.

M. Brugman s'est étendu avec le plus de détail sur a_2: Studien IX 367 seq. 379 seq. K. Z. XXIV 2. Ce phonème, dit-il, devient dans l'arménien, le grec, l'italique et le slave [1]: o, dans le celtique, le germanique et les langues de la Baltique: a, dans

---

1. Bien que ce ne soit pas là une question de fond, nous aimerions mieux ne pas mettre ainsi le slave en compagnie des langues du sud, car on ne saurait trop insister sur la disparité de l'o slave et de l'o des langues classiques. Le premier a ni plus ni moins la valeur d'un a lithuanien ou gothique. Quand nous voyons au contraire a_2 devenir en gréco-italique o *et non* a (antithèse qui en slave n'existe pas), c'est là un fait notable, que nous avons utilisé § 4, 8.

l'arien en toute syllabe ouverte: $\bar{a}$, mais, si la syllabe est fermée[1], a.

Comme nous le disions, il y a, indépendamment de ce qui appartient aux liquides sonantes, des o gréco-italiques qui remontent à un phonème autre que a_2. Nous appelons o_2 l'espèce qui équivaut à l'ancien a_2: le second o recevra la désignation ρ. Voici les formations où a_2 (gréco-it. o_2) vient régulièrement remplacer a_1 (e).

1. Syllabe radicale.

a. FORMATIONS VERBALES.

PARFAIT. Tandis que dans l'origine le moyen ainsi que le pluriel et le duel de l'actif rejettent l'a_1 radical, le *singulier de l'actif* lui substitue a_2[2]. On trouve toutes les formes grecques en question énumérées chez Curtius Verb. II 185 seq. 188 seq. En voici quelques exemples pris dans les trois modèles de racines de la page 8:

γεν:	γέγονα	δερκ:	δέδορκα	λεγ:	εἴλοχα
κτεν:	ἔκτονα	Fεικ:	ἔοικα	τεκ:	τέτοκα
μερ:	ἔμμορα	ἐλευθ:	εἰλήλουθα[3]	χεδ:	κέχοδα

1. Pour la diphthongue, on pourra nommer syllabe ouverte celle où, étant suivi d'une voyelle, le second élément de la diphthongue se change en une semi-voyelle (*ćikáya*); la syllabe fermée est celle qui est suivie d'une consonne (*bibhéda*).

2. Nous avons parlé plus haut de l'extension secondaire de cette forme en grec (p. 12 et p. 22 i. n.). οἶδα: ἴδμεν, et quelques autres exemples reflètent l'image de l'état primitif qui est encore celui du germanique et du sanskrit.

3. On sait que la diphthongue ου n'est plus en grec qu'une antiquité conservée çà et là; les parfaits comme πέφευγα, τέτευχα, ne doivent donc pas étonner. Mais on trouve encore d'autres parfaits contenant l'ε, tels que κεκλεβώς, λέλεγα. Au moyen, ces formes sont nombreuses, et l'on a même la diphthongue ει dans λέλειπται, πέπεισμαι etc. (à côté des formations régulières ἔικτο, ἴδμαι, τέτυγμαι etc.). Cet ε vient certainement en partie du présent, mais il a encore une autre source, les formes *faibles* du parfait chez celles des racines de la forme C qui ne pouvaient rejeter a_1 — certaines d'entre elles le pouvaient, v. page 12 i. n. Ainsi τεκ a dû faire d'abord τέτοκε, plur. *τετεκαμεν ou *τετεκμεν, parce que «τετκμεν» était impossible. Ce qui appuie cette explication de l'ε, c'est que les formes en question, celles du moins qui appartiennent à l'actif, sont principalement des participes, et que le partic. parf. demande la racine *faible*. Ex.: ἐνήνοχα ἀν-ηνεχυῖαν, εἴλοχα συνειλεχώς etc. Curtius Verb. II 190.

Dans le latin *totondi, spopondi, momordi* (v^x latin *spepondi, memordi*) vit un reste de cette antique formation. On peut supposer que le présent de ces verbes a été d'abord *tendo, *spendo, *merdo. A côté de ces présents on avait les dérivés *tondeo, spondeo, mordeo,* et en vertu de la règle: qui se ressemble s'assemble, le verbe en *-eo* se mettant en rapport avec le parfait finit par évincer l'ancien présent. — Cf. p. 13.

Dans les langues germaniques le singulier du parfait n'est pas moins bien conservé que le pluriel et le duel. Là, partout la forme faible privée d'*a* (p. 12 et 22), ici partout a_2 sous sa figure germanique *a*: *gab* de *giban*, *bait* de *beitan*, *baug* de *biugan*, *varþ* de *vairþan*, *rann* de *rinnan* etc.

Le parfait irlandais traité par M. Windisch K. Z. XXIII 201 seq. est fort intéressant: ici encore l'*e*, expulsé au pluriel, devient *a* (= a_2) au singulier.. L'auteur réunit les exemples de cet *a*, p. 235 seq. où il n'y a qu'à choisir dans la masse. Prés. *condercar* «voir», parf. sing. *ad-chon-darc*; prés. *bligim* «traire», parf. sing. *do ommalgg* etc.

Les langues ariennes répondent par l'*ā* long dans la syllabe ouverte: skr. *ǰagā́ma, papā́ta, čikā́ya*. La syllabe fermée comme la diphthongue suivie d'une consonne ont l'*a* bref, selon la règle: *dadárça, bibhéda*.

Il est singulier que dans la langue védique la première personne ne montre jamais d'*ā* long, et que même dans le sanskrit classique la longue ne soit que facultative pour cette forme. M. Brugman (Stud. 371) a cherché à expliquer le fait au moyen de son hypothèse sur la désinence *-a* de cette première personne, laquelle représenterait un ancien *-m* (v. p. 42): la syllabe se trouvant ainsi fermée, l'*a* bref de *ǰagā́ma* etc. n'aurait rien que de régulier. Mais 1° il est permis de douter que cet *a* représente vraiment une nasale; 2° ce point même étant admis, on préjuge dans cette explication la question de savoir quel phénomène est antérieur de l'allongement de a_2 ou de l'évanouissement de la nasale; 3° dans *rā́ǰān-(a)m, pā́d-(a)m* et autres formes la désinence *-m* n'a pas empêché l'allongement de a_2. — Il faut avouer qu'on ne saurait tenir pour certaine la présence de a_2 à la première personne: elle est assurée pour la 3e personne, et probable pour la seconde (*ǰagantha*); voilà tout, car en grec et en germanique la première personne pouvait facilement emprunter a_2 à la seconde et à la troisième [1].

A part ce petit groupe du parfait singulier on ne rencontre nulle part dans la flexion verbale a_2 remplaçant l'a_1 radical. Trois aoristes sigmatiques grecs [2]: δοάσσατο en regard de l'imparf. δεάμην, -έτοσσε (Pindare) de la rac. τεκ, ζόασον· σβέσον Hes. cf. ξείνυμεν, peuvent néanmoins renfermer un vestige de quelque autre emploi de a_2. Et il se trouve justement que l'aoriste indien en -*iṣam* allonge l'*a* radical dans la syllabe ouverte comme si cet *a* était a_2: ákāniṣam, ávādiṣam. Seulement, dans le dialecte védique, l'allongement n'est qu'intermittent: la liste que donne Delbrück *Altind. Verb.* 179 seq. montre qu'à une ou deux exceptions près il n'a lieu que si toutes les syllabes qui suivent sont brèves, parce qu'apparemment une certaine cadence du mot serait sans cela troublée. Il faudrait savoir, avant d'être en droit de conclure à la présence de a_2, si des raisons de ce genre ont pu arrêter l'allongement de ce phonème. Nous croyons en effet qu'il en est ainsi; v. p. 88. Il serait essentiel aussi de connaître exactement l'origine de l'aoriste en -*iṣam* sur laquelle nous reviendrons au chapitre VI. Dans tous les cas l'aoriste sigmatique ordinaire, comme ἔδειξα, montre a_1 et non a_2.

VERBES DÉRIVÉS. Outre les dénominatifs, qui naturellement prennent la racine telle qu'elle est dans le thème nominal, il existe des verbes dérivés qu'on aimerait appeler déverbatifs et dont il est impossible de ne pas faire, au moins provisoirement, une classe distincte, comme le veut l'accentuation indienne. Nous les placerons donc ici plutôt que d'en faire un appendice aux thèmes nominaux. Ils ont en partie le sens causatif. L'a_1 radical devient chez eux a_2.

Gothique *dragkjan* pour **dragkijan*, cf. *drigkan; lagjan*, cf. *ligan; kausjan*, cf. *kiusan*.

Grec ὀχέω de ϝεχ, φορέω de φερ, σκοπέω de σκεπ. φοβέω de φεβ est peut-être un causatif.

---

1. Il est singulier de trouver chez Hésychius une 1e personne λέλεγα, suivie à quelques lignes de distance d'une 2e pers. λέλογας. Mais il n'y a là sans doute qu'un hasard.

2. Ahrens (I 99) conjecture un aoriste éolique ὀρράτω, de εἴρω «entrelacer». Ce serait une quatrième forme de cette espèce.

On a en latin *moneo* de *men, noceo* de *nec, torreo* (dans le sens causatif) de *ters*. *mordeo, spondeo, tondeo* trouvent dans les langues congénères l'*e* radical requis. Nous reviendrons sur *tongeo* et le goth. *þagkjan*[1]. On connaît les deux exemples gréco-italiques *torqueo* = τροπέω (rac. *terk₂*), *sorbeo* = ῥοφέω (rac. *serbh*). Curtius Verb. I² 348. — Le latin conserve l'*o* dans des formes dérivées directement de la racine et qui primitivement devaient avoir une autre voyelle, ainsi dans *sponsus, tonsus*. Dans *morsus, tostus*, on pourrait à la rigueur admettre que *or* est sorti d'une liquide sonante.

Ce que peut fournir la 1ᵉ conjugaison appartient aux dénominatifs, car les langues congénères ne montrent jamais *a* dans la syllabe de dérivation de cette espèce de verbes.

En paléoslave: *po-ložiti* de *leg, topiti* de *tep, voziti* de *vez* etc.

Nous trouvons dans les langues ariennes la voyelle longue qu'il fallait attendre: skr. *pātáyati* de *pat, çrāváyati* de *çro*. Zend *pāra̅yēiti* de *par*. — Les racines fermées ont la brève régulière: *vartáyati, roćáyati*.

b. FORMATIONS NOMINALES.

THÈMES EN -ma. Le grec en offre un assez grand nombre. Nous désignons par Hm. ceux qu'on trouve chez Homère, par Hs. ceux qui sont tirés d'Hésychius.

εἰ	οἶμο[1] Hm.	λεχ	λόχμη Hm.	ἀλει	ἀλοιμό[4]	ῥεγκ	ῥογμό[6](?)
ἑρκ	ὄρκμο Hs.	1 cερ	ὄρμο Hm.	βρεχ	βροχμό Hs.	2 cερ	ὁρμή Hm.
Fελ	ὅλμο Hm.	πετ	πότμο[2] Hm.	δεχ	δοχμή	cτελ	στολμό
Fερ	ὄρμο Hm.	τελ	τόλμη- Hm.	κερ	κορμό Hm.	φερ	φορμό[7]
		τερ	τόρμο[3]	cλει	λοιμό[5] Hm.	φλεγ	φλογμό
				πλεκ	πλοχμό Hm.	Fεχ	συν-εοχμό Hm.

1. En outre οἶμη. — 2. S'il était prouvé que le τ initial de τετμεῖν vient d'une ancienne gutturale, il vaudrait mieux retirer πότμος de la rac. πετ. Le rapport de πότμος à τετμεῖν serait quant à la consonne initiale celui de ποιή à τεῖσαι. — 3. C'est τόρμος dans le sens de τέρμα, non τόρμος «trou» que nous entendons. — 4. ἀλοιμός «enduit» est un mot conservé dans l'Etymol. Mag. Il se rapporte non à ἀλείφω mais à ἀλίνειν· ἀλείφειν, et au lat. *lino* (*lēvi, litus*); v. Curtius Verb. I² 259. — 5. Il existe une racine *sra₁i* «pécher, être criminel, se perdre»: elle a donné le skr.

---

1. Dans *foveo, moveo, voveo, mulgeo, urgeo* et d'autres, il faut tenir compte de l'influence possible des phonèmes avoisinants.

sre-man dans *asremán* que Böhtl.-Roth et Grassmann (s. v. *sreman*) tra-
duisent par *fehlerlos*, peut-être aussi *sríma*, nom de fantômes nocturnes.
En latin *lē-tum, de-leo* (*de-levī*). En grec λοι-μός et λοιτός· λοιμός Hes. rejeté par M. Schmidt, quoique garanti par l'ordre alphabétique. Une racine
sœur se trouve dans le skr. *srívyati* «manquer, échouer» parent du grec
λύμη, λυμαίνομαι. Puis il y a la racine amplifiée *sra₁idh*: skr. *srédhati*
«etwas falsch machen, fehlgehen» et *srídh* «der Irrende, der Verkehrte»
(B. R.); elle donne en grec ἠλίθιος, dor. ἄλίθιος pour ἀ-σλίθιος (ἠλεός est
autre chose). La branche *sra₁i-t* ne se trouve qu'en Europe: goth. *sleiþs*
«nuisible», grec ἀ-(σ)λιτ-εῖν «pécher», ἀλοιτός· ἁμαρτωλός; peut-être en
outre le lat. *stlit-*. On peut admettre du reste que ἀλιτεῖν n'a reçu sa dentale que sur sol grec. C'est là l'opinion de M. Curtius (Grdz. 547), et elle
a une base très-solide dans la forme ἀλεί-της. — 6. V. le dictionnaire de
Passow s. v. ῥεγμός. — 7. Il est douteux que le mot vienne de φέρω, mais
le degré φερ existe en tous cas dans φερνίον, φέρμιον «panier».

Le verbe κοιμάομαι indique un ancien thème *κοιμη ou
*κοιμο de la rac. κει. Dans πλόκ(α)μος de πλεκ, οὐλ(α)μός de Fελ
on a sans doute le même suffixe. — Quelques exceptions comme
τειμή (inscr.), δειμός, ἀγερμός, présentent l'ε dans la racine: ce
sont des formations nouvelles qui ont suivi l'analogie des neutres
en -μα. Pour κευθμός même remarque qu'à propos de πέφευγα.

La racine du lat. *forma* sera sans doute *fer* (anc. *dha₁r*),
avec *e*; l'*o* est donc *a₂*.

Les thèmes germaniques *flauma-* «flot» (Fick III³ 194),
strauma- «fleuve» (F. 349), seraient en grec «πλουμο, ῥουμο». De
la rac. *ber* vient *barma-* «giron» (F. 203), qui en gothique est
devenu un thème en -*i*. Le goth. *haims* «village» n'est thème en
-*i* qu'au singulier: l'ancien *haima* reparaît dans le plur. (fém.)
haimos; le degré *a₁* se trouve dans *heiva-* «maisôn».

Au germ. *haima-* répond en borussien *kaima*, cf. lith. *kaimýnas* et *k̇emas* (p. 69). De *veż* (vehere) le lithuanien forme *vażmà*
«le métier de charretier» (Schleicher, Lit. Gr. 129), de *lenk* «cour-
ber», avec un *s* inséré, *lànksmas* «courbure».

Les thèmes en -*ma* du Véda se trouvent réunis dans le livre
de M. B. Lindner, *Altindische Nominalbildung* p. 90. Nous citons
une fois pour toutes ce livre indispensable que nous avons constamment consulté et utilisé pour tout ce qui concerne la formation des mots.

La syllabe radicale de ces thèmes indiens ne se trouve jamais
dans la position qui met *a₂* en évidence, puisque le suffixe, com-

mençant par une consonne, en fait une syllabe fermée. On ne peut pas *prouver a₂* dans *sár-ma, é-ma* etc., comme d'autre part on ne pourrait pas prouver que leur *a* est *a₁*. Une série de thèmes indiens en -*ma* présente donc la forme forte de la racine: une seconde série, il est vrai, rejette l'*a* radical, mais celle-là aussi, comme nous le constaterons, se reproduit dans les langues congénères. La première classe, celle qui nous intéresse ici, accentue comme en grec tantôt la racine tantôt le suffixe. Ex. *hó-ma, dhár-ma,* et *nar-má, ghar-má.*

Cette formation donnait des noms abstraits masculins (car les féminins comme le gr. οἴμη ou le lat. *forma* sont étrangers au sanskrit), mais elle ne paraît pas avoir produit d'adjectifs. Le cas du lat. *formus,* gr. θερμός, est isolé, et en sanskrit *gharmá* est substantif. En ce qui concerne θερμός, son ε est postérieur, car, outre *formus,* le *gh* de *gharmá* indique *a₂* (v. chap. IV). Cet ε, il est vrai, a dû être introduit avant que le procès du dentalisme fût consommé; autrement le θ ne s'expliquerait pas.

Thèmes en -ta. Nous commençons comme toujours par le grec:

εἰ	οἶτο	νεϲ	νόστο	ἀϝερ	ἀορτή
κει	κοῖτο[1]	φερ	φόρτο	βρεμ	βροντή
κεν[2]	κόντο	χερ[3]	χόρτο	μερ	μορτή

1. Et le fém. κοίτη. — 2. κεν est la vraie forme de la racine; de là κέν-τωρ, κέν-τρον, κεν-τέω. Peu de probabilité pour le rapprochement avec skr. *kunta*. — 3. Dans εὐ-χερ-ής.

πλοῦτος est d'une formation trop peu claire pour figurer dans la liste. L'admission de ἑορτή et du sicil. μοῖτος dépend aussi de l'étymologie qu'on en fera. λοιτός en revanche prendrait place ici de plein droit[1] (v. p. 75).

Le latin a *hortus* = χόρτος. M. Fick compare *Morta,* nom d'une Parque, à μορτή «part», mais ce nom est-il latin? Nous avons mis *porta* parmi les cas de liquide sonante, p. 15.

Le gothique a *dauþa*- «mort» de *divan* (germ. *dauda*-, Verner

1. On ne sait où placer les noms d'agents en -τη-ϲ, dont la parenté avec les mots en -τηρ (Brugman, Stud. IX 404) est bien douteuse, vu l'α du dorique. Quelques-uns ont l'o: ἀγυρτής(?), ἀορτής (mais aussi ἀορτήρ), Ἀργει-φόντης, fém. κυνο-φόντις; Μοῦσα, *Μόντγα fém. de *Μόντης. φροντίς est de dérivation secondaire.

K. Z. XXIII 123). D'ordinaire cependant ce ne sont que les thèmes en -ta dont la syllabe radicale est affaiblie, non ceux où elle est du degré a_2, qui servent à former des participes. La racine germanique *bren* «brûler» donne *branþa-* «incendie» (Fick III[3] 205); *breu* «brasser» donne *brauda-* neut. «pain» (F. 218). Quant au goth. *gards*, il faut le séparer du gr. χόρτος, v. J. Schmidt Voc. II 128. L'*e* des mots *þiuþa-* neut. «bien» et *þiuda* fém. «peuple» est surprenant; ici naturellement l'italique *touto* comme aussi le lith. *tauta* sont sans valeur (pag. 66 seq.).

Schleicher donne un certain nombre de ces thèmes à la page 115 de sa grammaire lithuanienne: *tvártas* «cloture» de *tverti*, *rástas* «billot» de *rent* «tailler», *spÄstai* masc. plur. «trébuchet» de *spend* «tendre des piéges»; *nasztà* fém. «fardeau» de *nesz*, *slaptà* fém. «le secret» de *slep* «cacher» etc. — En paléoslave: *vrata* neut. pl. = *vortá* «porte»; c'est le lith. *vàrtai; vérti* nous montre l'*e*. De *pen* vient *pÄ-to* «entrave».

En sanskrit ces thèmes auraient, j'imagine, l'aspirée *th*; mais je n'en trouve point d'exemple bien transparent. Le zend a *gaēþa* fém. «le monde» de *gaē* (soit *gi*) «vivre», *dvaēþa* «crainte» de la racine qui est en grec δϜει (Curtius, Stud. VIII 466). Le ϑ équivaut à un ancien *th*. Quelques autres formes sont consignées chez Justi p. 371. — Les neutres ϑ*raota* et *çraota* sont vraisemblablement les équivalents de skr. *srótas* et *çrótas* passés dans une autre déclinaison[1].

THÈMES EN -na. ερεφ ὄρφνη ϑερ ϑρόνο[1] πει ποινή

1. ϑρόνος est la métathèse de *ϑόρνος assuré par ϑόρναξ· ὑποπόδιον. Κύπριοι Hes. Sur la rac. ϑερ v. Curtius Grdz. 257.

On ne peut savoir si la racine de ϑοίνη est ϑει, avec *e*. Il est difficile aussi de rien décider sur οἶνος, ὕπνος et ὄκνος. τέχνη, ἔεδνον, φερνή (éol. φέρενα) montrent un ε irrégulier. Quant à l'ε de τέκνον, prenons garde qu'ici l'*e ne pouvait pas tomber* — ce qui n'est pas le cas pour φερνή —, que par conséquent rien n'empêche τεκ de représenter le degré où la racine expulse l'*e*. Or il existe une seconde série de thèmes en -na qui en effet affai-

---

1. Il est vrai que *çraota* coïncide avec le goth. *hliuþ*, mais l'*e* de cette forme fait sopçonner qu'elle est récente. Quant au lith. *sriautas*, il peut s'identifier à *srótas* aussi bien qu'à ϑ*raota*.

blit la racine: c'est à cette classe sûrement qu'appartient τέκνον
et son équivalent germanique ƀegná- (oxyton, v. Verner l. c. 98).
πόϱνη en fait partie également; son o n'est pas a_2.

En regard de ὦνος, ὠνή (skr. vasná), le lat. vēnum dare et
le slave ѵѣno présentent un e fort extraordinaire. Il faut dire que
l'étymologie de ce mot n'est point encore éclaircie et qu'il nous
apparaît entièrement isolé. On pourrait, il est vrai, le mettre en
rapport avec skr. vásu.

La racine germanique veg donne vagna- «char»; ber donne
barna- neut. «enfant» (mais en lith. bèrnas); de leih(v) vient laihna-
neut. «le prêt» (F. III³ 269), de leug laugna fém. «action de cacher» (F. 276). On aurait tort de placer ici launa- «salaire»: le
grec λαυ nous apprend que son a est ᴀ.

Je trouve en lithuanien varsnà fém. στϱοφὴ βοῶν (de vèrsti?)
et kálnas «montagne» de kel. On compare à ce dernier le lat.
collis: peut-être y a-t-il même identité complète, car le passage
d'un thème en -o comme *colno dans la déclinaison en -i se rencontre dans plusieurs cas. Pour maínas «échange» = sl. mèna
(F. II² 633), la voyelle radicale est incertaine. Slave strana «région» pour *storna; čena «honneur» identique au gr. ποινή, au
zd. kaēna fém.; l'a_1 radical est évident dans le dor. ἀποτεισεῖ et
autres formes. On connaît moins bien la racine du zd. daēna fém.
«loi» que M. J. Schmidt (Verwandtsch. 46) compare au lith. dainà
(cf. crét. ἔν-ϑινος = ἔννομος?). Zd. vaçna «désir».

En sanskrit on a entre autres les oxytons praçná, (vasná),
syoná adj. «moëlleux» d'où syoná-m «couche» (= gr. εὐνή pour
*ουνή?), les paroxytons várna, svápna, phéna. A ce dernier ré-
pond le lith. pě̃nas qui semblerait prouver a_1; mais, comme dans
kě̃mas, il y a lieu de se défier de ë, d'autant plus que le gr. φοι-
νός «sanglant» (primit. «écumant»?) pourrait bien attester positivement a_2.

THÈMES GRECS EN -ϹО. (τεκ τόξο[1]) κεϱ χοϱσό[2] λεκ λοξό

1. L's appartient peut-être à la racine comme c'est le cas pour πα-
λίν-οϱϭο, ἄψ-οϱϱο. — 2. χοϱϭόν· χοϱμόν Hes. — Je ne fais que mentionner
νόϭος νοῦϭος et μόϱϭιμος. On pourrait ajouter δόξα de δεϰ si l'on assimi-
lait son α à celui de τόλμα.

Le latin partage avec le grec le thème lokso (luxus) et possède
en outre noxa, cf. necare.

THÈMES GRECS EN -ανο, -ανη. On les trouve réunis chez G. Meyer *Nasalstämme* 61 seq. En laissant de côté les adjectifs en -*ανό*, il reste principalement des noms d'instrument proparoxytons, dont quelques-uns montrent l'*e*, tandis que la majorité prend o_2. Ainsi δρέπανο, στέφανο en regard de ξόανο, ὄργανο, ὄχανο, πόπανο, χόανο, χόδανο etc. A côté de ὁρκάνη (Eschyle) on trouve beaucoup plus tard ἐρκάνη. Somme toute, il semble que l'*o* soit de règle. Cf. lith. *darg-anà* «temps pluvieux» de *derg*, *rág-ana* «sorcière» de *reg* «voir».

L'*o* du grec paraît à première vue s'accorder à merveille avec l'*ā* long des mots indiens tels que l'adj. *nā̃çana* perditor de *nā́çati* perire ou le neut. *vā̃hana* «véhicule» tout pareil à ὄχανον. Mais ces mots ont un rapport si étroit avec les verbes de la 10e classe qu'il est difficile de ne pas voir dans leur suffixe une mutilation de -*ayana*[1]. Et cependant la formation existe aussi en zend: *dā̃rana* «protection» = skr. *dhārana*. Nous laisserons la question indécise.

THÈMES GRECS EN -εv. Ils prennent constamment o_2 si la racine a *è*. Ainsi γεν γονεύ, Ϝεχ ὀχεύ, νεμ νομεύ, πεμπ πομπεύ, τεκ τοκεύ, τρεφ τροφεύ, χεv χοεύ, et cent autres. Mais ces mots sont probablement de dérivation secondaire (Pott K. Z. IX 171); ils auraient pour base les thèmes qui suivent.

THÈMES EN -a. On peut diviser de la manière suivante ceux (contenant a_2) que fournit la langue hellénique:

Adjectifs (relativement peu nombreux): δεχ δοχό, τεμ τομό, ἐλκ ὁλκό, ϲμει ϲμοιό, θεv θοό, λειπ λοιπό etc.

Noms d'agent: κλεπ κλοπό, τρεφ τροφό, πεμπ πομπό, ἀϜειδ ἀοιδό etc.

Noms d'objets et noms abstraits: πεκ πόκο, τεκ τόκο, ʒεφ ξόφο, νεμ νόμο, πλεv πλόο, ϲτειχ ϲτοῖχο, ἐρ [πεντηκόντ-]ορο etc. — Oxytons: λεπ λοπό, νεμ νομό, λεvγ λοιγό etc.

Féminins: δεχ δοχή, ϲτελ ϲτολή, φερβ φορβή, ϲπενδ ϲπονδή, λειβ λοιβή, ϲπεvδ ϲπουδή etc.

Le latin, fort chiche de ses a_2, en met parfois où il n'en faut point. Il a les neutres *pondes-* de *pend* et *foedes-* de *feid*, alors que le règle constante des thèmes en -*as* est de garder a_1 dans la

---

1. La chose est évidente dans *astamana* et *antarana*, v. B. R.

racine[1]. Probablement ces mots ont été d'abord des neutres en -a. L'ablatif *pondō* ne s'explique pas autrement; *foido- n'a pas laissé de trace, mais le neutre *feidos est conservé dans *fidus-ta* qui serait donc plus primitif que le *foideratei* du sénatusconsulte des Bacchanales. L'opinion de Corssen qui fait de *fidusta* un superlatif est rejetée par d'autres autorités. — Outre ces deux mots à restituer, nous trouvons *dolus* = δόλος — le degré *del* n'existe plus nulle part, mais l'*o* de ce mot fait bien l'effet d'être o_2 —; *modus* de *med* (gr. μέδ-ιμνος, goth. *mit-an*); *procus* de *prec* (cf. *procax*); *rogus* de *reg*(?); vieux-lat. *tonum* de (*s*)*ten* (Στέν-τωρ etc.); le fém. *toga* de *teg*. On peut mentionner ici *pōdex* de *pēd* = *perd. — On s'étonne de l'osq. *feíhoss* en regard du τοῖχος grec.

En gothique: *saggva*- (*siggvan*), *vraka*- (*vrikan*), *dragka*- neut. (*drigkan*), *laiba* fém. (-*leiban*), *staiga* fém. (*steigan*), *hnaiva* adj. (*hneivan*), etc.

En lithuanien: *dagà* «temps de la moisson» (goth. *daga*-) de *deg* «brûler»[2]; *vàda-s* de *ved*; *tàka-s*, slave *tokŭ* de *tek*; *bradà* fém., sl. *brodŭ* de *bred*. En slave *plotŭ* de *plet*, *lakŭ* de *lek*, *trasŭ* de *tręs* etc.

Les langues ariennes montrent dans la syllabe ouverte la voyelle longue régulière. Noms d'objets et noms abstraits: skr. *tāna* = gr. τόνο-ς, *srāva* = gr. ῥόο-ς, *pākā* «cuisson» de *pać*; zd. *vāδa* «meurtre» de *vad* (*vadh*). Adjectifs, noms d'agent: skr. *tāpá* «chaud» (aussi *chaleur*) de *tap*, *vyādhá* «chasseur» de *vyadh*.

Evidemment la loi primitive était que l'a_1 radical cédât la place à a_2 dans le thème en -a. Toutes les infractions dont se sont rendues coupables les différentes langues ne sont pas parvenues à obscurcir ce trait caractéristique de leur commune structure grammaticale. C'est dans les langues ariennes que l'innovation a pris les plus grandes proportions: elle embrasse tous les mots comme *yăma* de *yam*, *stăva* de *sto* etc. L'analogie des racines terminées par deux consonnes a dû avoir en ceci une très-grande part d'influence: dès l'instant où les sons de a_1 et a_2 se furent confondus, un mot comme *várdha*, primitivement *va₂rdha*, s'associa dans l'esprit de celui qui parlait au présent *várdhati*,

---

1. *holus* à côté du vieux-lat. *helusa* doit son *o* au voisinage de *l*.

2. A côté de *dagà* et *dágas* se trouve la formation nouvelle *degas* «incendie».

primitivement $vá_1rdhati$, et il est tout naturel qu'on ait ensuite
formé sur ce modèle $y\breve{a}ma$ de $yámati$, ou $h\breve{a}sa$ de $hásati$ à côté de
$h\breve{a}sa$. — En Europe, où la distinction des deux a (a_1, a_2) subsistait, nous n'en constatons pas moins un oubli fréquent de la
tradition: cependant le grec montre une somme encore si minime
de formations de ce genre qu'on n'en peut tirer que la confirmation de leur absence peut-être presque totale à l'origine. Ce sont
les neutres $\check{\epsilon}\varrho\gamma$-o[1] et $\tau\acute{\epsilon}\lambda\sigma$-o, les adjectifs $\pi\epsilon\lambda$-ó, $\chi\acute{\epsilon}\varrho\sigma$-o, $\varrho\acute{\epsilon}\mu\beta$-o et
$\pi\acute{\epsilon}\varrho\varkappa$-o (ordinairement $\pi\epsilon\varrho\varkappa$-vó), plus $\check{\epsilon}\lambda\epsilon\gamma o$ et $\check{\epsilon}\lambda\epsilon\gamma\chi o$. Dans le cas
de $\lambda\epsilon\upsilon\varkappa$-ó la diphthongue $o\upsilon$ était en jeu; $\varkappa\acute{\epsilon}\lambda\epsilon\upsilon\vartheta$-o montre encore
sa forme ancienne dans $\acute{a}$-$\varkappa\acute{o}\lambda o\upsilon\vartheta o$. A côté de $\varDelta\epsilon\lambda\varphi o\acute{\iota}$ on a $\delta o\lambda\varphi\acute{o}$.
Je crois que c'est là, avec les mots qui suivent, à peu près tout ce
que le grec possède de formations de ce genre[2].

Il y a des exemples qui possèdent leur analogue dans un des
idiomes congénères et qui méritent certainement toute attention:
$\xi\epsilon\acute{a}$ en regard de l'ind. $y\breve{a}va$[3]; $\check{\iota}\mu\epsilon\varrho o$ pour $\acute{\epsilon}$-$\sigma\mu\epsilon\varrho o$[4] comparable au
skr. $sm\breve{a}r\acute{a}$; $\vartheta\epsilon\acute{o}$ qui coïncide avec le goth. $diuza$- neut.[5] Le gr.
$\sigma\tau\acute{\epsilon}\nu\iota o\nu$ (aussi $\sigma\tau\acute{\eta}\nu\iota o\nu$) joint au skr. $stána$ fait conclure à un
indo-eur. sta_1na. V. sur ces mots Joh. Schmidt *Verwantschafts-
verh.* 64.

En germanique, ce sont principalement les adjectifs (réunis
chez Zimmer, Nominalsuffixe a und $\bar{a}$ 85—115) qui ont admis l'e

---

1. Au contraire l'arménien a régulièrement $gorts$ ($\check{\epsilon}\varrho\gamma o\nu$), avec a_2.

2. En voici quelques-unes de moindre importance: $\varkappa\acute{\epsilon}\pi\varphi o$, $\varkappa\epsilon\lambda\epsilon\varphi\acute{o}$,
$\varkappa\acute{\epsilon}\varrho\varkappa o$, $\pi\acute{\epsilon}\lambda\epsilon\vartheta o$, $\sigma\acute{\epsilon}\varrho\varphi o$; le voc. $\check{\omega}$ $\mu\acute{\epsilon}\lambda\epsilon\cdot$ $\check{\epsilon}\lambda\epsilon o$ est obscur. $\check{\epsilon}\varrho o$ et $\gamma\acute{\epsilon}\lambda o$ sont
anormaux déjà d'ailleurs. $\pi\acute{\epsilon}\delta o$ est de formation secondaire. — $\xi\acute{\epsilon}\nu o$ pour
$\xi\acute{\epsilon}\nu Fo$ et tous les cas analogues n'entrent naturellement pas en considéra-
tion. $\sigma\tau\acute{\epsilon}\nu o$ semble être de même nature, à cause de la forme $\sigma\tau\epsilon\check{\iota}\nu o$.

3. L'histoire de ce thème est assez compliquée: $\xi\epsilon\acute{a}$ n'est qu'une forme
plus récente de $\xi\epsilon\iota\acute{a}$ (= skr. $yávasa$) et ne peut donc se comparer directement à $yáva$. Mais ce mot grec nous apprend néanmoins que l'a radical de
$yáva$ est de l'espèce $a_1 - a_2$, non de l'espèce A. La brève de $y\breve{a}va$ décide
d'autre part pour a_1, et l'isolement du mot garantit suffisamment son origine proethnique. Nous obtenons donc l'indo-eur. ya_1wa. — Basé là-dessus
nous avons admis dans l'a du lith. $javai$ une altération secondaire de l'e,
p. 68.

4. Cf. $\chi\check{\iota}\lambda\iota o\iota$ pour *$\chi\epsilon\sigma\lambda\iota o\iota$, $\check{\iota}\mu\acute{a}\tau\iota o\nu$ pour *$\acute{\epsilon}\sigma\mu\alpha\tau\iota o\nu$ etc. — La glose
$\check{\eta}\mu\epsilon\varrho\tau\acute{o}\nu\cdot$ $\acute{\epsilon}\pi\acute{\epsilon}\varrho\alpha\sigma\tau o\nu$ ébranle l'étymologie ordinaire.

5. Le sens premier serait *anima*. Cf. p. 84 i. n. — Le lith. $dv\check{e}sti$ et
$dv\acute{a}s\dot{e}$ «esprit» pourraient aussi suggérer un primitif *$\vartheta Fe\sigma o$.

6

dans la racine. Ainsi *reuda-* «rouge» à côté de *rauda-*, *gelba-*
«jaune», *hreuba-* «asper», *hvīta-* soit *hveita-* «blanc», apparenté
mais non pas identique au skr. *çvetá, leuba-* «cher», *þverha-* «trans-
versal», *seuka-* «malade», *skelha-* «oblique» etc.

Dans deux adjectifs qui ont presque le caractère de pronoms
et dont l'un du moins n'est sûrement pas sorti d'une racine verbale, l'a_1 date de la langue mère: na_1wa (gr. *νέος*, goth. *niujis*,
skr. *náva*) dérivé de *nu* (*νυ*) et sa_1na (gr. *ἔνος*, lat. *senex*, goth.
sinista, irl. *sen*, lith. *sénas*, skr. *sána*).

Dans la plupart des langues européennes les féminins en -*ā*
sont placés sur un pied de parfaite égalité avec les masculins ou
les neutres en -*a*: ils servent comme eux à la dérivation courante
et varient ainsi les ressources de la langue. Le sanskrit présente
un état de choses tout différent. On trouve en combinant les listes
de Grassmann et de M. Lindner (p. 150) que les féminins védiques
en -*ū* forment vis-à-vis des masculins une petite minorité, que la
plupart d'entre eux sont des appellatifs, tels que *káçū* «fouet»,
vaçā́ «vache», et que les couples comme *πλόκος πλοκή*, si fréquents en Europe, ne sont représentés ici que par quelques exemples (ainsi *rása rasā́, várṣa* (neut.) *varṣā́*). Et c'est à peine si un
ou deux de ces féminins paraissent contenir a_2: le plus grand
nombre, comme *druhā́, vṛtā́*, appartient à la classe privée d'*a* radical que nous retrouverons ailleurs. En présence de ces faits,
nous n'avons pas le droit d'étendre aux féminins proethniques
en -*ā* toutes les conclusions auxquelles on sera arrivé pour les
thèmes en -*a*, et il devient probable que les féminins européens formés avec a_2 sont une catégorie grammaticale hystérogène.

Pour ce qui est de L'ACCENTUATION des thèmes en -*a*, il y a,
d'après tout ce qui précède, un triage à faire dans les matériaux
qu'offre le Véda. Il se peut que la règle de M. Lindner (loc.
cit. 29) se vérifie *pour les formations nouvelles* dont nous avons
parlé. Mais si nous nous bornons à prendre les thèmes (védiques)
qui allongent l'*a* radical, où par conséquent nous sommes sûrs
de la présence de a_2, voici comment ils se classent. Paroxytons.
a. noms abstraits etc.: (*páça, bhága*) *vága, vára, çáka, gána* neut.

b. adjectifs, appellatifs: *gắra*[1]. — Oxytons. *a.* (*dāvá*) *nādá, nāvá, vāsá, sāvá, sādá. b. grābhá, nāyá, ghāsá, tārá, vāká, vāhá, çrāyá, sāhá, svāná, hvārá.* — Pour être conséquent, nous avons placé entre crochets comme étant sans valeur ici les mots dont la racine contient *ʌ* au témoignage des langues d'Europe; ex.: *bhắga,* gr. φαγ.

a_2 ne pouvant se manifester dans les mots venant de racines *fermées* comme *manth* ou *veç*, il en résulte que le départ entre les formations nouvelles et les formations primitives qui seules nous intéressent est impossible chez ces mots. Mais les langues congénères garantissent jusqu'à un certain point l'ancienneté de quelques-uns d'entre eux. Voyons l'accentuation que leur donne le sanskrit. Paroxytons: gr. δολφός, germ. *kalba-*, skr. *gárbha;* gr. λοιγός, skr. *róga* [gr. ὁρός, skr. *sắra*[2]]; germ. *hausa-*[3] «crâne», skr. *kóṡa* (Fick); germ. *drauga-*, skr. *drógha;* germ. *rauta-*, skr. *róda* (F.); germ. *svaita-*, skr. *svéda* (F.). Oxytons: sl. *mątŭ,* skr. *manthá;* sl. *mrakŭ* = **morkŭ,* skr. *markú* (B. R.) [sl. *chromŭ* (adj.), skr. *srāmá*[4]]; gr. οἶκο, skr. *veçá;* gr. κόγχη[3], skr. *çaṅkhá;* germ. *þauta-*, skr. *todá* (F.); germ. *maisa-*[3], skr. *meṡá* (Bugge); germ. *rauda-* (adj.), skr. *lohá.* Quant à l'accent des mots comparés, on voit qu'il n'est pas toujours d'accord avec celui du sanskrit.

Sont oxytons en grec: les adjectifs, les noms d'agent, une partie des noms abstraits masculins, les noms abstraits féminins.

En germanique, autant que j'ai pu m'en rendre compte, les substantifs (masculins et féminins) sont oxytons: le goth. *snaivs* (νείφει donne l'*e*) prouve par la perte du *g* l'accentuation *snai(g)vá-* (Sievers). Dans l'article cité de M. Verner sont mentionnés les

---

1. Les mots comme *bắdha* de *bādh* dont la racine a déjà l'*ā* long, en outre les mots d'origine obscure comme *gắla* «filet», *çắpa* «bois flottant» ne sont pas cités. *kắma* est un thème en -*ma*.

2. *sara* paraît n'être qu'une variante de *çara* ou *çáras*. Les sens de *sára* (crême, quintessence etc.) et du gr. ὁρός (partie aqueuse du lait) se concilient facilement, bien qu'ils soient en apparence opposés. Le lat. *serum* est-il le même thème, ou seulement parent? Curtius Grdz. 350.

3. L'*a* de *hausa-* et de *maisa-*, l'*o* de κόγχη, représentent *peut-être* a_2, mais on ne peut le dire avec certitude.

4. Goldschmidt Mém. Soc. Ling. I 413. Ce mot ne peut figurer ici que si la racine *est sram*. Si l'on admet une racine *srā*, la chose est toute autre.

thèmes germaniques *haugá*- (rac. *heuh*, dans le goth. *hiuhma*), *laidú* (fém.) de *leiþ*, *sagá* (fém.) de *seh* (lat. *secare*). Les deux mots suivants sont analogues, mais viennent de racines qui ont *A*: *hōbá* (fém.) de *haf*, *fangá* (fém.) de *fanh*. En revanche on a des paroxytons dans *faiha*- (goth. *filufaihs*), *maisa*-, cf. ci-dessus. — Les adjectifs sont souvent paroxytons, ainsi *lausa*- de *leus*[1], *hauha*- «haut» en regard de *hauga*- «éminence», mais nous avons vu que la plupart ont *e* dans la racine, ce qui leur assigne une place à part.

En somme et autant qu'on en peut juger sur ces données fort peu complètes, on conclura: 1° qu'un grand nombre de thèmes en *a* avec a_2 dans la racine, ont eu dans la langue mère le ton *sur le suffixe;* 2° qu'on ne peut dire avec certitude si quelques-uns de ces thèmes, quel que fût d'ailleurs le sens, ont eu au contraire le ton sur la syllabe radicale.

Dans les thèmes en -*a* formant le second membre d'un composé dont le premier sera un substantif régi — nous ne parlons que des cas où *l'action verbale est encore sentie,* non de *tatpuruśas* en général —, ou bien une préposition, la présence de a_2 est assurée aussi[2]. Nous pouvons distinguer quant au sens quatre catégories représentées par les exemples suivants: *a. pari-vādá* «le blâme» de *vad, b. ut-tāná* «qui s'étend» de *tan, c. sūkta-vāká* «récitation d'un sūkta» de *vać, d. uda-hārá* «porteur d'eau» de *har.* Le zend montre le même allongement de l'*a*.

Exemples grecs: *a.* σύλ-λογος et συλ-λογή de λεγ; *b.* ἔξημοιβός de ἀμειβ, πρό-χοος de χευ; *c.* —; *d.* ὑ-φορβός de φερβ, πυρ-φόρος de φερ. La classe *c* existe dans quelques féminins comme μισθο-φορά, mais ces mots sont des exceptions.

Exemples lithuaniens: *pá-szaras* «nourriture» de *szer*, at-

---

1. Même accentuation dans le mot grec qui y correspond λοῦσον· κόλουρον, κολοβόν, τεθραυσμένον (parent de ἀλεύομαι = goth. *liusan;* cf. ἀλυσκάζω et chez Hésychius λυσκάζει). Relativement à la *chute nécessaire* de l's grec placé entre deux voyelles, les affirmations péremptoires paraissent encore prématurées en présence de certains cas tels que σαυσαρός (lith. *saúsas*), ἐν-θουσιασμός (cf. sl. *duchŭ, duša*). Reste à trouver la règle. — La racine *frap* (avec *A*) donne l'adj. oxyton *frōdá*-.

2. Il est remarquable que les composés indiens de caractère moderne où le premier membre est décliné (*puśṭimbhará* etc.) ne présentent jamais l'*a* long.

laidà « grâce » de *leid*, *isz-takas* « écoulement » de *tek*. Paléoslave: *vodo-nosŭ* de *nes*, *sǫ-logŭ* de *leg* (peut-être bahuvrīhi), *pro-vodŭ* « compagnon » de *ved*, *po-tokŭ* « rivière » de *tek*, *pro-rokŭ* « prophète » de *rek*, *vodo-tokŭ* « canal » de *tek*. Dans *dobro-rekŭ* (Osthoff Beitr. de P. et B. III 87) l'*e* s'est infiltré.

En latin le vocalisme du second membre des composés, soumis aux influences de divers agents destructeurs, est absolument méconnaissable. L'osq. *loufri-konoss* est un bahuvrīhi.

A l'origine, on n'en peut douter, ces composés ont été généralement oxytons. Ils le sont dans les textes védiques, et ils le sont en partie en grec. Dans la classe *d* le grec n'a retiré l'accent sur la pénultième que lorsqu'elle était brève[1] (Bopp *Accentuationssystem* 280, 128. Schrœder K. Z. XXIV 122). Voy. l'exception que présente parfois le sanskrit, chez Garbe K. Z. XXIII 481; elle rappelle la distinction du grec πατρόκτονος et πατροκτόνος.

THÈMES EN -I. Voici ceux que forme le grec: τρεχ τρόχι « coureur » (Eschyle), cτρεφ στρόφι « homme retors » (Aristophane), χρεμ χρόμι, nom d'un poisson; μεμφ μόμφι fém. = μομφή. Adjectifs: τρεφ τρόφι (Homère), δρεπ δρόπις· τρυγητός Hes. Cf. μολπίς, φρόνις, φόρμιγξ.

Cf. goth. *balgi-* « outre » de *belg* « enfler »; skr. *rā́çí*, *ghāsí*; *dhrǎgi*, *grǎhi*. Lindner p. 56.

THÈMES EN -U. La racine du goth. *hinþan* « prendre » donne *handú-* fém. « la main » (Verner l. c.). L'*a* du germ. *haidú-* = skr. *ketú* est certainement a_2 (et non *A*), parce que le *ç* alternant avec *k* du skr. *çétati*, parent de ces mots, est un signe de a_1 (chap. IV). En comparant *skadu-* « ombre » au skr. *çátati*, on aurait un thème en -*u* tout semblable aux précédents; mais ici nous sommes moins sûrs que la voyelle radicale soit a_1. Nous reviendrons sur ce rapprochement au chapitre IV.

Le lith. *dangùs* « ciel » vient de *deng* « couvrir ». Quant aux nombreux adjectifs en -*u-s*, réunis par M. J. Schmidt, *Beiträge de Kuhn et Schleicher* IV 257 seq., et qui prennent régulièrement a_2 —

---

1. Les exemples où la règle n'est plus du tout observée (ex.: dans πτολίπορθος, παλίντονος) présentent ordinairement cette singularité que le premier membre a ι dans la dernière syllabe.

ex.: *sargùs* de *serg* —, ce n'est pas en réalité au thème en -u, restreint à quelques cas du masculin, mais bien au thème en -ya qui apparaît partout ailleurs qu'on doit, semble-t-il, attribuer la priorité: il est vrai que le sanskrit a quelques adjectifs comme *dārú* de *dar*, mais la règle dominante des anciens adjectifs en -u est de rejeter l'*a* radical (p. 15, 23).

On trouve un thème *da₂mu* dans le lat. *domus, -ūs*, égal au paléosl. *domŭ* [1]. Ce dernier mot, au dire des slavistes, est bien un véritable thème en -u et ne montre point la même indifférence que d'autres à se décliner sur *vlŭkŭ* ou sur *synŭ*. C'est à la même formation qu'appartient le gr. *κόρϑυς* fém. si l'on adopte le rapprochement de M. Fick avec le goth. *hairda* lequel attesterait l'*e* radical et la non-suffixalité du *ϑ*; puis *κροκύς, -ύδος* fém., de *κρέκω* «tramer».

Deux neutres paroxytons de grande importance: gr. *δόρυ*, irland. *daru-* (Grdz. 238), skr. *dáru*; gr. *γόνυ*, skr. *ǵánu*. L'ind. *sānu*, d'après cette analogie, doit contenir a_2. *φόρβυ· τὰ οὖλα.* *Ἠλεῖοι* semble venir de *φέρβ* et avoir a_2.

Très-répandue est la famille des thèmes en -ya. Toutefois les formations secondaires s'y entremêlent si étroitement avec les mots tirés directement de la racine que nous nous abstenons, de peur d'erreurs trop nombreuses, de soumettre ces thèmes au même examen que les précédents.

2. Syllabes suffixales.

Les langues européennes montrent clairement que la voyelle ajoutée à la racine dans les thèmes verbaux en -a est un a_1 qui alterne avec a_2. Il y a concordance de tous les principaux idiomes de la famille quant à la place où apparaît a_2 (1ᵉ pers. des trois nombres, 3ᵉ pers. pl.).

---

1. L'ind. *dámūnas* «familiaris», un des noms d'Agni, se décompose peut-être en *damu* + *nas* (venir). Il reste à expliquer la brève de *dămu*: on pourrait penser tout d'abord à un déplacement de la quantité et reconstruire **dāmūnas*. Mais l'allongement de l'*i* ou de l'*u* devant une nasale est chose si commune, qu'une telle hypothèse serait fort risquée. Il n'est pas inconcevable que, l'*u* une fois allongé, l'a_2 qui précédait ait été forcé par là de rester bref. V. p. 89. Toutefois la forme *damúnas* qui apparaît plus tard rend cette combinaison très-problématique.

Grec	Latin	Gothique	Paléoslave	Sanskrit
(ἔχω[1]	veho	viga	vezǫ	váhāmi)
ἔχομεν	vehimus[2]	vigam	vezomŭ[3]	váhāmas
—	—	vigos	vezově[3]	váhāvas
ἔχοντι	vehunt[4]	vigand	vezǫtĭ	váhanti
Cf. ἔχετε	vehite	vigiþ	vezete	váhatha

1. La racine ici importe peu. — 2. Anciennement *vehumus, *veho-
mus. — 3. vezomŭ et vezově sont les formes de l'aoriste (s'il existe chez
ce verbe); l'e du présent vezemŭ, vezevě, est dû à l'analogie des autres personnes. — 4. Vieux latin tremonti. — Le zend concorde avec le sanskrit.
Le lithuanien présente les 1ères personnes du plur. et du duel sùkame,
sùkava. L'a du goth. vigats (2e p. du.) ne peut être qu'emprunté à vigam,
vigand etc. On explique de même le v. ht-all. wegat en regard du vigiþ
gothique (2e p. pl.), et le lith. sùkate, sùkata.

Les formes du moyen reproduisent le même schéma: parmi
elles on distingue les 1res personnes du grec: φέρομαι, ἐφερόμην
qui bien que s'écartant des formes indiennes, présentent, selon la
règle, un o devant μ (v. ci-dessous).

La forme primitive exacte de la 1e personne du singulier de
l'actif est une énigme que nous n'essayons point de résoudre.
Avec la désinence dite secondaire, elle n'offre pas de difficulté:
gr. ἔ-φερον, sl. vezŭ (régulier pour *vezon), skr. á-bharam (a bref,
vu la syllabe fermée). Du reste le paradigme se répète partout
où il y a une conjugaison de l'espèce qu'on appelle thématique.
Dans ce paradigme, l'apparition de a_2 est évidemment liée d'une
manière ou d'une autre avec la nature de la consonne qui suit.
V. Paul dans ses Beiträge IV 401. On ne peut, vu la 3e pers. du
pluriel, — à moins d'admettre que la désinence de cette personne
fût à l'origine -mti — chercher dans le son labial la cause de la
transformation. Il faudra l'attribuer aux sonantes, ou plus généralement peut-être aux sonores. C'est le seul cas où la substitution du phonème a_2 au phonème a_1 trouve son explication dans
une action mécanique des sons avoisinants.

Dans la diphthongue de l'optatif, c'est a_2 qui apparaît: le
grec et le germanique sont les seuls idiomes qui donnent à ce
sujet un témoignage positif, mais ce témoignage suffit: gr. ἔχοις,
ἔχοι, ἔχοιμεν etc.; goth. vigais, vigai, vigaima etc.

Devant le suffixe du participe en -mana ou -ma les langues

européennes ont a_2: gr. $\dot{\varepsilon}\chi\acute{o}$-$\mu\varepsilon\nu o$-$\varsigma$[1], sl. *vezo-mŭ*, lith. *véza-ma;* le lat. *vehimini* ne décide rien. D'après le grec on attendait en sanskrit «*váhāmana*»: nous trouvons *váhamāna*. J'ai essayé ailleurs d'expliquer cette forme par un déplacement de la quantité (cf. *paváká* pour *pāvaká, çvápāda* pour *çvápada*. Grassmann s. v.). Mais cette hypothèse, peu solide par elle-même, se heurte aux formes comme *sasṛmāṇá*. Nous nous en tiendrons à ces remarques-ci: 1° Quant au suffixe: il n'est pas identique au -$\mu\varepsilon\nu o$ du grec. Selon toute probabilité, il remonte à *ma₂na* et se place à côté du boruss. *po-klausīmanas*[2] (Bopp, Gram. Comp. Trad. IV 25); le zend -*mana* et le gr. -$\mu\varepsilon\nu o$ représentent -*ma₁na;* le zend -*mna* nous donne une troisième forme, affaiblie. Il est difficile du reste de se représenter comment ces trois suffixes ont pu alterner dans l'indo-europeen, et il est étrange que de deux idiomes aussi voisins que le zend et le sanskrit, le premier ignore complètement -*ma₂na* quand inversément, l'autre a perdu toute trace de -*ma₁na*[3]. 2° Quant à la voyelle thématique: quoiqu'elle soit brève, elle pourrait être a_2, ainsi que le réclament et le phonème qui suit et le témoignage des langues européennes. Pour cela il faut admettre que dans une syllabe ouverte *suivie d'une longue* les langues ariennes n'ont pas allongé[4] a_2. Les exemples où la chose peut se vérifier sont malheureusement rares et un peu sujets à caution: le premier est le zd. *katăra* dont il est

---

1. Le pamphylien $\beta o\lambda\acute{\varepsilon}\mu\varepsilon\nu\varsigma$ ($\beta o\nu\lambda\acute{o}\mu\varepsilon\nu o\varsigma$) appartient à un dialecte où $\pi o\varrho\tau\acute{\imath}$ est devenu $\pi\varepsilon\varrho\tau$-. Les formes nominales $\beta\acute{\varepsilon}\lambda\varepsilon\mu\nu o\nu$, $\tau\acute{\varepsilon}\varrho\varepsilon\mu\nu o\nu$ etc. peuvent s'interpréter de différentes manières.

2. Le gr. -$\mu o\nu\eta$ dans $\chi\alpha\varrho\mu o\nu\acute{\eta}$ etc. n'est qu'une continuation relativement moderne du suff. -$\mu o\nu$, étrangère aux participes.

3. Les infinitifs indiens en -*mane* viennent de thèmes en -*man.*

4. La longue, dans le cas de *váhamāna*, descend elle-même d'un ancien a_2 (*vaha₂ma₂na*): mais il est aisé de comprendre que dans le conflit des deux a_2 tendant l'un et l'autre à devenir voyelle longue, le second, qui ne trouvait point de résistance dans la syllabe brève placée après lui, devait remporter l'avantage. — Cette syllabe brève dont nous parlons est remplacée dans certaines formes par une longue, ainsi au pluriel *váhamā-nãs;* et pour soutenir toute cette théorie, à laquelle du reste nous ne tenons pas particulièrement, on serait naturellement obligé de dire que dans *váhamāna* comme aussi dans *pāká, vyādhá* etc. l'allongement n'appartient en propre qu'à ceux des cas de la déclinaison où la terminaison est brève.

question ci-dessous; le second est *damūnas*, v. page 86; enfin on a les aoristes en -*išam*, page 73. Mais la brève du zend *vazyămana* demeure incompréhensible.

Devant le suff. -*nt* du partic. prés. act. la voyelle thématique est a_2, lorsqu'elle n'est pas rejetée, ce qui arrive à certains cas de la flexion. Grec ἔχοντ-, goth. *vigand*-, sl. (*vezy*), gén. *vezǫšta*, lith. *vežant*-. L'*a* bref du skr. *váhant*- est régulier, la syllabe étant fermée. Quant à l'*e* du lat. *vehent*-, M. Brugman admet qu'il vient des cas faibles à nasale sonante. — Le participe du futur est tout semblable.

Quittant la voyelle thématique verbale, nous recherchons les cas où un a_2 apparaît dans le suffixe des thèmes nominaux. Toutefois nous laisserons de côté provisoirement les suffixes terminés par une consonne.

Le suff. -*ma₂na* est déjà traité; un autre suffixe participial est -*a₂na*: skr. *bibhid-āná*, goth. *bit-an(a)-s*. — Le suffixe secondaire -*tara* subit des variations assez surprenantes. Il prend, en zend, la forme -*tāra* lorsqu'il s'ajoute à des pronoms: *katāra*, *yatāra*, *atāra*, (cf. *fratăra*), tandis que le sanskrit présente partout l'*a* bref: *katará*, *yatará* etc. C'est le même phénomène que pour le suff. -*măna*, avec cette différence qu'ici c'est l'iranien qui montre a_2, et que la forme qui contient a_1 subsiste parallèlement à l'autre. De plus le zend n'est point isolé comme le sanskrit l'était tout à l'heure: à côté de *katāra* se place le sl. *kotoryjĭ* et *vŭtorŭ*, le goth. *hvaþara* et *anþara*[1] (zd. *añtara*). D'autre part l'*ă* du sanskrit est appuyé du gr. πότερος et, dans le slave même, de *jeterŭ*. Le lat. *uter*, qui a passé par une forme **utrs*, n'entre pas en ligne de compte. L'osq. *púturus-pid* (cf. *púterei*) a subi une assimilation secondaire. Curtius Grdz. 718. Nous ne trouvons pas d'autre issue que d'admettre un double suffixe primitif. Peutêtre que l'un, -*ta₂ra*, s'ajoutait aux pronoms, tandis que l'autre était réservé aux prépositions, comme cela a lieu en zend, et que plus tard les différentes langues ont en partie confondu les deux emplois. Il faut ajouter que le zend abrége l'*ā* de *katāra* toutes les fois que par l'addition de la particule *éit*, la syllabe qui suit cet *ā* devient longue: *katăraçéit*, *katăremćit* (Hübschmann *Casus*-

---

1. Je sais bien que cet *a* gothique peut s'expliquer différemment si l'on compare *fadar* = πατέρα et *ufar* = ὑπέρ.

lehre 284). Est-ce à dire que l'allongement, dans *katāra*, tient à une cause toute autre que la présence de a_2? Comme nous venons de le dire (p. 88), cette conclusion ne paraît pas nécessaire.

VOYELLE SUFFIXALE DES THÈMES EN -a (*Thèmes en -a proprement dits, thèmes en -ta, -na, -ma, -ra etc.*). M. Brugman indique brièvement que cette voyelle est a_2 (Stud. IX 371), et cette opinion a été adoptée de tous ceux qui ont adopté l'hypothèse de a_2 en général[1]. Ici comme ailleurs a_2 alterne avec a_1. Voici, en prenant comme exemple le thème masculin ind.-eur. *akwa*, les cas de la déclinaison où l'accord des langues européennes atteste clairement la présence de a_2: nom. sg. *akwa₂-s*, acc. sg. *akwa₂-m*[2], acc. pl. *akwa₂-ns*. De même au nom.-acc. neut.: *dāna₂-m*. Le degré a_1 est assuré au vocatif *akwa₁*. Tout le reste est plus ou moins entouré d'ombre. Doit-on, au *génitif singulier*, admettre a_1 ou a_2? Le goth. *vulfi-s* parle pour la première alternative[3], le gr. ἵππο-ιο pour la seconde. Ces deux formes ne peuvent pas l'une et l'autre refléter directement la forme première. L'une d'elles a nécessairement subi une action d'analogie: il ne reste qu'à savoir laquelle. La forme sanskrite est pour plusieurs raisons impropre à décider ici. Mais il y a une forme pronominale slave qui semble prouver a_1: *česo* ou *čiso*, gén. de *čĭ(-to)*. M. Leskien (Decl. 109) approuve ceux qui y voient une forme en -*sya*, et pourquoi ne serait-elle pas tout d'un temps le zd. *čahyā* (skr. *kásya*, génitif du thème *ka*) qui lui-même trahit a_1 par sa palatale? Comme il n'y a pas d'ailleurs de raison de croire que le génitif d'un pronom en -a_2 différât en rien de la forme correspondante des thèmes

---

1. Dans l'article cité des *Mémoires de la Société de Linguistique*, je croyais avoir des raisons de dire que l'*o* dans ἵππος, *equos*, était ǫ — malgré le vocatif en *e* — et non pas o_2. Depuis j'ai reconnu de plus en plus qu'une telle proposition est insoutenable, et je n'en fais mention ici que pour prévenir le reproche de changer d'opinion d'un moment à l'autre en disant que cet article a été écrit il y a près d'un an et dans un moment où je venais à peine de me rendre compte de la double nature de l'*o* gréco-italique.

2. L'*a* bref du skr. *áçvăs*, *áçvăm* est régulier, la syllabe étant fermée.

3. Sur l'*a* secondaire du vieux saxon -*as*, v. Leskien *Declination* p. 30. Le boruss. *stesse* parle aussi pour a_1, bien que souvent l'*e* de la Baltique inspire assez peu de confiance (ex.: lith. *kvep* « exhaler », goth. *hvap*, grec, lat. *kvap*).

nominaux en a_2, nous concluons à l'indo-eur. *akwa₁-sya* et nous tenons l'*o* de ἵππο-*ιο* pour emprunté à d'autres cas. — Le *locatif* a dû avoir a_1 : *akwa₁-i*. C'est ce qu'indiquent les locatifs osques comme *tereí, akeneí*, et les locatifs doriques comme τουτεῖ, τεῖδε; cf. πανδημεί, ἀμαχεί, etc., enfin le vieux locatif lithuanien *namễ* (Leskien l. c. 47). M. Brugman qui est pour cette hypothèse *akwa₁i* me fait remarquer que les locatifs grecs en -οι (οἴκοι) ne sont qu'un cas tout ordinaire de contamination, tandis qu'en partant d'un primitif *akwa₂i* on est fort en peine d'expliquer la forme en -ει. — Devant celles des désinences du pluriel qui commencent par *bh* et *s* le thème s'accroît d'un *i*, mais la voyelle est a_2 à en juger par le grec ἵπποι-σι, l'osq. *zicolois* et le germ. *þai-m* (déclinaison pronominale). Le lithuanien a *tễ-mùs;* mais la véritable valeur d'*ễ* est obscure.

Lorsque la désinence commence par une voyelle, celle-ci, dans toutes les langues de la famille, se trouve soudée avec la voyelle finale du thème. D'après les principes généraux de la comparaison linguistique on placera donc le fait de cette contraction dans la période proethnique. Cependant le phénomène a quelque chose de si particulier, il peut si bien se concilier avec les tendances phonétiques les plus diverses, et d'autre part s'accomplir dans un laps de temps restreint, que l'hiatus après tout a pu tout aussi bien subsister jusqu'à la fin de cette période, ce qui ne veut pas dire qu'il se soit perpétué très-tard jusque dans l'époque préhistorique des différentes langues [1]. Cette question est liée à certaines autres traitées au paragr. 11. — Au *nominatif pluriel*, skr. *áçvās*, goth. *vulfos*, osq. *Abellanos*, ombr. *screihtor*, la voyelle de la désinence [2] est a_1. Il faut donc, principalement à cause de l'*o* des formes italiques, que le thème ait a_2 : nous obtenons ainsi *akwa₂* + a_1*s*. Prononcée avec hiatus, la forme serait *akwa₂a₁s* (à peu près *ekwoes*); avec contraction *akwā₂s* (*ekwōs*). Nous enregistrons le phonème nouveau [3] $\bar{a}_2$ engendré ici comme

---

1. Nous n'osons pas invoquer en faveur de l'hiatus les formes védiques (restituées) telles que *deváas, çámsaas, devánaam* etc., ni celles du zend comme *daēvāat̮* sur la signification desquelles les avis varient beaucoup.

2. Sa valeur est donnée par le grec et le slave: μητέρ-ες, *mater-e.*

3. En admettant la possibilité d'une longue $\bar{a}_2$, différant de la brève a_2, nous tranchons implicitement la question de savoir si dans la langue

par accident mais qui trouvera plus loin son rôle morphologique.
De quelque époque du reste que date la contraction, il est essentiel de noter que l'*o* de *vulfos* (= *ā₂* long) diffère à l'origine de
l'*o* de *broþar* (= *ā*). Au nord de l'Europe en effet les longues
de *a₂* et *ā* sont confondues aussi bien que ces voyelles elles-
mêmes. — Pour l'*ablatif singulier*, la voyelle désinentielle est inconnue: si nous lui attribuons la valeur a_1, le cas est le même
que pour le nominatif pluriel. Le génitif letto-slave *vlŭka, vìlko*,
sort de l'ancien ablatif (Leskien). Cette forme donne lieu à la
même remarque que *vulfos:* l'*a* slave (= *o* lithuanien) est chez
elle *ā₂*, non pas *ā* comme dans *mati* (lith. *motė*). — La seule
donnée que nous ayons sur la nature de l'*a* dans la désinence du
datif singulier est incertaine: ce sont les infinitifs grecs en μεν-αι
= skr. *man-e* qui la fournissent[1]. Si nous la prenons pour bonne,
il y a dans l'*ō* de ἵππῳ, *equō*, et dans l'*ā* du skr. *áçvāya* les éléments $a_2 + ā$. Nous ne ferons pas l'analyse fort difficile de
l'instrumental singulier et pluriel (skr. *áçvais*, lith. *vilkais*), du
génitif pluriel ni du nom.-acc. duel. Le *nom.-acc. pl. des neutres* est
unique dans son genre: son *ā* long a la valeur *ā*, c'est le gréco-
italique qui nous l'apprend[2]. A moins de l'identifier, comme
quelques-uns l'ont fait, au nom. sg. du féminin, il faudra supposer
une forme première $dāna_2 + ā$, ou bien si le *ā* désinentiel est bref
$dāna_1 + ā$; on ne saurait admettre $dāna_2 + ā$, puisqu'au datif
singulier $a_2 + ā$ a donné l'*ō* gréco-italique.

    Dans la déclinaison pronominale, nous trouvons a_2 devant
le *d* du nom.-acc. sg. neutre: gr. *tó*, lat. *-tud;* goth. *þata*, sl. *to*,

---

mère a_2 a été *bref* comme il l'est partout dans les langues européennes.
Les formes dont il est question pourraient du reste, comme on voit, servir
à démontrer cette quantité brève.

    1. Schleicher doute que -μεν-αι puisse être le datif d'un thème con-
sonantique. Comp.⁴ 401. — La longueur fréquente chez Homère de l'*ι* du
datif grec (Hartel *Hom. Stud.* I² 56) n'est pas une raison suffisante pour
croire que cette forme représente autre chose que l'ancien locatif. *ΔιϜει*
dans *ΔιϜείθεμις* etc. ne paraît pas être un datif. Les formes italiques et
lithuaniennes sont équivoques.

    2. Lui seul peut nous l'apprendre; car il est superflu de répéter que
les langues du nord confondent *ā₂* et *ā*. En slave par exemple l'*a* de *dèla*
(pl. neut.; cf. lat. *dōna*) n'est pas différencié de l'*a* de *vlŭka* (gén. soit abl.
sing.; cf. lat. *equo*).

lith. *ta-i* (skr. *tad*). Puis au nom. plur.: gr. *τοί*, vieux lat. *poploe* (déclinaison pronominale à l'origine), goth. *þai*[1] (skr. *té*). — C'est évidemment a_2 que renferme le pronom *sa* (nom. sg.): gr. *ὀ*, goth. *sa*. La forme indienne correspondante *sa* est le seul exemple certain où l'on puisse observer comment le sanskrit traite ce phonème, quand il est placé à la fin du mot. Nous constatons qu'il ne lui fait pas subir l'allongement[2]. Relevons encore le pronom de la première personne gr. *ἐγώ*, lat. *ego*, sl. *azŭ*[3] = **azom* ou **azon* (skr. *ahám*); l'*ō* long de *ἐγώ* est encore inexpliqué, mais il est certainement de sa nature a_2.

M. Brugman (l. c. 371) a fait voir le parallélisme qui existe entre l'*e* (a_1) du vocatif des thèmes en a_2 et l'*a* bref du vocatif des féminins en *ā*: gr. *νύμφᾰ*, *δέσποτᾰ*, de thèmes *νυμφᾱ-*, *δε-σποτᾱ-*; véd. *amba*, voc. de *ambā; sl. *ženo*, voc. de *žena*. La dernière forme appartient au paradigme courant. Le locatif grec *χαμᾰί*, du thème **χαμᾱ-* = skr. *kšmā* offre exactement le même phénomène et vient se placer à côté du locatif des masculins en -*ει*. On ramènera le loc. osq. *viaí* à *viă* + *i*, le loc. sl. *ženě* à *ženă* + *i*. La forme des langues ariennes doit être hystérogène. Mais peut-être le loc. zd. *zemē* offre-t-il un débris ancien: il est naturel de le rattacher au thème féminin skr. *kšamā* et au gr. *χαμαί*, plutôt que de le dériver d'un masculin qu'il faudrait aller chercher jusqu'en Italie (lat. *humus*). — Il y a peu de chose à tirer du génitif. Nous concluons: où les masculins ont a_2, les féminins ont $\bar{A}$; où ils ont a_1, les féminins ont A. Cette règle est singulière, parce que partout ailleurs le rapport $A : \bar{A}$ diffère absolument du rapport $a_1 : a_2$.

Comme premier membre d'un composé le thème des masculins offre a_2: gr. *ἱππό-δαμος*, goth. *goda-kunds*, sl. *novo-gradŭ*,

---

1. Le sl. *ti* est d'autant plus suprenant que nous trouvons *ě* au loc. *vlŭcě* où nous avons conclu à la diphthongue $a_1 i$. Cf. plus haut p. 69.

2. Le texte du Rig-Véda porte *une fois* la forme *sā* pour *sa* (I 145, 1). Il y a aussi en zend une forme *hā* que M. Justi propose de corriger en *hāu* ou *hō*. Lors même qu'elle serait assurée, la quantité d'un *a* final en zend n'est jamais une base sûre.

3. L'*a* initial de ce mot auquel répond le lith. *àsz* (et non «*ósz*») est tout à fait énigmatique. Cf. lith. *aszva = equa, apě* en regard de *ἐπί*.

lith. *kaklá-ryszis.* De son côté le thème féminin montre *ā* long[1]: skr. *senā-pati*, zd. *upaçtā-bara*, gr. *νικᾱ-φόρος*, lith. *vasaró-laukis* de *vasarà* (Schleicher *Lit. Gr.* 135).

En considérant les *dérivés* des thèmes en a_2 dans les langues ariennes, on s'étonne de voir cette voyelle rester brève devant les consonnes simples[2]; ainsi *ghorătā* de *ghorá.* Il faut dire tout d'abord que dans bien des cas *a₂* est remplacé, ici encore, par *a₁*: *ghorátā* par exemple est le goth. *gauriþa.* Cf. vieux lat. *aecetia.* Dès lors la brève est justifiée. — Mais cette explication, il faut bien le dire, fait défaut pour d'autres formes. Dans *tá-ti* et *ká-ti*, *a₂* est attesté par le lat. *tot* et *quot.* En regard du gr. *πότερος*, de l'ombr. *podruhpei*, du goth. *hvaþara-*[3], du sl. *kotoryjĭ*, du lith. *katràs,* nous trouvons en sanskrit *kă-tará.* Les formes *ubhá-ya* en regard du goth. *bajoþs* et *dva-yá*, cf. gr. *δοιοί,* sont moins embarrassantes, parce qu'on peut invoquer le lith. *abeji* et *dveji.* Mais il est inutile, je crois, de recourir à ces petites explications: il est trop visible que l'*a* qui termine le thème, ne s'allongera dans aucun cas. C'est là, on ne saurait le nier, un côté faible de l'hypothèse de a_2: on pourra dire que devant les suffixes *secondaires* règnent parfois les mêmes tendances phonétiques qu'à la fin du mot, on pourra comparer *ka-* dans *ká-ti* au pronom *sa₂* devenu *sa.*

---

1. Quant à la formation slave *vodo-nosŭ* de *voda,* elle est imitée du masculin; le grec a de même le type *λοχγο-φόρος* de *λόγχη.* Considéré seul, *vodo-* pourrait, étant donné le vocalisme du slave, se ramener à *vadᴀ-:* une telle forme serait fort curieuse, mais le *ā* des idiomes congénères nous défend de l'admettre. — M. G. Meyer (Stud. VI 388 seq.) cherche à établir que la formation propre des langues européennes est d'abréger l'*ū* final; mais pour cela il fait sortir *λοχγο-* (dans *λοχγο-φόρο*) directement du thème féminin, ce que personne, je crois, ne sera plus disposé à admettre. Les trois composés indiens où ce savant retrouve sa voyelle brève *kaça-plaká,* *ukha-chíd, kša-pávant* pourraient s'expliquer au besoin par l'analogie des thèmes en -*a* que nous venons de constater en Europe, mais le premier n'a probablement rien à faire avec *káçā;* les deux autres sont formés sur *ukhá* et *kšam.*

2. La règle sur *a₂* devant une syllabe longue trouverait peut-être quelquefois son application ici; ainsi le suff. -*vant,* étant long, pouvait paralyser l'allongement de l'*a₂* qui précédait; — dans *áçvāvant* etc. la longue n'est dûe qu'à l'influence spéciale du *v.*

3. Les formes des autres dialectes germaniques remontent, il est vrai, à un primitif *hveþara* qui est surprenant.

Mais nous ne voulons pas nous risquer, pour ces quelques exemples, à soutenir dans toutes ses conséquences une thèse qui mène-
rait extrêmement loin.

Peut-être est-ce la même raison qui fait que le skr. *samá*
garde l'*a* bref, bien qu'il corresponde au gr. ὁμός, au goth.
sama(n-): M. Benfey y voit en effet un dérivé (superlatif) du pronom *sa*. Le zend *hāma* ne nous sert de rien, et voici pourquoi. La
même langue possède aussi *hama* et d'autre part le slave a la
forme *samŭ* à laquelle M. Fick joint l'anglo-s. *ge-sōm* «concors»:
hāma est donc hypothéqué par ces deux derniers mots, et son *ā*
long ne peut plus représenter a_2. Si *o*, dans ὁμός, représentait ϱ,
les difficultés seraient levées, mais je ne sais si cela est bien admissible. Cf. *simá, sumát, smát*.

J'ai réservé jusqu'à présent un cas qui présente certaines
analogies avec celui de *samá:* c'est le mot *damá* dans sa relation
au gr. δόμος, au lat. *domo-*, à l'irland. *-dam*. Seulement, ici, il n'y
a plus même la moindre probabilité à diviser: *da-ma*. Si l'on considère la parenté possible de *samá* avec le thème *sam-* «un», ou
la particule *sam*, on trouve les deux séries parallèles: 1° *sam*,
samá avec brève irrégulière, ὁμός, *sāmŭ*. 2° *dam* (δῶ?), *damá* avec
brève irrégulière, δόμος; δᾶμος. J'ignore si ces deux séries sont
unies par un lien intérieur[1].

M. Brugman attribue à a_2 une quantité moyenne entre la
brève et la longue et accorde ainsi la brève de toutes les langues
européennes avec la longue des langues asiatiques. Mais puisque
celles-ci ont elles-mêmes un *a* bref devant les groupes de plus
d'une consonne, on peut se passer de ce compromis et admettre que
la différence entre a_1 et a_2 n'était que qualitative. Cf. p. 91 i. n.

Nous verrons à propos de la flexion d'autres exemples, et
des plus probants, de l'a_2 indo-européen.

---

1. Inutile de faire remarquer que le verbe grec δέμω, sans correspondant asiatique — et dont Böhtlingk-Roth veulent séparer δόμος dans le
cas où on l'identifierait à *damá* — apporte de nouvelles complications.
Pris en lui-même, *damá* pourrait, vu son accentuation, être l'équivalent
de «*dmá*»: ce serait alors un thème autre que δόμος et qui en grec ferait
«δαμος». C'est ainsi, sans aller bien loin, qu'il existe un second mot indien *sama* signifiant *quiconque*, lequel devient en grec ἁμός (goth. *sums*),
v. le registre.

§ 8. Second *o* gréco-italique.

Voici les raisons qui nous forcent d'admettre une seconde espèce d'*o* gréco-italique:

1. Il y a des *o* auxquels le sanskrit répond par un *a bref* dans la syllabe ouverte: ainsi l'*o* de πόσις — *potis* = skr. *páti* doit être différent de l'*o* de δόρυ = skr. *dă̆ru.*

2. Raison morphologique: comme nous l'avons vu au § 7, le phonème a_2 est lié et limité à certains thèmes déterminés. Jamais par exemple aucune forme du présent d'un verbe primaire, c'est-à-dire non dérivé, ne présente un *o* (ou en germanique un *a*) *que la coexistence de l'e prouverait être* a_2. Il est donc invraisemblable que l'*o* d'un présent comme ὄζω, en d'autres termes l'*o* qui se maintient dans toutes les formes d'une racine, puisse représenter a_2.

Le vocalisme de l'arménien est ici d'une certaine importance. Les articles de M. Hübschmann *Ueber die stellung des armenischen im kreise der indogerm. sprachen* et *Armeniaca*, K. Z. XXIII 5 seq. 400 seq. offrent des matériaux soigneusement triés, malheureusement moins abondants qu'on ne souhaiterait, ce qui tient à l'état imparfait de l'étymologie arménienne. C'est là la source où nous puisons. L'auteur montre que la distinction d'*a* et d'*e* existe en arménien comme dans les langues d'Europe, que cet idiome en conséquence n'appartient point à la famille arienne: fondé en outre sur les phénomènes relatifs aux gutturales il le place entre le letto-slave et l'iranien. Sans vouloir mettre en question ce dernier résultat, nous croyons devoir faire remarquer que *par son vocalisme* l'arménien ne se borne pas à affirmer une relation générale avec l'Europe, mais qu'il noue des liens plus étroits avec une certaine portion de ce domaine, qui n'est pas comme on l'attendrait le slavo-germanique, mais bien le gréco-italique. L'arménien possède en effet la distinction des phonèmes a_2 et *A*.

A devient *a: atsem* = ἄγω (Hübschmann 33); *baż* «part», *bażanel* «partager», gr. φαγεῖν (22); *kapel*, lat. *capio* (19); *hair* pater; *ail* = ἄλλος (33); *andzuk* «étroit», gr. ἄγχω (24). — *Ā* se trouve dans *mair* mater; *ełbair* frater; *bazuk*, gr. πᾶχυς (emprunté peut-être à l'iranien, 402).

a_2 devient o (pour l'e v. l. c. 33 seq.): à côté de *hetkh* «trace» (lat. *peda*), *otn* «pied», cf. gr. ποδ- (Brugman Stud. IX 369); *gochél* «crier», cf. gr. ἔπος, ὄψ (33); *gorts* «œuvre», cf. gr. ἔοργα (32); *ozni ἐχῖνος* (25) n'a point d'analogue direct dans les langues congénères, mais comme celles-ci ont un e dans ce nom du hérisson, l'o de *ozni* doit être a_2. En composition: *lus-a-vor* que M. Hübschmann rend par λευκοφόρος et qui vient de *berem* «je porte» (405); *age-vor* (400). Enfin dans le suffixe: *mardo-* (dat. *mardoy*) = gr. βροτό. Mais il y a un point, et c'est là ce que nous avions plus particulièrement en vue, où l'arménien cesse de refléter l'o gréco-italique et où il lui oppose un *a*: *akn* «œil», gr. ὄσσε, lat. *oculus* (33); *anwan* «nom», gr. ὄνομα, lat. *nōmen* (10), *magil* «serre», gr. ὄνυξ, lat. *unguis* (35); *amp, amb* «nuage», gr. ὄμβρος (19); *vard* «rose», gr. Ϝρόδον, lat. *rosa* (35); *tal* «donner», gr.-lat. *dō* (33): L'Arménien comme tel porte le nom de *Hay;* M. Fr. Müller rapproche le skr. *páti*, soit le gréco-ital. *poti-* (Beitr. zur Lautlehre d. arm. Spr. Wiener Sitzungsber. 1863, p. 9). Dans tous ces exemples, l'o gréco-italique était suspect d'ailleurs d'avoir une valeur autre que a_2, par exemple dans *poti-* que nous venons de voir (page 96), dans ὄσσε, *oculus*, dont la racine conserve constamment l'o. Ainsi l'arménien paraît bien apporter une confirmation à l'hypothèse des deux o. Il faut dire toutefois qu'au gréco-ital. *od* (ὄζω) répond, suivant la conjecture de M. Hübschmann, *hot* «odeur» (405): on attendrait a comme dans *akn*.

Ce point étant établi, qu'il existe des o gréco-italiques autres que o_2 = indo-eur. a_2, il reste à examiner si le résidu qu'on obtient constitue une unité organique et distincte dès l'origine, ou bien s'il s'est formé accidentellement, si par exemple certains a ne se seraient pas changés en o, à une époque relativement moderne. On arrive à la conclusion que les deux choses sont vraies. Il est constant que dans plusieurs cas l'o n'est que la phase la plus récente d'un a. Mais d'autre part l'accord du grec et du latin dans un mot comme πόσις — *potis* garantit la haute ancienneté de l'o qu'il contient et qui, nous venons de le reconnaître, ne remonte point à a_2.

Nous pourrons en somme distinguer quatre espèces d'o, dont l'importance et l'âge ne sont pas les mêmes.

7

1° $o = a_2$ commun au grec et à l'italique (§ 7).

2° *o* de πόσις — *potis* commun au grec et à l'italique. Nous adopterons pour ce phonème la désignation ǫ.

3° *o* sorti d'*a* à une époque postérieure (dans le grec et l'italique séparément).

4° Il existe des *o* anaptyctiques développés sur les liquides sonantes et sur d'autres phonèmes analogues, v. chap. VI. Une partie d'entre eux, comme dans *vorare*, gr. βοϱ, apparaissent dans les deux langues, d'autres dans l'une des deux seulement. Il est essentiel de ne jamais perdre de vue l'existence de ces voyelles qui expliquent une foule d'anomalies apparentes, mais aussi de ne point les confondre avec les *o* véritables.

Nous pourrions passer immédiatement au catalogue des ǫ gréco-italiques, qui du reste tiendrait facilement en deux ou trois lignes. Mais auparavant il convient de s'orienter, de débrouiller, autant que nous le pourrons, l'écheveau des perturbations secondaires où l'*o* s'est trouvé mêlé et de rechercher les rapports possibles de cette voyelle avec *a*.

Obscurcissement de la voyelle *o* en *u*.

Après avoir traité de la substitution de *v* à *o* propre au dialecte éolique, Ahrens ajoute (I 84): in plurimis [exemplis, o] integrum manet, ut ubicunque ex ε natum est, δόμος, λόγος (nam ἄγυϱις ab ἀγεϱ, ξύανον a ξέω, cf. ξύω, diversam rationem habent) etc. La désignation o *ex ε natum* répondrait assez bien à ce que nous appelons o_2, et il serait curieux que l'éolique fît une différence entre o_2 et ǫ. Mais en y regardant de plus près, l'espoir de trouver là un précieux critère est déçu: sans parler de ξύανον où il est invraisemblable de voir un mot différent de ξόανον, l'o ($= o_2$) des suffixes subit la transformation p. ex. dans τύτε, dans ἄλλυ (arcad.), dans τέκτυνες, dans l'homérique ἐπασσύτεϱοι. Dès qu'on considère que l'*v* en question suppose un ancien *u*, on reconnaît avec M. Curtius (Grdz. 704) que l'obscurcissement éolique de l'*o* a exactement le même caractère que dans l'italique, dont ce dialecte grec partage d'ailleurs les principales allures phonétiques. Ainsi que l'éolique, le latin maintient le plus souvent o_2, quand cette voyelle se trouve dans la syllabe radicale: *toga*, *domus* etc., et néanmoins on ne pourrait poser de règle absolue[1].

Au contraire l'*v* panhellène, dans des mots comme λύκος ou πύλη, est, si nous ne trompons, une apparition d'un ordre différent. Tout d'abord les groupes *vϱ*, *vλ*, ne semblent pas être jamais sortis de groupes plus anciens *oϱ*, *oλ*, à voyelle pleine: ils sont assimilables de tout point aux affaiblissements indiens *ur*, *ul;* nous n'avons donc pas à les envisager ici. Dans les autres cas, l'*v* (*u*) vient d'une consonne d'organe labial qui a déteint *sur une voyelle irrationnelle* ou bien *sur une liquide ou nasale sonante*. Ainsi dans ἀνώνυμος, il n'y a pas eu transformation de l'o d'ὄνομα en *u:* le phénomène remonte à une époque où à la place de cet o, n'existait qu'un phonème indéterminé. C'est ce dernier que μ put colorer en *u*. De même γυνή est pour γᵛηνή, non pour γᵛανή. En comparant μάσταξ et ματύαι· γνάθοι (cf. μάϑυιαι) au goth. *munþa-*, au lat. *mentum*, nous expliquerons le dor. μύσταξ par la forme ancienne *ꝁꞃꞔꞇᵃ̥ξ*. Par une sorte d'épenthèse, les gutturales vélaires font parfois sentir leurs effets sur la syllabe qui les précède[2]: de là λύκος pour *ᖴλυκος, *ᖴ̣ḷ̥κᖴος = skr. *vŕ̥ka*, goth. *vulfs*. Dans ὄν-υ-ξ (lat. *unguis*), *v* est également une excrétion de la gutturale.

Il faut convenir cependant que dans quelques cas c'est bien une voyelle pleine qui a été changée de la sorte, mais toujours sous l'influence des consonnes avoisinantes: κύλιξ, lat. *calix*, skr. *kaláça;* νύξ, lat. *nox*, skr. *nákti;* κύκλος, germ. *hvehvla-*, skr. *ćakrá*. Ce dernier exemple est remarquable: le germanique, comme aussi la palatale du sanskrit, nous montre à n'en pas

---

1. Comme dans le latin *-tūrus* = *-tōrus*, ω peut devenir *ū*. Hésychius donne les formes ῥώϑυνες = ῥώϑωνες et ϑύραξ = ϑώραξ, sans en indiquer, il est vrai, la provenance.

2. Nous avons admis une épenthèse semblable dans λαυκανίη et λαυχάνη (p. 17 et 25), chez qui l'*u* n'était pas comme ici un son parasite. On a peine à se défendre de l'idée que δάφνη et sa forme thessalienne δαύχνα remontent tous deux à *δαχᵛνᾱ (cf. δαυχμόν· εὔκαυστον ξύλον δάφνης), et l'on retrouve des doublets analogues dans ῥύγχος et ῥάμφος, dans αὐχήν, dial. ἀμφήν, éol. αὔφην (Grdz. 580). — Est-ce que dans αἰγυπιός, αἴγλη, αἶκλον, l'*ι* serait dû à la gutturale *palatale* qui suit? Je tenais la chose pour probable en écrivant la note de la page 7; mais je reconnais que c'était là une conjecture sans fondement.

douter que son *v* s'est développé sur un *ε* primitif. Ainsi, et pour plusieurs raisons, nous n'avons pas le droit de traiter l'*v* grec en question comme étant dans tous les cas[1] l'équivalent d'un *o*. Cela du reste n'a pas grande conséquence pratique, vu que *νύξ* (qui est certainement pour *νόξ) est presque le seul exemple qui entre en considération dans la question du phonème *ρ*.

En latin la voyelle obscurcie en *u* pourra généralement passer pour *o*. Quelquefois l'altération est allée jusqu'à l'*i* comme dans *cinis = κόνις*, *similis = ὁμαλός*; dans ce cas il n'y a plus de preuve de l'existence de l'*o*, car *i* peut, en lui-même, représenter aussi un *e*.

Echange des voyelles *a* et *o*.

1. Avant tout il faut écarter la permutation *a* : *ō* qu'on observe particulièrement en grec et qui est un phénomène d'*ablaut* régulier étudié au chapitre V: ainsi *βα-τήρ* : *βω-μός*.

2. *a changé en o*. Le phénomène, comme on sait, est fréquent dans les dialectes grecs. Il a lieu en lesbien dans le voisinage des liquides et des nasales: *ὄνω, δόμορτις, στρότος, θροσέως* etc. (Ahrens I 76). Le dorique a entre autres *γρόφω, κοθαρός* (Héraclée), *ἀβλοπές* (Crète). Hésychius donne *κόρζα· καρδία. Πάφιοι, στροπά· ἀστραπή. Πάφιοι*[2]. Ionien *ἑωυτόν, θωῦμα* pour *θαῦμα*. Ces transformations dialectales qui du reste s'attaquent souvent aux *α* anaptyotiques ne nous intéressent qu'indirectement, en nous faisant assister au fait manifeste d'un *α* devenant *o* sur sol grec[3].

---

1. Assez fréquent, mais peu étudié, est l'échange d'*a* et d'*v*, comme dans *γνάθος : γνυθός, μάχλος : μυκλός* (Stud. III 322); c'est en présence de ce fait qu'on se demande s'il est vrai que l'*v* ait ni plus ni moins la valeur d'omicron. De ces exemples il faut sans doute retrancher *βυθός* qui peut élever pour le moins autant de prétentions que *κεύθω* à la parenté du skr. *gúhati* (pour le labialisme devant *v* cf. *πρέσβυς*); *βυσσοδομεύω* rappelle vivement le skr. *gúhya*. Sur le *z* du zend *gaoz* v. Hübschmann K. Z. XXIII 393. *κέκευται* (Hes.) parle dans le même sens.

2. En outre *στροφαί· ἀστραπαί; στορπάν· τὴν ἀστραπήν*. Le *ρα* du mot *ἀστραπή* vient probablement de *ṛ* (cf. véd. *sṛká?*); *στεροπή* est obscur.

3. Dans une quantité de mots dont la provenance est inconnue l'*o* doit être mis également sur le compte du dialecte, ainsi *ἀποφεῖν· ἀπατῆσαι, κρόμβος· ὁ καπυρός, βρόταχος = βάτραχος, πόλυντρα· ἄλφιτα, κόλυβος = καλύβη, πόρδαλις* etc.

En dehors des dialectes, c'est particulièrement devant *v*, Ϝ, qu'on remarque une oscillation entre³ *α* et *o*: κλοιός «lien, carcan» parent de κλᾱ(Ϝ)ίς, ποῦς et πά(Ϝ)ις, οὖρος et αὔρα, οὐτάω et γατάλη, α(Ϝ)ἱετός et ὁ(Ϝ)ιωνός(?). Nous avons peine à croire à la parenté de οἶστρος avec αἴθω (Ascoli K. Z. XII 435 seq.).

Souvent l'échange d'*α* et d'*o* n'est qu'apparent, pour choisir un exemple où il est impossible d'hésiter, dans δραμεῖν : δρόμος. La racine est évidemment δρεμ: les mots qui ont pu la contenir sous cette forme ont péri, δραμεῖν doit son *α* à la liquide sonante, δρόμος a pris régulièrement *a*₂, et il semble à présent que δρομ permute avec δραμ. Dans le cas de ῥαπίς : ῥόπαλον, le verbe (Ϝ)ρέπω nous a conservé l'*ε*. On expliquera semblablement χαμαί : χθών, παρθένος : πτόρθος, σκαληνός : σκολιός dont l'*e* radical apparaît dans le lat. *scelus* (cf. skr. *chala* «fraude»), et aussi, je pense, γαμφή : γόμφος².

Pour se rendre un compte exact du rapport de Κρόνος à κραίνω, de κροϝνός à κρᾱνα, *κρᾱννα, de σκοιός, σκότος à σκᾱνά, de πτόα, πτοία à πτᾱ (καταπτήτην), il faudrait être mieux fixé sur leur formation et leur étymologie. Il n'y a pas de raison majeure pour mettre Νότος, νοτίζω en relation avec νᾱρός, νᾶσος, de *snā:* le skr. *nīrá* «eau» permet de les rattacher à une autre racine. Nous avons vu p. 77 que θρόνος pour *θορνος appartient à la rac. θερ, non à θρᾱ (θρᾶνος).

Comme voyelles prothétiques l'*α* et l'*o* alternent fréquemment, ainsi dans ἀσταφίς : ὀσταφίς, ἀμῖξαι : ὀμιχεῖν, ἀδαχέω : ὀδάξω. Il ne s'agit point ici d'un changement d'*α* en *o*: seulement dans le premier cas c'est *α*, dans le second c'est *o* qui s'est développé sur la consonne initiale.

Il est plus que probable que l'*α* des désinences du moyen -σαι, -ται, -νται et l'*o* des désinences -σο, -το, -ντο, sont à l'origine une seule et même voyelle. La forme -τοι du dialecte de

---

1. On trouvera sous les numéros suivants d'autres exemples de ce fait.
2. Le même échange pourra s'interpréter de différentes manières dans les cas suivants: ἀολλής et Ϝάλις, κόχλος et κάχληξ, κόναβος et κανάζω, κροτώνη «nœud du bois» parent de κάρταλος et du lat. *cartilago* (p. 58), μόσχος «jeune pousse» et μασχάλη «aisselle, jeune pousse», πεποραυμένος· φανερός Hes. rapporté par l'éditeur, M. Mor. Schmidt, à πεπαρεῖν (v. p. 60), στρογγύλος et στραγγός.

Tégée nous en est garante jusqu'à un certain point, car l'arcadien ne paraît point avoir de disposition particulière à changer α en o, à moins qu'on n'en voie la preuve dans κατύ pour κατά. Les exemples qu'on donne sont ἐφθορκώς, δεκόταν, ἑκοτόμβοια (Schrader Stud. X 275). M. Schrader estime que l'o de ἐφθορκώς n'est autre que la voyelle du parfait, qui s'est conservée quelquefois dans la formation en -κα. Quant à l'apparition d'un o dans les noms de nombre cités, c'est là également un fait qui peut être indépendant des idiotismes locaux: tous les Grecs hésitent ici entre α et o (δέκα, εἴκοσι, ἑκατόν, διακόσιοι) bien que les groupes κα κο contenus dans ces formes remontent indistinctement à l'élément k̥m̥.

Le passage α : o étant admis pour les syllabes finales, on pourra regarder le lesb. ὑπά comme la forme ancienne de ὑπό. Cf. ὑπαί.

Le latin présente, dans la diphthongue, *roudus*, autre forme de *raudus* conservée chez Festus, *lucrum* de la rac. *lau*, puis *focus* à côté de *fax*, et quelques autres cas moins sûrs (v. Corssen II² 27). L'ombr. *hostatu*, selon M. Bréal (Mém. Soc. Ling. III 272), est le parent non de *hasta*, mais de *hostis;* seulement cette étymologie dépend de l'interprétation de *nerf*. Dans *sordes* en regard de *suāsum* (Curtius, Stud. V 243 seq.) la cause de l'*o* est dans le *v* disparu[1]; *adolesco* (cf. *alo*), *cohors* (cf. *hara*), *incolumis* (cf. *calamitas*) doivent vraisemblablement le leur à l'affaiblissement régulier en composition. — A la fin du mot l'osque offre dans ses féminins en -*o* pour -*ă*, -*ā*, un exemple bien clair de cette modification.

3. Une question digne en tous cas d'attention est celle-ci: *l'ablaut* $a_1 : a_2$ *ou* e : o (étudié au § 7) *se reproduit-il dans la sphère de A? Doit-on croire par exemple que l'existence du grec* ὄγμος *en regard de* ἄγω *est due à un phénomène de même nature que celle de* φλογμός *en regard de* φλέγω?

Le gréco-italique seul peut donner la réponse. En effet ce n'est pas des langues du nord qui ont confondu A avec a_2 qu'on

---

1. On ne voit pas bien quelle voyelle est originaire dans le cas de *favissa: fovea* (comparé au gr. χειή qui lui-même n'est pas d'une formation transparente) et de *vacuus: vocivus*. *Quattuor* et *canis* (v. p. 53 et 105) montrent que *vo* (*wo*) peut devenir *va*.

pourrait attendre la conservation de ce substitut de *ā* dont nous parlons, et les langues ariennes nous renseignent encore bien moins. Or dans le gréco-italique même les données sont d'une pauvreté qui contraste avec l'importance qu'il y aurait à être fixé sur ce point. Ici se présentent en première ligne les parfaits κέκονα de καίνω et λέλογχα de λαγχάνω avec les substantifs κονή et λόγχη (Hes.). Ces formes ne décident rien, parce que la racine contient une nasale. C'est ce que fait toucher au doigt un troisième exemple: βολή en regard de βάλλω. La racine de βάλλω est βελ: cela est prouvé par βέλος, βέλεμνον, βελόνη, βελτός, ἑκατη-βελέτης. Ainsi l'α de βάλλω est dû à une liquide sonante et n'a nullement qualité de voyelle radicale. Or qui nous dit que les racines de κέκονα, λέλογχα, ne sont pas κεν et λεγχ? Si d'aventure les deux ou trois formes où survit la racine βελ ne nous étaient pas parvenues, le mot βολή semblerait venir d'une racine βαλ, et cependant nous savons qu'il n'en est rien[1]. C'est le même échange apparent que celui que nous avons rencontré plus haut, seulement celui-ci joue l'*ablaut* avec un certain semblant de vérité. Il se trouve encore dans les couples σπαργάω: σποργαί (Hes.), ἀσχαλάω: σχολή, πταίρω: πτόρμος et πτόρος (ces mots du reste sont éoliques), ἄρχω: ὄρχαμος, ῥάπτω: ῥομφεύς.

Mais voici des cas plus graves parce que dans la racine dont on les fait venir la présence réelle de *ā* n'est pas douteuse: ὄγμος «sillon, rangée» qu'on rattache à ἄγω; κόπρος «fumier», mais aussi «boue» qui serait parent de καπύω (Grdz. 141); σοφός en regard de σαφής; ὄξος Ἄρηος, ἄοξος, qui rappellent ἄξομαι; ὄλβος, rac. ἀλφ(?); ποθή, πόθος «deuil, regret, désir» liés peut-être à παθεῖν (v. p. 61; pour le sens cf. πένθος); νόα· πηγή. Λάκωνες (Hes.) en regard de ναύω; ὀχθέω «s'indiguer, s'emporter» rapproché parfois de ἄχθομαι; ἄρουρα si on le ramène à ἀροϝ-Ϝα.

---

1. Le πέποσχα de Syracuse (Curtius l. c.) ne prouve pas davantage l'*ablaut* en question: 1° parce que cette formation est toute secondaire, 2° parce que l'o peut n'être qu'une variante dialectale de l'α. — Un présent καίνω pour κηνω venant de κεν est une forme claire; quant à λαγχάνω, sa première nasale n'est point, comme l'est celle de λέλογχα, la nasale radicale de λεγχ: de λεγχ on forme régulièrement *λήχνω lequel devient d'abord *λαχνω, puis par *épenthèse* *λαγχνω, λαγχάνω. V. le mot au registre.

Puis le lat. *docco* placé en regard de δίδαξαι (v. p. 107), et le gréco-ital. *onkos* (ὄγκος, *uncus*) de la rac. *ank* (ἀγκών, *ancus*).

Voilà les pièces du procès, et les seules données en réalité qui nous restent pour élucider cette question capitale: y a-t-il un *ablaut* de *a* semblable à l'*ablaut* $a_1 : a_2$? — Un examen quelque peu attentif des cas énumérés convaincra, je crois, chacun que ces éléments sont insuffisants pour faire admettre un tel *ablaut*, lequel s'accorderait mal avec les faits exposés au paragr. 11. Il y a principalement trois choses à considérer: 1° la plupart des étymologies en question sont sujettes à caution; 2° l'*o* peut n'être qu'une altération toute mécanique de l'*a*; 3° il n'est pas inconcevable que sur le modèle de l'ancien *ablaut e : o*, le grec, postérieurement, ait admis parfois l'*o* lors même que la voyelle radicale était *a*.

4. *o* (= *ǫ*) *changé en a.* C'est là une altération peu commune en grec, même dans les dialectes. On connaît la glose ἀμέσω· ὠμοπλάται, singulière variante du thème gréco-italique *omso-*. Pour παραυά en regard de οὖς v. page 114. Les Crétois disent ἄναρ pour ὄναρ, Hérodote ἀρρωδεῖν pour ὀρρωδεῖν. On trouve chez Hésychius: ἄφελμα· τὸ κάλλυντρον (= ὄφελμα), καγκύλας· κηκῖδας. Αἰολεῖς = κογχύλαι· κηκῖδες. Cf. Ahrens II 119 seq.

Un exemple beaucoup plus important, en tant qu'appartenant à tous les dialectes, serait le mot αἰπόλος, si l'on approuve M. G. Meyer qui identifie la syllabe αἰ avec le thème ὄϜι, lat. *ovi* (Stud. VIII 120 seq.[1]). Cette conjecture qui a des côtés séduisants laisse cependant prise à bien des doutes.

Le même mot *ovis* est accompagné en latin de *avilla*, conservé chez Festus. M. Fröhde croit que cette forme se rattache à *agnus:* mais après les travaux de M. Ascoli, la réduction de *gv* à *v* en latin, à l'intérieur du mot, est à peine admissible. Du reste le *Prodromus C. Gl. Lat.* de M. Löwe a révélé un mot *aububulcus* (*ovium pastor*) — ou *aubulcus* suivant la correction de M. Bährens, *Jen. Literaturz.* 1877 p. 156 — qui décidément atteste l'*a*. Cela ne corrobore point l'opinion de M. G. Meyer relativement à αἰπόλος, car l'*o* latin devant *v* a une tendance marquée vers l'*a*,

---

1. M. Meyer propose une étymologie semblable pour αἰγυπιός (cf. p. 7). Auparavant déjà, Pictet avait expliqué l'un et l'autre mot par *avi* «mouton». *Origines Indo-européennes* I¹ 460 seq.

spéciale à cette langue. En dehors du groupe ov, on peut dire
que a sorti de o est en latin chose moins insolite qu'en grec, et
cependant extrêmement rare. L'exemple le plus sûr est *ignārus*,
nārrare (en regard de *nōsco, ignōrare*, gr. γνω) où l'o transformé
est une voyelle longue. *Ratumena porta*, suivant M. Curtius, est
parent de *rota*. Pour ce ·qui concerne *Cardea*, rapproché de *cor*
(Curtius Grdz. 143), il faut se souvenir que l'o de ce dernier mot
est anaptyctique. Le cas de l'ombr. kumaltu (lat. *molo*) n'est
pas très-différent. C'est une question difficile que de savoir si
dans *datus, catus, nates*, en regard de *dōnum, cōs*, νῶτον, l'a est
ancien ou sorti secondairement de o. Mais ce point-là trouvera
au chapitre V une place plus appropriée.

5. Si, dans le grec, il n'y a pas de raison positive de croire
que *le phonème o_2* soit jamais devenu a par transformation secondaire[1], il est presque indubitable en revanche que certains a italiques remontent à cette origine[2]. L'a de *canis* en particulier ne
peut représenter que a_2; dire en effet que l'o de κύων est un ϱ
n'aurait aucune vraisemblance; ce phonème paraît être étranger
aux suffixes. On peut citer ensuite l'osq. *tanginom*, parent du
lat. *tongeo*. A ce dernier répond le verbe faible goth. *þagkjan*. Si
nous avions en même temps un verbe fort «*þigkan*», tous les
doutes seraient levés: l'a de *þagkjan* serait nécessairement a_2, l'o
de *tongeo* serait donc aussi a_2, et il serait prouvé que l'a de *tanginom* sort d'un o *qui était* a_2. Ce verbe «*þigkan*» n'existe pas, mais
le *un* du verbe parent *þugkjan* permet d'affirmer avec une certitude à peine moindre que la racine est bien *teng*. Peut-être l'a de
caveo est-il également pour $o = a_2$; la question, vu ἔχομεν, est
difficile. Dans *Parca* même phénomène, si l'on ramène ce mot
à la racine de *plecto* et du gr. πόρκος (nasse). On compare *palleo*
au gr. πολιός: or l'o de ce dernier mot est o_2, vu πελιός. Cf. *pullus*.
— Dans ces exemples, l'a, nous le répétons, n'est pas la continuation directe de a_2, mais une altération hystérogène de l'o.

Jusqu'ici il a été question des voyelles o et a alternant dans

---

1. M. Mor. Schmidt met un point de doute à la glose d'Hésychius
ἐασφόϱος· ἑωσφόϱος, qui serait sans cela un exemple très-remarquable.

2. On devait s'y attendre, car depuis bien longtemps sans doute ˙le
son des deux o s'était confondu.

une même langue. Il reste à voir comment elles se correspondent, lorsqu'on compare le grec et l'italique. Pour cela il est bon de se prémunir plus encore qu'ailleurs contre les piéges déjà plusieurs fois mentionnés que tendent certains phénomènes liés aux liquides et, dans une mesure moindre, aux nasales. Nous avons éliminé complétement ce qui tient aux liquides sonantes du § 1 — ainsi καρδία: *cor*, skr. *hŕd* —; mais il y a une seconde série d'exemples — ainsi ὀρϑός: *arduus*, skr. *ūrdhvá*; v. chap. VI — que nous n'avons pas osé passer de même sous silence et que nous nous sommes borné à mettre entre crochets. Ces exemples doivent être comptés pour nuls, et ce qui reste est si peu de chose, que la non-concordance des deux langues sœurs dans la voyelle *o* prend indubitablement le caractère d'un fait anormal. — Pour les recueils d'exemples ci-dessous, la grammaire de M. Leo Meyer offrait les matériaux les plus importants.

6. *Coexistence d'o et d'a dans une des deux langues ou dans les deux langues à la fois.* Lorsqu'une des deux formes est de beaucoup la plus commune comme dans le cas de *ovis: avilla* (p. 104), nous ne mettons pas l'exemple dans cette liste.

ὄβριον κόλ-αβρος }	*aper*[1] (?).		λογγάζω λαγγάζω }	*longus.* C.
καύαξ[2] κόβᾱλος }	*cavilla.*		μονιός μάννος }	*monile.*
σάος[3] σόω, σόος }	*sānus.*		ὄμπνη ἄφενος }	*opes* (?).
[τράπηξ [τρόπις }	*trabs.*]		πά(ϝ)ις πο(ϝ)ία }	*papāver* *pōmum, pover* (inscr.).
[φάλκης [φολκός }	*falx.* C.]		κόοι {	*cous* cavité dans le joug *cavus.*

1. Curtius Stud. Ia. 260, Grdz. 373. — 2. καύαξ· πανοῦργος (Suidas). — 3. La racine, bien que le béot. Σαυκράτειος ne décide rien, paraît être *sau.* Le latin montrerait *o* dans *sōspes*, si la parenté du mot avec notre racine était mieux assurée, mais il a toutes les apparences d'un composé contenant la particule *se-*, cf. *seispes;* par un hasard singulier il existe un mot védique *viṣpitá* «danger». — Sur *ank- onk* et autres cas v. p. 114.

7. α grec et o italique.

a. La racine ne contient ni liquide ni nasale non initiale.

(?) δαχ, δι-δάσκω, ἐ-δί-δαχ-σα, δι-δαχ-ή   doc, doc-eo, doc-tus[1].
λαχ, ἔ-λαχ-ον, λάσκω, λέ-λᾱχ-α   loqu, loqu-or, locutus.

(ἀπαφός (ἔποψ)   upupa[2].) | δᾱρός   dūrus[3](?).

1. Il n'y a pas d'autre raison de ramener διδάσκω, διδάξαι, à une rac. δαχ que l'existence du lat. doceo. Autrement on les rapporterait sans un instant d'hésitation à la racine qui se trouve dans δέ-δα(σ)-ε, δα(σ)-ήμων. Mais rien n'empêche, dira-t-on, de réunir tout de même δασ et doc, comme ayant tous deux pour base la racine dā «savoir». A cela il faut répondre que δασ n'est une racine qu'en apparence: c'est δενσ qui est la forme pleine, ainsi que l'indiquent l'indien dams et le gr. δῆνος pour *δένσος (= skr. dámsas). δέδα(σ)ε (aoriste), δεδα(σϝ)ώς, ἐδά(σ)ην, ont, régulièrement, la nasale sonante (pages 20 où δέδαε a été oublié, 22 et 46); dans διδασκω, si on le joint à cette racine, elle n'est pas moins régulière (v. p. 22). Il faut répondre en second lieu que la racine dā qu'on a cru trouver dans le zend n'a, suivant M. le prof. Hübschmann, aucun fondement réel. Cette question difficile se complique du latin disco, du sanskrit dīkš et du zend daχsh. — 2. ἔποψ sera né par étymologie populaire: ἔποψ ἐπόπτης τῶν αὑτοῦ κακῶν, dit Eschyle. Ainsi s'explique son ε. D'autre part M. Curtius partant du thème epop explique le premier o (u) de upupa par assimilation. C'est pourquoi l'exemple est placé entre crochets. — 3. δᾱρός (diuturnus) est pour *δαϝρός = skr. dū-rá «éloigné». La glose δαόν· πολυχρόνιον Hes. (δάον?) est bien probablement un comparatif neutre sorti de *δάϝγον, skr. dáviyas. δήν et δοάν sont autre chose. Si dūrus est égal au grec δᾱρός, il est pour *dourus, mais ce dernier rapprochement est boiteux: on peut dire seulement que durare (edurare, perdurare) signifie parfois durer — cf. δᾱρός — et qu'il rappelle dūrá dans des expressions comme durant colles «les collines s'étendent» Tacite Germ. 30.

b. La racine contient une liquide ou une nasale non initiale.

On ne pourrait, je crois, démontrer pour aucun exemple de cette sorte que la voyelle variable (a o) a été de tout temps une voyelle pleine: tous ces mots au contraire paraissent liés aux phénomènes spéciaux auxquels nous faisions allusions ci-dessus. Ce sont principalement βάλλω: volare; δάλλω, δᾱλέομαι: doleo; δαμάζω: domare; δαρϑάνω: dormio; ταλ: tollo; φαρόω: forare. Puis κάλαμος: culmus; κράνος «cornouiller» (aussi κύρνος) et cornus; ταρβέω: torvus(?); παρά: por- (p. 111). M. Fick rapproche γύαλον de vola. πρᾱνής et πρᾱνός (Hes.) diffèrent peut-être du latin prōnŭs, et, dans l'hypothèse contraire, les contractions qui ont pu avoir lieu, si par exemple le thème est le même que dans le skr. *pravaṇá*, auront troublé le véritable rapport des voyelles.

    c. *Les phonèmes sont placés à la fin de la racine.* Dans cette position on ne trouve pas d'*o* latin opposé à un *α* grec.

    8. *o grec et a italique.*

      a. *La racine ne contient ni liquide ni nasale non initiale.*

ὄβολος	*agolum.* F. (?).	κόσμος	*castus* (§ 11 fin).
ὀϊστός	*arista.* F.(?).	κύλιξ	*calix.*
ὀλοφύρομαι	*lāmentum*[1](?).	μοχλός	*mālus.*
ὀξύς	*acci-piter*[2](?).	τόξον	*taxus*[3](?).
ὄνος	*asinus*(?).	τρώγλη	*trāgula*(?). J.Schmidt.

1. Cf. p. 60. — 2. Si l'on peut douter de l'identité d'*acci-* avec ὀξυ-, il serait en revanche bien plus incertain de le comparer directement à ὠκυ-, qui est déjà tout attelé avec *ōcior. aqui-* dans *aquifolius* ne s'éloigne pas trop d'ὀξύς. — 3. Pictet comparait ces deux mots à cause du grand emploi du bois d'if pour la fabrication des arcs (Origines I[1] 229). Mais τόξον peut se ramener, et avec plus de vraisemblance, soit à la racine τεκ soit à la racine τεξ; son o est alors *a₂*.

    Devant *v*:

κο(ϝ)έω	*caveo.* C.	ὄγδοος	*octāvus*(?).
κό(ϝ)οι	*cavus.* C. cf. p. 106.	πτοέω	*paveo*(?).
λούω	*lavo.*	χλόη	*flāvus*(?).
νό(ϝ)ος	*navare.*	ψῶϊζος	*paedor* de **pav-id.*
ἄ-γνο(ϝ)ια	*gnāvus.*		F.

    Dans la diphthongue:

οἶδμα	*aemidus.*	οὔατα	*auris.*
οἰκτρός	*aeger.*	οὐ, οὐδέ	*h-au-d*(?).

    b. *La racine contient une liquide ou une nasale non initiale.*

κόλλοψ	*callus.*	ὀλοός	*salvus.* C.
[κολοκάνος	*cracentes.*]	[ὀρθός	*arduus.*]
κόνις	*canicae*[1](?).	[πορεῖν	*parentes.*]
κροκάλη	*calculus.*	ῥωδιός	*ardea.*
λόγχη	*lancea.*	[χολάς	*haru-spex.*]
		φορί	*far,* g. *farris*(?).

1. *Canicae* furfures de farre a cibo canum vocatae. Paul. Ep. 46. M. Si le mot est parent de κόνις, il l'est aussi de *cinis* (p. 100).

c. *Les phonèmes sont placés à la fin de la racine.* Ici se range-raient *datus, dare* (cf. *dōnum*) en regard du gr. δω δο, *catus* (cf. *cōs*) en regard de *κῶνος, nates* en regard de *νῶτον*. Sur ces mots v. plus haut p. 105. Le cas de *strāvi, strātus*, auxquels le grec oppose στρω rentre dans la classe *arduus:* ὀρθός (p. 106).

Voici maintenant la correspondance régulière qui exige l'*o* dans les deux langues. Ce tableau, nous le répétons, n'est pas exclusivement un catalogue des *ρ* gréco-italiques; il doit servir surtout à s'orienter, à évaluer approximativement l'extension de l'*o* autre que *o₂* en gréco-italique; aussi y a-t-il encore beaucoup à trier, en dehors des exemples désignés comme suspects. Par le signe †, nous posons la question de savoir si l'*o* n'est pas *o₂*.

a. *La racine ne contient ni liquide ni nasale non initiale.*

o d:	ὄζω, ὄδωδ-α		*ol-eo, od-or.*
o k₂:	ὄπωπ-α, ὄσσε, ὄκ-τ-αλλος		*oc-ulus.*
(?)*bho dh¹:*	βόθ-ρος, βόθ-υνος		*fod-io, fossa.*

ὄκρις	*ocris,* ombr. o k a r.	κόκκυξ	*coxa.*
† ὀκτώ	*octo.*	κόκκυξ	*cuculus.*
ὀξίνα	*occa.*	κυκεών	*cocetum.*
ὀστέον	*os, osseus.*	μόκρων	*mucro³.*
ὄ(ϝ)ις	*ovis.*	νύξ	*nox.*
ὄπι(-θεν)	*ob²(?).*	πόσις, πότνια	*potis, potiri* etc.
† ὀπός	*sūcus.*	πρό	*prŏ-.*
		ὀπάων	*socius⁴.*

---

1. V. Curtius, Grdz. 467. — 2. Pour le sens, *ob* va bien avec ἐπί, mais comment accorder leur voyelles? Si ὀπι- est vraiment une particule et non simplement un rejeton de la rac. ἐπ «suivre», on peut a peine douter de son identité avec *ob.* Le *p* est conservé dans *op-ācus; -ācus* est parent de *aquilus,* gr. ἀχλύς etc. — 3. μόκρωνα· τὸν ὀξύν· Ἐρυθραῖοι. Hes. V. Fick II³ 198. — 4. *socius* et ὀπάων se placent à côté de l'indien *sákhi* (v. Fick II³ 259). L'*a* bref du mot indien montre que l'*o* n'est pas *o₂*, que par conséquent il faut séparer ces mots de *sek₂* «suivre». On pourra les comparer à ὄπις «secours, justice, vengeance des dieux» et à ἀοσσητήρ, ὀσσητήρ (Hes.) «défenseur». Ceci rappelle le skr. *çak (çagdhi, çaktám* etc.) «aider» que Böhtlingk-Roth séparent de *çaknóti* «pouvoir». *Ç* serait pour *s*, comme dans *çákṛt;* et peut-être le zd. *haχma* «ami» est-il identique au skr. *çagmá* (= *çakmá*) «secourable». Il y aurait identité entre *çáci* «se-

cours divin≯ et ὄϰις. L'italique reflète, semble-t-il, la même racine dans *sancio, sanctus, Sancus, Sanqualis porta, sacer* (cf. *çakrá*).

Il y a encore *bos:* βοῦς et *bovare:* βοάω où la valeur de l'*o* latin est annulée par le *v* qui suit (pour *ovis* le cas est un peu différent); πόσϑη qu'on a identifié à *pūbes;* πύματος qu'on a comparé à l'osq. *posmos* ainsi que πυνός· ὁ πρωϰτός en regard de *pōne.* En outre il faut mentionner l'opinion qui réunit *fŏveo* à φώγω (Corssen II² 1004), bien qu'elle suppose la réduction de *gv* à *v* [1].

Dans la diphthongue:

     † οἰνή   *oinvorseị.*

     ϰλό(ϝ)νις   *clūnis.*

     b. *La racine contient une liquide ou une nasale non initiale.*

[*ol:*	ὄλωλ-α, ὀλ-έσϑαι	*ab-ol-eo.*]
[*or:*	ὄρωρ-α, ὄρ-σο	*or-ior, or-tus.*]
[*g₂or:*	ἔ-βρω-ν [βόρ-μος, βορ-ά]	*vor-are, -vor-us, vorri* edaces [1].]
[*mor:*	μορ-τός, βρο-τός	*mor-ior, mor-tuus, mors.*]
[*mol:*	μύλ-λω, μύλ-η	*mol-o, mol-a.* cf. ombr. k u m a l t u.]
[*stor:*	στόρ-νυμι, στρῶ-μα	*stor-ea, tor-us* [1] (*sterno*).]

†ὀγϰάομαι	*uncare* (sl. jęnčą).	κόραξ et		*corvus* et
ὄγϰος «croc»	*uncus,* v. p. 104, 114.	κορώνη		*cornix.*
ὦμος (*ὅμσος)	*umerus.*	μόλις	{	*molestus.*
ὀμφαλός	*umbilicus.*		⎩	*mōles.*
ὄνομα	*nōmen.*	μόρμος		*formido.*
ὀνοτός	*nota.*	μορμύρω		*murmur.*
ὄνυξ	*unguis.*	μύρμηξ		*formica.*
†ὀρφανός	*orbus* (armén. *orb*).	ὅλος		*sollus.*
βολβός	*bulbus* (emprunté?).	πόλτος		*puls.*
γρομφάς	*scrōfa.*	ξύν		*com-.*
δόναξ	*juncus.*	†πόρϰος		*porcus.*
(ϝ)ρόδον	(*v*)*rosa.*	[πόρσω		*porro* [2].]
†ϰόγχη	*congius.*	σφόγγος		*fungus.*
ϰόμη	*coma* (emprunté?).	[φύλλον		*folium.*]
ϰορωνός	*corona.*	[χόριον		*corium.*]

---

1. Le skr. *dáhati* «brûler» vient d'une rac. *dha₁gh₂* (Hübschmann K. Z. XXIII 391) qui donne aussi le lith. *degù* et le goth. *dags* «jour». C'est peut-être à cette racine qu'appartient *foveo.* On devrait alors le ramener

1. βορά et βόρμος (avoine, Hes.) ont ici peu ou point de valeur, parce
que leurs thèmes sont de ceux qui réclament o_2 (p. 74 et 79). En principe
il y aurait les mêmes précautions à prendre vis-à-vis des mots latins; mais
o_2 n'est pas si fréquent dans l'italique qu'on ne puisse regarder l'*o* de
vorare comme l'équivalent de l'*o* de βρῶναι, βρῶμα (sur *vorri* v. Corssen
Beitr. z. It. Spr. 237). Nous ferons la même remarque relativement à *storea,
torus* en regard du στορ hellénique. — 2. M. Fick (II³ 145) place *porro* et
πόρσω sous un primitif *porsōt* (mieux : *porsōd*), et sépare πρόσσω (= *προ-
τυω) de πόρσω, πόρρω. Bien que la distinction que veut établir Passow
entre l'usage des deux formes ne paraisse pas se justifier, on peut dire en
faveur de cette combinaison: 1° que la métathèse d'un πρόσω en πόρσω
serait d'une espèce assez rare; 2° que dans πόρρω pour πόρσω il y aurait
assimilation d'un σ né de τy, ce qui n'est pas tout à fait dans l'ordre, bien
qu'il s'agisse de σ et non de σσ, et qu'on puisse citer, même pour le dernier cas, certaines formes dialectales comme le lacon. κάρρων; 3° que
porsōd lui-même s'explique fort bien comme amplification de l'adverbe
skr. *purás*, gr. πάρος. πόρσω (*porro*): *purás* πάρος = κόρση: *çiras* κάρη.

N'ont pas été mentionnés: βούλομαι — *volo* dont la parenté
est douteuse (v. chap. VI), et προτί auquel Corssen compare le
lat. *por*- dans *por-rigo, por-tendo* etc. La position de la liquide dé-
conseille cette étymologie, malgré le crétois πορτί, et rien n'empêche de placer *por*- à côté du goth. *faur*, grec παρά.

Mots se rapportant aux tableaux a et b, mais qui contiennent
un $\bar{o}$ long:

†ὠκύς	*ōcior.*	κρώζω {	*crŏcio.*
†ᾠόν	*ōvum.*		*crŏcito.*
[ὠλένη	*ulna.*]	μῶρος	*mōrosus.*
[βλωμός	*glŏmus*[1]].	μῶρον }	*mōrum.*
κλώζω	*glōcio.*	μόρον }	
		†νῶῖ	*nōs.*

1. βλωμός· ψωμός Hes. Le mot se trouve dans un fragment de Calli-
maque. *glomus* in sacris crustulum, cymbi figura, ex oleo coctum appella-
tur. Paul. Diac. 98. M. Si l'on tient compte de *glomerare* et de *globus*, on

---

à *fohveo* ou *fehveo*; cf. *nivem* = *nihvem*. Mais le sens de *foveo* laisse
place à quelques doutes, qui seraient levés, il est vrai par *fōmes* «bois sec,
matières inflammables» si la parenté de ce mot avec le premier était
assurée. Il est singulier toutefois que *defomitatus* signifie *ébranché* (Paul.
Diac. 75 M. Cf. germ. *bauma*- «arbre»?). La rac. dha_1gh_2 se retrouve en
grec dans τέφ-ρα «cendre» et dans le mot *tuf, tofus* (souvent formé de
matières volcaniques) dont le τοφιών des tables d'Héraclée rend l'origine
grecque probable. τόφος est identique au goth. *dag(a)s*, au skr. *-dāgha*.

sera porté à comparer le skr. *gúlma* « bouquet de bois; troupe de soldats; tumeur ». — Mentionnons aussi la désinence de l'impératif, lat. *legi-tō*, gr. *λεγέ-τω*.

c. *O* termine la racine.

kō:	*κῶ-νος*	*cō-(t)s, cŭ-neus* (cf. *că-tus*).
gnō:	*ἔ-γνω-ν, γι-γνώ-σκω, γνώ-ριμος*	*gnō-sco, gnō-tus, i-gnō-ro* (cf. *gnā-rus, nārrare*).
dō:	*ἔ-δω-κα, δῶ-ρον, ἐ-δό-μην, δο-τός*	*dō-num, dō-(t)s* (cf. *dă-tus, dă-re*).
pō:	éol. *πώ-νω, ἄμ-πω-τις, πο-τός, πό-μα*	*pō-tus, pō-culum, pō-sca.*
(?) *rō:*	*ῥώ-ννυμι, ἔ-ρρω-σα*	*rō-bur.*

Les exemples où l'on peut admettre avec le plus de confiance que l'*o* est un *ϱ* sont:

Dans le gréco-italique: les racines *ϱd* « olere », *ϱk* « être aigu », *ϱk₂* « voir »; *dϱ* « donner », *pϱ* « boire », *gnϱ* « connaître ». Dans ces racines en effet la voyelle *o* règne à toutes les formes. — Parmi les thèmes détachés: *ϱkri* « colline » et *ϱk₂i* « œil » qui appartiennent aux racines mentionnées, puis *ϱwi* « mouton », à cause de l'*a* bref du skr. *ávi*; *pϱti* « maître », skr. *páti*; *mϱni* « joyau », skr. *mắni*; *sϱk₂i* « compagnon », skr. *sắkhi*. D'après cette analogie, on devra ajouter: *ϱsti* « os », *klϱuni* « clunis » (?), *kϱni* « poussière », *nϱkti* « nuit ». Plus incertains sont *omso* « épaule », *okto*, nom de nombre et *g₂ou* « bos ».

Le latin apporte les racines de *fodio, rōdo, onus, opus* etc., les thèmes *hosti, rota* (skr. *rátha*).

Entre autres exemples limités au grec, il faut citer les racines des verbes *ὄθομαι, ὀΐομαι, κλώθω, φώγω, κόπτω, ὠθέω, ζώννυμι, ὄμνυμι, ὀνίνημι*. Nous trouvons *ϱ* finissant la racine dans *βω* « nourrir », *φθω* « dépérir » (*φθόσις, φθόη*). Dans un grand nombre de cas il est difficile de déterminer si l'on n'a pas affaire à une racine terminée par *υ* (*F*) ou *ι* (*y*). Ainsi *ἔχομεν, κέκοκε* semblent bien appartenir à *κοF*[1], non à *κω*; *σκοιός*, comparé à *σκό-το*, contient *ϱ* et appartient à un racine *σκω* (cf. aussi

---

1. Voy. Curtius Stud. VII 392 seq. Ce qui lève les doutes, c'est le parfait *νένοται* que rapporte Hérodien, appartenant à *νοέω* dont le *F* est assuré par une inscription (Grdz. 178).

p. 120 i. n.), mais ramené à σκει (cf. σκίρον) il contient o_2 et peut alors s'identifier au skr. *chāyā*. Inutile de multiplier ces exemples douteux. — Le mot . κοίης· ἱερεὺς Καβείρων, ὁ καθαίρων φονέα (οἱ δὲ κόης; cf. κοιᾶται· ἱερᾶται) peut se comparer au skr. *kăvī*, à moins qu'on ne le tienne pour étranger. Prépositions: προτί = skr. *prăti*, ποτί = zend *păiti*.

Quel est l'âge et l'origine du phonème ρ? Nous nous sommes précédemment convaincus que le second o gréco-italique (a_2), que e (a_1), que a (A), ont leur existence distincte depuis les périodes les plus reculées. Mais quelles données avons-nous sur l'histoire du phonème ρ? On peut dire qu'il n'en existe absolument aucune. Ce qui permet d'affirmer que l'o_2 du sud a eu son équivalent dans le nord, c'est que l'*a* qui lui correspond en slavo-germanique a des fonctions spéciales et des rapports réguliers avec *e* qui le séparent nettement de A. Au contraire le rôle grammatical de ρ ne diffère pas essentiellement de celui de A, et si, dans de telles conditions, nous trouvons que les langues du nord répondent à ρ absolument comme elles font à A, nous sommes naturellement privés de tout moyen de contrôle relativement à l'ancienneté du phonème en question. Si l'on admet que ρ est ancien, l'*a* des langues du nord contient, non plus deux voyelles seulement ($a_2 + A$), mais trois: $a_2 + A + \varrho$. Si au contraire on y voit un produit secondaire du gréco-italique, le seul phonème dont il puisse être issu, c'est A. — J'ai hésité bien longtemps, je l'avoue, entre les deux possibilités; de là vient qu'au commencement de ce mémoire (p. 5) ρ n'est pas compté au nombre des *a* primitifs. Le fait qui me semblait militer en faveur de la seconde hypothèse c'est que l'arménien, qui distingue de A le phonème a_2, ne paraît point en distinguer le phonème ρ (p. 97). Mais nous ne savons pas s'il en a été ainsi de tout temps, et d'autre part la supposition d'un scindement est toujours entourée de grosses difficultés. Ce qui paraît décisif, c'est le fait frappant que presque tous les thèmes nominaux détachés qui contiennent la voyelle ρ se trouvent être de très-vieux mots, connus dans les langues les plus diverses, et de plus des thèmes en -*i*, voire même des thèmes en -*i* de flexion toute particulière. Cette coïncidence ne peut pas être dûe au hasard; elle nous indique que le phonème ρ s'était fixé là de vieille date, et dès lors il sera difficile de lui refuser ses lettres de noblesse indo-européenne.

Les cas qui pourraient servir de base à l'hypothèse où ρ serait une simple altération gréco-italique de ₄, sont *onko* venant de *ank*, déjà mentionné p. 104, *oi-no* «un» à côté de *ai-ko* aequus, la rac. *ok*, d'où le thème *okri*, à côté de *ak*, *socius*-ὀπάων comparé à *sak* dans *sacer*, et le lat. *scobs* de *scabo*. On pourrait attacher une certaine importance au fait que *okri* et *soki* (*socius*), à côté de *ak* et *sak*, se trouvent être deux thèmes en *-i* (v. ci-dessus). Mais cela est trop problématique, et l'étymologie donnée de *soki* n'est qu'une conjecture. Pour πρόβατον de βω v. le registre.

Beaucoup plus remarquable est le cas de οὖς «oreille». L'homérique παρήϊον nous apprend que, en dehors de toutes les questions de dialecte qu'on pourrait élever au sujet de l'éol. παραύα ou de ἄανθα· εἶδος ἐνωτίου, l'o de οὖς a comme équivalent, dans certaines formes, un α. Ce qui donne à la chose un certain poids, c'est que οὖς appartient à cette catégorie de thèmes de flexion singulière qui est le siége le plus habituel du phonème ρ et dont nous aurons à reparler. On aurait donc un ρ, assuré comme tel, accompagné de ₄. Malheureusement le lat. *auris* est embarassant: son *au* peut à la rigueur venir de *ou*, mais il pourrait aussi être la diphthongue primordiale.

Les exemples réunis ci-dessous permettent de constater d'un coup d'œil que les phonèmes par lesquels les langues du nord rendent ρ sont exactement les mêmes que pour ₄ (p. 63) et pour a_2 (p. 70). Dans les trois cas nous trouvons ce que nous avons désigné, pour abréger, par *a du nord* (p. 51).

Latin et Grec	Lithuanien	Paléoslave	Germanique
oculus, ὄσσε:	*akìs*	*oko*	germ. *augen-* = **agven-*
(?)*octo*, ὀκτώ:	*asztŭnì*	*osmĭ*	goth. *ahtau*
ovis, ὄϊς:	*avìs*	*ovica*	vieux hᵗ-all. *awi*
hostis, —:	—	*gostĭ*	goth. *gasti-*
nox (νύξ):	*naktìs*	*noštĭ*	goth. *naht-*
potis, πόσις:	*vĕsz-pati-*	—	goth. *-fadi-*
— πρωτί:	—	*proti*	—
monile, μόννος:	—	?*monisto*[1]	germ. *manja-*
rota —:	*rátas*	—	vieux hᵗ-all. *rad*

---

1. Miklosich (Vergl. Gramm. II 161) pense que ce mot est d'origine étrangère.

Racines: gr. ὄϰ, ὄπ, lith. (at-)a-n-kù; gr. φωγ, anglo-saxon bacan, bōc; lat. fod, sl. bodą (le lithuanien a la forme incompréhensible bedù).

Dans les mots qui suivent, on peut douter si l'o gréco-italique n'est pas o_2, ou même, dans un ou deux cas, une voyelle anaptyctique: ὄζος, goth. asts; ὄρρος, v. hᵗ-all. ars (Grdz. 350); ὀπός, v. hᵗ-all. saf, sl. sokŭ; ὄρνις, v. hᵗ-all. arni-, sl. orĭlŭ; gréco-it. orphos, goth. arbi; gréco-it. omsos, goth. amsa; collum, goth. hals; coxa, v. hᵗ-all. hahsa; κόραξ, lith. szárka «pie»(?); γόμφος, sl. ząbŭ; gréco-it. porkos, v. hᵗ-all. farah, sl. prasę pour *porsę, lith. pàrszas; osq. posmos, lat. post, lith. páskui; longus, goth. laggs. L'o de χολή (v. hᵗ-all. gallā) doit être o_2, à cause de l'e du lat. fel. — Dans la diphthongue: gréco-it. oinos, germ. et boruss. aina-; gréco-it. klouni, norr. hlaun (lith. szlaunìs).

J'ai fait plus haut la remarque que les idiomes du nord, en opposant au phonème ρ les mêmes voyelles qu'au phonème ᴧ, nous frustraient de la preuve positive, que ce dernier phonème est aussi ancien que les autres espèces d'a. Il existe cependant deux séries de faits qui changeraient du tout au tout l'état de nos connaissances sur ce point, selon qu'on leur attribuera ou non une connexion avec l'apparition de ρ dans le gréco-italique.

1. Trois des plus importantes racines qui contiennent ρ en grec: ὀδ ou ὠδ «olere», ζωσ «ceindre», δω «donner», présentent en lithuanien la voyelle ŭ: ŭdźù, jŭsmi, dŭmi. De plus, le lat. jocus, dont l'o pourrait fort bien être ρ, est en lithuanien jŭkas; ŭga répond au lat. ūva, nŭgas à nūdus[1] (= noguidus?). Au grec βωϝ, βοϝ, dont l'o selon nous est ρ, répond le lette gùws. En revanche kŭlas, par exemple, est en grec κᾶλον (bois). Le slave ne possède rien qui corresponde à ŭ (jas-, da- = lith. jŭs-, dŭ-); bien plus, le borussien même ne connaît point cette voyelle (datwei = dŭti), et le passage de ō à ŭ est une modification familière aux dialectes lithuaniens. Il faut donc convenir que si réellement le phonème ρ se cache dans l'ŭ lithuano-lette, c'est par un accident presque invraisemblable.

2. Je n'ai parlé qu'occasionnellement du vocalisme celtique,

---

1. Il faut aussi tenir compte de λυμνός˙ γυμνός (Hes.). Cette forme semble être sortie de *νυμνός par dissimilation. *νυμνός est pour *νυβνός, *νογ ϝ νός = skr. nagná.

et je ne le fais encore ici que par nécessité, mes connaissances sur ce terrain étant très-insuffisantes. Le vocalisme irlandais concorde avec celui du slavo-germanique dans le traitement de $_A$ et a_2; les deux phonèmes sont confondus. Exemple de $_A$: ato-m-aig de la rac. ag agere; agathar, cf. ἄχεται; asil, cf. axilla; athir, cf. pater; altram, no-t-ail, cf. alo; aile, cf. alius. Voy. Windisch dans les Grundzüge de Curtius aux numéros correspondants. D'autre part a_2 devient aussi a. Nous l'avons constaté plus haut dans les formes du parfait singulier et dans le mot daur = δόϱυ. En outre, d'après le vocalisme des syllabes radicales, la voyelle suffixale disparue qui correspondait à l'o_2 gréco-italique était a. Mais voici que dans nocht «nuit», roth «roue», ói[1] «mouton», ocht «huit», orc «porc», ro = gr. πϱό etc., c'est o et non plus a qui répond à l'o des langues du sud. Précisément dans ces mots, la présence de ϱ est assurée ou probable. — Comment se fait-il que dans le vieux gaulois l'a_2 suffixal soit o: tarvos trigaranos, νεμη-τον etc.?

Chapitre IV.

§ 9. Indices de la pluralité des *a* dans la langue mère indo-européenne.

Dans le système d'Amelung, l'o gréco-italique et l'a gréco-italique (notre $_A$) remontent à une même voyelle primordiale; tous deux sont la gradation de l'e. S'il était constaté que dans les langues ariennes la voyelle qui correspond à l'a gréco-italique *en syllabe ouverte* est un ā long, comme pour o, cette opinion aurait trouvé un point d'appui assez solide. A la vérité, le nombre des exemples qui se prêtent à cette épreuve est extraordinairement faible. Je ne trouve parmi les mots détachés que ἀπό — ab, skr. ápa; ἄκων[2], skr. áçan (au cas faibles, comme áçnā, syllabe fermée); αἴξ, skr. ăǵá; ἀϑήρ, véd. ătharí(?). Mais du moins les thèmes verbaux de ảǵa-ṷi, europ. $_A$g; bhǎǵa-ti, europ. bh$_A$g; mǎda-ti, gréco-it. m$_A$d; yǎǵa-ti, gr. ἀγ; vǎta-ti, europ. w$_A$t (irland. fáith, lat.

---

1. L'o est allongé par le *ṷ* qui suivait.
2. Le τ de ἄκοντ- est ajouté postérieurement; cf. λεον-τ, fém. λέαινα.

vātes) nous donnent une sécurité suffisante. Si l'on recherche au contraire les cas possibles d'un *ā* arien correspondant, en syllabe ouverte, à un *a* (*A*) gréco-italique, on en trouvera un exemple, en effet assez important: skr. *ágas*, en regard du gr. *ἄγος* qu'on s'accorde à séparer de *ἅγος, ἅγιος* etc.[1] Le cas est entièrement isolé, et dans notre propre système il n'est point inexplicable (v. le registre). Faire de ce cas unique la clef de voûte d'une théorie sur l'ensemble du vocalisme serait s'affranchir de toute espèce de méthode[2].

On pourra donc sans crainte établir la règle, que, lorsque les langues européennes ont *A*, en syllabe ouverte comme en syllabe fermée l'arien montre *a bref*. Mais ceci veut dire simplement que l'*a* n'est pas un *a* long: il arrive en effet que dans certaines positions, par exemple à la fin des racines, ce n'est plus du tout un *a*, mais bien *i* ou *ī*, au moins en sanskrit, qui se trouve placé en regard du phonème *A* des langues d'Europe. Voy. ci-dessous.

Comment l'arien se comporte-t-il vis-à-vis de l'*e* européen? Il lui oppose aussi l'*a bref*. Ce fait est si connu qu'il est inutile de l'appuyer d'une liste d'exemples. Le seul point à faire ressortir, celui qu'avait relevé d'abord Amelung, celui sur lequel M. Brugman a assis en grande partie l'hypothèse de *a₂*, c'est le fait négatif que, lorsqu'on trouve *e* en Europe, jamais l'arien ne présente d'*ā* long.

Si maintenant l'on posait cette question-ci: Y a-t-il dans l'indo-iranien l'indice certain d'une espèce d'*a qui ne peut être ni a₁ ni a₂*? nous répondrions: Oui, cet indice existe. L'*i* ou *ī* pour *a* n'apparaît que dans un genre de racines sanskrites tout particulier et ne peut avoir ni la valeur *a₁* ni la valeur *a₂* (§ 11 fin).

---

1. Pour des raisons exposées plus loin, nous serons amené à la conclusion que, si une racine contient *A*, le présent a normalement *ā* long et que les thèmes comme *ăga-, bhăga-* etc. n'ont pu appartenir primitivement qu'à l'aoriste. Mais comme, en même temps, c'est précisément l'aoriste, selon nous, qui laisse apparaître *A* à l'état pur, il ne saurait y avoir d'inconséquence à faire ici de ces thèmes un argument.

2. Le skr. *vyāla* (aussi *vyāḍa*) «serpent» est bien probablement proche parent du gr. *νάλη· σκώληξ*, mais il serait illusoire de chercher à établir entre les deux mots l'identité absolue: cf. *εὐλή, ἴουλος*.

Mais si, précisant davantage la question, on demandait s'il
y a dans l'arien des traces incontestables *du dualisme* a_1 : A *tel
qu'il existe en Europe*, la réponse, je crois, ne pourrait être que
négative. Le rôle de l'$\ddot{\iota}$ dans ce problème est assez compliqué, et
nous ne pourrons aborder la question de plus près qu'au chapitre V.

Deux autres points méritent particulièrement d'être exami-
nés à ce point de vue:

1° Les $\bar{a}$ longs tels que celui de *svádate* = gr. ἅδεται. Voy.
§ 11 fin.

2° Le traitement de k_2, g_2 et gh_2 dans les langues ariennes.
Dans l'article cité des Mémoires de la Société de Linguistique,
j'ai cherché à établir que la palatalisation des gutturales vélaires
est dûe à l'influence d'un a_1 venant après la gutturale. Je con-
frontais la série indienne *vāká, vácas, vóća-t* avec la série grecque
γονο-, γενεσ-, γενέ-(σθαι) et concluais que la diversité des consonnes dans la première avait le rapport le plus intime avec la
diversité des voyelles suffixales observable dans la seconde. Je
crois encore à l'heure qu'il est que cela est juste. Seulement il
était faux, comme j'en ai fait plus haut la remarque (p. 90),
de donner à l'o du suffixe, dans γόνο, la valeur ϱ ou A (ϱ étant
considéré comme une variété de A): cet o, nous l'avons vu, est a_2.
Voilà donc la signification du fait notablement changée. Il prouve
bien encore que l'indo-iranien distingue entre a_1 et a_2, mais non
plus, comme j'avais pensé, qu'il distingue entre a_1 et A. La thèse,
conçue sous cette forme, devant être soutenue, à ce que nous
apprenons, par une plume beaucoup plus autorisée que la nôtre,
nous laisserons ce sujet intact: aussi bien l'existence de l'a_2 arien
est déjà suffisamment assurée par l'allongement régulier constaté
au § 7 [1].

---

1. Pour bien préciser ce que nous entendions à la page 90, il faut
dire quelques mots sur les formes zendes *ćahyā* et *ćahmāi*. Justi les met
sous un *pronom indéfini éa*, tandis que Spiegel rattache *ćahmāi* directement à *ka* (Gramm. 193) En tous cas le fait que, d'une façon ou d'une
autre, ces formes appartiennent au pronom *ka* ne peut faire l'objet d'un
doute. La palatale du génitif s'explique par l'a_1 que nous avons supposé.
Pour le datif, il ne serait pas impossible que l'analogue grec nous fût conservé. Hésychius a une glose τέμμαι· τείνει. M. Mor. Schmidt corrige
τείνει en τίνει. Mais qu'est-ce alors que τέμμαι? Si nous lisons τίνι, nous

Le traitement des gutturales vélaires *au commencement des mots* porte la trace très-claire de la permutation $a_1 : a_2$ dans la syllabe radicale. Mais laisse-t-il apercevoir une différence entre a_1 et A? C'est là le fait qui serait important pour nous. Il serait difficile de répondre par oui et non. A tout prendre, les phénomènes n'excluent pas cette possibilité, et semblent plutôt parler en sa faveur. Mais rien de net et d'évident; point de résultat qui s'impose et auquel on puisse se fier définitivement. Nous supprimons donc comme inutile le volumineux dossier de ce débat, qui roule la plupart du temps sur des exemples d'ordre tout à fait subalterne, et nous résumons:

Quand l'européen a k_2e, g_2e, gh_2e, l'arien montre presque régulièrement *ća, ǵa, ǵha*. Exemples: gr. τέσσαρες, skr. *ćatvâras;* lith. *gèsti,* skr. *ǵásati;* gr. θέρος, skr. *háras.* Ceci rentre dans ce que nous disions précédemment. La règle souffre des exceptions: ainsi *kalayati* en regard de κέλης, *celer* (Curtius Grdz. 146), *gâmati* en regard du goth. *qiman*[1]. Au groupe européen k_2A l'arien répond assez généralement par *ka.* Seulement, bien souvent, on se demande si l'*a* européen qui suit la gutturale est véritablement A, ou bien un phonème hystérogène. D'autre fois le rapprochement est douteux. Exemples: gr. καλός, skr. *kalya;* lat. *cacumen,* skr. *kakúbh;* lat. *calix,* skr. *kaláça;* lat. *cadaver,* skr. *kalevara?* (Bopp); κάνδαλοι· κοιλώματα, βάθρα, skr. *kandará;* gr. καμάρα, zd. *kamara;* gr. κάμπη, skr. *kampanā;* gr. καινός, skr. *kanyà* (Fick); dans la diphthongue, lat. *caesaries,* skr. *késara;* lat. *caelebs,* skr. *kévala;* gr. Καιάδας, καίατα· ὀρύγματα, skr. *kévaṭa,* etc.[2] Pour g

---

avons dans τέμμαι le pendant de *ćahmâi* (cf. crét. τεῖος pour ποῖος). Cependant les deux formes ne sont pas identiques; la forme grecque provient d'un thème *consonantique kasm-* (cf. skr. *kasm-in*), αι étant désinence (v. p. 92); au contraire *ćahmâi* vient de *kasma-*.

1. Peut-être que le g du dernier exemple a été restitué postérieurement à la place de $\acute{g}$, sur le modèle des formes telles que *ǵa-gmús* où la gutturale n'avait point été attaquée. L'état de choses ancien serait donc celui que présente le zend où nous trouvons *ǵamyāṭ* à côté de *ǵa-ymaṭ.*

2. Il est remarquable que les langues classiques évitent, devant *a,* de labialiser la gutturale vélaire, au moins la ténue. Dans (c)*vapor,* le groupe *kw* est primitif, ainsi que l'indique le lithuanien, et dans πᾶς il en est probablement de même; πάομαι est discuté. Il ne semble pas non plus qu'on trouve de *hv* germanique devant A; toutefois ce dernier fait ne s'ac-

et *gh*, les cas sont rares. — Nous trouvons la palatale dans *ćandrá*, -*ççandra* (groupe primitif sk_2) en regard du lat. *candeo*. A la page 85 nous comparions goth. *skadus* au skr. *ćat* «se cacher». Or l'irlandais *scáth* prouve que la racine est sk_At, non $sket$[1], et nous aurions ainsi un exemple bien clair de *ća* répondant à k_A; il est vrai que la gutturale fait partie du groupe primitif *sk*. Un cas semblable, où c'est la sonore qui est en jeu, est le zd. *ǵad* «demander», irland. *gad*, gr. βάζω (malgré βάξω); ici le sanskrit a *g: gádati*.

Bref, il n'y a rien de décisif à tirer de ce genre de phénomènes, et nous devrons, pour établir la primordialité du dualisme $a_1 : A$, recourir à une démonstration *a priori*, basée essentiellement sur la certitude que nous avons de la primordialité de a_2. En linguistique, ce genre de démonstration n'est jamais qu'un pis aller; on aurait tort toutefois de vouloir l'exclure complétement.

1. Pour simplifier, nous écarterons du débat le phonème *ǫ;* son caractère presque exceptionnel, son rôle très-voisin de celui de A, lui assignent une espèce de position neutre et permettent de le négliger sans crainte d'erreur. En outre l'$\bar{e}$ long des langues d'Europe, phonème que nous rencontrerons plus loin et qui n'est peut-être qu'une variété d'$\bar{a}$, pourra rester également en dehors de la discussion. Voy. au sujet d'$\bar{e}$ le § 11.

2. Nous posons comme un point démontré dans les chapitres précédents et comme la base d'où il faut partir le fait que le vocalisme des *a* de toutes les langues européennes plus l'arménien repose sur les quatre *a* suivants: a_1 ou *e*; a_2 ou *o*; A ou *a*; $\bar{A}$ ou $\bar{a}$. En outre il est établi que *o* alterne régulièrement avec *e*, jamais avec *a*; et semblablement que $\bar{a}$ alterne exclusivement avec *a*. Ce dernier point n'a pu être encore bien mis en lumière, mais au chapitre V nous le constatons d'une manière positive.

3. L'apparition régulière, dans certaines conditions, d'un $\bar{a}$

---

cuse pas d'une manière assez saillante pour pouvoir servir à démontrer la différence originaire de A et a_2 au nord de l'Europe.

1. Grassmann décompose le véd. *māmçćatú* en *mās* ou *māms* «lune» et *ćatú* «faisant disparaître». Cette dernière forme répond au goth. *skadus*. — Si l'on place dans la même famille le gr. σκότος, on obtient une racine *skǫt* et non plus sk_At. Comparez σκοτομήνιος et *māmçćatú*.

long arien en regard de l'*o* européen (§ 7), phénomène qui ne se présente jamais lorsque la voyelle est en Europe *e* ou *a*, s'oppose absolument à ce qu'on fasse remonter à un même phonème de la langue mère l'*e* (ou l'*a*) et l'*o* européens.

4. D'autre part il est impossible de faire remonter l'*o* européen au même phonème primordial qui a donné *ā*. En effet, les langues ariennes n'abrégent point *ā* devant les groupes de deux consonnes (*çásmi* etc.). On ne comprendrait donc pas comment l'*o* européen suivi de deux consonnes est représenté en arien par *a* bref (ὁϱ-μή = *sarma*, non «*sārma*», φέϱοντι = *bharanti*, non «*bharānti*»).

5. Relativement à *o* et *ā*, trois points sont acquis: α) Ce qui est en Europe *o* ne peut pas avoir été dans la langue mère le même phonème que ce qui est en Europe *e* ou *a* (v. ci-dessus, n° 3). β) Ce qui est en Europe *o* ne peut pas avoir été dans la langue mère le même phonème que ce qui est en Europe *ā* (v. ci-dessus, n° 4). γ) De tout temps il a été reconnu que ce qui est en Europe *ā* ne peut pas avoir été dans la langue mère le même phonème que ce qui est en Europe *e* ou *a*. Ceci établit *que l'o et l'ā européens ont été dans la langue mère distincts l'un de l'autre et distincts de tous autres phonèmes.* — Que savons-nous sur la portion du vocalisme de la langue mère qui répond à la somme *e* + *a* dans les langues d'Occident? Deux choses: cette portion du vocalisme différait de *o* et de *ā*; et en second lieu elle ne contenait pas de voyelle longue. Réduites à une forme schématique, nos données sont donc les suivantes:

Indo-européen		Européen	
o		o	e
	x, bref.		
ā		ā	a

Essayons à présent de donner à *x* la valeur d'un *a* unique. Voici les hypothèses qu'entraîne nécessairement avec elle cette première supposition: 1° Scindement de l'*a* en *e-a*, à son entrée en Europe. La question de la possibilité de cette sorte de scindements est une question à part qui, tranchée négativement, rendrait la présente discussion superflue. Nous ne fondons donc point d'objection sur ce point-là. 2° Merveilleuse répartition des richesses vocaliques obtenues par le scindement. Nul désordre au milieu de cette multiplication des *a*. Il se trouve que *e* est

toujours avec *o*, et *a* toujours avec *ā*. Un tel fait est inimaginable.
3° Les trois espèces d'*a* supposées pour la langue mère (*a o ā*)
n'étaient pas, évidemment, sans une certaine relation entre elles:
mais cette relation ne peut avoir rien de commun avec celle que
nous leur trouvons en Europe, puisque dans la langue mère *e* et
a, par hypothèse, étaient encore un seul phonème. Ainsi les
langues européennes ne se seraient pas contentées de créer un
ablaut qui leur est propre: elles en auraient encore aboli un plus
ancien. Et pour organiser le nouvel *ablaut*, il leur fallait dis-
loquer les éléments du précédent, bouleverser les fonctions re-
spectives des différents phonèmes. Nous croyons que cet échafau-
dage fantastique a la valeur d'une démonstration par absurde.
*La quantité inconnue désignée par x ne peut pas avoir été une et
homogène.*

Cette possibilité écartée, il n'y a plus qu'une solution plausible au problème: *transporter tel quel dans la langue mère le
schéma obtenu pour l'européen*, sauf, bien entendu, ce qui est de la
détermination exacte du son que devaient avoir les différents
phonèmes.

_____

Quand on considère le procès de réduction des *a* deux fois
répété dans le domaine indo-européen: dans le celto-slavo-germa-
nique à un moindre degré, puis sur une plus grande échelle[1] dans
les langues ariennes, et cela en tenant compte de la position géo-
graphique des peuples, il semble à première vue très-naturel de
croire que c'est là un seul grand mouvement qui aurait couru de
l'ouest à l'est, atteignant dans les langues orientales sa plus
grande intensité. Cette supposition serait erronée: les deux
événements, il est aisé de le reconnaître, ne sauraient être liés
historiquement. Le vocalisme des *a*, tel que l'offre le slavo-germanique, ne peut en aucune façon former le *substratum* des phénomènes ariens. L'arien distingue a_2 de *a* et confond *a* avec a_1.
L'Europe septentrionale confond a_2 avec *a*.

Il est un cas sans doute où l'a_2 arien est confondu lui aussi
avec *a* (et a_1), c'est lorsqu'il se trouve dans la syllabe fermée.

_____

1. Sur une plus grande échelle, en ce sens qu'outre la confusion de a_1
et *a*, il y a eu aussi plus tard coloration de a_2 en *a*. Voyez la suite.

Mais, à l'époque où, dans d'autres conditions, se produisit l'allongement de a_2, il est à peine douteux que, devant deux consonnes, ce
phonème conservât comme ailleurs son individualité. On peut
donc dire que l'arien postérieur confond a_1, A et a_2 en syllabe
fermée, mais que le plus ancien arien que nous puissions atteindre
confond seulement a_1 et A.

La figure suivante représente la division du territoire indo-
européen qu'on obtient, en prenant pour base le traitement des
trois a brefs dont nous venons de parler. Il est fort possible
qu'elle traduise fidèlement le véritable groupement des différentes
langues, mais, pour le moment, nous ne voulons pas attacher à
cette répartition d'autre valeur que celle qu'elle peut avoir dans
la question de l'a. Les Celtes, par exemple, s'ils appartiennent au
groupe du nord pour le traitement des voyelles (p. 116), sont unis
par d'autres attaches à leurs voisins du sud.

Région où A, a_1 et a_2 se maintiennent tous trois distincts. — *Italiotes, Helléniens, Arméniens, Celtes, Germains, Letto-Slaves, Iraniens, Hindous* — Région où A et a_2 sont confondus. Région où A et a_1 sont confondus.

Chapitre V.

Rôle grammatical des différentes espèces d'a.

§ 10. La racine à l'état normal.

Si le sujet de cet opuscule avait pu être circonscrit au thème
du présent chapitre, le plan général y aurait gagné sans doute.
Mais nous avions à nous assurer de l'existence de plusieurs phonèmes avant de définir leur rôle dans l'organisme grammatical,
et dans ces conditions il était bien difficile de ne pas sacrifier
quelque chose de l'ordonnance rationnelle des matières. C'est ainsi
que le chapitre sur les liquides et nasales sonantes devra tenir
lieu plus ou moins d'une étude de la racine à l'état réduit, et que
nous nous référerons au paragraphe 7 pour ce qui concerne cet
autre état de la racine où a_1 se change en a_2.

Les racines se présentent à nous sous deux formes principales: la forme pleine et la forme affaiblie. A son tour la forme pleine comporte deux états différents, celui où l'*a* radical est a_2 et celui où il est a_1. C'est ce dernier état de la racine qu'il reste à envisager; c'est celui qu'on peut appeler, pour les raisons exposées plus loin, l'état normal de la racine.

Voici d'abord les motifs que nous avions de dire, au commencement de ce travail, qu'une racine contenant *i* ou *u* ne possède sa forme pleine et inaltérée que lorsqu'elle montre la diphthongue. Cette idée a été émise déjà à plusieurs reprises[1]. Ceux de qui elle émanait ont paru dire parfois que c'est après tout affaire de convention de partir de la forme forte ou de la forme faible. On reconnaîtra, je crois, l'inexactitude de cette opinion en pesant les trois faits suivants.

1. Dès qu'on admet l'existence de liquides et de nasales sonantes indo-européennes, on voit aussi le parallélisme de *i*, *u*, avec *r̥*, *n̥*, *m̥*. Mais ceci, dira-t-on, ne prouve rien; je puis admettre avec les grammairiens hindous que *ar* est gouna de *r̥*, et semblablement *an*, *am*, gouna de *n̥*, *m̥*. En effet; aussi ce n'est point làdessus que nous nous fondons, mais bien sur les racines terminées par une consonne (par opposition à sonante). Pour pouvoir parler d'une racine *bhudh* il faudrait dire aussi qu'il y a une racine *pt*. Car partout où *bhudh* apparaîtra, on verra aussi apparaître *pt*, à condition seulement que la forme se puisse prononcer: *bubudh-ús*, *pa-pt-ús*; ἐ-πνθ-όμην, ἐ-πτ-όμην. Sitôt qu'on trouve *bhaudh*, on trouve aussi *pat*: *bódhati*, πεύθεται; *pátati*, πέτεται. Dira-t-on que *at* est gouna de *t*?

---

1. Sans poser de règle absolue, M. Leo Meyer dans sa *Grammaire Comparée* (I 341, 343) fait expressément ses réserves sur la véritable forme des racines finissant par *i* et *u*, disant qu'il est plus rationnel de poser pour racine *srav* que *sru*. Dans un article du Journal de Kuhn cité précédemment (XXI 343) il s'exprime dans le même sens. On sait que M. Ascoli admet une double série, l'une ascendante (*i ai*, *u au*), l'autre descendante (*ai i*, *au u*); cela est en relation avec d'autres théories de l'auteur. M. Paul, dans une note de son travail sur les voyelles des syllabes de flexion (Beitr. IV 439), dit, en ayant plus particulièrement en vue les phénomènes du sanskrit: «lorsqu'on trouve parallèlement *i*, *u* (*y*, *v*) et ē, ō (āi, ay, āy; «āu, av, āv), la voyelle simple peut souvent ou peut-être toujours être «considérée comme un affaiblissement avec autant de raison qu'on en a eu «jusqu'ici de regarder la diphthongue comme un renforcement.»

2. Si, pour la production de la diphthongue, il était besoin d'une opération préalable de renforcement, on concevrait difficilement comment l'a_1 du «gouna» devient a_2 [1] absolument comme tous les autres a_1. Au paragraphe 7 nous sommes constamment partis du degré à diphthongue, et nous n'avons pas éprouvé une seule fois qu'en procédant de la sorte on se heurtât à quelque difficulté.

3. L'absence de racines en *in, un; im, um; ir, ur* (les dernières, quand elles existent, sont toujours d'anciennes racines en *ar* faciles à reconnaître) est un fait si frappant qu'avant de connaître la nasale sonante de M. Brugman il nous semblait déjà qu'il créât entre les rôles de *i, u,* et de *n, m, r,* une remarquable similitude. En effet cela suffirait à établir que la fonction de *a* et la fonction de *i* ou *u* sont totalement différentes. Si *i, u,* étaient, au même titre que *a,* voyelles fondamentales de leurs racines, on ne comprendrait pas pourquoi celles-ci ne finissent jamais par des phonèmes qui, à la suite de *a,* sont fort communs. Dans notre conception, cela s'explique simplement par le fait que *a* ne prend qu'un seul coefficient sonantique après lui.

En vertu du même principe, il n'existe point de racine contenant le groupe: *i, u* + *nasale* (*ou liquide*) + *consonne.* Quand on parle par exemple d'une racine sanskrite *sinc,* c'est par abus: il est facile de s'assurer, en formant le parfait ou le futur, que la nasale n'est point radicale. Au contraire dans *bandh* la nasale est radicale, et elle persistera au parfait.

Dans l'échange de la diphthongue et de la voyelle, il n'y a donc pas à chercher avec Schleicher de renforcement dynamique ou avec Benfey et Grein de renforcement mécanique; il n'y a qu'un affaiblissement, et c'est lorsque la diphthongue cesse d'exister qu'un phénomène se produit.

Quant à la vriddhi qui, d'après ce qui précède, ne peut plus être mise, même de loin, en parallèle avec le «gouna», nous n'en avons trouvé aucune explication satisfaisante. Il y en a évidemment deux espèces: celle qui sert à la dérivation secondaire, — vriddhi dynamique ou psychologique, si on veut lui donner ce

---

1. Nous ne voulons point dire par là que a_2 soit une gradation.

nom — et celle qu'on trouve dans quelques formes primaires comme *yaú-mi, á-ǵai-šam* où on ne peut lui supposer qu'une cause mécanique (v. plus bas). La vriddhi de la première espèce est indo-iranienne; on en a signalé des traces douteuses dans l'indo-européen. La vriddhi de la seconde espèce paraît être née plus tard.

Partout où il y a permutation de *ai, au*, avec *i, u*, l'*a* de la diphthongue est dans les langues européennes un *e* (a_1) ou son remplaçant *o* (a_2), mais jamais *A*. Nous verrons au § 11 que les combinaisons *Ai, Au* sont d'un ordre différent et ne peuvent pas perdre leur *A*. Ce fait doit être rangé parmi les preuves de la primordialité du vocalisme européen.

Passons maintenant en revue les formations où la racine présente a_1, soit que ce phonème fasse partie d'une diphthongue, soit qu'il se trouve dans toute autre position. La catégorie de racines que nous considérons embrasse toutes celles qui ne renferment point *A* ou *o*, à l'exception des racines *terminées* par a_1, et de quelques autres qui leur sont semblables. *La question est toujours comprise entre ces limites-ci: est-ce* a_2, *absence de* a, *ou bien* a_1 *qui apparaît?*

a. FORMATIONS VERBALES.

PRÉSENTS THÉMATIQUES DE LA 1ʳᵉ CLASSE VERBALE. Ils ont invariablement a_1.

Grec: λέγω; τείω, ῥέ(F)ω, μένω, φέρω; στείχω, φεύγω, σπένδω, ἕρπω etc. Curtius, Verb. I² 210 seq. 223 seq.

Latin: *lego; tero, tremo; fido* pour **feido*[1], (*dūco* pour **deuco*), *-fendo, serpo* etc.

Gothique: *giba; sniva, nima, baira; steiga, biuda, binda, filha* etc.

Paléoslave: *nesą; ženą, berą; mętą, vlěką* pour **velką* etc. L'*e* s'est fréquemment affaibli en *ĭ*, sous des influences spéciales au slave. Les formes comme *živą* sont les équivalents des formes grecques comme *ῥέFω*. Sur la diphthongue *eu* en letto-slave, cf. p. 66 seq.

Lithuanien: *degù; vejù, genù; lëkù, senkù, kertù* etc.

---

1. *mējo* est peut-être pour **meiho*.

L'irlandais montre régulièrement *e*.

Langues ariennes. L'*a*, sauf quelques cas spéciaux, est bref; par conséquent c'est bien a_1 et non a_2 que prend la syllabe radicale. Sanskrit *váhati; ǵáyati, srávati, stánati, bhárati; ćétati, róhati, vándate, sárpati* etc.

Subjonctif du présent non-thématique et du parfait.

Pour former le subjonctif, les présents de la 2e et de la 3e classe ajoutent un a_1 thématique à la racine non affaiblie, c'est-à-dire telle qu'elle se trouve au singulier de l'actif. Si le verbe n'est pas redoublé, on obtient de la sorte un thème absolument semblable aux présents de la 1re classe. Sanskrit *hắna-t, áya-t, yuyắva-t*, de *hán-ti, é-ti, yuyó-ti*. Il nous a été conservé en grec: εἴω subjonctif de εἶμι (Ahrens II 340). Le pluriel eût été sans doute *εἴομεν (cf. hom. ἴομεν)[1].

Il est extrêmement curieux que le parfait, qui prend a_2 dans les formes non affaiblies, sauf peut-être à la première personne (p. 72), restitue a_1 au subjonctif. Voyez les exemples chez Delbrück, *Altind. Verb.* 194. De *ǵabhắr-a, ǵabhắra-t;* de *tatán-a, tatắna-t*, etc. Ici le grec offre un magnifique parallèle dans εἴδομεν, εἴδε-τε, subjonctif courant chez Homère du parf. οἶδ-α. Une autre forme, πεποίθομεν, s'est soumise à l'analogie de l'indicatif.

Présents non-thématiques (*2e et 3e classe verbale*).

Nous recherchons si c'est a_1 ou a_2 qui apparaît aux trois personnes de l'indicatif singulier (présent et imparfait). Aux autres personnes, l'*a* radical est expulsé.

La syllabe étant toujours fermée, nous ne pouvons nous renseigner qu'auprès des langues de l'Occident. L'exemple le plus important est celui de a_1s «être». Aux trois personnes en question, les langues européennes ont unanimement *e*. Puis vient la racine a_1i «aller»: grec εἶμι, lith. *eimì*. Si στεν est le skr. *sto* «laudare», il est probable que στεῦται appartient bien à la 2e classe, comme *stáuti* (cf. Curtius Verb. I² 154). Naturellement, il faudrait régulièrement *στυται, la diphthongue est empruntée à l'actif disparu[2].

---

1. On a voulu voir dans les futurs βείομαι, πίομαι, ἔδομαι, κείω etc. d'anciens subjonctifs. Les deux derniers, appartenant à des verbes de la 2e classe, s'y prêtent très-bien.

2. Très-obscur est σούται, à côté de σεῦται. V. Curtius l. c.

Ces exemples montrent a_1, et c'est a_1 que nous retrouvons dans les aoristes comme ἔχευα, ἔσσευα qui ne sont en dernière analyse que des imparfaits de la 2ᵉ classe. V. plus haut p. 21.

La diphthongue *au* du skr. *staúti*, *yaúti*, etc., est tout à fait énigmatique. Rien, en tous cas, n'autoriserait à y voir l'indice de la présence de a_2. Les diphthongues de a_2, suivies d'un consonne, ne se comportent pas autrement que les diphthongues de a_1. Il semble tout au contraire que ce soit de préférence $a_1 i$ et $a_1 u$ qui subissent en sanskrit des perturbations de ce genre. L'aoriste sigmatique nous en offrira tout à l'heure un nouvel exemple.

Le présent de la 3ᵉ classe se dérobe davantage à l'investigation. On a identifié, non sans vraisemblance, le lat. *fert* au skr. *bibhárti*. Le grec n'a plus d'autres présents redoublés que ceux dont le thème finit en η ou ᾱ. Sans doute on peut se demander si πίμπλημι n'est pas la métathèse de πιμπελμι (v. p. 13 et le chap. VI). Cependant la certitude que nous avons que la voyelle est a_1 ne dépend pas, heureusement, de cette hypothèse. Même si πίμπλημι vient d'une racine πλη, cet η, comme aussi ceux de τίθημι, ἵημι etc., prouve que la formation ne prend pas a_2; autrement on aurait «τίθωμι, ἵωμι». C'est ce que nous reconnaîtrons au § 11.

AORISTE SIGMATIQUE NON-THÉMATIQUE. L'identité de l'aoriste grec en -σα avec l'aoriste sigmatique *non-thématique* connu dans le sanskrit et le slave est un fait que M. Brugman a définitivement acquis à la science (v. Stud. IX 313). La racine est au degré a_1, au moyen comme à l'actif. Exemples: ἔστρεψα, ἔπεμψα, ἔδεισα, ἔπλευσα, ἔτευξα etc. Le slave a également e: *pęchŭ, nèsŭ* etc.[1]

En sanskrit cet aoriste allonge l'*a* radical dans les formes de l'actif, mais nous avons vu plus haut que cette sorte de phénomènes, en syllabe fermée, ne se peut ramener jusqu'à présent à aucun principe ancien, et qu'il est impossible d'en tenir compte. L'allongement disparaît au moyen. Le vocalisme de ce temps soulève néanmoins différents problèmes que nous toucherons au § 12. — Sur certaines traces de a_2 à l'aoriste v. p. 73.

Le subjonctif *párṣa-t*, *gḗṣa-t* etc. se reflète en grec dans les

---

1. Tout autre est le vocalisme de l'aoriste en -*sa* (*á-dikṣa-t*).

formes homériques comme $\pi\alpha\varrho\alpha$-$\lambda\acute{\varepsilon}\xi o$-$\mu\alpha\iota$, $\dot{\alpha}\mu\varepsilon\acute{\iota}\psi\varepsilon$-$\tau\alpha\iota$ etc. V. Curtius Verb. II 259 seq. L'a radical est a_1 comme à l'indicatif.

FUTUR EN -SYA. Par l'addition de -ya_1 au thème de l'aoriste se forme le thème du futur. Le vocalisme ne subit pas de changement.

Exemples grecs: $\sigma\tau\varrho\acute{\varepsilon}\psi\omega$, $\varepsilon\tilde{\iota}\sigma o\mu\alpha\iota$, $\pi\lambda\varepsilon\upsilon\sigma o\tilde{\upsilon}\mu\alpha\iota$, $\dot{\varepsilon}\lambda\varepsilon\acute{\upsilon}\sigma o\mu\alpha\iota$. La nécessité de l'$e$ se voit bien par la forme $\varkappa\lambda\varepsilon\upsilon\sigma\acute{o}\mu\varepsilon\vartheta\alpha$, futur de $\varkappa\lambda\acute{\upsilon}\omega$ rapporté par Hésychius.

Le futur lithuanien ne contredit pas à la règle.

Le futur indien a, lui aussi, la forme pleine de la racine: *vakšyá-ti, géšyá-ti, bhotsyá-ti.*

b. FORMATIONS NOMINALES.

THÈMES EN -as. Neutres grecs: $\beta\acute{\varepsilon}\lambda o\varsigma$, $\beta\acute{\varepsilon}\nu\vartheta o\varsigma$[1], $\beta\lambda\acute{\varepsilon}\pi o\varsigma$, $\beta\varrho\acute{\varepsilon}\varphi o\varsigma$, $\gamma\acute{\varepsilon}\nu o\varsigma$, $\acute{\varepsilon}\gamma\chi o\varsigma$, $\varepsilon\tilde{\iota}\varrho o\varsigma$, $\acute{\varepsilon}\lambda\varepsilon\gamma\chi o\varsigma$, $\acute{\varepsilon}\lambda\varkappa o\varsigma$, $\acute{\varepsilon}\lambda o\varsigma$, $\acute{\varepsilon}\pi o\varsigma$, $\acute{\varepsilon}\varrho\varepsilon\beta o\varsigma$, $\acute{\varepsilon}\varrho\varkappa o\varsigma$, $\acute{\varepsilon}\tau o\varsigma$, $\vartheta\acute{\varepsilon}\varrho o\varsigma$, $\varkappa\acute{\varepsilon}\varrho\delta o\varsigma$, $\lambda\acute{\varepsilon}\chi o\varsigma$, $\mu\acute{\varepsilon}\lambda o\varsigma$, $\mu\acute{\varepsilon}\nu o\varsigma$, $\mu\acute{\varepsilon}\varrho o\varsigma$, $\nu\acute{\varepsilon}\mu o\varsigma$, $\nu\acute{\varepsilon}\varphi o\varsigma$, $\pi\acute{\varepsilon}\varkappa o\varsigma$, $\pi\acute{\varepsilon}\nu\vartheta o\varsigma$[1], $\pi\acute{\varepsilon}o\varsigma$, $\dot{\varrho}\acute{\varepsilon}\vartheta o\varsigma$, $\sigma\vartheta\acute{\varepsilon}\nu o\varsigma$, $\sigma\varkappa\acute{\varepsilon}\lambda o\varsigma$, $\sigma\tau\acute{\varepsilon}\varphi o\varsigma$, $\tau\acute{\varepsilon}\gamma o\varsigma$, $\tau\acute{\varepsilon}\varkappa o\varsigma$, $\tau\acute{\varepsilon}\lambda o\varsigma$, $\varphi\acute{\varepsilon}\gamma\gamma o\varsigma$; — $\delta\acute{\varepsilon}(y)o\varsigma$, $\varepsilon\tilde{\iota}\delta o\varsigma$, $\tau\varepsilon\tilde{\iota}\chi o\varsigma$; $\gamma\lambda\varepsilon\tilde{\upsilon}\varkappa o\varsigma$, $\acute{\varepsilon}\varrho\varepsilon\upsilon\vartheta o\varsigma$, $\xi\varepsilon\tilde{\upsilon}\gamma o\varsigma$, $\varkappa\varepsilon\tilde{\upsilon}\vartheta o\varsigma$, $\varkappa\lambda\acute{\varepsilon}(F)o\varsigma$, $\dot{\varrho}\acute{\varepsilon}(F)o\varsigma$, $\sigma\varkappa\varepsilon\tilde{\upsilon}o\varsigma$, $\tau\varepsilon\tilde{\upsilon}\chi o\varsigma$, $\psi\varepsilon\tilde{\upsilon}$-$\delta o\varsigma$ etc. D'autres encore chez Ludwig *Entstehung der a-Decl.* 10.

Souvent le thème en -$\varepsilon\sigma$ n'est conservé que dans un composé: $\dot{\alpha}\mu\varphi\iota$-$\varrho\varrho\varepsilon\pi\acute{\eta}\varsigma$, cf. $\dot{\varrho}o\pi\acute{\eta}$; ιo-$\delta\nu\varepsilon\varphi\acute{\eta}\varsigma$, cf. $\delta\nu\acute{o}\varphi o$-$\varsigma$; $\dot{\alpha}$-$\mu\varepsilon\varrho\varphi\acute{\varepsilon}\varsigma\cdot$ $\alpha\tilde{\iota}\sigma\chi\varrho\acute{o}\nu$ Hes. cf. $\mu o\varrho\varphi\acute{\eta}$. ῾$A\lambda\iota$-$\vartheta\acute{\varepsilon}\varrho\sigma\eta\varsigma$[2] dans Homère n'est point éolique: $\vartheta\acute{\varepsilon}\varrho\sigma o\varsigma$, en effet conservé chez les Eoliens, est le thème en -$\varepsilon\sigma$ régulier de la rac. $\vartheta\varepsilon\varrho\sigma$, et $\vartheta\acute{\alpha}\varrho\sigma o\varsigma$, $\vartheta\varrho\acute{\alpha}\sigma o\varsigma$, sont formés postérieurement sur $\vartheta\varrho\alpha\sigma\acute{\upsilon}\varsigma$, $\vartheta\alpha\varrho\sigma\acute{\upsilon}\varsigma$ (dans $\vartheta\alpha\varrho\sigma\acute{\upsilon}\nu\omega$).

Pour les adjectifs (oxytons) en -$\varepsilon\sigma$, sur l'ancienneté desquels différentes opinions sont possibles, $\psi\varepsilon\upsilon\delta\acute{\eta}\varsigma$ atteste le même degré a_1.

L'o du neutre $\acute{o}\chi o\varsigma$ est dû à ce que $\acute{\varepsilon}\chi\omega$ «veho», en grec, a abdiqué en faveur de $\dot{o}\chi\acute{\varepsilon}\omega$. Du reste Hésychius donne $\acute{\varepsilon}\chi\varepsilon\sigma\varphi\iota\nu\cdot$ $\acute{\alpha}\varrho\mu\alpha\sigma\iota\nu$. $\sigma\varkappa\acute{o}\tau$-$o\varsigma$ vient d'une racine *skot* et non *sket*. Si Homère a dit $\delta\upsilon\sigma\pi o\nu\acute{\eta}\varsigma$ (au gén. $\delta\upsilon\sigma\pi o\nu\acute{\varepsilon}o\varsigma$), c'est que $\pi\acute{o}\nu o\varsigma$, dans sa signification, s'était émancipé de la racine $\pi\varepsilon\nu$.

Exemples latins: *decus, genus, nemus, pectus, scelus, tempus,*

---

1. $\beta\acute{\alpha}\vartheta o\varsigma$ et $\pi\acute{\alpha}\vartheta o\varsigma$ sont des formes postérieures faites sur $\beta\alpha\vartheta\acute{\upsilon}\varsigma$ (p. 24) et sur $\pi\alpha\vartheta\varepsilon\tilde{\iota}\nu$ (p. 20).

2. Ce nom a passé dans la déclinaison des thèmes en -$\bar{\alpha}$.

Venus, vetus (sur ces deux mots v. Brugman K. Z. XXIV 38, 43).
Le neut. *vīrus* (gén. *vīri*) indique un primitif *wa₁is-as*. Sur *foedus, pondus, holus,* v. p. 80. En composition: *de-gener*.

Le gothique donne *riqiz-a-* = ἔρεβος, *rimis-a-, sigis-a-, þeihs-a-, veihs-a-* (v. Paul Beitr. IV 413 sq.); *ga-digis* viole la règle. Paléoslave *nebo, slovo* pour *slevo (v. p. 67) *tego* «courroie», cf. *vŭs-taga;* lithuanien *debes-i-s, deges-i-s*[1]; irlandais *nem* «ciel», *tech* τέγος; arménien *erek* ἔρεβος (K. Z. XXIII 22).

Les langues ariennes sont en harmonie avec celles d'Europe, car elles ont: 1° la racine pleine; 2° *a bref* en syllabe ouverte, c'est-à-dire a_1. Skr. *vácas, rájas, mánas, jráyas, çrávas; várćas, tégas, róhas*.

Les adjectifs se comportent de même: *yaçás, tavás, toçás*[2].

THÈMES EN -yas. En ajoutant *-yas* (dans certains cas *ias*) à la racine normale, on obtient le comparatif de cette racine fonctionnant comme adjectif. Le thème du superlatif est dérivé du premier au moyen d'un suff. *ta,* dont l'addition a nécessité l'affaiblissement du suffixe précédent, mais non pas celui de la racine. Il convient donc de réunir les deux classes de thèmes.

Sanskrit *sáhyas, sáhiṣṭha; kṣépīyas, kṣépiṣṭha,* cf. *kṣiprá; rágīyas, rágiṣṭha,* cf. *ŗgú.* Zend *darezista,* cf. *dĕrĕzra*.

Les cas où le grec a conservé cette formation ancienne, indépendante de l'adjectif, sont précieux pour la détermination de la qualité de l'*a*. La rac. φερ donne φέριστος, κερδ κέρδιστος; μι-νύ-ς a pour comparatif μεί-(y)ων, κρατύς (= *κŗτύς) κρείσσων[3]. Le vieux comparatif attique de ὀλίγος est ὀλείζων, v. Cauer Stud. VIII 254. Ainsi l'*a* est bien a_1.

Si l'on adopte l'étymologie de M. Benfey, le lat. *pējor* est au skr. *pīyú* ce que μείων est à μινύς. — En gothique il faut remarquer l'*e* de *vairsiza*.

THÈMES EN -man. α) Les neutres:
Exemples grecs: βλέμμα, θρέμμα, πεῖσμα pour *πένθμα,

---

1. Le masc. *véidas* peut fort bien continuer un ancien neutre en *-es* (εἶδος).

2. Le nom *uśás* affaiblit la racine, mais le suffixe est différent (v. p. 12); *úras* «poitrine» et *çíras* «tête» ne peuvent pas non plus être mis en parallèle direct avec les mots comme *vácas*.

3. Le superlatif, cédant à l'analogie de κρατύς etc. fait κράτιστος.

σέλμα, σπέρμα, τέλμα, φθέγμα; δεῖμα, χεῖμα; ῥεῦμα, ξεῦγμα.
Comparez ces deux séries-ci: κέρμα, πλέγμα, τέρμα, φλέγμα,
στέλμα (Hes.); — κορμός, πλοχμός, τόρμος, φλογμός, στολμός
(page 74), en outre ἔρμα «boucles d'oreilles» à ὅρμος «collier»,
ἔρμα «appui pour les vaisseaux» à ὅρμος «rade», ἔρμ' ὀδυνάων à
ὁρμή; φέρμιον, diminutif de *φέρμα, à φορμός, χεῦμα à χῦμός
pour *χῦμός, *χουμός (cf. ξύμη pour *ξουμη, lacon. ξωμός).

L'homérique οἶμα de εἰ «aller» a dû être formé sur l'analogie de οἶμος. L'o de δόγμα paraît être un ρ. On n'est pas au
clair sur δῶμα; en tous cas rien ne justifierait un primitif
*δόμμα. ὄχμα (= ἔχμα), que donne Hésychius, ne peut qu'être
moderne.

En latin: *germen, segmen, tegmen, termen* (Varron). L'u de
culmen est dû à la consonne qui suit.

Paléoslave *brěmę* «fardeau» pour *bermę, slěmę «culmen
tecti» pour *selmę, vrěmę «temps» pour *vermę. Miklosich, *Vergl.
Gramm.* II 236.

Sanskrit *dhárman, vártman, éman, hóman, véçman* etc. (Lindner 91 seq.). Zend *zaēman, fraoϑman* etc.; mais aussi *pishman*.

β) Les masculins et les adjectifs:

Grec κευϑμών -ῶνος, λειμών -ῶνος, τελαμών -ῶνος, χειμών
-ῶνος; πλεύμων -ονος, τέρμων -ονος; l'adjectif τεράμων -ονος.
Dérivés: στελμονίαι, φλεγμονή, βέλεμν-ο-ν. Mots en -μήν: ἀϋτ-
μήν, λιμήν, πυϑμήν et ὑμήν[1]. Ce dernier, d'après une étymologie
reprise récemment, — il a échappé à l'auteur qu'elle avait été
faite par Pott *Wurzelwörterb.* I 612 — coïncide avec l'ind. *syúman*
(neut.); il y a là un *ū* long qui nous engage à suspendre notre
jugement. Mais dans ἀϋτμήν, λιμήν et πυϑμήν l'affaiblissement
de la racine est manifeste[2]. Dans ces trois mots précisément le
suffixe n'admet point a_2. Parmi les masculins ce ne sont donc
que les thèmes en -ma_2n qui offrent la racine au degré 1; cf. § 13.

---

1. ποιμήν, qui paraît contenir ρ, ne nous intéresse pas ici.
2. La racine d'ἀϋτ-μήν se trouve sous sa forme pleine dans ἄ(ϝ)ετ-μα.
Fondé sur les formes celtiques, M. Fick établit que le τ de ces mots n'est
point suffixal (Beitr. de Bezzenb. I 66). — Il n'y a pas de motif pour
mettre ὑσμίνη parmi les thèmes en -man. Le mot peut venir d'un ancien
fém. ὑσμῑ, à peu près comme δωτίνη de δῶτις.

— Les infinitifs en -μεν, -μεναι n'offrent pas les garanties nécessaires relativement au vocalisme de la syllabe radicale.

Le latin a *sermo, termo* (Ennius), *tēmo* = **tecmo.*

Le gothique a *hliuma -ins, hiuhma -ins, millhma -ins, skeima -ins.* Anglo-sax. *filmen* = gr. πέλμα (Fick III³ 181).

Quelques-uns des mots lithuaniens seront sans doute d'anciens neutres, mais cela est indifférent. Schleicher donne *żelmü̃* «verdure», *teszmü̃* «mamelle», *szèrmens* (plur. tant.) «repas funèbre», de la racine qui se retrouve en latin dans *cēna, sili-cernium.*

Sanskrit *varṣmán, hemán; darmán, somán* etc.[1] Lindner p. 93. Paroxytons: *géman, klóman* «le poumon droit» (v. B. R.). Ce dernier mot est le gr. πλεύμων[2]. — Le zend a *raçman, maēϑman,* mais aussi *uruϑman.*

THÈMES EN -tar. Nous ne considérerons ici que la classe des noms d'agent.

Grec ἔστωρ, κέντωρ; Ἕκτωρ, Μέντωρ, Νέστωρ, Στέντωρ; — ῥεκτήρ (Hésiode), πειστήρ «câble» (Théocrite) et πειστήρ de πείϑω (Suidas), νευτήρ· κολυμβητής (Hes.), ξευκτήρ, τευκτήρ (id.). Il y a de nombreux dérivés comme ἀλειπτήριον, ϑρεπτήριος, πευστήριος, ϑερτήρια· ἑορτή τις. Nous constatons dans ἀορτήρ un o irrégulier, emprunté sans doute à ἀορτή. Cf. p. 76 i. n.

Latin *emptor, rector, vector, textor* etc.

---

1. Un seul exemple védique enfreint la règle: *vidmán* «savoir, habileté». Remarquons bien que le grec de son côté a l'adj. ἴδμων. Cet adjectif n'apparaît pas avant les Alexandrins. Il peut être plus ancien; pourquoi en tous cas n'a-t-on pas fait «εἴδμων»? La chose est très-claire: parce que c'est presque exclusivement ἰδ et οἰδ, et presque jamais ειδ, qui contiennent l'idée de *savoir* (εἰδώς = ϜεϜιδώς). Même explication pour le mot ἴστωρ qui devrait faire normalement «εἴστωρ». On pourrait, sur cette analogie, songer à tirer de la forme *vidmán* une preuve de l'a_2 arien en syllabe fermée. L'arien, en effet, ne devait guère posséder *wa₁id* que dans le subjonctif du parfait. Le Rig-Véda n'a que *ávedam* où l'on puisse supposer a_1 (car *védas* paraît appartenir partout à *ved* «obtenir»); mais *ávedam* n'est pas nécessairement ancien. On conçoit donc qu'à l'époque où l'a_2 de *wa₂iäa* subsistait comme tel *wa₂idman* ait pu paraître étrange et impropre à rendre l'idée de *savoir.* Le choix restait entre *wa₂idman* et *widman;* ce dernier prévalut.

2. Par étymologie populaire: πνεύμων. Le lat. *pulmo* est emprunté au grec. πλευρά paraît être le vieux sax. *hlior* «joue» (primit. «côté»?).

Paléoslave *bljusteljǐ, žęteljǐ.*

Sanskrit *vaktár, yantár, ćetár, sotár, bhettár, ǵoṣṭár; bhártar, hétar* etc. — Zend *ǵañtar, mañtar, çraotar* etc. Quelques exceptions comme *bĕrĕtar* à côté de *frabaretar.* Cf. § 13.

Le suffixe *-tr-a* demande aussi la racine non affaiblie. Elle a en général a_1, comme dans le gr. δέϱτϱον, ϰέντϱον, φέϱτϱον, mais on peut citer pour a_2: ῥόπτϱον de ῥεπ et le norr. *lattra-* = **lahtra-* «couche», gr. λέϰτϱον.

THÈMES EN -au. La flexion des thèmes qui suivent devait être distincte de celles des autres thèmes finissant par *u.* La plupart sont féminins. Gr. νέϰυς masc., zend *naçu* fém. Gr. γένυς, goth. *kinnus,* skr. *hánu,* tous trois féminins. Goth. *hairus* masc., skr. *çáru* fém. Skr. *dhánu* fém., gr. *θέννς masc. (gén. θῑνός pour *θενϝος; cf. θεινῶν· αἰγιαλῶν Hes.). Ici se placent encore skr. *párçu* fém., gr. χέλυς (russ. *żelví* venant de **ǯ́ĭlŭ́ǐ.* J. Schmidt Voc. II 23), goth. *qiþus,* germ. *lemu-* «branche» (Fick III³ 267), lat. *penus.* Puis avec une accentuation différente, gr. δελφύς, skr. *paraçú* = gr. πέλεϰυς. — Cf. § 12.

Neutres: indo-européen *má₁dhu* et *pá₁k₁u.*

Des trois formes que chaque racine (voy. p. 135) est susceptible de prendre, nous avons vu que celle qui est dépourvue d'*a* ne peut pas prétendre à la priorité. Le litige n'est plus qu'entre les deux formes caractérisées par les deux variétés de l'*a,* a_1 et a_2. Ce qui nous semble décider sans conteste en faveur de a_1, c'est la fréquence de ce phonème, et cela dans les paradigmes les plus importants. Par exemple dans toute la flexion verbale, a_2 ne fait son apparition qu'à deux ou trois personnes du parfait. Quelle raison avons-nous de croire que des gisements entiers de a_1, tels que nous les apercevons dans les différents présents n'aient pu naître que par l'altération du phonème a_2? Au contraire, dans un cas du moins, nous prenons sur le fait le développement de a_2: c'est lorsqu'il sort de l'a_1 thématique devant les consonnes sonores des désinences verbales (p. 87). Si ailleurs sa genèse se dérobe encore à notre regard, on entrevoit cependant la possibilité d'une explication; le phonème n'apparaît en effet qu'à certaines places très-déterminées.

Un phénomène digne de remarque, mais qui, dans cette question, peut s'interpréter de deux façons opposées, c'est l'apparition de a_1, à l'exclusion de a_2, dans les cas où le rejet de l'a est prescrit mais en même temps empêché par une cause extérieure (p. 48). Ainsi, au temps où le pluriel de $\delta\acute{\varepsilon}\delta o\varrho\varkappa\alpha$ faisait $\delta\varepsilon\delta\mathring{\varrho}\varkappa(\alpha)$-$\mu\varepsilon\nu$, le pluriel de $\tau\acute{\varepsilon}\tau o\varkappa\alpha$, avons-nous conclu p. 71 i. n., faisait $\tau\varepsilon$-$\tau\varepsilon\varkappa(\alpha)\mu\varepsilon\nu$. M. Brugman montre comment le thème *pad*, accusatif *pa_2dm* ($\pi\acute{o}\delta\alpha$), empêché qu'il est de faire au génitif: *pdás*, s'arrête à la forme *$pa_1dás$* (*pedis*). Voilà, pourrait-on dire, qui prouve que a_1 est une dégradation de a_2. Mais celui qui part d'un thème *pa_1d* aura une réponse tout aussi plausible: *pa_2d* est une modification extraordinaire qu'il n'y a aucune raison d'attendre dans les formes exposées aux affaiblissements; si l'affaiblissement est paralysé, c'est forcément le thème pur *pa_1d* qui apparaît.

Seconde question. Sans vouloir se prononcer sur la priorité de l'un ou de l'autre phonème, M. Brugman tient que a_2, par rapport à a_1, est un renforcement; que a_1, par rapport à a_2, est un affaiblissement (Stud. 371, 384). Nous-même, à la page 5, appelions a_2 une voyelle renforcée. Ces désignations prennent un corps si on admet que l'échange de a_1 et a_2 est en rapport avec les déplacements du ton; c'est là l'opinion de M. Brugman. Si on pense, et c'est notre cas, que l'échange des deux phonèmes est indépendant de l'accent, il vaut mieux s'abstenir d'attribuer à l'un d'eux une supériorité qui ne se justifie guère.

Si a_2 est une transformation mécanique de a_1, cette transformation en tous cas était consommée à la fin de la période proethnique, et les langues filles n'ont plus le pouvoir de la produire. Il est fort possible par exemple que $\pi\lambda o\chi\mu\acute{o}\varsigma$ n'ait été tiré de $\pi\lambda\acute{\varepsilon}\varkappa\omega$ qu'à une époque qu'on peut appeler moderne. Mais il va bien sans dire que l'o de $\pi\lambda o\chi\mu\acute{o}\varsigma$ n'est pas *sorti de l'ε de $\pi\lambda\acute{\varepsilon}\varkappa\omega$*. La langue a simplement moulé cette forme sur les substantifs en -μo-ς qu'elle possédait auparavant.

§ 11. Rôle grammatical des phonèmes *A* et *ǫ*. Système complet des voyelles primordiales.

Quand on considère les cas suivants de la permutation a_1 a_2: goth. *hlifa hlaf*, gr. $\varkappa\lambda\acute{\varepsilon}\pi\tau\omega$ $\varkappa\acute{\varepsilon}\varkappa\lambda o\varphi\alpha$, gr. $\acute{\iota}\pi\pi o\varsigma$ $\acute{\iota}\pi\pi\varepsilon$, et qu'on leur compare les cas suivants de la permutation A $\bar{A}$: goth. *saka sōk*,

gr. λάσκω λέλᾱκα, gr. νύμφᾱ νύμφᾰ, la tentation est forte, assurément, de poser la proportion $\bar{A} : A = a_2 : a_1$. Mais ce serait s'en-
gager dans une voie sans issue et méconnaître le véritable caractère des phénomènes. Nous allons, pour plus de clarté, construire
tout de suite le système des voyelles tel que nous le comprenons.
Il n'est question provisoirement que des syllabes radicales.

Le phonème a_1 *est la voyelle radicale de toutes les racines. Il
peut être seul à former le vocalisme de la racine ou bien être suivi
d'une seconde sonante que nous avons appelée* coefficient sonantique
(*p.* 8).

Dans de certaines conditions qui ne sont pas connues, a_1 *est
remplacé par* a_2; *dans d'autres, mieux connues, il est expulsé.*

a_1 *étant expulsé, la racine demeurera sans voyelle dans le cas
où elle ne contient point de coefficient sonantique. Dans le cas contraire, le coefficient sonantique se montre à nu, soit à l'état* autophthongue (*p.* 8), *et fournit une voyelle à la racine.*

Les phonèmes A *et* Q *sont des coefficients sonantiques. Ils ne
pourront apparaître à nu que dans l'état réduit de la racine. A l'état
normal de la racine, il faut qu'ils soient précédés de* a_1, *et c'est des
combinaisons* $a_1 + A$, $a_1 + Q$, *que naissent les longues* $\bar{A}$, $\bar{Q}$. *La
permutation* $a_1 : a_2$ *s'effectue devant* A *et* Q *comme ailleurs.*

Vocalisme des racines dans l'indo-européen.							
Racine pleine	a_1 a_2	$a_1 i$ $a_2 i$	$a_1 u$ $a_2 u$	$a_1 n$ $a_2 n$	$a_1 m$ $a_2 m$	$a_1 r$ $a_2 r$	$a_1 A$ $a_2 A$	$a_1 Q$ $a_2 Q$
Racine réduite	—	—i	—u	—$\overset{\circ}{n}$	—$\overset{\circ}{m}$	—$\overset{\circ}{r}$	—A	—Q

Désignations utiles

Pour $a_1 A$ et $a_1 Q$ après la contraction: $\bar{A}_1$ et $\bar{Q}_1$.

» $a_2 A$ » $a_2 Q$ »   »   »   : $\bar{A}_2$ et $\bar{Q}_2$.

La théorie résumée dans ce tableau a été appliquée plus
haut à toutes les espèces de racines excepté celles qui contiennent A et Q. Ce sont elles que nous allons étudier maintenant.

Pour distinguer l'une d'avec l'autre les deux formes que
peut prendre la racine pleine selon que l'a radical est a_1 ou a_2, il
n'y a pas d'inconvénient à appeler la première *le degré 1* (*état*

normal), la seconde *le degré 2*. Nous ne voulons pas dire par là qu'une des deux formes soit le renforcement de l'autre (v. p. 134).

I. Racines finissant par ᾰ.

a. RACINE PLEINE AU DEGRÉ 1.

Ce qui parle bien haut pour que $\bar{a}$ et $\bar{o}$ soient autre chose que des voyelles simples, c'est que partout où d'autres racines sont au degré 1, les racines en *a ont une longue*. Pourquoi, du fait qu'il finit la racine, *l'a* se serait-il allongé? Si au contraire $\bar{a}$ est assimilable à une diphthongue, στάμων en regard de στᾰτός s'explique exactement de même que l'indien *ǵéman* ($\bar{e} = a_1i$ monophthongué) en regard de *ǵitá*[1]. Toute racine en ᾰ est identique dans son organisme avec les racines comme *kai, nau*[3], et aussi *tan, bhar* (type A, p. 8).

Nous avons à faire la revue des principales formations du degré 1 énumérées au § 10. Il faut pour que la théorie se vérifie que nous trouvions dans ces formations $\bar{a}_1$ et $\bar{o}_1$. Le nombre des exemples est restreint. Ils n'ont de valeur que *si l'échange entre la racine pleine et la racine faible subsiste*[2].

---

1. Pour le grec, la soudure de l'augment avec un *A* ou un *ο* initial, soudure qui s'est accomplie à une époque préhistorique, est un parallèle très-remarquable aux contractions radicales que nous supposons. Dans *ἄγον, ὤφελον*, l'$\bar{a}$ vient de $a_1 + A$ et l'$\bar{o}$ de $a_1 + ο$ absolument comme dans στᾰ- et δω-. On sait que M. Curtius (Verb. I[2] 130 seq.) se sert, pour expliquer la soudure en question, de l'hypothèse de l'unité originaire de l'*a*. Nous ne pouvons donc ni partager ni combattre sa théorie.

2. Pour plus de clarté, quand il est constaté que l'η d'une racine n'est pas l'η panhellène, nous écrivons toutes les formes par $\bar{a}$.

3. Cette conception ne diffère pas essentiellement de celle qui a assez généralement cours depuis Schleicher. Seulement comme *kai* en regard de *ki* est pour nous non une gradation, mais la forme normale, nous devons aussi partir du degré *stā* et non de *sta*. Voici, en dehors de cette différence de principe, ce qui est modifié: 1° Modification liée d'un côté à la pluralité des *a*, constituant de l'autre une hypothèse à part: différents *a* peuvent former le second terme de la combinaison $a + a$, mais le premier *a* est toujours a_1. 2° Modification découlant de celle qui précède jointe à la théorie de a_2: il s'effectue, au sein de la combinaison, un *ablaut* ($a_1 : a_2$). Par là même la reconstruction $a + a$ cesse d'être théorie pure. — La différence de principe mentionnée, combinée toutefois avec la modification 1, s'accuse le plus nettement dans ce point-ci, c'est que l'$\bar{a}$ long *se*

Sur les PRÉSENTS DE LA 2ᵉ ET DE LA 3ᵉ CLASSE, v. p. 146. La racine, dans les formes pleines, est du degré 1.

AORISTE SIGMATIQUE (v. p. 128). Le grec fait ἔ-στᾱ-σα, ἔ-βᾱ-σα, ὤνᾱ-σα. Une forme comme ἔ-στᾱ-σα, c'est-à-dire e-stea-sa de stea (sta₁ᴀ) est le parallèle parfait de ἔ-δει-σα. Sanskrit á-hā-sam, á-dā-sam; zd. r̥tāo-ṅh-a-ṭ (subj.).

FUTUR (v. p. 129). Grec βᾰ́-σομαι, στᾰ́-σω, φᾰ́-σω, φϑᾰ́-σομαι, δώ-σω; cf. πλευ-σοῦμαι etc. Sanskrit dā-syáti, gā-syáti.

THÈMES NEUTRES EN -man (v. p. 131). Cf. Lobeck Parali-pomena 425 seq. Grec βᾶ-μα, σᾶ-μα, σύ-στᾱ-μα, φᾶ-μα. Les présents δρᾰ́ω et πᾰ́ομαι diminuent la valeur de δρᾶ-μα et πᾶ-μα. Dans πό-μα, nous assistons à un empiétement de la forme faible, mais en même temps πῶ-μα subsiste.

Latin grā-men (moy. hᵗ-all. grüe-jen «virescere»), stā-men, ef-fā-men, lā-min-a.

Sanskrit dā́-man, sā́-man, sthā́-man.

THÈMES MASCULINS EN -man (v. p. 131). Gr. στᾰ́-μων, [τλᾰ́-μων]. Goth. sto-ma -inš, blo-ma -ins. Skr. dā-mán.

THÈMES EN -tar (v. p. 132). Skr. dā-tár, pā́-tar «buveur», pā-tár «protecteur», sthā́-tar etc. La langue hellénique n'a pas su maintenir cette formation dans toute sa pureté. La perturbation a été causée par les adjectifs verbaux en -τό qui de plus en plus communiquent la forme faible aux noms d'agent. Homère emploie encore parallèlement δο-τήρ, δώ-τωρ et δω-τήρ; βο-τήρ, βώ-τωρ et συ-βώ-της (dans Sophocle βω-τήρ). A côté de βα-τήρ on peut citer ἐμπυρι-βή-της, car il est bien probable que la formation en -τᾱ s'est dirigée sur les anciens thèmes en -tar. Pour expliquer le mot obscur ἀφήτωρ (Iliade IX 404), le scholiaste se sert de πολυ-φή-τωρ. On a aussi ὀνᾰ́-τωρ, mais l'adj. verbal fait lui-même ὀνᾱτός. Dans στα-τήρ et πο-τήριον la forme faible est installée. Hésychius a μα-τήρ· ἐρευνητής, ματηρεύειν· μαστεύειν, de μαίομαι.

Latin mā-ter-ies (cf. skr. mā́-trā) et mā-turus auquel on compare le sl. ma-torŭ «senex», pō-tor, pō-culum = skr. pā́-tram (il faut dire que pŏ- n'existe pas). Les formations irrégulières ne manquent pas, ainsi dă-tor, Stă-tor.

---

place au même rang que l'a bref (quand cet ă est a₁), ainsi μῆκος = meakos n'est plus considéré comme renforcé en comparaison de τέκος.

Le sanskrit, dont le témoignage est le premier en importance, ne connaît que la forme pleine; le grec a plus généralement la forme réduite, mais aussi la forme pleine; le latin ne décide rien. On peut donc affirmer sans témérité que la formation régulière demande les longues $\bar{a}$, $\bar{o}$, c'est-à-dire le double son a_1a, a_1o, soit l'état normal, comme pour toutes les racines. Cf. du reste le § 13.

b. RACINE PLEINE AU DEGRÉ 2.

Voici où se manifeste la réalité de la reconstruction *ea* comme forme première de $\bar{a}$. Dans les formations où l'*e* radical est remplacé par *o* (a_2), le grec laisse apparaître à la place de l'$\bar{a}$ long final, un ω[1]. Ces cas, disons-le tout de suite, ne sont pas fort nombreux; mais ils se répètent dans les racines où a est médial (Ϝᾱγ: κυματ-ωγή), et nous croyons ne pas être trop hardi en mettant l'*au* des parfaits sanskrits comme *dadhaú* en rapport direct avec eux. Pour éviter de séparer les différentes formes du parfait, nous ferons la justification de ce dernier point sous la lettre c.

Racine βᾱ: βά-μα mais βω-μός; cf. κέρ-μα, κορ-μός (p. 131 et 74).

Racine ψᾱ (ψάω, ψη-ρός): ψω-μός. ψώω est un verbe forgé. Le mot στῶ-μιξ «solive» permet de rétablir *στω-μο (στᾱ).

Racine φᾱ: fut. φά-σω mais φω-νή[2]; cf. τεί-σω, ποι-νή (p. 129 et 77). Néanmoins on a φά-μᾱ et non *φώ-μᾱ.

La racine γρᾱ «ronger» donne γρω-νη «excavation». Ici encore: σμω-νη «tumeur», si le mot vient de σμάω; cf. σμῶδιξ.

Devant le suff. -*ra*, χᾱ fait χω: χώ-ρα. Comme exemple servant à établir que cette formation prend a_2, je n'ai point d'autre mot à citer que σφοδ-ρό-ς en regard de σφεδ-ανός. De même ψάω fait ψώ-ρα[3].

Si $\bar{a}$, ω, ne sont pas des combinaisons de l'*e*, ces faits nous apparaissent comme une énigme. L'*ablaut* qui s'effectue au moyen

---

1. Cf. le dat. ἵππῳ = ἵππο-αι (p. 92).

2. Le dor. πολύφᾱνος est très-douteux. Ahrens II 182.

3. Voici des cas plus problématiques. A côté de σπατίλη et de οἰ-σπάτη; οἰ-σπωτή. L'homérique μεταμώνιος vient peut-être de μαίομαι, mais le prés. μῶται, lui-même très-obscur, compromet la valeur de l'ω. A l'ω de ὠτειλή et de βωτάζειν· βάλλειν est opposé un α dans γατάλαι, mais οὐτάω embrouille tout.

de l'*o* est par son essence même lié à l'existence d'un *e*[1]. Sans *a₁*,
point de *a₂*. D'où un *ā* aurait-il reçu le pouvoir de permuter avec
le son *ō*? Il me semble que tout s'éclaircit au contraire si, *ā* étant
pour *ea* et comparable à la diphthongue *ei*, on ramène *ō* à *oa* en
l'assimilant à *oi*.

Il faut supposer de même l'existence d'une ancienne combinaison *o₂ǫ*; seulement elle n'est plus observable pour nous. Par
exemple dans δῶ-ρον, si nous jugeons d'après χώ-ρα de χᾱ, la
syllabe *dō* se décompose en *do₂ǫ*, tandis que le *dō* de δί-δω-μι représente *deǫ*. — Ces différentes combinaisons sont incorporées au
schéma donné plus haut. V. aussi page 145.

Ce n'est que le plus grand hasard qui nous permet de sur-
prendre encore les vestiges si significatifs de la permutation *ā : ō*.
La langue des Hellènes est à cet égard presque l'unique lumière
qui nous guide. Et même pour elle, ces précieux monuments appartiennent au passé. L'échange vivant entre les deux voyelles
a évidemment cessé depuis longtemps.

Le latin n'a point d'exemple assuré de l'*ablaut* $\bar{A}_1 : \bar{A}_2$. Il n'y
a pas lieu de s'en étonner: c'est tout juste si cette langue a gardé
quelques débris du grand échange *a₁ : a₂*. Mais on peut dire sans
crainte de se tromper que $\bar{A}_2$ en Italie serait distinct de $\bar{A}_1$ aussi
bien qu'en Grèce.

En germanique au contraire la différence n'est plus possible:
$\bar{A}_1$, comme nous savons, devient *ō*; $\bar{A}_2$ de même. L'anglo-saxon
grōve, parf. *greóv*, serait, restitué sous une forme plus ancienne,
grō-ja, *ge-grō*. Des deux *ō* de ce verbe, le premier répond à l'*ā* du
lat. *grā-men* ($\bar{A}_1$), l'autre est de même nature que l'*ω* de βω-μός
($\bar{A}_2$). Tout ce qui est vrai de l'*ō* germanique l'est aussi de l'*a* slave
et de l'*o* lithuanien. Ces phonèmes — qu'on peut réunir sous le
nom d'*ā* du nord, par opposition à l'*ē* de la même région — contiennent encore *ǭ₁* et *ǭ₂*, lesquels, étant confondus même en grec,
ne sont donc distingués nulle part l'un de l'autre. Exemple: sl.
da-jǫ, *da-rŭ*, cf. gr. δί-δω-μι, δῶ-ρον (*ǭ₁* et *ǭ₂*, v. ci-dessus).

Avant de passer au degré affaibli des racines en *a* nous
ouvrons une parenthèse, afin d'envisager sans plus tarder la
question des racines qui en Europe finissent par *e*. Ces racines,

---

1. Sur les cas comme ἄγω ὄγμος v. page 102.

en grec, font alterner la brève et la longue exactement comme les racines en *a* et en *o (ω)*. Laissant de côté préalablement le problème de l'origine et de la composition de l'*ē* long, nous citons quelques exemples des formations du degré 1. Singulier actif du présent de la 3ᵉ classe (v. p. 147): τί-ϑη-μι, ἴ-η-μι, δί-δη-μι. Pour le singulier de l'aoriste actif, la formation en -κα de ἔϑηκα, ἕηκα, nous enlève des exemples: il y a ἔ-σβη-ν si la racine est σβη. Aoriste en -σα: ἔ-δη-σα, ἔ-νη-σα(?). Futur: ϑή-σω, ἥ-σω, δή-σω. Mots en -μα: ἀνά-ϑη-μα, ἥ-μα, διά-δη-μα, νῆ-μα, σχῆ-μα (rac. σχ-η). Mots en -μων: ϑη-μών, ἥ-μων. Les mots en -τήρ, nous l'avons vu, ont suivi l'analogie des adjectifs verbaux en -τό.

Dans les formations du degré 2, on trouve ω.

Le véritable parfait de ἵημι est ἕ-ω-κα; ἀφ-έωκα est rapporté par Hérodien et par d'autres grammairiens. Il y a eu addition de -κα sans modification de la syllabe radicale, v. p. 149. Les tables d'Héraclée ont ἀνέωσϑαι[1]. Le verbe πί-πτ-ω forme son parfait sur une racine apparentée πτη dont nous nous n'avons pas à rechercher ici la formation; πτη donne régulièrement πέ-πτω-κα[2]. Le participe πε-πτη-(F)ώς n'a pas et ne doit pas avoir ω. Le prés. διώκω permet de conclure presque à coup sûr à un ancien parfait *δε-δίω-κα de δίη (δίε-μαι) duquel il est né lui-même à peu près comme ἀνώγω de ἄνωγα. Le parf. δεδίωχα (Curtius Verb. II 191) est refait sur διώκω.

La racine ϑη fait ϑη-μών mais ϑω-μός; cf. τέρμων, τόρμος. ἄω-τον vient probablement de ἄη-μι; cf. νόστος de νεσ (p. 76).

L'accord des langues européennes pour l'*ē* long est un fait connu[3]. Dans les idiomes germaniques, à l'exception du gothique,

---

1. Au moyen l'ω n'est pas primitif. Il n'existait d'abord qu'au singulier de l'actif. Mais la valeur de cette forme comme témoin de l'ω n'en est pas amoindrie.

2. Sur le πτω ainsi obtenu se développent des formes fautives, grammaticalement parlant, comme πτῶμα et πτῶσις.

3. Durant l'impression de ce mémoire, M. Fick a publié dans les *Beiträge de Bezzenberger* (II 204 seq.) d'importantes collections d'exemples relatives à l'*ē* européen. Il est un point sur lequel peu de linguistes sans doute seront disposés à suivre l'auteur: c'est lorsqu'il place l'*ē* du prétérit pluriel germanique *gēbum* (pour *gegbum*) sur le même pied relativement à *e* que l'*ō* de *for* relativement à *a*. — Le savant qui le premier attira l'at-

ce phonème prend la forme de $\bar{a}$, mais la priorité de l'$\bar{e}$ a été reconnue de plus en plus depuis Jacobi (Beitr. zur deutschen Gramm.). A la fin des racines, $\bar{e}$ se montre principalement dans $gh_1\bar{e}$ «aller», $dh\bar{e}$ «allaiter», $n\bar{e}$ «coudre», $m\bar{e}$ «mesurer», $w\bar{e}$ $\mathring{a}\tilde{\eta}\nu\alpha\iota$, $s\bar{e}$ «jeter, semer». Exemples du degré normal: gr. $\varkappa\acute{\iota}\text{-}\chi\eta\text{-}\mu\iota$, v. h^t-all. $g\bar{a}\text{-}m$ (cf. skr. $g\acute{\iota}h\bar{\iota}te$, lat. $f\acute{\iota}o$ pour $^*fiho$); gr. $\tilde{\bar{\eta}}\text{-}\mu\alpha$, lat. $s\bar{e}\text{-}men$, v. h^t-all. $s\bar{a}\text{-}mo$, sl. $s\check{e}\text{-}m\c{e}$, lith. $s\acute{e}\text{-}men\text{-}s$.

A l'*ablaut* grec $\eta : \omega$ ($\mathring{\iota}\eta\mu\iota : \check{\bar{e}}\omega\varkappa\alpha$) répond exactement l'*ablaut* du nord $\bar{e} : \bar{a}$ (germ. lith. $\bar{o}$). C'est celui qu'on observe dans les prétérits gothiques *sai-so*, *vai-vo*, *lai-lo*, venant de racines $s\bar{e}$, $v\bar{e}$, $l\bar{e}$. Le germ. $d\bar{o}\text{-}ma\text{-}$, employé comme suffixe, ne diffère pas du gr. $\vartheta\omega\text{-}\mu\acute{o}$; $\bar{e}$ apparaît dans $d\bar{e}\text{-}di\text{-}$ «action». En lithuanien on a $pa\text{-}d\acute{o}na\text{-}s$ «sujet», lequel vient très-probablement de la même racine $dh\bar{e}$.

Le latin ici ne reste pas absolument muet: de la racine $n\bar{e}\text{-}dh$ ($\nu\acute{\eta}\text{-}\vartheta\text{-}\omega$), amplification de $n\bar{e}$, il forme $n\bar{o}dus$.

L'$\bar{e}$ long, dans notre théorie, ne doit pas être un phonème simple. Il faut qu'il se décompose en deux éléments. Lesquels? Le premier ne peut être que a_1 (e). Le second, le coefficient sonantique, doit apparaître à nu dans la forme réduite (p. 135). La forme réduite de $\vartheta\eta$, c'est $\vartheta\varepsilon$. En conséquence on dira que $\bar{e}$ est fait de $e + e$. L'$\bar{o}$ de $\vartheta\omega\mu\acute{o}s$ alors représenterait $o_2 + e$.

Cette combinaison o_2e, nous la connaissons depuis longtemps. C'est celle qui se trouvait dans le nom. pl. goth. *vulfos*, osq. *Abellanōs*, et à laquelle nous avons donné le nom de $\bar{a}_2$ (p. 91).

Cependant — et ici nous abordons la partie la plus difficile et la plus obscure peut-être de notre sujet — on s'aperçoit en y regardant de plus près que le témoignage du grec est sujet à caution et que l'origine de l'$\bar{e}$ long est un problème extraordinairement complexe.

1° Une combinaison a_1a_1 parallèle aux combinaisons a_1A, a_1i, a_1n etc. fait l'effet d'un de contre-sens. S'il y a une raison pour que a_1, avec son substitut a_2, possède des attributions qu'aucune autre sonante ne possède, pour que toutes n'apparaissent que comme les satellites de ce phonème, comment admettre que ce même a_1 puisse à son tour se transformer en coefficient?

2° Le grec paraît être le seul idiome où les formes faibles des racines en *ē* présentent *e*. Les principaux cas sont: ϑε-τός, τίϑε-μεν; ἑ-τός, ἵε-μεν; δε-τός; δίε-μαι; μέ-τρον; ἐ-ρρέ-ϑην, ἄ-σχε-τος, ἄ-πλε-τος. En Italie que trouve-t-on? La racine européenne *sē* fait au participe *să-tus*. A côté de *rē-ri* on a *ră-tus*, à côté de *fē-lix* et *fē-tus*, *af-fā-tim* suivant l'étymologie de M. Fick. De la racine *dhē* «faire» vient *fă-c-io*[1] (Curtius), de la rac. *wē* (dans *vē-lum, e-vē-lare*) *va-nnus*.

Les langues du nord ont renoncé le plus souvent aux formes faibles des racines en *ā* et en *ē*. Il y a donc peu de renseigne-ments à espérer de ce côté-là, mais ce qui reste confirme le té-moignage du latin. M. Fick rapporte en effet à *blē* «souffler» (anglo-s. *blāvan*) le germ. *blă-da-* «feuille» et à *mē* «metere» (anglo-s. *māvan*) *mă-þa-* «ver». Suivant quelques-uns le goth. *gatvo* «rue» appartient à *gē* «aller». En lithuanien *mē* donne *ma-túti* «mesurer». Peut-être est-il permis aussi de nommer sl. *doją* = goth. *da[dd]ja* de *dhē* «allaiter». Quant au goth. *vinds*, lat. *ventus*, c'est une forme qui peut s'interpréter de plusieurs manières et qui n'établit nullement que *wē* fasse au degré réduit *we*.

Dans le grec même on peut citer à la rigueur κτάομαι et χράομαι de κτη et χρη (Ahrens II 131), τι-ϑă-σός de θη (Grdz. 253), ματίον qui aurait signifié *petite mesure* (v. le Thesaurus d'Etienne) et qui dans ce cas ne peut venir que de *mē* «mesurer», σπă-νις en regard du lat. *pē-nuria*.

On pourrait invoquer, pour établir que les formes faibles ont eu *e* dès l'origine, les racines secondaires, ou passant pour telles, comme *med* de *mē*. Mais il s'agirait alors de démontrer dans chaque cas que la racine est bien réellement secondaire. Si elle remonte à la langue mère, nous considérons le type *me-d* et le type *mē* (= *me* + *a*) comme deux rejetons également anciens du tronc *me-*. La racine germanique *stel* «dérober» est cen-sée sortir de *stā* (p. 65). Or cette dernière racine n'apparaît nulle part sous la forme *stē*. On voit par là quel fond l'on peut faire sur ces racines secondaires, pour déterminer le vocalisme de nos racines en *ē*.

Il ressort de ce qui précède que la voyelle des formes ré-

---

1. *Con-di-tus* de la même racine peut se ramener à *con-da-tus*.

duites de nos racines diffère en tous cas de ce qu'on appelle l'*e* européen. D'autre part nous ne voudrions pas identifier l'*a* de *satus* directement au phonème *A*. Ce n'en est, croyons-nous, qu'une modification (v. p. 178 seq.).

3° On observe' entre l'*ē* et l'*ā* longs des langues d'Europe des variations surprenantes, inconnues pour les voyelles brèves correspondantes.

ā en grec et en germanique: *ē* en latin et en letto-slave.

Gr. ἔ-φϑᾱ-ν, φϑά-σομαι; v. h^t-all. *spuon:* lat. *spēs*, sl. *spě-ją*

ā en gréco-italique et en letto-slave: *ē* en germanique.

Lat. *stā-men;* gr. ἵ-στᾱ-μι; sl. *sta-ti:* v. h^t-all. *stē-m, stā-m* (mais aussi *sto-ma, -ins*, en gothique).

Lat. *tā-b-es;* sl. *ta-ją:* anglo-saxon *þā-van* (= **þē-jan*).

A *l'intérieur* du mot: gr. μάκων, sl. *makŭ:* v. h^t-all. *māgo*.

ē en grec et en letto-slave: *ā* en germanique, etc.

Gr. τί-ϑη-μι, sl. *děti:* v. h^t-all. *tuo-m* (mais aussi *tā-t*).

Gr. μῆ-τις: goth. *mo-da-*.

Lat. *cēra;* gr. κηρός: lith. *kóris* (F. I³ 523).

Il faut mentionner encore le v. h^t-all. *int-chnāan* en regard du gréco-it. *gnō* et du sl. *zna-* (connaître).

Entre le grec et le latin la même instabilité de l'*ā* long s'observe dans plusieurs cas:

Gr. ϑρᾱ-νος, lat. *frē-tus, frē-num.* Gr. βᾰ-μεν, lat. *bē-t-ere.* Dans l'intérieur de la racine: gr. ἠμί, lat. *ājo;* gr. ἧμαι, lat. *ānus* (Grdz. 381). A l'η panhellène des noms de nombre πεντήκοντα, ἑξήκοντα (Schrader Stud. X 292), est opposé en latin un *a: quinquāginta, sexāginta.*

Les cas que nous venons de voir amènent à cette conclusion, qu'il est quasi impossible de tirer une limite fixe entre l'*ā* et l'*ē* européens. Dès une époque reculée la répartition des deux voyelles était accomplie très-certainement pour un nombre de cas déterminé, et ce sont ces cas qu'on a en vue quand on parle de l'*ē*, de l'*ā* européen. Mais, je le répète, *rien n'indique entre* ē *et* ā *une différence foncière et primordiale.* — Qu'on se rappelle maintenant les faits relatifs à la forme réduite dès racines en *ē*, le

participe latin *sa-tus* de *së* etc., qu'on pèse aussi les considérations
théoriques développées en commençant, et l'on ne sera pas éloigné
peut-être d'admettre la supposition suivante: *les éléments de l'ē
seraient les mêmes que ceux de l'ā, leur formule commune étant* $a_1 + A$.

Nous ne sommes pas en état de donner les règles suivant
lesquelles la soudure des deux phonèmes a engendré tantôt $\bar{e}$ tantôt $\bar{a}$. Nous faisons seulement remarquer qu'une telle hypothèse
ne lèse point le principe de phonétique en vertu duquel le même
son, placé dans les mêmes conditions, ne peut donner dans un
même dialecte deux produits différents. Il s'agit en effet de
voyelles consécutives $(a_1 + A)$ qui ont subi une contraction. Qui
voudrait nier que bien des facteurs dont nous ne savons rien, telle
nuance d'accent dont la plus imperceptible suffisait pour modifier
le phénomène[1], ont pu être en jeu dans cette contraction?

Il découle de l'hypothèse que l'ω de βωμός et l'ω de θωμός
sont identiques.

Quant à L'ÉPOQUE DE LA CONTRACTION, c'est une question
que nous avons déjà rencontrée à propos du nom. pl. *vulfos* et
autres cas de ce genre p. 91. Toutes les fois qu'on observe une
variation entre l'$\bar{e}$ et l'$\bar{a}$ comme pour le sl. *spĕ-* en regard du germ.
spṓ-, ce sera pour nous l'indice que la contraction est relativement récente[2]. Mais l'histoire du phénomène se décompose très-

---

1. La prononciation des diphthongues lithuaniennes *ai* et *au* diffère
du tout au tout, d'après la description qu'en fait Schleicher, selon que
le premier élément est accentué ou non. Et cependant *ái* et *ai*, *áu* et *au*,
sont entièrement identiques par l'étymologie.

2. L'échange assez fréquent de l'$\bar{a}$ et de l'$\bar{e}$ dans la même langue
s'explique si l'on admet que les deux produits divergents de la contraction
ea continuèrent de vivre l'un à côté de l'autre. Ainsi le v. h^t.-all. *tā-t* à
côté de *tuo-m*, le grec κί-χη-μι et κι-χά-νω, πῆ-μα et πᾱ-θ (p. 152), ῥή-τωρ
et εἰρά-να; le lat. *mē-t-ior* et *mā-teries*. — Un phénomène plus inattendu
est celui de la variation $\bar{e}$-$\bar{a}$ dans le même mot entre dialectes très-voisins.
Il va sans dire que ce fait-là ne saurait avoir de rapport direct avec
l'existence du groupe originaire *ea*. Ainsi les mots ἥβα, ἡμι-, ἥσυχος, ἥμε-
ρος, prennent $\bar{a}$ dans certains dialectes éoliques et doriques, η dans d'autres. V. Schrader Stud. X 313 seq. La racine βᾱ donne en plein dialecte
d'Héraclée βου-βῆτις. En Italie on a l'incompréhensible divergence de
l'optatif ombr. *porta-ia* avec *s-iē-m* (= gr. εἴην). Le paléoslave a *rĕpa* en
regard du lith. *rope* lequel concorde avec le lat. *rāpa* etc. M. Fick compare à ce cas celui du sl. *rĕka* «fleuve» opposé au lith. *roke* «pluie fine»

probablement en une série d'époques successives dont la perspective nous échappe. Rien n'empêcherait d'admettre par exemple que la rac. *u̯ē* «souffler» ou le mot *bhrāter* «frère» aient opéré la contraction avant la fin de la période proethnique.

Pour ce qui concerne l'*ε* des formes grecques comme *θε-τός*, il sera plus facile de nous faire une opinion à son sujet, lorsque nous en viendrons à l'*ĭ* indien comme représentant d'un *a* bref. Il suffit pour ce qui suit de remarquer que cet *ĭ* est la voyelle qu'il faut attendre en sanskrit dans toute forme réduite d'une racine en *ā*. Abordons maintenant, en y faisant rentrer les formes des racines en *ē*, l'étude du degré réduit.

c. ETAT RÉDUIT.

Dans les deux premières formations verbales que nous aurons à considérer il y a alternance de la racine réduite et de la

---

(Il³ 640). Ici l'hypothèse d'une métaphonie produite par l'*i* suffixal qui se trouve dans l'*e* lithuanien aurait un certain degré de vraisemblance. — Enfin un troisième genre de phénomènes, c'est la coloration germanique et éléenne de l'*ē* en *ā* qui est un souvenir de l'ancien groupe *ea*, en ce sens qu'elle indique que l'*ē* européen était en réalité un *ä* fort peu différent de l'*ā*. En latin même on a vu dans l'*ae* de *saeclum*, *Saeturnus* (cf. *Sāturnus*) l'essai orthographique d'exprimer un *ē* très-ouvert.

1. Il sera bon peut-être de résumer dans un tableau les différentes espèces d'*a* brefs et d'*a* longs (c.-à-d. *doubles*) que nous avons reconnues. Voici les *a* du gréco-italique et du germanique groupés d'abord uniquement d'après les caractères extérieurs :

Gréco-italique			Germanique		
e	a	o	e	ˎ	a
ē	ā	ō	ē		ō

En marquant la relation des différents *a* entre eux on obtient :

Etat primordial			Gréco-italique			Germanique		
	a	ǫ		a	o			ȧ
e	ea (Ā₁)	eǫ (Ō₁)	e	ē ā	ō	e	ē	ō
o₂	o₂a (Ā₂)	o₂ǫ (Ō₂)	o		ō	a		ō

Cf. le tableau de la page 135.

racine pleine. La forme pleine (qui n'apparaît qu'au singulier de l'actif) est au degré 1 pour le présent (2ᵉ et 3ᵉ classe), au degré 2 pour le parfait.

PRÉSENT DE LA 2ᵉ CLASSE. Comparez

skr.	*ás-mi*	εἶ-μι	φᾱ-μί	= phea-mi
	ás-(s)i	εἶ-ς	φᾱ́-ς	= phea-si
	ás-ti	εἶ-σι	φᾱ-τί	= phea-ti
	s-más	ἴ-μες	φᾰ-μές	= pha-mes

On le voit, la racine *phea* ou *pha₁A* ne se comporte pas autrement que la racine *a₁i*, la racine *a₁s* ou n'importe quelle autre racine. *ἐπί·στα-μαι*, verbe déponent, présente l'*α* bref régulier. Curtius Verb. I² 148.

Le sanskrit a presque complétement perdu la forme faible; voy. plus bas.

Pour l'aoriste non-thématique, qui est un imparfait de la 2ᵉ classe, M. J. Schmidt (K. Z. XXIII 282) nous semble avoir prouvé surabondamment ceci: toutes les formes grecques qui n'appartiennent pas au singulier de l'actif et qui ont une longue, ainsi *ἔ-στᾱ-μεν*, sont des formes secondaires faites sur le modèle de ce singulier, à moins qu'il ne s'agisse d'un genre de racines spécial, les racines *à métathèse* comme *πλη*. L'*a* bref est conservé entre autres dans *βᾰ́-την* de *ἔ-βᾱ-ν*, *φθᾰ́-μενος* de *ἔ-φθᾱ-ν*, dans *ἔ-δο-μεν, ἔ-θε-μεν, εἷ-μεν*[1]. En même temps M. Schmidt affirme le parallélisme si important *de l'ᾱ long du singulier avec la «gradation»* telle qu'elle se trouve dans *εἶμι* en regard de *ἴμεν*. Dans l'aoriste même, nous connaissons maintenant des formes grecques à gradation; ce sont celles qu'a découvertes M. Brugman (v. *Beiträge de Bezzenberger* II 245 seq. et ci-dessus p. 21), ainsi *ἔ-χευ-α* en regard de *ἔ-χυ-το*.

Schleicher, dans son *Compendium*, reconnaît la quantité variable de l'*a*. M. Curtius, tout en l'admettant pour le présent et l'imparfait, est d'avis que l'aoriste ne connaissait originairement que la voyelle longue. Mais pouvons-nous mettre en doute l'identité formelle de l'aoriste avec l'imparfait? Pour ce qui est de l'*ā* long persistant des formes ariennes, l'aor. *á-pātām* n'est,

---

1. Il semblerait, si *ἔστατο* chez Hésychius n'est pas corrompu de *ἔστᾰτο*, que *ἔστᾱν* ait eu un moyen *ἐστᾰ́μην*.

bien entendu, un argument à faire valoir contre la primordialité de βᾰ-την *qu'à la condition de regarder aussi le présent* φᾶμί φᾰμέν *comme une innovation par rapport à* pámi pūmás. Il existe du reste en sanskrit des restes de la forme faible restreints, il est vrai, au moyen: de *dhā* a-*dhī*-*mahi* et peut-être *dhī-mahi* (Delbrück p. 30), de *sā* (*sā-t*, *sā-hi*) *sī-mahi*, de *mā*, au présent, *mī-mahe* (v. Böhtl.-Roth). Puis les formes incorporées dans le paradigme de l'aoriste en *s* comme *ásthita* et *ádhita* que cite M. Curtius[1].

PRÉSENT DE LA 3ᵉ CLASSE. La flexion grecque de ἵ-στᾱ-μι, ἵ-σᾱ-μι (cf. σᾶ-μα), δί-δω-μι, τί-ϑη-μι, ἵ-η-μι, est toute pareille à celle de φᾶ-μί. Le lat. *dă-mus*, *dă-te* etc. reflète la forme faible. La 2ᵉ pers. *dās* paraît avoir suivi la 1ᵉ conjugaison. L'équivalent de δίδως serait **dōs*.

Ici le paradigme indien n'a point perdu les formes réduites: *gá-hā-mi*, *gá-hā-si*, *gá-hā-ti*; pluriel *ga-hī-más* etc.; duel *ga-hī-vás*. Au moyen on a, de l'autre racine *hā* (s'en aller), *gí-hī-ṣe*, *gí-hī-te*, *gí-hī-mahe* etc. Ainsi se fléchissent encore *mā* «mesurer» et dans le Véda les racines *çā* «aiguiser», *çā* «donner», *rā* (*ririhí*) id. La rac. *gā* «aller» conserve partout la forme pleine, uniformité qui, d'après tout ce que nous pouvons observer, doit être hystérogène. C'est ainsi que dans le dialecte védique *hā* «abandonner» a perdu lui-même la forme faible. — Sur *dadmás* et *dadhmás*, v. p. 179.

PARFAIT. L'*au* du sanskrit *dadhaú* (3ᵉ pers. sing.) nous semble fournir un nouvel indice de la variété primitive des *a* ariens. Si l'on met en regard *dadhaú* et ἕω[-κε], *áçvau* et ἵππω (*dvaú* et δύω, *nau* et νώ), *aṣṭaú* et ὀκτώ, on se persuadera qu'il y a une espèce d'*ā* qui en sanskrit se change en *au* à la fin du mot, et que cette espèce d'*ā* résulte d'une combinaison où se trouvait *a₂*. Les formes védiques qui sont écrites par *ā* comme *paprá*, *áçvā*, indiquent simplement une prononciation moins marquée dans le sens de l'*au* (peut-être *ā°*). Partout ailleurs qu'à la fin du mot la voyelle en question est devenue *ā*: *dvádaça* en regard de *dvaú*, *dadhátha* en regard de *dadhaú*. Dans *ukšā́*, *hótā*, *sákhā* (v. § 12) la

---

1. Pour écarter les doutes qui pourraient encore surgir relativement à l'extension de la forme forte telle qu'on la doit supposer ici pour le sanskrit, il faut mentionner qu'à l'optatif en -*yā*, le pluriel et le duel de l'actif (*dviṣyā́ma*, *dviṣyā́va* etc.) sont manifestement créés postérieurement sur le modèle du singulier. V. § 12.

non apparition d'*au* peut s'expliquer 1° par le fait que *n*, *r*, *i*, ont
persisté, très-probablement, à la suite de l'*ā* jusqu'à une époque
relativement peu reculée — on a même prétendu trouver dans le
Véda des traces de l'*n* et de l'*r* —, 2° par la considération que l'*ā*
de ces formes est un a_2 *allongé* et non une *combinaison de* a_2. —
Pour les premières personnes du subjonctif telles que *áy-ā* (= gr.
εἴ-ω, v. p. 127), la seconde des deux raisons précitées serait peut-
être valable. Du reste ces formes ne sont connues que dans un
nombre restreint d'exemples védiques et il se pourrait que l'*ā* y
fût de même nature que dans *paprā̃*, *ā́çvā*.

Déterminer les formes primitives est du reste une tâche
malaisée. L'hypothèse que la désinence de la 1e personne du parfait actif est -*m* (v. p. 72, 42) repose sur une invraisemblance: il
faut admettre, nous l'avons vu, que deux personnes distinguées
l'une de l'autre par leur forme, le germ. *vaitun et *vait*, se sont
réunies par analogie dans une seule. Si incompréhensible que soit
ce phénomène, la nasale est indispensable pour expliquer les
formes *vaivo*, *saiso*, dont nous nous occupons. Sans elle le gothique
ferait *vaiva, *saisa, et ce sont en effet ces formes qu'il faut rétablir pour la 3e personne. L'identité de la 1e et de la 3e pers.
consacrée dans les autres prétérits amena une réaction qui cette
fois fit triompher la première. En sanskrit **dadhā́m* a cédé au
contraire à *dadhaú: dadhaú* lui-même remonte à $dhadhá_2A$-a_1. —
Les Grecs ont dû dire d'abord *ἕων et *ἕω. Nous soupçonnons
dans *πέφη· ἐφάνη* (Hes.), de la rac. *φᾶ* qui se retrouve dans *πε-
φήσεται*, *ἀμφᾰδόν*, un dernier reste de ces formes antiques[1]. Il est
visible que le sing. *βέβηην (*βέβηϑα) *βέβη, *ἕων (*ἕωϑα) *ἕω,
doit sa perte à la trop grande ressemblance de sa flexion avec
celles des aoristes et des imparfaits, et c'est là aussi ce qui a produit le premier germe des innombrables formations en -*κα*. Jusqu'au temps d'Homère (Curtius Verb. II 203, 210) on peut dire
que les formes en -*κα* n'ont pas d'autre emploi que d'éluder la
flexion *βέβην *βέβηϑα *βέβη: elles n'apparaissent que si la
racine est vocalique, et, dans le verbe fini, presque uniquement

---

1. Les exemples de parfaits glosés dans Hésychius par des aoristes ne
sont point rares, ainsi que l'a fait voir M. Curtius Stud. IX 465. — Il faut
considérer avant tout que le grec ne connaît de l'aoriste non-thématique
redoublé que quelques formes d'impératif (*κέκλυτε* etc.).

au singulier. A aucune époque le moyen ne les admet. — Dans les 3ᵉˢ personnes comme βέβᾱ-κε, ἕω-κε on obtient en retranchant l'appendice -κε le type pur du grec très-ancien. — Pour les conjectures qu'on peut faire sur la substitution d'η et d'ᾱ à ω dans τέϑηκα, βέβᾱκα etc. nous pouvons renvoyer à la page 154.

Le moyen grec ἕ-στᾰ-ται, δέ-δο-ται, πέ-πο-ται etc. conserve la forme faible pure. A l'actif (pluriel, duel, participe) on a un certain nombre de formes comme ἕ-στᾰ-μεν etc., βε-βᾰ́-μεν (inf.), τέ-τλᾰ-μεν. Curtius Verb. II 169 seq. Comparez δεί-δι-μεν δεί-δοι-κα et ἕ-στᾰ-μεν ἕ-στη-κα (pour *ἕ-στω-κα).

Les formes faibles du sanskrit présentent un état de choses singulier. L'i qui précède les désinences et qui apparaît aussi devant le v du suffixe participial (tasthimá, dadhiṣé, yayivā́n) est constamment un i bref. On a par exemple papimá, papivā́n en regard de pī-tá, pī-tí, pǫpū̆-ṣati¹. L'i serait-il la même voyelle de liaison que dans pa-pt-imá etc., et l'a radical a-t-il été élidé devant elle? Tant qu'on ne connaîtra pas la cause d'où dépend la quantité de l'i final de nos racines, il sera difficile de trancher cette question.

PRÉSENT EN -ska (v. p. 22). Grec βό-σκω, φᾰ́-σκω.

THÈMES NOMINAUX EN -ta (cf. p. 14, 23). Formes indiennes offrant un i bref: čhi-tá «fendu» (aussi čhātá), di-tá «attaché» de dā dans dā́man etc., di-tá «coupé» de dā dáti (on trouve aussi diná, dāta et en composition -tta), mi-tá «mesuré» de mā mā́ti, çi-tá (aussi çāta) «aiguisé» de çā çíçāti (f. fble çíçī-), sthi-tá de sthā «se tenir debout». Le part. si-tá «attaché» vient de se (d'où entre autres siṣet) plutôt que de sā (dans sāhi). — Formes offrant un ī long: gī-tá «chanté» de gā gā́yati, dhī-tá de dhā dhā́yati (inf. dhā́-tave), pī-tá «bu» de pā páti, sphī-tá de sphā sphā́yate «croître». La formation en -tvá étant parallèle aux thèmes en -tá, nous mentionnons hī-tvá (aussi hi-tvá) de hā ǵáhāti «abandonner» dont le participe fait hī-ná; cf. ǵahita et uǵǵhita. — L'ā s'est introduit dans quelques exemples comme rā-tá de rā rā́ti, malgré riṝhi et autres formes contenant l'i. Sur dhmātá, trātá etc., v. le chap. VI.

Formes grecques: στᾰ-τός, φᾰ-τός, εὖ-βο-τος, δο-τός, πο-τός, σύν-δε-τος, συν-ε-τός, ϑε-τός. J. Schmidt loc. cit. 280.

---

1. On a, il est vrai, l'optatif du parfait védique papīyāt, mais, outre que cette forme n'est pas concluante pour la flexion du thème de l'indicatif, l'ī peut y résulter d'un allongement produit par y. Cf. ǵakṣīyāt.

Formes latines: *că-tus* = skr. *çitá, stă-tus, dă-tus, ră-tus, să-tus.* Cf. *făteor* de **fa-to-, nătare* de **na-to.*

En gothique *sta-da-* «lieu».

THÈMES NOMINAUX EN -ti (cf. p. 15, 23). Sanskrit *sthí-ti, pī-tí* «action de boire», *pī-tí* «protection» dans *nŕ̥-pīti, sphī-tí* à côté de *sphū-tí,* etc. — Grec στᾰ́-σις, φᾰ́-τις, χᾰ́-τις (Hes.) d'où χᾰτίζω, βό-σις, δό-σις, πό-σις, mais aussi δῶ-τις (inscr.) et ἄμ-πω-τις, δέ-σις, ἄφ-εσις, θέ-σις. — Latin *stă-tio, ră-tio, af-fă-tim* (p. 142).

THÈMES NOMINAUX EN -ra (cf. p. 157). Sanskrit *sthi-rá* (compar. *sthéyas*) de *sthā, sphi-rá* de *sphā, nī-rá* «eau», v. p. 101.

L'*ĭ* est comme on voit *le seul représentant indien de l'*a *bref finissant une racine,* sauf, à ce qu'il semble, devant les semi-voyelles *y* et *v,* où l'*a* peut persister comme dans *dáyate* qu'on compare à δαίομαι, dans *gá-v-ām* = βο-Ϝ-ῶν (v. § 12). L'*a* de *dádamāna* n'est pas le continuateur d'un *a* indo-européen: il in-dique simplement que la forme a passé dans la flexion théma-tique. Sur l'*a* de *madhu-pá-s* v. p. 177. — Le zend a tellement favorisé les formes fortes des racines en *ā* (ex.: *dāta, -çtāiti,* en re-gard du skr. *hitá, sthíti*) que c'est à peine si l'on peut encore con-stater que l'*i* dont nous parlons est indo-iranien. On a cependant *vī-mita, zaçtō-miti* de *mā* «mesurer» et *pitar* «père»[1]. L'*i* existe aussi dans l'anc. perse *pitā.* Il est à croire que les formes comme *fraorenata* et *pairibarenañuha* que M. Justi place dans la 9ᵉ classe verbale sont en réalité thématiques. Leur *a* ne correspond donc pas à l'*ĭ* sanskrit.

II. Racines contenant un *ā* médial.

Les phonèmes *ꜣ* et *ρ̥,* suivis d'une consonne, ne se compor-tent pas autrement que lorsqu'ils terminent la racine. Le rapport de λᾱθ à στᾱ est à cet égard celui de πευθ à πλευ ou de δερκ à φερ.

C'était donc une inconséquence de notre part que de dire, au chap. IV: *les racines dhᴀbh, kᴀp,* tout en disant: *la racine stᴀ̄;*

---

1. *Patar* est, paraît-il, une fausse leçon. V. Hübschmann dans le dict. de Fick II² 799.

c'est $dh\bar{a}bh$, $k\bar{a}p$ ($= dha_{1A}bh$, $ka_{1A}p$) qui sont les vraies racines. Mais cette notation, avant d'être motivée, n'aurait pu que nuire à la clarté.

C'est en grec que le vocalisme des racines contenant un A médial s'est conservé le plus fidèlement. Celles de ces racines qui finissent par une sonante, ainsi $\vartheta\bar{a}\lambda$, $\delta\bar{a}\upsilon$, ne seront pas comprises dans l'étude qui suit. Elles trouveront une mention à la fin du paragraphe. — Tout d'abord nous devrons déterminer la forme exacte des principales racines à considérer. Il est fréquent que des phénomènes secondaires la rendent à peu près méconcaissable.

Nous posons en principe que dans tout présent du type $\mu\alpha\nu\vartheta\acute{\alpha}\nu\omega$ on a le droit de tenir la nasale de la syllabe radicale pour un élément étranger à la racine, introduit probablement par épenthèse. Bien que la chose ne soit point contestée, il est bon de faire remarquer que les présents comme $\lambda\iota\mu\pi\acute{\alpha}\nu\omega$, $\pi\upsilon\nu\vartheta\acute{\alpha}\nu\upsilon\mu\alpha\iota$, dans lesquels la nasale, d'après ce qui est dit p. 125, *ne peut pas* être radicale, rendent à cet égard le doute impossible. I. 1. Rac. $c\bar{F}\bar{a}\delta$. La nasale n'apparaît que dans $\acute{\alpha}\nu\delta\acute{\alpha}\nu\omega$ pour $*\acute{\alpha}\delta\nu\omega$. Il n'est donc pas question d'une racine $\sigma F\alpha\nu\delta$. 2. Rac. $\lambda\bar{\alpha}\theta$, prés. $\lambda\alpha\nu$-$\vartheta\acute{\alpha}\nu\omega$. Même remarque. Cf. p. 61. 3. Rac. $\lambda\bar{\alpha}\varphi$. Le prés. $\lambda\alpha\mu\beta\acute{\alpha}\nu\omega$ se ramène à $*\lambda\alpha\varphi\nu\omega$[1]. La thèse de M. J. Schmidt (Voc. I 118) est: 1° que la nasale de $\lambda\alpha\mu\beta\acute{\alpha}\nu\omega$ est radicale; 2° que $\lambda\acute{\eta}\psi\omega\mu\alpha\iota$, $\lambda\eta\pi\tau\acute{\omega}\varsigma$, sont sortis des formes nasalisées que possède le dialecte ionien: $\lambda\acute{\alpha}\mu\psi\omega\mu\alpha\iota$, $\lambda\alpha\mu\pi\tau\acute{\omega}\varsigma$ etc. On pourrait demander, pour ce qui est du second point, pourquoi la même transformation ne s'est pas accomplie dans $\lambda\acute{\alpha}\mu\psi\omega$ (de $\lambda\acute{\alpha}\mu\pi\omega$), dans $\varkappa\acute{\alpha}\mu\psi\omega$, $\gamma\nu\alpha\mu\pi\tau\acute{\omega}\varsigma$, $\varkappa\lambda\acute{\alpha}\gamma\xi\omega$, $\pi\lambda\alpha\gamma\varkappa\tau\acute{\omega}\varsigma$ etc. Mais ce serait peut-être trancher, à propos d'un cas particulier, une question extrêmement vaste. Nous devons donc nous contenter ici d'avancer que toutes les formes du verbe en question peuvent se rapporter à $\lambda\bar{\alpha}\varphi$, que plusieurs en revanche ne peuvent pas être sorties de $\lambda\alpha\mu\varphi$. De l'avis de M. Curtius, les formes ioniennes tirent leur nasale du présent par voie d'analogie. 4. Racine $\theta\bar{\alpha}\varphi$. De quelque façon qu'on doive expliquer $\vartheta\acute{\alpha}\mu\beta\upsilon\varsigma$ ($= *\vartheta\alpha\varphi\nu\upsilon\varsigma$?), l'aor. $\acute{\epsilon}\tau\alpha\varphi\upsilon\nu$ et le parf. $\tau\acute{\epsilon}\vartheta\bar{\alpha}\pi\alpha$ indiquent que la nasale n'est pas radicale. Le rapprochement du skr. *stambh* est douteux, vu les phénomènes d'aspiration des mots grecs.

II. *Racines qu'il faut écarter.* 1. A la page 103 nous avons ramené $\lambda\alpha\gamma\chi\acute{\alpha}\nu\omega$ à une racine $\lambda\epsilon\gamma\chi$. On s'explique facilement la formation de $\epsilon\breve{\iota}\lambda\eta\chi\alpha$ à côté de l'ancien $\lambda\acute{\epsilon}\lambda\upsilon\gamma\chi\alpha$ par le parallélisme de $\lambda\alpha\gamma\chi\acute{\alpha}\nu\omega$, $\breve{\epsilon}\lambda\alpha\chi\upsilon\nu$ ($= \lambda\mathring{\eta}\chi\nu\omega$, $\breve{\epsilon}\lambda\mathring{\eta}\chi\upsilon\nu$) avec $\lambda\alpha\mu\beta\acute{\alpha}\nu\omega$, $\breve{\epsilon}\lambda\alpha\beta\upsilon\nu$ ($= \lambda A\beta\nu\omega$, $\breve{\epsilon}\lambda A\beta\upsilon\nu$). 2. $\chi\alpha\nu\delta\acute{\alpha}\nu\omega$ pour $\chi\alpha\delta\nu\omega$ ($= \chi\mathring{\eta}\delta\nu\omega$) vient de $\chi\epsilon\nu\delta$, comme le prouve le fut. $\chi\epsilon\acute{\iota}\sigma\upsilon\mu\alpha\iota$.

---

1. Devant *n*, *ph* devient *f, v, b*; puis $\breve{\epsilon}\lambda\alpha\beta\upsilon\nu$ prend *b* par analogie. Cf. $\vartheta\iota\gamma\gamma\acute{\alpha}\nu\omega$, $\breve{\epsilon}\vartheta\iota\gamma\upsilon\nu$ en regard de $\tau\epsilon\breve{\iota}\chi\upsilon\varsigma$.

Le parfait n'est pas si bien conservé que pour λεγχ: il s'est dirigé sur le présent et fait κέχανδα au lieu de *κέχονδα. — Les formes grecques se rattachant à δάκνω conduiraient à une racine δᾱκ; mais les formes indiennes sont nasalisées. Or nous ne pouvons pas admettre de racine $dAnk$ (v. p. 182). Il faut donc supposer que la racine est da_1nk. Alors δάκνω, ἔδακον, sont pour δη̣κνω, ἐδη̣κον, et toutes les autres formes grecques, comme δήξομαι, δῆγμα, sont engendrées par voie d'analogie. Mais par là même on est autorisé à s'en servir, en les faisant dériver d'une racine fictive δᾱκ. L'a du v. h^t-all. *zanga*, d'après ce qui précède, est un a_2, non un A.

III. Il y a des couples de racines dont l'une a un n ou m, l'autre A pour coefficient sonantique, ex.: g_2a_1m et g_2a_1A «venir». Les seules qui nous intéressent ici sont celles du type B (p. 8). 1. Le grec possède à la fois μενθ, prouvé par μενθῆραι, et μᾱθ, prouvé par ἐπι-μᾱθής. Les formes faibles comme μαθεῖν, μανθάνω (*μαθνω) peuvent, vu le vocalisme grec, se rapporter aux deux racines. 2. βενθ (βένθος) et βᾱθ (βῆσσα); βαθύς peut appartenir à βενθ aussi bien qu'à βᾱθ (v. p. 24). 3. πενθ et πᾱθ (cf. p. 61). Quoique les formes πήσομαι = πείσομαι et πήσας = παθών ne reposent que sur de fausses leçons, l'existence de πᾱθ est probable pour deux raisons; 1° πεν-θ suivant l'opinion très-vraisemblable de M. Curtius, est une amplification de πεν. Or, à côté de πεν, nous avons πη ou πᾱ dans πῆ-μα[1]. 2° Si les α de πάσχω, παθεῖν etc. peuvent s'expliquer par une rac. πεν-θ, en revanche l'a du lat. *pa-t-ior* suppose nécessairement une base *pᾱ* et non *pen*[2].

IV. Parmi les racines mal déterminées dont nous parlions à la p. 59, celle de πήγνυμι n'est peut-être pas un cas désespéré. Il n'est pas trop hardi de s'affranchir de la nasale du parfait gothique *fefanh* (*faifāh*) et de la rapporter comme celle du lat. *panxi* (cf. *pepigi*) à la formation du présent que présente le grec πήγνυμι. Ainsi nous posons la racine *pᴀg* (ou *pᴀk*). En outre, pour ce qui regarde le grec, nous disons qu'il n'y a pas eu infection de la racine par la nasale du suffixe, que πῆξαι par exemple n'est pas pour «παγξαι». Ceci revient à contester que πήγνυμι soit pour

---

1. Pour le fait de l'amplification cf. μεν-θ et μᾱ-θ qui viennent de *men* et *mᾱ* (μῆτις), βενθ et βᾱθ qui viennent de g_2em et $g_2ᾱ$ etc. Curtius Grdz. 65 seq. Dans plusieurs cas l'addition du déterminatif date de la langue mère; ainsi βεν-θ, βᾱ-θ, βᾱ-φ (βάπτω), ont des corrélatifs dans le skr. *gam-bh*, *gā-dh*, *gā-h*. D'autres fois elle n'a eu lieu évidemment que fort tard comme dans le gr. δαρ-θ «dormir» ou dans πεν-θ. Ces derniers cas, considérés au point de vue de l'histoire de la langue, ne laissent pas que d'être embarrassants. On ne voit guère par où l'addition du nouvel élément a pu commencer.

2. Nous nous en tenons à l'ancienne étymologie de παθεῖν. Dans tous les cas celle de Grassmann et de M. J. Schmidt ne nous semble admissible qu'à la condition d'identifier *bādh* non à πενθ, mais à πᾱθ.

*παγνυμι, *παγγνυμι, comme le veut M. J. Schmidt (Voc. I 145). Voici
les raisons à faire valoir: 1° Bien que la règle doive faire en effet attendre
*πᾱγνυμι, les cas comme δείκνυμι, ζεύγνυμι, montrent de la manière la
plus évidente qu'il y a eu devant -νν, introduction secondaire de la forme
forte. M. Schmidt, il est vrai, tient que ει, εν, sont eux-mêmes pour ιν, νν,
mais sur ce point l'adhésion de la plupart des linguistes lui a toujours fait
défaut. 2° D'après la même théorie, ῥήγνυμι serait pour *ῥᾱγνυμι (cf.
ἐῤῥάγην). Donc les Doriens devraient dire ῥᾱγνυμι, mais ils disent, *au
présent* (Ahrens II 132), ῥήγνυμι. Cela établit l'introduction pure et simple
de la forme forte.

La loi qui préside à l'apparition de l'ᾱ long ne se vérifiera
pas pour toutes les racines. Certains verbes, comme θάπτω ou
λάπτω, ont complétement renoncé à l'ᾱ long. Nous reviendrons
sur ces cas anormaux (v. p. 157 seq.).

Nous passons à l'examen des principales formations verbales. Sauf une légère inégalité au parfait actif, le verbe λᾱθω
conserve le paradigme dans sa régularité idéale. Comparez

φεύγω	ἔφυγον	πέφευγα	πεφυγμένος	φεύξομαι	φυκτός
λᾱθω[1]	ἔλᾰθον	λέλᾱθα	λελᾰσμένος	λάσομαι	-λᾰστος
(leathō	elathon	leleatka	lelasmenos	lea(th)somai	lastos)

PRÉSENT DE LA 1e CLASSE (cf. p. 126). Outre λᾱθω, on a
θᾱγω, κᾱδω, τᾱκω, ἄδομαι, puis σήπω et τμήγω dont l'η, vu
ἐσάπην et τμάγεν, représente ᾱ, et sans doute aussi δήω. Avec ρ:
κλώθω, τρώγω, φώγω; de plus ῥώ(σ)ομαι, χώ(σ)ομαι (p. 173).
Curtius Verb. I² 228 seq. Sur le prés. δήκω v. ibid.

AORISTE THÉMATIQUE (cf. p. 9, 20). En regard des présents
λᾱθω, ἄδομαι, *τμᾱγω (τμήγω) on a: ἔ-λᾰθο-ν, ε-ὔᾰδο-ν, δι-έ-
τμᾰγο-ν. Il est permis de restituer à πτᾰκών un présent *πτᾰκω.
La longue de πτήσσω est incompatible en principe avec la formation en -γω. L'origine récente de ce présent est donc aussi
transparente que pour φώξω à côté de φώγω. La longue des
présents fait défaut pour ἔ-λᾰβο-ν, ἔ-λᾰκο-ν, simplement parce
que ces présents ne suivent point la 1e classe; au parfait l'ᾱ long

---

1. La rac. λᾱθ est sortie de *lā* (p. 61) comme πλη-θ de πλη, mais le
paradigme qui lui a été imposé était ancien. — Il va sans dire que *leathō*
est une transcription schématique, destinée seulement à mettre en évidence la composition de l'ᾱ long; à l'époque où les éléments de cet ᾱ
étaient encore distincts, l'aspirée eût été probablement *dh*.

reparaîtra. De ζως vient ξούσθω pour ξοσέ-σθω (Grdz. 611).
Sur les aoristes isolés tels que ἔφαγον v. p. 161.

L'AORISTE THÉMATIQUE REDOUBLÉ (cf. p. 10, 20) a le même
vocalisme radical que l'aoriste simple: λέ-λᾰθο-ν, λε-λᾰβέ-σθαι,
λε-λᾰκο-ντο, πε-πᾰγο-ίην (Curtius Verb. II 29). Au contraire
ἐ-μέ-μηκο-ν est un plus-que-parfait (ibid. 23).

Même affaiblissement à L'AORISTE DU PASSIF EN -η (cf.
p. 46 i. n.): de κᾱπ ἐ-σᾰπη-ν, de τᾱκ ἐ-τᾰκη-ν, de τμᾱγ τμᾰγε-ν.
De Fᾱγ, Homère emploie à la fois ἄγη et ἐ-άγη.

A L'AORISTE NON-THÉMATIQUE (cf. p. 21, 146) ἄσ-μενος est
à cFᾱδ ce que χύ-μενος est à χευ.

PARFAIT. Aux principaux présents à voyelle longue cités
ci-dessus correspondent les parfaits λέ-λᾱθ-α, κέ-κᾱδ-α, τέ-
τᾱκ-α, ἔ-ᾱδ-α (lié par le sens à ἀνδάνω), σέ-σηπ-α, soit *σέ-σᾱπ-α.
— Répondant à des présents de diverses formations qui contiennent une voyelle longue: με-μηκ-ώς (μηκάομαι), ἔ-πτηχ-α
(πτήσσω), ἔ-ᾱγ-α (ἄγνυμι), πέ-πηγ-α (πήγνυμι) etc. — Répondant
à des présents de diverses formations qui contiennent une voyelle
brève: λέ-ληκ-α (λάσκω), εἴ-ληφ-α (λαμβάνω), κέκηφε Hes.
(καπύω) et d'autres, comme πέφηνα, qui se trouvent appartenir
au genre de racines dont nous faisons abstraction provisoirement
(v. p. 151). Le parf. τέ-θηπ-α n'a point de présent proprement dit.

Soit à l'aoriste, soit ailleurs, les racines de tous les parfaits
précités présentent quelque part un α bref. La longue au parfait
singulier est normale, puisque cette formation veut la racine
pleine. Mais nous avons $\bar{A}_1$, et la règle demande $\bar{A}_2$: on devrait
trouver «λέλωθα» etc. de même que pour les racines finissant par
$\bar{A}$ on attendrait «βέβωκα, ἔστωκα» etc. (p. 149). C'est là un des cas
assez fréquents où le phonème $\bar{A}_2$ manque à l'appel et où il est
difficile de décider comment au juste il a dû disparaître. Est-ce
que, avant la contraction, *ea* s'est substitué à *oa*? Nous voyons
de même la diphthongue *ov*, sur le point de périr, se faire remplacer par *εv*. Y a-t-il eu au contraire une réaction du présent sur
le parfait postérieure à la contraction? On pourrait recourir à
une troisième conjecture: la présence de a_2 à la première personne n'étant garantie par aucun fait décisif (p. 72), la flexion
primitive a peut-être été: 1e p. λέλᾱθα, 3e p. *λέλωθε; plus tard
l'ᾱ se serait généralisé. Quoi qu'il en soit, nous possédons encore

des vestiges de l'ω du parfait qui ne semblent point douteux: ce sont les formes doriques τεϑωγμένοι· μεμεϑυσμένοι, τέϑωκται· τεϑύμωται (Hes.) de ϑάγω.[1] L'ω s'est communiqué à l'aoriste dans ϑῶξαι et ϑωχϑείς (Ahrens II 182). Du reste, même dans τέϑωκται et τεϑωγμένοι, il ne peut être qu'emprunté au singulier de l'actif qui, par hasard, ne nous est pas conservé. De plus, à côté de Ϝάναξ, où a le parf. ἄνωγα. Cette forme sans doute pourrait être plus probante si l'on en connaissait mieux la racine.

Au pluriel, au duel, au participe, et dans tout le moyen l'ᾱ long ne peut pas être ancien. La flexion primitive était: τέϑᾱγα ou τέϑωγα, τέϑωγας, τέϑωγε, *τέϑάγμεν, *τεϑάγώς; moy. *τέϑάγμαι. Les témoins de la forme faible sont les participes féminins homériques λελἄκυῖα, μεμἄκυῖαι; on peut citer aussi τεϑἄλυῖα, σεσἄρυῖα et ἀρἄρυῖα (Curtius Verb. II 193). Le masculin a toujours η, peut-être en raison des exigences du vers. En tous cas cette différence n'est pas originaire. — A côté de κέκηφε, on a κεκἄφηώς, et le moyen de λέληϑε est dans Homère λέλᾱσται, part. λελἄσμένος.

AORISTE SIGMATIQUE ET FUTUR (cf. p. 128 seq.). Les formes sont régulières: λάσομαι de λάϑω; τάξω de τάκω; ἥσατο (Hom.) de ἅδομαι; πάξω, ἔπᾱξα de πάγνυμι; ἔπτᾱξα de πτάσσω; — δάξομαι, ἐδηξάμην (dans Hippocrate d'après Veitch) de δάκνω; λάψομαι de λαμβάνω.

Parmi les FORMATIONS NOMINALES, nous considérons d'abord celles où se montre ᾱ₂. Cf. p. 181.

Thèmes en -o et en -η. De Ϝᾱγ «briser», κυματ-ωγή. Malheureusement on pourrait supposer une contraction de κυματο(ϝ)αγή; mais la même racine donne encore ἰωγή (Grdz. 531). La racine qui est dans le lat. *capio* forme κώπη. Λώβη en regard de *lābes* (les deux mots ne peuvent guère être identiques). De μᾱκ, dans μᾱκοάω (et non μακκοάω, v. Pauli K. Z. XVIII 14, 24), vient μῶκος; de πτᾱκ, πτωχός. De ϑαάσσω, ϑῶκος. Sous le rapport du vocalisme radical, le gr. ὠμός est au lat. *amarus* ce que -λοιχός par exemple est à λιχανός. A ψήχω appartient ψῶχος· γῆ ψαμμώδης; l'α se trouve dans ψᾱκτήρ etc.[2] Si l'on

---

1. Pour la signification v. Ahrens II 343.
2. Il est vrai qu'il y a aussi un verbe ψώχω dont le rapport avec ψήχω n'est pas bien clair.

rattache ὠκύς à la rac. ἀκ, il a ā₂. L'ω de ἀγωγός et ἀκωκή aurait
une plus grande valeur sans la réduplication.

Thèmes sans suffixe. De même que φλεγ donne φλόξ, de
même πτᾱκ donne πτᾱ́ξ. De θᾱπ ou θᾱφ «admirer» vient θώψ «le
flatteur» comme cela ressort de θήπων· ἐξαπατῶν, κολακεύων,
θαυμάζων et d'autre part de cette définition de θώψ: ὁ μετὰ
θαυμασμοῦ ἐγκωμιαστής (Hes.). Le verbe θώπτω ne peut être
qu'un dérivé de θώψ comme πτώσσω l'est de πτώξ.

Thèmes de diverses formations. A côté de ἀχλύς: ὠχρός;
cf. χώρα (p. 138). A côté de λάγνος: λωγάς· πόρνη; cf. ὁλκάς,
νομάς, σποράς, τοκάς etc. M. Bugge (Stud. IV 337) rapporte
νώγαλον «friandise» à un verbe qui a dû être en germanique
*snaka, *snōk. On a réuni κνώδαλον (et κνώδων) à κναδάλλεται·
κνήθεται; toutefois κνώψ, κνωπεύς, en sont bien voisins. Πρω-
τεύς vient peut-être de la rac. prāt qui est dans le goth. fraþjan.

Les exemples de ā pour ω ne manquent pas: θᾱγ donne θηγός,
θᾱπ θηπόν· θαυμαστόν; τᾱγ τᾱγός (cf. ἐτάγην); Fᾱγ forme, en
même temps que κυματ-ωγή, ναυ-ᾱγός et ἡγόν· κατεαγός.

De même, φερ donnant φορέω, λᾱκ devrait donner «λωκέω».
La forme réelle est (ἐπι)ληκέω: elle est régulière pour la quantité
de la voyelle, irrégulière pour sa qualité. Même remarque pour
ἀγέομαι, θᾱλέω etc.

Les FORMATIONS DU DEGRÉ 1 auront dans nos racines ā₁.

Thèmes en -man (cf. p. 130): ἐπι-λάσμων; λῆμμα, δῆγμα,
πῆγμα (Eschyle).

Thèmes en -as (cf. p. 129): ἆδος, κᾶδος, μᾶκος, ἀ-λᾱθής,
εὐ-(F)ᾱχής (cf. ἰάχή). Les suivants, plus isolés, ne sont pas accompagnés de formes ayant l'α bref: μᾶχος, ἆπος (fatigue, dans
Euripide); ἀ-ξηχής, ἀ-σκηθής, κῆτος, τῆθος. Exemple contenant ρ:
νωθής en regard de νόθος.

La meilleure preuve de la postériorité de formations comme
θάλος, μάθος (Eschyle), ce sont les composés νεοθηλής, ἐπι-
μηθής, où subsiste la longue. C'est ainsi encore que l'homérique
εὐπηγής est remplacé plus tard par εὐπᾱγής. Peut-être la brève
de ἄγος = skr. ágas (p. 117) comporte-t-elle une explication
analogue malgré l'isolement de ce mot.

Thèmes en -yas (cf. p. 130). On a le superl. μάκιστος qui est
à μακρός, ce que le skr. kśépiṣṭha est à kṣiprá. Quant à l'ā long

qui se manifeste dans l'accentuation des comparatifs neutres
μᾶσσον, θᾶσσον, μᾶλλον, il est prudent de ne rien décider à son
égard, d'autant plus que le dialecte homérique n'admet pas l'η
dans ces formes. M. Ascoli, d'accord en cela avec d'autres savants,
les explique par la même infection qu'on observe dans μείζων
(Kritische Studien p. 129). M. Harder (*De alpha vocali apud Hom.
producta*, p. 104) cite des témoignages pour l'accentuation μάσσον
et μάλλον.

Les THÈMES QUI REJETTENT a_1 auront *a* autophthongue:

Thèmes en -*ra*. Certains d'entre eux comme σφοδρός, ὠχρός
(p. 156) prennent a_2. Une seconde série affaiblit la racine, par
exemple λιβρός, πικρός, στιφρός, de λειβ, πεικ, στειφ; λυγρός,
ψυδρός, de λευγ, ψευδ; ἐλαφρός de *λεγχ; sanskrit *kšiprá*, *čhidrá* de
kšep, *čhed*; *çukrá*, *çubhrá* de *çoč*, *çobh*; *gr̥dhrá*, *sr̥prá* de *gardh*, *sarp;*
germanique *digra*-«épais» de *deig*; indo-européen *rudhrá* «rouge»
de *ra₁udh*. De même, cāπ, soit *sa₁p*, fait σᾱπρός; μᾱκ fait μᾱκρός;
λᾱθ donne λάθρα. On peut placer ici τάκερός de τᾱκ et πάγερός
de πᾱγ, si l'ε y est anaptyctique; ἄκρος de ᾱκ est régulier aussi,
sauf l'accentuation.

Thème en -*u* (cf. p. 15, 23): ταχύς.

Thèmes en -*ta* (cf. p. 14, 23, 149). La forme faible est devenue très-rare, mais ἄ-λαστος de λᾱθ et le verbe πακτόω à côté
de πᾱκτός en sont de sûrs témoins. Il n'y a pas à s'étonner des
formes comme τᾱκτός, λᾱπτός, πᾱκτός, plus que de celles comme
φευκτός qui, elles aussi, remplacent peu à peu le type φυκτός.

Revenant aux formations verbales, nous examinons le vocalisme des racines dont le présent se fait en -*yω* ou en -*τω*.

En sanskrit la 4ᵉ classe verbale affaiblit la racine. En grec
les formes comme νίζω, στίζω, κλύζω, βάλλω de βελ, καίνω de
κεν (p. 103) et beaucoup d'autres attestent la même règle.[1] Rien
de plus normal par conséquent que l'ἄ bref de ἄζομαι, βάζω,
σάττω, σφάζω, χάζω etc. Les formes comme πτήσσω, φώζω (cf.

---

1. Il est naturel que cette formation, une fois qu'elle eut pris l'immense
extension qu'on sait, ne se soit pas maintenue dans toute sa rigueur. Évidemment un grand nombre de verbes de la 1ʳᵉ classe ont, sans rien changer
à leur vocalisme, passé dans la quatrième. Ainsi τείρω, cf. lat. *tero*, δείρω
à côté de δέρω (quelques manuscrits d'Aristophane portent δαίρω qui serait
régulier), φθείρω (dor. φθαίρω) etc.

φώγω) sont aussi peu primitives que τείρω (v. p. 157 i. n.). πήττω
paraît ne s'être formé qu'en pleine époque historique (Curtius
Verb. I² 166).

Les présents en -τω sont analogues: ἅπτω, βάπτω, δάπτω,
θάπτω, λάπτω, σκάπτω etc. montrent l'*α* bref. Seul σκήπτω
enfreint la règle, car pour θώπτω (p. 156) et σκώπτω, on peut
sans crainte y voir des dénominatifs; cf. παίζω, παῖγμα, παίγνιον
venant de παίς.

Dans les temps autres que le présent, les verbes en -γω et
en -τω restent en général sans gradation (nous adoptons pour un
instant cette désignation des formes pleines de la racine). C'est
la solidarité qui existe entre les différentes formes du verbe à cet
égard que fait ressortir M. Uhle dans son travail sur le parfait
grec (*Sprachwissenschaftl. Abhandlungen hervorgegg. aus G. Curtius'
Gramm. Ges.* p. 61 seq.). Mais, au lieu d'attribuer à certaines
racines et de refuser à d'autres une *faculté inhérente de gradation,*
ainsi que le fait l'auteur, il faut dire au contraire que lorsque la
gradation fait défaut, c'est qu'elle s'est perdue. Qu'est-ce qui a
occasionné sa perte? C'est précisément, si nous ne nous trompons,
l'existence d'un présent sans gradation, comme ceux en -γω et en -τω.

Ainsi l'analogie de σφάζω, βάπτω, θάπτω, λάπτω, σκάπτω etc.
a peu à peu étouffé les formes fortes comme *λᾶπ ou *σκᾶπ.
Les parfaits font λέλαφα, ἔσκαφα, les futurs λάψω, σκάψω etc.
Les verbes contenant ι et υ, comme στίζω, πτίσσω, νίπτω, κύπτω,
τύπτω, se comportent de même, c'est-à-dire qu'ils n'admettent
nulle part la diphthongue[1]. Ces anomalies ne font donc pas péri-
cliter la théorie du phonème *A.* D'ailleurs il y a des exceptions:
κάπτω (Hes.): κέκηφα; τάσσω (τέταχα): τᾱγός; ἅπτω: ἡπάομαι
(Curtius); καχλάζω: κέχλᾱδα.

Les présents à nasale comme λαμβάνω, ἁνδάνω, δάκνω,
n'exercent pas la même influence destructive sur le vocalisme de
leurs racines. Cela tient au parallélisme presque constant de ces
formations avec les présents à «gradation» (λιμπάνω, λείπω;
λανθάνω, λήθω), grâce auquel il s'établit une sorte d'équivalence

---

1. Il est vrai qu'au parfait l'ι et l'υ subissent ordinairement un allongement (κέκῡφα), mais cela est tout différent de la diphthonguaison, et l'ᾱ
long ne se peut jamais mettre en parallèle qu'avec la diphthonguaison.

entre les deux formes.   Pareillement le prés. λάσϰω laisse subsister le parf. λέληϰα.

Nous passons à l'examen des principales formations verbales dans les langues européennes autres que le grec.

PARFAIT. Le germanique nous présente ō: goth. *sok*, *hof*. L'ō doit être du degré 2 et correspondre à l'ω régulier de τε-ϑωγ-, non à l'ᾱ hystérogène de τέ-τᾱϰ-ε. Par la même unification que nous avons vue en grec, l'ō du singulier s'est répandu sur le pluriel et le duel, et l'on a *sokum*, *soku*, au lieu de *sakum, *saku. De même l'optatif devrait faire *sakjau. Le participe passif, dont le vocalisme est en général celui du parfait pluriel, fait encore *sakans*. Il y a une proportion rigoureuse entre *sok*: *sakans* et *bait*: *bitans*. Un autre reste de la forme faible, c'est *magum* dont nous avons parlé à la page 64.

Le latin a *scābi*, *ōdi*, *fōdi*; l'irlandais *ro-gád* (prés. *guidiu*).

PRÉSENT DE LA 1ᵉ CLASSE (v. p. 153). Latin *lăbor* (cf. *lābare*), *rūdo*, *vādo* (cf. *vădum*), *rōdo*[1].

Goth. *blota* et *hvopa*. Ici ō est du degré 1. — Le parf. *hvaihvop* (*baiblot ne nous a pas été conservé) a gardé la réduplication, afin de se distinguer du présent. Si le germanique faisait encore la différence entre $\bar{A}_2$ et $\bar{A}_1$, cela n'eût pas été nécessaire.

Paléoslave *padą*, *pasą*. — Lithuanien *móku*, *szóku*, et aussi sans doute plusieurs verbes qui suivent à présent d'autres formations, comme *kósiu* «tousser» (cf. skr. *kásate*), *osziù*, *kósziu*, *dróziu*, *glóbiu*, *vókiu*; *bóstu*, *stokstù*. Schleicher Lit. Gr. 235 seq.

PRÉSENT EN -ya. Goth. *fraþja*, *hafja*, *hlahja*, *skaþja* etc.; lat. *capio*, *facio*, *gradior*, *jacio*, *lacio*, *quaxio*, *patior*, *rapio*, *sapio*, *fodio*. Ces formes sont régulières (v. p. 157).

Il faut mentionner en lithuanien *vagiù* «dérober» et *smagiù* «lancer», dont les infinitifs sont *vógti*, *smógti*.

PRÉSENTS DU TYPE ἄγω. Plus haut nous avons omis à dessein de parler de cette classe de présents grecs, parce qu'il convient que les traiter conjointement avec ceux des langues congénères.

En germanique c'est la formation la plus commune: goth.

---

1. *Trăho* paraît bien n'être qu'un composé de *veho*.

draga, hlaᵷa, skaba, ᵽvaha etc. — Le latin la préfère aux présents
à voyelle longue comme *vādo*, mais l'emploie moins volontiers
que la forme en -*io*. Il a *ago, cado, scabo, loquor;* puis des exemples où la consonne finale est une sonante, *alo, cano;* enfin les
présents rares *tago, pago; olo, scato* (Neue Formenl. II² 423). Les
deux derniers, bien qu'ils appartiennent à la langue archaïque,
sont probablement secondaires[1]. — Le grec n'a que ἄγω, γλάφω,
γράφω, μάχομαι, ὄϑομαι, et les formes très-rares ἄχομαι, βλάβο-
μαι[2]. — On trouve dans les verbes lithuaniens énumérées dans
la grammaire de Schleicher: *badù, kasù, lakù*[3], *plakù.* Enfin le
paléoslave, si nous ne nous trompons, a seulement *bodą* et *mogą.*

Nous n'hésitons pas à dire que ces présents ont subi un affaiblissement dans leur racine.

Il n'y a aucun motif pour s'effrayer de cette conséquence
forcée des observations précédentes. Il est indubitable que
κλύω, λίτομαι, et d'autres présents grecs sont des formes faibles.
D'ailleurs si, plutôt que d'admettre cet affaiblissement, on renon-
çait au parallélisme de λήϑω avec πέτομαι, λείπω, on arriverait,
contre toute vraisemblance, à faire ou de λήϑω ou de μάχομαι *un
type à part ne rentrant dans aucune catégorie connue.*

A cela s'ajoutent les considérations suivantes.

L'indo-européen a eu évidemment deux espèces de thèmes
verbaux en -*a*: les premiers possédant la racine pleine et paroxytons, les seconds réduisant la racine et oxytons. Rien ne permet
de supposer que l'un des deux caractères pût exister dans un même
thème sans l'autre.

En sanskrit et en zend, les oxytons de la langue mère donnent
des aoristes et des présents (6ᵉ classe). En grec il n'y a point de
présents oxytons, et un thème ne peut être oxyton qu'à la condition d'être aoriste. Nous devons donc nous attendre, sans décider
d'ailleurs si la 6ᵉ classe est primitive ou non, à ce que les thèmes
faibles, lors même qu'ils ne seraient pas attachés à un second
thème servant de présent, aient une certaine tendance à se fléchir
à l'aoriste. Et les thèmes du type λιπε-, où nous pouvons con-

---

1. On ne connaît pas le présent de *rabere;* celui de *apere* paraît avoir
été *apio.*

2. Il est douteux que γράω et λάω soient pour γρασ ω et λασ-ω.

3. Dans son glossaire Schleicher donne *lakiù.*

trôler l'affaiblissement de la racine, vérifient entièrement cette prévision. A côté des présents γλύφειν, κλύειν, λίτεσθαι, στίχειν [1], τύκειν (Hes.), ils donnent les aoristes δικεῖν, ἐλ(υ)θεῖν, μυκεῖν, στυγεῖν, βραχεῖν (= βρ̥χεῖν).

De ce qui précède il ressort que les différents présents grecs pour être vus sous leur vrai jour, doivent être jugés conjointement aux *aoristes isolés* de même forme radicale, lorsque ces aoristes existent.

Or pour le type μαχε ils existent. A côté des présents ἄγειν, ἄχεσθαι, βλάβεσθαι, γλάφειν, γράφειν, μάχεσθαι, ὄθεσθαι, on a les *aoristes isolés* μακεῖν, ταφεῖν (être étonné), φαγεῖν, φλαδεῖν (se déchirer). Et si cette propension à se fléchir à l'aoriste était chez le type λιτε un signe de l'affaiblissement radical, n'avons-nous pas le droit de tirer la même conclusion pour le type μαχε? [2]

---

1. στίχουσι donné par Hésychius a été restitué dans le texte de Sophocle, Antigone v. 1129. — Le nombre des présents de cette espèce est difficile à déterminer, certains d'entre eux étant très-rares, comme λίβει, λίβων pour λείβει, d'autres, comme γλίχομαι, que plusieurs ramènent à *γλισχομαι, étant de structure peu claire, d'autres encore comme λύω devant être écartés à cause de l'ū long du sanskrit.

2. Pour saisir dans son principe le fait employé ici comme argument, il faut en réalité une analyse un peu plus minutieuse.

Tout d'abord, il semble qu'on doive faire une contre-épreuve, voir si les thèmes contenant ε ne se trouvent pas dans le même cas que ceux contenant α. Cette contre-épreuve est impossible *a priori*, vu qu'un thème contenant ε est fort, et qu'un aoriste fort ne peut qu'être hystérogène. L'aoriste régulier des racines contenant ε a toujours la forme πτ-ε.

En revanche le soupçon d'une origine récente ne saurait atteindre les aoristes tels que φαγεῖν, vu leur ressemblance avec le type λαθεῖν de λήθω. Le fait se résume donc à ceci: au temps où l'aoriste était pur de formes fortes, où il ne contenait que des formes faibles ou des formes dont on ne sait rien, les différentes espèces de thèmes dont il s'agit se répartissaient de la manière suivante entre l'aoriste et le présent:

Présent	πέτε	λίτε	μάχε
Aoriste	—	δικέ	φαγέ

Pour que les thèmes du type μαχε- *pussent comme ceux du type* λιτε- *et à l'encontre de ceux du type* πετε- *se fléchir comme oxytons (soit à l'aoriste), ils devaient être des thèmes faibles.*

Du reste nous ne demanderions pas mieux que de donner pour un instant droit de cité aux aoristes isolés contenant ε, et de faire le simulacre de la contre-épreuve. On n'en trouverait qu'un seul: ἐλεῖν (εὑρεῖν = ϝε-

Tout parle donc pour que μάχομαι soit un présent exactement semblable à λίτομαι. Depuis quelle époque ces thèmes
faibles se trouvent-ils au présent? C'est là en définitive une
question secondaire. Si l'on admet dans la langue mère une
6ᵉ classe des présents, λίτομαι, μάχομαι, pourraient être fort anciens et n'avoir fait qu'abandonner leur accentuation première.
Nous croyons cependant, comme nous y faisions allusion plus
haut, que dans la première phase du grec, tous les anciens oxytons, *quel qu'ait été l'état de choses primitif*, ont dû passer d'abord
par l'aoriste, que par conséquent les présents du type λίτομαι
sont en tous cas de seconde génération. Les cas comme celui de
ἐλ(υ)θεῖν qui a mieux aimé rester dépourvu de présent que de
changer d'accentuation recommandent cette manière de voir. Mais
en même temps il est probable que dès une époque plus ancienne
que la langue grecque certains thèmes du type μαχε- (*age-* par
exemple), cessant d'être oxytons, s'étaient ralliés aux présents
comme *bhére-*.

Passons aux verbes latins. Pour deux d'entre eux, *tago* et
pago, M. Curtius a victorieusement établi qu'ils ne sont rien autre
chose que d'anciens aoristes. Voy. notamment Stud. V page 434.
Il est vrai que ce sont les seuls exemples qui soient accompagnés
d'une seconde formation (*tango, pango*). Mais sur ce précédent
nous pouvons avec quelque sécurité juger *cado, scato, cano, loquor;*
ce dernier du reste est en grec λακεῖν, non «λάκειν». Il reste
seulement *ago, scabo* et *alo* qui, ayant leur pendant dans les
idiomes congénères, paraissent appartenir au présent depuis plus
longtemps.

En abordant le germanique, la question de savoir si l'indo-
européen a eu des *présents* de la 6ᵉ formation prend plus d'importance que pour le grec et le latin. Si l'on répond affirmativement,
il n'est besoin de longs commentaires: *saka* est un présent de la
6ᵉ classe, et la seule chose à faire admettre c'est que le ton,
cédant à l'attraction des autres présents, s'est porté de bonne
heure sur la racine (*hláþa, skáþa* etc.). Dans tous les cas le germanique a reçu des périodes antécédentes quelques présents de

---

νϱ-εῖν), en revanche le présent est peuplé littéralement de ces formes.
Mais cette confrontation, qui a l'air très-concluante, n'aurait à notre point
de vue qu'une valeur relative.

cette espèce, ainsi que le font conclure goth. *skaba* = lat. *scabo*, *graba* = gr. γράφω, norr. *aka* = gréco-it. *agō*. Mais il n'en est pas moins vraisemblable que la majorité soit issue de l'aoriste. C'est même la seule hypothèse possible pour goth. *þvaha*, cf. τάκω (p. 63); norr. *vaða*, cf. lat. *vādo*; anglo-s. *bace*, cf. φώγω. Les formes comme *þvaha* nous reportent donc à une époque où l'aoriste germanique existait encore, et il n'est pas difficile de comprendre pourquoi, tandis que le thème *beuge-* (*biuga*) se conservait à l'exclusion de *buge-*, l'inverse avait lieu pour *þvahe-*. Depuis la confusion des phonèmes *ā₁* et *ā₂*, l'ō du prés. *þvōha (τάκω) ne différait plus de l'ō du parf. *þvōh* (ou *þveþvōh*). Au contraire le thème *þvahe-* offrait un excellent *ablaut*, qui devait s'établir d'autant plus facilement que les verbes en *-ya* comme *hafja hōf* en donnaient déjà l'exemple.

Je ne pense pas que les formes, peu nombreuses du reste, du letto-slave fassent quelque difficulté sérieuse.

Tout cela pourra paraître suggéré par les besoins du système. Quelle nécessité y a-t-il après tout de soutenir que *saka*, ἄγω, doivent appartenir à une autre formation que φέρω? C'est cette nécessité, urgente à nos yeux, que nous voudrions accentuer d'une manière bien précise. Le présent n'est qu'un cas particulier. Qu'on considère l'ensemble des formations, et l'on verra apparaître un trait caractéristique des racines contenant *ā*, trait inconnu à la grande classe des racines dont la voyelle est *e, la faculté d'allonger la voyelle*[1]. On peut avoir sur *saka* et ἄγω telle opinion qu'il plaira. Seulement quand leurs racines font *sōk* et ἀγέομαι dans le même temps que *bher* fait *bǎr* et φορέω, il y a là un phénomène tellement extraordinaire qu'il s'agit avant tout et à tout prix de s'en rendre compte. Or l'hypothèse proposée pour *saka* n'est que l'explication indirecte de *sōk*. La tentative peut n'être pas réussie; en tous cas elle est motivée.

Notre hypothèse sur cette faculté d'allonger la voyelle est connue par ce qui précède. Il sera permis de renvoyer le lecteur qui voudra apprécier jusqu'à quel point la propriété de l'allonge-

---

1. Sans doute il y aussi des *ē* longs, mais dans un nombre de racines extrêmement limité et qu'il serait injustifiable de vouloir confondre avec le type *bher*. Nous abordons ces racines à la p. 166.

ment est inhérente aux racines contenant A ou φ au travail déjà
cité de M. Fick qui traite de l'$\bar{a}$ long européen (Beitr. de Bezzenb.
II 193 seq.). Du reste nous ne nous sentons point en état de dire
dans chaque cas pourquoi l'on trouve une brève ou une longue,
comme nous avons cru en effet pouvoir le faire pour les formations relativement très-transparentes qui ont été analysées plus
haut. Les remarques qu'il nous reste à faire ne porteront donc
point sur le détail.

Les matériaux relatifs à la permutation $\bar{a} : a$ et $\bar{o} : o$ dans le
latin se trouvent réunis chez Corssen Ausspr. I² 391 seq. En
voici quelques exemples: *com-pāges : pago; ūcer : acies; ind-āgare :
ago; sāgio : sagax; con-tāgio : tagax; lābor : labare.* L'*o* de *prae-co*
venant de *cano* serait-il un exemple de $\bar{A}_2$?

En grec on peut ajouter à la liste de M. Fick et aux exem-
ples donnés plus haut: $\mathring{\alpha}\chi o\varsigma : \mathring{\iota}\mathring{\alpha}\chi\acute{\eta}$; $\mathring{\omega}\vartheta\acute{\varepsilon}\omega : \varepsilon\mathring{\iota}v\text{-}o\sigma\acute{\iota}\text{-}\varphi\upsilon\lambda\lambda o\varsigma$; $\varkappa\omega\varphi\acute{o}\varsigma :$
$\varkappa\acute{o}\pi\tau\omega$; $\mathring{\varrho}\mathring{\omega}\vartheta\omega v : \mathring{\varrho}\acute{o}\vartheta o\varsigma$; $\varphi\acute{\omega}\gamma\omega : \varphi o\xi\acute{o}\varsigma$ (Curtius).

Pour les idiomes du nord l'échange $\bar{a} : a$ est devenu une
sorte d'*ablaut quantitatif* qui a succédé à l'*ablaut qualitatif* $\bar{A}_1 : \bar{A}_2$.
L'*ablaut* qualitatif était détruit par la confusion phonique des
deux $\bar{A}$ (p. 139) comme aussi par la perte partielle des formations
contenant $\bar{A}_1$, dont la plus importante est le présent de la 1ᵉ classe.
En germanique particulièrement l'élimination de ce dernier au
profit des formes comme *saka* a fait naître entre la série $a : \bar{o}$ et
la série $e : a$ (a_2) un parallélisme absolument hystérogène. La
langue sent la même relation entre *sok, sokjan; groba,* et les présents correspondants *saka; graba,* qu'entre *vrak, vrakjan, vraka* et
vrikan. Mais le vrai rapport serait rendu assez exactement par
la fiction suivante: se représenter les racines comme *beug* ayant
perdu le degré de l'*e* et ne possédant plus que les formes *bug* et
baug[1]. — Comme le présent n'était pas le seul thème du degré 1,
on s'attendrait cependant à trouver la voyelle longue ailleurs
que dans les formations qui demandent a_2, par exemple dans les
neutres en -*as* et les comparatifs en -*yas*. Il n'en est rien: *hatis,*

---

1. A la page 122 nous nous sommes montré incrédule vis-à-vis des
transformations d'*ablaut* d'une certaine espèce et avec raison, croyons-
nous. Mais ici de quoi s'agit-il? Simplement de la suppression d'un des trois
termes de l'*ablaut,* suppression provoquée principalement par la perte du
présent.

skaƀis, batiza, montrent l'*a* bref. Ces formes paraissent s'être dirigées sur le nouveau présent. Nous n'avons pu découvrir qu'un seul exemple qui, sur ce point, répondît à la théorie: c'est le féminin goth. *sokni-*. Les thèmes en *-ni* demandent en effet le degré 1, ainsi que le prouve *siuni-* de la rac. *sehv* (cf. skr. *há-ni, ǵyā-ni*, en regard de *hī-ná, ǵī-ná*). Donc «*sakni-*» eût été irrégulier au même chef que *hatis*. Le norr. *dœgr* pour **dōgis* serait un second cas de ce genre si l'*e* du lith. *degù* ne rendait tout fort incertain. Cf. la note.

La permutation en question est fort commune en letto-slave. Lithuanien *pra-n-tù : prótas, žadù : žódis* etc. — En slave on a les verbes comme *po-magaja, badaja*, en regard de *moga, boda* etc. De même qu'en germanique, l'*ā*, dans les cas où l'*ă* bref est conservé parallèlement, devient pour la langue une espèce de gradation.

Ici nous devons faire mention d'une innovation très-étendue qui donne au vocalisme letto-slave une physionomie à part. Tandis qu'en germanique la confusion de *A* avec a_2 n'a amené presque aucun trouble dans le système des voyelles, le letto-slave au contraire a mélangé deux séries vocaliques, et nous voyons l'*a* (ou *ă*, p. 68) issu de a_2 permuter avec *ā* (*ă̄*) comme s'il était *A*. De là l'échelle slave *e : o : a* dans les nombreux exemples comme *teka, točiti, takati*, l'échelle lithuanienne *e : a : o*, comme dans *želiù, žálias, žolě*[1]. V. Schleicher Lit. Gr. 35 seq. — Il faut avouer que d'autres allongements de ce genre restent inexpliqués, je veux dire particulièrement l'*ē* des fréquentatifs slaves comme *plětaja* de *pleta*. Il serait à souhaiter aussi qu'on sût à quoi s'en tenir sur l'*ē* long germanique des formes comme *nēmja-* (rac. *nem*). Amelung, remarquant que l'*ē* est suivi le plus souvent d'une syl-

---

1. Le germanique n'est pas sans offrir un ou deux exemples analogues. Ainsi le goth. *dags* (dont la racine est *deg* si l'on peut se fier au lith. *degù*) est accompagné de *fidur-dogs, ahtau-dogs*. Sans *dœgr* (cf. ci-dessus), on pourrait songer à voir dans *-dogs* le même allongement singulier que présente le second terme des composés indiens *çatá-çārada, prthu-ǵāghanā, dvi-ǵāni*, et qui, en grec, se reflète peut-être dans les composés comme εὔ-ήνωρ, φιλ-ήρετμος, où l'allongement n'était pas commandé par une succession de syllabes brèves. — L'allongement du lat. *sēdare* (v. p. 168) et du gr. τρωπάω (v. ce mot au registre) n'a rien de commun, croyons-nous, avec les phénomènes slaves dont nous parlons.

labe contenant *i* ou *y*, supposait une épenthèse et ramenait *nēmja-* à **namja-*, **naimja-*.

Il reste à considérer les racines qui ont un *ē* médial, type absolument parallèle à λᾱθ, λειπ, δερκ. On a la proportion: Ϝρηϒ : θη = λᾱθ : στᾱ.

Pour ne point éparpiller cette famille de racines, nous citerons aussi les exemples comme *krēm* où l'*ē* est suivi d'une sonante, quoique ce caractère constitue un cas particulier traité à la fin du paragraphe.

Le degré 2 apparaîtra naturellement sous la même forme que pour les racines finissant par *ē*: il aura *ō* dans le gréco-italique[1], *ā* (germ. lith. *ō*) dans les langues du nord. V. p. 140 seq.

Il sera intéressant d'observer le vocalisme du degré réduit, parce qu'il pourra apporter de nouvelles données dans la question de la composition de l'*ē* qui nous a occupés plus haut p. 141 seq.

Première série: le degré réduit présente *a*.

1. Rac. *kēd*. Au lat. *cēdo* on a souvent joint, et à bon droit, ce nous semble, les formes homériques κεκαδών, κεκαδήσει. On a la proportion: κεκαδών : *cēdo* = *satus* : *sēmen*.

2. Rac. *rēg* «teindre». Gr. ῥῆγος; les quatre synonymes ῥηγεύς, ῥεγεύς, ῥογεύς, ῥαγεύς, sont irréguliers: il faudrait «ῥωγεύς». Néanmoins l'*a* contenu dans ῥαγεύς, ainsi que dans χρυσοραγές (Curt. Grdz. 185), est pour nous très-remarquable. Ici en effet ρα ne saurait représenter la liquide sonante: ρ étant initial, elle n'aurait pu donner que αρ. Donc, à moins que cette racine n'ait suivi l'analogie de quelque autre, l'*a* de ῥαγ doit être assimilé à l'*a* de *satus*. Dans ῥέζω toutefois la forme faible a *ε*.

3. Rac. *rēm*. Gr. ἔρημος, lith. *romùs*. Formes faibles: gr. ἠρέμα, lith. *rìmti*, mais aussi gr. ἀραμέν· μένειν, ἡσυχάζειν (infinitif dorique en -*εν*). — Cette racine n'est pas identique avec *rem* d'où ἔραμαι (p. 22).

4. Rac. ληϒ (l'*η* est panhellène, Schrader Stud. X 316). M. Curtius indique que λαγάσσαι· ἀφεῖναι pourrait donner la forme à voyelle brève. Verb. I² 229.

---

1. M. Brugman Stud. IX 386 dit quelques mots sur ῥήγνυμι : ἔρρωγα. Il considère l'*ω* de ἔρρωγα comme une imitation postérieure du vocalisme de κέκλοφα.

5. Rac. *lēd.* Au goth. *leta, lailot*[1], on joint *lats* et le lat. *lassus.* Le lithuanien a *léidmi* (= *lēdmi*).

6. Rac. *bhrēg.* Gr. ῥήγνυμι, ῥήξω etc. Degré 2: ῥωχμός, ἀπο-ρρώξ, ἔρρωγα[2]. Le parfait moyen ἔρρηγμαι et le partic. ἐρρηγείας des tables d'Héraclée sont réguliers en ce sens qu'ils n'ont pas ω, mais on attendrait -ρᾶγ- plutôt que -ρηγ-. C'est ce que présente l'aor. pass. ἐρράγην, où le groupe ρα représente ρ + α, non pas ῥ. Ϝραγ : Ϝρηγ = *să : sē.* En latin le degré réduit s'est propagé: *fractus, frango* pour *frag-no.* Le goth. *brikan* est un verbe de l'espèce ordinaire. Sur le rapport de *-ru-* dans *brukans* au *-ra-* gréco-italique v. p. 180. Le slave a *brĕgŭ* «rive».

7. Rac. *sēk.* Paléosl. *sĕką* «caedere», lith. *sýkis* «une fois, un coup», lat. *sīca* pour *sēca.* Degré 2: v. h^t-all. *suoha* «herse». Degré réduit: lat. *saxum* = germ. *sahsa-* «pointe, couteau etc.» (Fick III[3] 314); mais aussi *secare*[3].

Deuxième série: le degré réduit n'est pas connu.

1. Gr. ἀρήγω, ἀρηγών. Degré 2: ἀρωγός, ἀρωγή.

2. Rac. *dhrēn.* Gr. θρῆνο-ς, ἀν-θρήνη (= *ἀνθο-θρήνη), τεν-θρήνη; θρώναξ· κηφήν. Λάκωνες (pour la formation cf. ὄρπηξ de ἔρπ, πόρπαξ de *perk₂, κρώμαξ de κρημ, σκώληξ de σκαλ, lat. *procax* de *prec, pōdex* de *perd*).

3. Rac. *rēp.* Lat. *rēpo*, lith. *rĕplóti.*

Troisième série: le degré réduit présente *e.*

1. Rac. *ēd.* Lith. *ĕdu, ĕsti;* sl. *ĕmĭ* ou *jamĭ* = *j-ĕmĭ* (Leskien,

---

1. Nous ne saurions adopter la théorie qui ramène l'ē des verbes gothiques de cette classe à *a + nasale,* théorie que défend en particulier M. J. Schmidt Voc. I 44 seq. M. J. Schmidt accorde lui-même que pour *leta* et *greta* les arguments manquent et que dans *blesa* rien ne peut faire supposer une nasale. En outre l'auteur part du point de vue que l'*ā* germanique est antérieur à l'ē. Dès qu'on cesse de considérer *ē* comme une modification de l'*ā, a + nasale* ne doit faire attendre que *ā* comme dans *hāhan.* L'ō du parfait, dans la même hypothèse, s'explique encore bien moins: cf. *haihāh.* Enfin celui qui soutient que *redan* est pour *randan* ne doit pas oublier que par là il s'engage à approuver toute la théorie des *ā* longs sanskrits sortis de *an,* vu qu'à *reda* correspond *rādhati.*

2. Dans ῥωγαλέος l'ω est irrégulier, si l'on compare λευγαλέος, εἰδάλιμος, πευκάλιμος; mais Hésychius a ὑρειγαλέον, v. Curtius Grdz. 551.

3. A la p. 84, le germ. *saga* est rangé parmi les formations qui ont *a₂*. Cela est admissible si on prend soin de déclarer *saga* hystérogène. Mais peut-être l'*a* de ce mot répond-il à l'*a* de *saxum,*

Handb. d. altb. Spr. § 26), 3ᵉ p. *esti* ou *jasti; medv-edi.* Lat. *ēsurio,*
ēsus(?). En grec, la longue de ἐδήδοκα, ἐδηδώς, κάτηδα· κατα-
βεβρωμένα, ἐδηδών· φαγέδαινα, ne prouve pas grand chose; mais
celle de ὠμ-ηστής, et ἄν-ηστις paraît garantir l'η radical. On
trouve le degré 2 dans ἐδωδή; malheureusement cet ω est équivoque comme l'η de ἐδήδοκα. Ce ne serait pas le cas pour l'ω de
ὠδίς, si, en se fondant sur l'éol. ἐδύνη = ὀδύνη, on voulait le
rattacher à notre racine. Peut-être n'est-il point indifférent de
trouver en gothique *uz-eta* (crèche). — Le degré réduit a engendré le gr. ἔδμεναι, ἔδω, ἐσθίω, le lat. *edo, edax,* le goth. *ita.*

2. Rac. *krēm.* Elle donne en grec κρημνός, κρήμνημι, et, au
degré 2, κρώμαξ (aussi κλώμαξ). Le goth. *hramjan* pour lequel
on attendrait *hromjan s'est dirigé sur les racines à *e* bref. Le
gr. κρέμαμαι donne la forme faible.

3. Rac. *tēm.* Lat. *tēmētum, tēmulentus.* Miklosich (Lexicon
palaeosl.) compare à ces mots le sl. *timica* «boue» dont le premier
i représente donc un *ē* long. La forme faible se trouve dans *tene-*
brae et le sl. *tima.* La comparaison des mots sanskrits (p. 172)
montre que le rac. *tēm* ou *stēm* réunissait en elle les idées d'*humi-*
dité, d'*obscurité,* de *silence,* d'*immobilité.* Au figuré elle rend aussi
celle de *tristesse.*

4. Rac. *dhēn.* Lat. *fēnus;* gr. εὐ-θηνία à côté d'εὐ-θενία
(skr. *dhāna*).

5. Rac. *sēd.* Lat. *sēdes* (ancien neutre en *-as*), *sēdulus, sēdare.*
Lith. *sėdżu, sėdėti.* Je ne sais comment on explique le présent
slave *sędą;* l'infinitif fait *sěsti.* Au degré 2 *sēd* donne *sóstas*
«siége» et non «*sastas*». Semblablement on a en slave *saditi*
«planter» et non «*soditi*». Le grec et le germanique ont toujours
l'*e* bref. Il ne peut appartenir primitivement qu'à la forme faible.
Goth. *sitan,* gr. ἕζομαι, ἕδρα, ἕδος (cf. *sēdes*). Sur l'ι de ἱδρύω qui
est important cf. p. 180.

6. Rac. *stēg.* Lat. *tēgula.* Lith. *stėgiu* et *stógas,* non «*stagas*».
Il faut que στέγω, *tego,* τέγος etc., soient sortis secondairement,
bien qu'à une époque très-reculée, de la forme faible. De même
tŏga est nécessairement hystérogène.

7. Rac. *swēdh.* Gr. ἦθος, parf. εἴωθα[1]. En latin, peut-être

---

1. On a reconstruit « εἴϜοθα » en supposant une action progressive du
digamma sur l'o (Brugman Stud. IV 170). Le seul bon exemple qu'on pût

suēsco et probablement *sōdes* (pour *svēdes) qu'on a rattaché à
ἠϑεῖος (*ἠϑεσ-ιο). La forme faible se trouve dans le goth. *sidus*,
le lat. *sŏdalis* (*svedalis), le gr. εὐέϑωκα. ἔϑων, ἔϑεται (Hes.)
doivent être sortis de l'aoriste, et ἔϑος est fait sur ἔϑω.

Le parfait grec μέμηλε indique une racine *mēl* dont la forme
faible a donné μέλω etc. Si le μεμᾱλότας de Pindare est authentique, l'*ā* de cette forme se place à côté des cas comme ἤβα ἄβα
dont nous avons parlé p. 144 i. n.

On constate parfois une variation de la qualité de l'*ā* telle
qu'elle apparaissait dans le v. h^t-all. *stēm, tuom*, en regard du gr.
ἵστᾱμι, τίϑημι (p. 143). Gr. ῥώομαι «danser» comparable au norr.
rās «danse etc.», gr. κέχλᾱδα (et καχλάζω) en regard du goth.
greta (v. Fritzsche *Sprachw. Abh.* 51). On pourra citer aussi le
lat. *rōbur* si, tout en adoptant le rapprochement de Kuhn avec
skr. *rádhas*, on maintient celui de *rádhati* avec goth. *reda, rairoþ*.
Cette même racine donne, au degré 2, le sl. *radŭ* «soin», au degré faible le gr. ἐπί-ῤῥοϑος. En regard du gréco-it. *plāg* le gothique a *fleka*. Toutefois M. Bezzenberger prétend que le présent
fleka n'est conservé nulle part et que rien n'empêche de rétablir
floka (A-Reihe, p. 56 i. n.).

La troisième série ainsi que plusieurs exemples de la première nous montrent l'*e* répandu dans la forme faible même dans
d'autres idiomes que le grec. C'est là, comme on se le rapelle, un
fait qui paraît ne jamais se présenter à la fin des racines (p. 142),
et un fait qui, peu important en apparence, jette en réalité

───────────

citer pour une modification de ce genre, c'étaient les participes comme
τεϑνηῶτα. Cet exemple tombe, si l'on admet que l'ω est emprunté au nominatif τεϑνηώς, ce qui est à présent l'opinion de M. Brugman lui-même
(K. Z. XXIV 80). A ce propos nous ne pouvons nous empêcher de manifester quelque scepticisme à l'égard des innombrables allongements tant
régressifs que progressifs qu'on attribue au digamma. Peut-être ne trouverait-on pas un cas sur dix qui soutînt l'examen. Ici la voyelle est longue
dès l'origine, par exemple dans κλᾶ͂ς, νηός, ἦος, ἔκηα, ϑηέομαι, φάεα
etc.; là il s'agit de l'allongement des composés comme dans μετήορος;
ailleurs c'est une diphthongue qui se résout comme dans ἠώς pour *ausōs,
*auōs, *auwōs, *āwōs (cf. dor. ἐξωβάδια, πλῄων venant de *ἐξουάδια,
πλείων). Et comment explique-t-on que les mots comme γλυκύς, sauf ἐΰς
ἐῆος, ne fassent que γλυκέος quand τοκεύς fait τοκῆος? — Nous reconnaissons bien que certaines formes, p. ex. ἤειρε de εἴρω, ne comportent jusqu'à
présent que l'explication par le digamma.

quelque trouble dans la reconstruction du vocalisme des $\bar{a}$. Il laisse planer un certain doute sur l'unité de composition des différents $\bar{a}$ longs européens, et nous sommes obligés d'entrer dans la terre inconnue des langues ariennes sans que l'européen où nous puisons nos lumières ait entièrement confirmé l'hypothèse dont nous avons besoin. N'étaient les racines comme *sēd sed*, tout $\bar{a}$ long sanskrit répondant à un $\bar{a}$ long européen serait une preuve directe du phonème *a*. Nous reviendrons sur ce point à la p. 175.

Langues ariennes.

I. Existence, à l'intérieur de certaines racines, de la dégradation $\bar{a}$ a constatée plus haut dans les langues d'Europe.

Pendant longtemps toutes les racines ariennes ou peu s'en faut paraissaient posséder l'échelle $\bar{a}$ a. Grâce aux travaux de M. Brugman la complète disparité de l'$\bar{a}$ de *tāna* (= gr. *τόνος*) avec l'$\bar{a}$ européen est désormais mise en évidence. Comment peut-on s'assurer que l'$\bar{a}$ des exemples relatifs à notre question est bien un $\bar{a}$ long et non pas a_2? Dans certains cas, il faut le reconnaître, les critères font défaut purement et simplement. Qui décidera par exemple de la valeur de l'$\bar{a}$ de *çáli* ou de *rāhú*? D'autre fois, et particulièrement dans les trois cas suivants, on peut prouver que la longue est originaire.

•1. L'$\bar{a}$ se trouve devant un groupe de deux consonnes comme dans *çásmi* qui ferait «*çásmi*», si l'a était a_2.

2. L'$\bar{a}$ se trouve dans une formation où le témoignage des langues européennes joint à celui d'une grande majorité d'a brefs ariens interdit d'admettre a_2. Ex.: *kấçate* au présent de la 1° classe; *rấdhas*, thème en -*as* (p. 126 et 129).

3. Il y a identité avec une forme européenne où apparaît l'$\bar{a}$ long. Ex.: skr. *nّásā* = lat. *nāsus*.

En jugeant d'après ces indices on se trouve du reste d'accord avec les grammairiens hindous qui posent les racines *çās*, *kāç, rādh*, et non *ças, kaç, radh*.

α) Le degré réduit présente[1] *a*.

---

1. Nous ne comptons pas les formes redoublées comme *ćākaçíti* de *kāç*, *asīsadhat* de *sādh*, *badbadhānā* de *bādh*. Les *a* brefs de cette espèce sont dûs à la recherche du rhythme plutôt qu'à autre chose.

āmá (= gr. ὠμός): *ămla.*

āçú: áçri; cf. gr. ὠκύς, ὄκρις.

krắmati « marcher »: *krắmati* est apparemment l'ancien aoriste. Du reste *krắmaṇa* etc. montre que la forme faible s'est généralisée.

gắhate «se plonger»: *gắhvará* «profond».

nắsā «nez» parallèlement à *năs, năsta* (id.).

pắǵas ne signifiant pas seulement *lumière,* mais aussi *force, impétuosité* (B. R.), il est probable que le mot est identique, malgré tout, avec le gr. **πᾶγος* dans εὐ-πηγής: *pắǵrá* qu'on traduit par *dru, compacte,* offre la forme faible de la racine.

mắdyati «s'enivrer»: *mắdati,* comme plus haut *krámati,* s'annonce comme un ancien aoriste. L'*ā* de *mắdyati* ne s'accorde guère avec le présent en *-ya* et paraît être emprunté à une forme perdue **mắdati.*

vắçati «mugir»: *văçắ* «vache». Dans *vāvaçre, vāvaçāná* l'*a* bref est sans valeur, cf. la note de la p. 170.

svắdate «goûter», *svắdman, svāttá* pour **svatta: svắdati* représente l'ancien aoriste.

hrắdate «résonner»: *hrắdá* «lac» (cf. gr. καχλάζω qui se dit du bruit des vagues).

β) Le degré réduit présente *ĭ.*

plā-ç-í nom d'un viscère: *plĭ-h-án* «foie». Pour *k* et *gh* alternant de la sorte à la fin d'une racine cf. *mak* et *magh* p. 64.

çās «gouverner». Le vocalisme de cette racine est presque intact. Nous allons confronter *çās* avec *dveš* comme plus haut λᾶϑ avec φευγ:

çắsti	*çĭšmás*	*çĭšát*	*çaçắsa*	*çĭšṭắ*	*çāstár*	*ā-çís*
dvéšṭi	*dvĭšmás*	*dvĭšáti*	*didvéša*	*dvĭšṭá*	*dvešṭár*	*pati-dvíš*

Cependant l'analogie a déjà commencé son œuvre: le pluriel du parfait fait *çaçāsus* au lieu de **çaçĭsus* et le passif *çāsyáte* pour **çĭšyáte.* Böhtlingk-Roth citent le participe épique *çāsta,* et on a dans le Rig-Véda des formes comme *çāste, çāsmahe.*

sādh «réussir». Les formes *sídhyati, siddhá, sidhmá, sidhrá, níḥ-śídh,* ont dû être primitivement à *sádhati, sádhišṭha* etc. ce que *çĭš* est à *çās.* Par analogie on créa *sédhati, sišédha,* ce qui amena une scission entre les deux moitiés de la racine.

γ) Le degré réduit présente à la fois _a_ et _ĭ_.

tắmyati «être affligé» (cf. _mắdyati_ p. 171), _tāmrá_ «de couleur sombre»: _timirá_ «obscur», _tĭmyati_ «être humide, silencieux, immobile». La forme _stimyati_ fait supposer que la racine est en réalité _stām_. On trouve l'_ă_ par exemple dans _tămisrā_.

vắsas «vêtement»: _vắste_ «se vêtir» — non pas «_uš/e_» comme on aurait si la racine était _vas_ —, mais aussi '_á-viš-t-ita_ «revêtu» R.V. X 51, 1; _veša_ et _veštayati_ dans le sanskrit classique paraissent être nés comme _sédhati_ de quelque phénomène d'analogie.

çāktá «maître», _çắkman_ «force» ἅπαξ εἰρημένον védique: _çăknóti_ «pouvoir», mais en même temps _çikvá, çíkvan, çíkvas_ «habile».

sắdana synonyme de _sádana_ «demeure»[1], _sādád-yoni_ (véd.): _sīdáti_ (aussi _sídati_) «s'asseoir» n'est pas pour «_sizdati_» comme nous le disions par erreur à la p. 11, et cela 1° parce qu'il faudrait dans ce cas «_sīḍati_», 2° par la raison péremptoire que le zend a _hiδaiti_ et non «_hĭzhdaiti_». Les autres formes, fortes et faibles, n'ont ni _sād_ ni _sīd_, mais _săd_.

II. La répartition des racines qui ont la dégradation _ā a_ est-elle la même dans les langues ariennes qu'en Europe?

Comme tout _ạ_ et tout _ọ_ européen suppose, d'après ce que nous avons vu, un _ạ̄_ et un _ọ̄_, la quantité de ces phonèmes est indifférente pour la recherche qui suit.

Parmi les exemples ariens nous ne croyons pas devoir omettre les racines telles que _āp_ qui ont supprimé la dégradation en généralisant la forme forte.

1. L'européen présente _ā_ (au degré réduit, _a_).

Skr. _āp, āpnóti, āptá_: lat. _apiscor, aptus_. — Skr. _āmá_ à côté de _amla_: gr. ὠμός, lat. _amarus_. — Skr. _āçú_ à côté de _áçri_: gr. ωκύς, ὄκρις. — Skr. _kắsate_ «tousser»: lith. _kósu_, v. hᵗ-all. _huosto_. — Skr. _gắhate_ (cf. p. 171): gr. βῆσσα. — Skr. _págas_: gr. εὐ-πηγής, p. 171. — Skr. _năsā_ à côté de _nás_: lat. _nāsus_, lith. _nósis_, sl. _nosŭ_. — Skr. _mắdyati_: lat. _madeo_, gr. μαδάω. — Zend _yāçti_: gr. ζωσ, ζοσ (p. 154), sl. _jas_, lith. _jŭs_. — Skr. _vắçati_: lat. _vacca_. — Skr.

---

1. Il va sans dire que _sādana_ dans le sens _d'action de poser_ (_sādayati_) ne peut pas être cité.

çásti : lat. *castus*, *castigare*[1], *Casmenae*; gr. κόσμος; goth. *hazjan*.
— Skr. *svádate* : gr. σϝάδ. — Skr. *hásate* «jouter à la course»
(B. R.) : gr. χώομαι (?).

2. L'européen présente ē.

Skr. *krámati* : gr. κρημ (p. 168). — Skr. *támyati*, *tāmrá* :
europ. *tēm* (p. 168). — Skr. *dásati* «poursuivre» : gr. δήω. — Skr.
rádhati «faire réussir», *rádhas* «richesse» : goth. *redan* «délibérer»,
peut-être aussi lat. *rōbur* (cf. p. 169). — Skr. *rāǵ rāǵati* «briller»:
grec ῥηγ «teindre» (p. 166). — Zend *rām* dans *rāmōiδwem* «vous
reposeriez» europ. *rēm* (p. 166). — Skr. *vásas* (p. 172) : l'absence
assez singulière du degré ϝοσ dans les formes grecques fait soupçonner que la racine est ϝησ. — Skr. *sádana* etc. (p. 172) : europ.
sēd (p. 168). — Skr. *hrádate* : europ. *ghrēd*, *ghrād* (p. 169).

A cette liste il faut ajouter skr. *bāhú* = gr. πᾶχυς, skr. *sāmí*
= europ. *sēmi*, skr. *rāǵ* = lat. *rēx*, goth. *reiks*, irland. *rí*. Isolés
et dépourvus de formes faibles, ces mots sont difficiles à classer.

La valeur des coïncidences énumérées est rehaussée par ce
fait que la dégradation indienne *ā a*, ou plus généralement l'*ā*
long, ne se présente jamais, que nous sachions, quand l'européen
offre un type comme *pet*[2].

La réciproque, comme on va le voir, serait moins vraie. Nous
rappelons que toute racine européenne montrant quelque part ʌ
doit être considérée comme possédant la dégradation *ā a*.

áǵati cf. gr. ἄγω, ἀγέομαι; *gádati* cf. gr. βάζω, irland. *guidiu*
ro-gád; *bháǵati* cf. gr. φαγεῖν; *yáǵati* cf. gr. ἄζομαι; *rádati* cf. lat.
rādo; *lábhati* cf. gr. λᾶφ λαβεῖν; *vátati* cf. lat. *vātes*; *sthagati* cf.

---

1. Fröhde K. Z. XXIII 310. Ajoutons *pro-ceres* pour **pro-cases* = skr.
pra-çîsas «les ordres», de même qu'en Crète κόσμοι signifie *les magistrats*.
   2. Le rapprochement du goth. *nipan* avec le skr. *nāthitá* «inops» n'est
rien moins que satisfaisant. Quant à *bhráǵati* en regard du gr. φλέγω, le
lat. *flagrare* ʌ vertit par son *a* que la racine est *bhlēg* et que l'ε de φλέγω
est de même nature que dans ἕξομαι de *sēd*. Pour le lat. *decus* en regard
du skr. *dáçati*, l'o des mots grecs δόγμα, δέδοκται (cf. p. 131) nous rend le
même service. La racine est *deǫk*: δέδοκται est à **dēcus* (converti en *de-*
cus) ce que ἐπί-ϱϱοϑος est au goth. *reda* (p. 169). — On trouve dans le
Rig-Véda un mot *bhárman* de la racine qui est en Europe *bher*. L'allongement aura été provoqué par le groupe consonantique qui suit comme il
faut l'admettre, je pense, pour *hárdi* «cœur», *párṣni* cf. πτέϱνα, *māmsá*
= goth. *mimsa-*.

europ. *stēg* (p. 168). Rien, ni dans la formation des temps ni dans celle des mots, ne trahit une différence quelconque entre ces verbes et les exemples comme *pátati* = lat. *peto*.

Ce fait, s'il n'est pas précisément des plus favorables à l'hypothèse du phonème *ᴀ*, est cependant bien loin de la menacer sérieusement. Reprenons le présent *svǎdate* cité précédemment. Ce présent est accompagné d'une seconde forme, *svádati*. Si l'on compare le grec *ἅδομαι*, aoriste *ε-ὕᾰδο-ν*, on conviendra qu'il y a neuf probabilités sur dix pour que *svádati* représente sinon l'ancien aoriste, du moins un présent originairement oxyton *swadá-ti*. L'accent, en sanskrit, a été attiré sur la racine par ᴋa qui s'y trouvait, phénomène que nous constaterons encore plus d'une fois. *Aucun présent indien en a n'a le ton sur le suffixe quand il y a un a dans la racine.* V. Delbrück *Altind. Verb.* 138 et 145 seq. S'appuyer ici sur l'accentuation serait donc récuser d'avance tous les autres arguments et supprimer la discussion.[1]

Qu'on se figure le présent *svǎdate* tombé en désuétude, *svádati* survivant seul, et l'on aura à peu près l'état de choses qu'offrent actuellement *ágati, gádati* etc. Les formes comme *svǎdman* n'auraient pas tardé en effet à suivre le présent dans sa ruine.

Cette explication est la même que celle que nous avons tentée (p. 160 seq.) pour les présents comme goth. *saka,* gr. *μάχομαι.* Seulement l'arien n'étant plus comme les langues européennes retenu et guidé par la différence des sons *e* et *a* pousse plus loin qu'elles l'assimilation de nos verbes à ceux du type *paᵢt.* Au parfait par exemple la 1ᵉ pers. *babhǎga* (à côté de *babhága*) et la 2ᵉ *babháktha* (à côté de *bheǵitha*) ne sauraient se ramener à *bhᴀg.* Ces formes ont subi le métaplasme. La 3ᵉ pers. *babhága* peut passer pour originaire et se comparer directement au grec *τέϑωγε,* au goth. *sok.*

Les coïncidences que nous avons vues entre les *ā* longs ariens et européens permettent-elles de tirer quelque conséquence touchant les *a* proethniques? Si les malencontreuses racines européennes comme *sēd sed* ne venaient à la traverse, nous

---

1. Les présents où nous restituons *ᴀ* ne sont pas les seuls où l'accent doit avoir subi ce déplacement: *dáçati* de la rac. *damç* est forcément pour *daçáti,* *dṇçáti* (cf. *δαϰεῖν*). *

aurions dans les cas comme *svắdate* = ἅδομαι comparés à *pátati* = *peto* la preuve pure et simple que la dégradation indo-européenne *ā a* est liée au phonème *A*, et que ce phonème a de tout temps différé de a_1. Dans l'état réel des choses, nous devons renoncer à cet argument.

Cependant c'est ici le lieu de faire remarquer que la coïncidence a lieu en grand pour toute la classe des racines finissant par *ă*. *La nécessité de l'*ā* long aux formes non affaiblies* de ces racines (dont nous avons parlé p. 136 seq.) *est la même pour l'arien que pour l'européen.* Il n'y a point de racine en *ă*. Ce fait, si on le compare à tout ce que nous savons de l'organisme des racines, démontre que l'*ā* indo-européen est une combinaison de a_1 avec un second phonème. Il ne contient cependant pas la preuve que ce second phonème fût telle et telle voyelle (*A*, *ǫ*).

III. Le vocalisme des formes faibles, dans les exemples de la dégradation *ā a*, et les données qu'il fournit sur les *a* indo-européens.

M. Brugman a consacré quelques lignes auxquelles nous faisions allusion à la p. 5, à la question des *a* proethniques autres que a_1 et a_2. Il cite comme exemple d'un de ces *a* la voyelle radicale de *pitár* — πατήρ — *pater* et de *sthitá* — στατός — *status*. Car autrement, dit-il, ces formes comparées à *padás* — *πεδός* — *pedis* seraient absolument incompréhensibles. Il va sans dire, d'après tout ce qui précède, que nous nous joignons sans réserves, pour le fond de la question, à cette opinion du savant linguiste. Seulement nous ne comprenons pas bien le rôle que joue dans son raisonnement l'*i* indien de *pitár, sthitá*. Il n'a pu entrer dans la pensée de l'auteur de dire que parce que l'*i* indien de *pitár, sthitá*, diffère de l'*a* indien de *padás* ces phonèmes ont dû différer de tout temps. Ce qui est sous-entendu, c'est donc que l'*i* en question répond toujours à un *a* européen. On aurait attendu alors une explication, si courte et de quelque nature qu'elle fût, relativement aux cas comme θετός — *hitá*[1].

La véritable signification de l'*ĭ* arien dont il s'agit ne se révèle, croyons-nous, que dans les formes énumérées plus haut (p. 171 sq.) où l'*ĭ* se trouve *à l'intérieur de la racine*. On peut joindre

---

1. M. Brugman la donne peut-être indirectement en émettant la présomption que les phonèmes a_1 et a_2 ne terminent jamais la racine.

aux exemples donnés *ṛikate* «tomber par gouttes», dont la forme
forte est dans le grec κηκίω, et *khidáti* «presser», *khidrá, khidvas*,
qui, ainsi que l'a reconnu Grassmann, sont parents du gr. κάδω.
L'*e* de *khédā* «marteau» et de *ṛikhéda* n'est point originaire, puisqu'on a en même temps *ṛakháda*, parfait védique donné par
Pāṇini.

   Tous ces exemples de l'ĭ ont ceci de commun et de caractéristique qu'ils correspondent à un *ā* long des formes fortes. Les
racines sans *dégradation*, comme *tap tắpati* ou *paṛ pắṛati*, placées
dans les mêmes conditions d'accent, ne convertiront jamais leur
a en *i* [1]. Si elles ne peuvent l'expulser, elles le garderont toujours
tel quel: *taptá, paktí* etc.

   Si l'on considère de plus que tout ĭ placé à la fin d'une racine
est accompagné d'un *ā* dans la forme forte, qu'il en est de même,
en dehors de la racine, dans les formes de la 9e classe verbale
comme *pṛṇīmás* en regard de *pṛṇắti*, on arrivera à cette notion,
que L'ĭ ARIEN POUR *a* SUPPOSE UN *ā* LONG DANS LES FORMES
NON AFFAIBLIES AUSSI NÉCESSAIREMENT QUE LE VÉRITABLE *i*
SUPPOSE *ai* OU QUE *ṛ* SUPPOSE *ar*.

   Or la réduction de l'*ā* long, pour désigner ainsi le phénomène en faisant abstraction de toute reconstruction théorique, ce
fait qui est la condition même de l'ĭ arien, ce fait appartient à
l'histoire de la langue mère, non à l'histoire de la période indo-
iranienne; la comparaison des langues d'Occident l'a suffisamment
établi. Il est clair par conséquent que le germe de l'ĭ est indo-
européen. *Le vocalisme arien accuse une différence de qualité entre
les a proethniques sortis de ā, ou du moins certains d'entre eux, et les
a proethniques non sortis de ā.*

   Cette définition *a sorti d'un ā long* convient admirablement
aux phonèmes *ᴀ* et *o* des langues européennes. L'ĭ arien serait-il
donc purement et simplement le représentant de ces phonèmes?
Nullement. Cette thèse serait insoutenable. Dans la majorité
des cas *ᴀ* et *o* sont rendus par *a*, comme nous l'avons vu au chapitre IV et tout à l'heure encore où il était question des formes

   1. Ni les aoristes comme *āǵiǵat* ni les désidératifs tels que *pits* de
pat ne sauraient infirmer cette règle. La valeur de l'*i* des aoristes est
nulle puisqu'il apparaît même à la place d'un *u* (*aubǵiǵat*), et les désidératifs doivent peut-être le leur à un ancien redoublement.

bhágati, rádati etc. opposées à φαγεῖν, *rādo* etc. Entre les cas même où le sanskrit conserve la dégradation, il en est bon nombre, nous l'avons constaté, dont la voyelle est *a* aux formes faibles, p. ex. *svádate, svádati*. Ce n'est pas qu'on ne doive présumer que le même phonème d'où, avec le concours de certains facteurs, résulte un *ĭ* n'ait pu prendre, sous d'autres influences, une route divergente. Nous ne doutons même pas que dans les formes où ce phonème a été placé dès l'origine sous la tonique il n'ait produit *a* au lieu de *ĭ*. Voici les exemples qui paraissent le prouver. A côté des cas obliques comme *niçás* «noctis» il existe une forme védique *nák* (= *náks, cf. *drakśyáti* de *darç* etc.) qui, ainsi que le fait remarquer M. Brugman (Stud. IX 395), est le propre nominatif de *niçás*. Le phonème destiné à devenir *i* dans la syllabe non accentuée a donné *a* sous l'accent[1]. — Tout porte à croire que la seconde partie de *çatásras* est identique avec *tisrás*, zd. *tisarō*[2]. Le prototype de l'*i* de *tisrás* s'est donc épanoui en *a* sous l'accent. — Peut-être enfin que l'*a* de *madhu-pá* (le type *soma-pá* est le plus commun, il est vrai, dans la langue védique) n'est dû ni à l'analogie de la déclinaison thématique ni à un suffixe *-a*, mais qu'il est tout simplement l'équivalent accentué de l'*ĭ* de *pī-tá*. La formation non védique *ǵala-pī*, faisant à l'instrumental *ǵala-py-ā*, est en tous cas hystérogène.

L'influence de l'accent qu'on remarque dans les cas précités ne doit cependant point faire espérer de résoudre le problème en disant que l'*a* radical de *svádati* résulte de l'innovation qui a amené la tonique sur la racine (p. 174) et qu'autrement on aurait «*svidáti*»[3] comme on a *khidáti, çiśát*. On ne comprend en effet ce

---

1. M. Brugman cite *nák niçás* pour corroborer son opinion relative à la déclinaison de *ŕç, pŕç* etc. où il pense qu'il y a eu autrefois des formes fortes. Mais tant qu'on n'en aura pas l'indice positif nous nous autoriserons au contraire des nominatifs *ŕk, pŕk* etc. pour dire que *nák* est *forme faible* à l'égal de *niç-ás*. La forme non affaiblie de ce thème ne pourrait être que *náç-*.

2. Les nominatifs anciens étaient *tisáras (zd. *tisarō*) et *çatásaras (forme que Grassmann croit pouvoir rétablir dans un passage du Rig-Véda), mais cela ne change rien à l'accentuation. — Pour l'identité de la fin de *çatásaras avec *tisáras* on peut remarquer que le premier élément de *çatásaras se retrouve à son tour dans la 2ᵉ moitié de *pánça*.

3. Cette forme est doublement fictive, car le son qui a donné *ĭ* se

retrait de l'accent qu'en admettant que la racine possédait déjà
un *a* bien caractérisé. Mais voulût-on même recourir à une hypothèse de ce genre, il resterait à rendre compte d'une infinité de
formes accentuées sur le suffixe. En expliquant *bhágati, mádati,
ágati*, on n'aurait point encore expliqué *bhaktá, madirá, agá*, ni
d'autres formes plus isolées montrant également *A* dans les
langues d'Europe, comme *pajrá, bhadrá* (cf. goth. *batists, botjan*
etc.), *çaphá* (cf. norr. *hōfr*), *maghá* (v. p. 64), *çáçadmahe = κε-
κάσμεϑα* etc.

On est donc amené à conclure à la diversité sinon tout à
fait originaire du moins proethnique du phonème *A* et de la
voyelle qui a donné l'*ĭ* indo-iranien. Nous croyons que cette
voyelle était une *espèce d'e muet, provenant de l'altération des
phonèmes A et ǫ*. L'altération, à en juger par le sanskrit (p. 150),
avait été générale à la fin des racines, partielle dans les racines
finissant par une consonne. Ceci peut tenir à la manière dont les
syllabes étaient séparées dans la prononciation.

Que cette voyelle indéterminée soit une dégénérescence des
voyelles *A* et *ǫ* — nous ajoutons par hypothèse: *seulement* de ces
voyelles — et non pas, comme on pourrait croire, un phonème
distinct de tout autre dès l'origine, c'est ce qui ressort des considérations suivantes.

1° S'il y a une raison quelconque d'admettre à l'intérieur des
racines un phonème *A* parallèle à *i, u, r*, etc., il serait invraisemblable et absolument arbitraire de prétendre que le même phonème n'ait jamais pu terminer la racine. Or le sanskrit montre
que la voyelle dégradée existait dans toutes les formes faibles
des racines en *ā*. Il devient donc évident que dans certains cas, si
ce n'est dans tous, elle est la transformation secondaire d'un *A*
(ou d'un *ǫ*).

2° Dire que la voyelle faible proethnique d'où dérive l'*i* de
sthitá, çiṣṭá, n'a point été d'abord une voyelle pleine serait renoncer à expliquer l'*ā* de *sthāman, çásti*, dont elle forme la seconde
partie.

Cette voyelle, disons-nous, devait être très-faible. On
aurait peine à comprendre autrement comment dans plusieurs
_____
fond avec les sonantes qui précèdent en une voyelle longue (v. chap. VI).
Nous devrions donc écrire, pour être exact, «*sŭdáti*».

langues différentes elle tend à être supprimée. On a en sanskrit les formes comme *da-d-más*, *da-dh-más*, *á-tta*, *vásu-tti*, *ava-tta* (de *dā* partager). Le paléosl. *damŭ*, *da-s-te* etc. s'explique de même (pour le redoublement v. § 13 fin). Le pluriel et le duel du prétérit gothique faible *-de-d-um* etc., où la rac. *dhē* est fléchie, croyons-nous, à l'imparfait, rendent le même témoignage. En latin *pestis* est suivant Corssen pour *per-d-tis. Nous rappelons aussi l'ombr. teḍtu. Tout indique encore que l'*i* de *sthitá, pitár*, est identique avec l'*i* de *duhitár* et d'autres formes du même genre (cf. le chap. VI). Or en slave et en germanique *dŭšti*, *dauhtar*, montrent que la voyelle en question a disparu, absolùment comme dans *da-s-te*, *de-d-um*. — Enfin la prononciation indéterminée de cette voyelle se manifeste encore par le fait qu'elle s'absorbe dans les sonantes qui la précèdent. Nous aurons l'occasion de revenir sur cette particularité. Le participe de *çrū* par exemple, donne, au lieu de «*çritá*» (cf. *sthitá* de *sthā*), *çīrtá* = **çr̥̄tá*.

Nous désignerons la voyelle indéterminée par un ᴬ placé au-dessus de la ligne.

En Europe cette voyelle incolore, quand elle n'a pas disparu, s'est confondue le plus souvent avec les phonèmes ᴀ et ǫ dont elle était sortie. Nous sommes obligé de prendre plusieurs de nos exemples dans les cas mentionnés ci-dessus où une voyelle apparaît à la suite de la racine comme dans *duhitár*. La valeur de cette voyelle ne diffère point de celle qui est dans *sthitá*.

La continuation latine est en général: *a* dans la première syllabe des mots, *e* ou *i* dans la seconde. Exemples: *castus* (= skr. *çištá*), *pater*, *status*, *satus*, *catus*, *datus*[1]; — *genitor, genetrix, janitrices, umbilicus*. Le mot *lien* = skr. *plīhán* offre *i* dans la 1ᵉ syllabe. En revanche *anăt-* «canard» montre *a* dans la seconde.

En germanique on trouve *a* (parfois *u*) dans la 1ᵉ syllabe, et suppression de la voyelle dans la 2ᵉ syllabe. Exemples: *fadar*, *dauhtar*. Le v. hᵗ-all. *anud* «canard» retient la voyelle dans la 2ᵉ syllabe et lui donne la couleur *u*.

---

1. Il nous semble, d'après tout ce qui précède, qu'il faut expliquer *datus, catus* en regard de *dōs, cōs* (comme *satus* en regard de *sēmen*) au moyen de la voyelle indéterminée. Le mot *nates* comporte la même supposition, si l'on juge l'*o* de *νόσφι* de la même manière que l'*o* de *δοτός* (v. plus bas).

Le letto-slave offre un *e* dans le paléosl. *slezena* = skr. *plīhán*, et le même *e* se retrouve dans la désinence du génitif: *matere*, gr. μητρός. Voy. ci-dessous ce qui est relatif à *pátyus*. Dans la seconde syllabe nous trouvons la voyelle supprimée: sl. *dŭšti*, lith. *duktě*; sl. *ǫty*, lith. *antìs*, cf. lat. *anat-*; lith. *arklas* «charrue» comparé à ἄροτρον, *ỉrklas* «rame», cf. skr. *arítra*.

En grec les formes comme ἐρε-τμόν, κέρα-μος, ἄρο-τρον, ἀρι-θμός indiquent que la voyelle muette peut prendre quatre couleurs différentes, sans qu'on voie du reste ce qui détermine l'une d'elles plutôt que l'autre.

Il devient donc possible d'identifier l'ε de ἐτός avec l'*a* du lat. *satus*. Dans ἐτός de ἤ, δοτός de δω et στατός de cτᾱ nous admettrions que le souvenir des formes fortes imposa dans chaque cas la direction que devait prendre la voyelle indéterminée. Ainsi l'α et l'ο de la fin des racines ne seraient point comme ailleurs les représentants directs de *ᴀ* et *ǫ*. Ils seraient issus du son *ᴀ*, affaiblissement proethnique de ces phonèmes. Libre de toute influence la voyelle *ᴀ* semble avoir incliné vers l'α. C'est ce qu'indiquent πατήρ, θυγάτηρ, ὀμφαλός = *nābhīlá*, σπλάγχν-ο-ν cf. *plīhán*, κίρναμεν en regard de *pṛṇīmás*, puis quelques formes isolées comme πρόβατον, πρόβασις, βασιλεύς parallèlement à βόσκω, βοτήρ de βω. L'*i* se trouve dans πί-νω, πιπί-σκω.

Plusieurs exemples, à l'intérieur des racines, rappellent les doublets de formes faibles indiennes comme *çĭk* et *çak* de *çāk*, *vĭš* et *vas* de *vās*. En grec on a de κωπ (κωφός) κάπων et κόπτω. L'α de κάπων paraît représenter la voyelle faible; l'ο de κόπτω est *ǫ*. En gothique on a de *slāk* (parf. *sloh*) le partic. *slauhans* et le présent *slaha*.

On peut citer encore comme exemples de la voyelle faible médiale grec ἔτραγον de τρωγ, goth. *brukans* où le groupe *ru* répond au *ra* de *fractus* et de ῥαγῆναι (rac. *bhrēg*). V. p. 167. L'*i* représente la même voyelle dans ἱδρύω (cf. skr. *sīd*), dans κῖκυς «force» que M. Fick rapproche du skr. *çǎk*, *çĭk*.

Dans deux exemples seulement l'*i* indien semble être rendu directement par l'o grec: δοχμός qui correspond à *gihmá* et κόσμος en regard du skr. *çĭš*. Est-il permis de comparer *kitavá* «joueur» et κότταβος? Cf. ion. ὄτταβος. Il serait possible aussi que la voyelle de νυκτ-, *noct-* répondît exactement à celle de *niç-*.

Dans quelques cas le sanskrit offre un *u* à la place de l'*i*; *gúdā* «intestin», cf. γόδα· ἔντερα. Μακεδόνες; *udára* «ventre», cf. ὄδερος· γαστήρ; *su-túka* «rapide» de *tak* (cf. ταχύς); *váru-ṇa*, cf. οὐρα-νός. Le cas le plus important est celui de la désinence du génitif. Nous croyons que *pátyus* est identique avec πόσιος; voy. page 196.

Avant de finir, nous ne voulons pas omettre de mentionner différentes formes *indo-européennes* qui sont en désaccord avec la théorie proposée. Peut-être sont-ce des fruits de l'analogie proethnique. Indo-eur. *swādú* en regard de *pṛthú* etc. (p. 15, 23). Indo-eur. *āstai* (skr. *áste*, gr. ἧσται) au lieu de *ₐstaí*. Indo-eur. *ₐk₁man* «rocher» à la place de *ₐkman*, *ₐyas* «æs» et non *ₐyas* (p. 156). Il est fort singulier aussi de trouver de la rac. *sād* skr. *sā́das* = gr. ἕδος, de la rac. *tām* skr. *tā́mas* = lat. **temus* dans *temere*, de la rac. *dāk₁* lat. *decus* = skr. **dáças* dans *daçasyáti*, toutes formations qu'il nous est impossible de regarder comme légitimes. Voici un cas bien frappant: en regard du v. hᵗ-all. *uoba* on a, très-régulièrement, en sanskrit *ápas* «acte religieux», en zend *hv-āpaṅh* (Fick I³ 16), mais en même temps skr. *ápas*, lat. *opus*, inexplicables l'un et l'autre.

Pour que le phonème *ₐ* remplit un rôle morphologique parfaitement identique avec celui de *i* ou *u*, il faudrait, en vertu du même principe qui ne permet point de racines finissant par *in, ir* etc. (p. 125), qu'aucune racine ne montrât *ₐ suivi d'une sonante*. Mais ici semble cesser le parallélisme de *ₐ* avec les autres coefficients sonantiques, parallélisme qui du reste, considéré au point de vue physiologique, est assez énigmatique.

Voici quelques-unes des racines où nous devons admettre, provisoirement du moins, le groupe *ₐ + sonante*. Rac. *ₐr* (soit *a₁ₐr*) «labourer», *ₐr* ἀραρίσκω, *ₐl* «nourrir» (goth. *ala ol*), *ₐn* «souffler» (goth. *ana on*), *lₐu* «gagner» (ἀπο-λαύω, λῆϊς, sl. *lovŭ*). Le grec offre entre autres: θₐλ θάλλω, τέθαλα, θαλέω; — ξₐν ξαίνω, ἐπί-ξηνον; — πₐρ πᾶρος, πάρος, πηρός et avec *ₐ₂* (ταλαί-)πωρος, cf. p. 60; — cₐρ σαίρω, σέσαρα, σεσάρυῖα et σωρός; — cκₐλ σκάλλω, σκώληξ; — ⳋₐυ γα(ϝ)ίω, γαῦρος, γέγη(υ)θα; — δₐυ δα(ϝ)ίω, δέδη(ϝ)α, δεδαυῖα (dans Nonnus d'après Veitch);

— καυ κα(ϝ)ίω, ἔκη(ϝ)α¹; — κλᾶυ κλαῖς et avec ᾱ₂ κλωβός (Grdz. 572); — φᾶυ (rac. secondaire) πιφαύσκω, φᾱ(ϝ)έα; — χρᾶυ χρᾱύω, ζα-χρηής. A la p. 57 sont réunis plusieurs exemples gréco-italiques de ce genre. Une partie de ces racines sont indubitablement hystérogènes. Ainsi μαίνομαι vient vraisemblablement de μεν comme καίνω de κεν (p. 103); plus tard l'α donna lieu à une méprise, et l'on forma μέμηνα, μῆνις, μάντις. L'o du lat. *doleo* indique également que l'α de δάλλει· κακουργεῖ n'est point originaire (cf. p. 107), et cependant l'on a δᾱλέομαι.

A cette famille de racines se joignent les exemples comme *krēm, mēl* (p. 166 seq.).

C'est une conséquence directe de la théorie et une conséquence pleinement confirmée par l'observation que l'α (ᴀ) des diphthongues ᴀ*i* et ᴀ*u* ne puisse être expulsé. On pourrait objecter le lat. *miser* à côté de *maereo*, mais *maereo* est apparemment pour *moereo* de même que *paenitet* (Corssen I² 327) est pour *poenitet*.

Les racines qu'on abstrait de formes comme le lat. *sarpo* ou *taedet* sont incompatibles avec notre théorie. La voyelle des racines étant toujours *e*, jamais *a*, il faudrait poser pour racines *searp teaid*, soit *sārp tāid*. Or on ne trouve pas d'*ā* long dans les groupes radicaux de cette espèce.

Mais quelles garanties a-t-on de l'ancienneté de ces radicaux? Les racines telles que *derk* ou *weid* peuvent le plus souvent se suivre facilement jusque dans la période indo-européenne. Dès qu'il s'agit des types *sarp* et *taid*, c'est à peine si l'on recueille une ou deux coïncidences entre le grec et le latin, entre le slave et le germanique. Des 22 verbes gothiques qui suivent l'*ablaut falþa faifalþ*, ou *haita haihait*, et dont la partie radicale finit par une consonne, 6 se retrouvent dans une des langues congénères, mais sur ce nombre *salta* = lat. *sallo* est notoirement hystérogène; *fāha* si on le compare à *pango* ne doit sa nasale qu'au suffixe; *hāha* de même; il est comparé à la p. 59 avec le lat. *cancelli* et le skr. *kańćate*, mais κάκαλον et le skr. *kāćana* «attache» ne connaissent

---

1. Déjà à la p. 169 nous avons eu l'occasion de contester que l'η de ἔκηα vînt du digamma: ἔ-κηϝ-α est à *keau* ce que ἔ-σσεν-α est à *seu*. La flexion idéale serait ἔκηα, *ἔκᾱνμεν, *ἔκᾱντο, cf. ἔσσενα, *ἔσσυμεν, ἔσσντο (p. 21, 146).

point de nasale; *auka* enfin rentre dans un cas particulier dont il sera question ci-dessous. En réalité il n'existe donc que deux cas, *valda* = sl. *vladą*, *skaida* = lat. *caedo*. On remarque bien que la coïncidence, dans ces deux cas, ne dépasse pas les idiomes les plus rapprochés[1]. Ces fausses racines pouvaient prendre naissance de manières très-diverses: 1° Par l'addition de déterminatifs à la forme faible des racines comme *āl* et *ĝāu*. Ainsi le goth. *alþa* est une continuation de *ala*, le lat. *gaudeo* est. du consentement de tous une greffe tardive de *gau*. 2° Par infection nasale venant du suffixe du présent. 3° Par propagation de la forme faible dans les racines contenant *r, l, n, m*. Ainsi naît le grec ϑαρσ (p. 129), ainsi le gréco-it. *phark* (*farcio* — φράσσω, cf. *frequens*), car même en latin *ar* est dans plusieurs cas un affaiblissement, v. le chap. VI. 4° Par la combinaison des procès 1 et 3; ex.: *spar-g-o* de *sper* (σπείρω). 5° Par la propagation de formes contenant a_2. S'il est vrai par exemple que le goth. *blanda* soit parent de *blinda-* «aveugle», il faut qu'une confusion ait été occasionnée, à l'époque où la réduplication subsistait partout, par le parf. *bebland* du présent perdu **blinda*. Cette forme s'associant à *fefalþ* etc., était capable de produire *blanda*.

Les remarques qui précèdent ne s'appliquent pas aux racines où l'*a* est initial comme *aidh, aug, angh, arg*, dont on ne saurait contester la haute antiquité. Mais ces racines n'en sont pas moins dûes à des modifications secondaires. Comme nous essayons de l'établir au chap. VI, elles sont issues de racines contenant l'*e*. Par exemple le thème *aus-os* «aurore» et toute la racine *aus* procèdent de la racine *wes, angh* procède de *negh* etc.

---

1. Nous ne trouvons que 3 exemples qui puissent à la rigueur préten- dre à un âge plus respectable: 1° Lat. *laedo*, cf. skr. *srédhati*. Comme toutes les formes parentes montrent *e* (v. p. 75), ce rapprochement ne peut être maintenu qu'à condition d'admettre une perturbation du vocalisme dans la forme latine. 2° Gr. σαυσαρός, cf. skr. *çúṣyati*. Nous n'attaquons pas ce parallèle; nous ne nous chargeons pas non plus d'expliquer l'*α* du grec, mais il faut tenir compte de l'*e* du v. h^t-all. *siurra* «gale», v. Fick III³ 327. L'*a* du lith. *sáusas* (cf. p. 69) peut se ramener à volonté à *e*, a_2 ou *A*. 3° Lat. *candeo*, gr. κάνδαρος, cf. skr. *cándrá*. Ce dernier cas est un peu plus redoutable que les deux premiers. Cependant le groupe *an* peut, ici encore, provenir d'un affaiblissement tel que ceux dont nous parlerons au chap. VI.

On ne trouve pas de *racines terminées vocaliquement et dont le vocalisme consisterait uniquement dans* a_1, comme serait «*sta*$_1$» ou «*pa*$_1$». A la rigueur les présents sanskrits comme *tí-ṣ*/*ha-ti, pí-ba-ti*, pourraient passer pour contenir de telles racines. Il faudrait attribuer à ces formes une antiquité énorme, car ce serait y voir la base, insaisissable partout ailleurs, de racines comme *sta*$_1$-*a*, *pa*$_1$-*ǫ* (gr. στᾱ, πω; skr. *sthā-tár, pā-tár*). Mais il est bien plus admissible de dire tout simplement que ces formes sont dûes à l'analogie des verbes thématiques, et que ῐ́-στᾱ-τι est plus vieux que *tí-ṣ*/*ha-ti*.

Appelons Z tout phonème autre que a_1 et a_2. On pourra poser cette loi[1]: chaque racine contient le groupe $a_1 + Z$.

Seconde loi: sauf des cas isolés, si a_1 est suivi de deux éléments, le premier est toujours une *sonante*, le second toujours une *consonne*.

Exception. Les sonantes *a* et *ǫ* peuvent être suivies d'une seconde sonante.

Pour donner des formules aux différents types de racines que permettent ces deux lois, appelons S les *sonantes* i, u, n, m, r (l), *a*, *ǫ*, et désignons par C les *consonnes* par opposition à *sonantes*. Comme ce qui vient après a_1 forme la partie la plus caractéristique de la racine, il est permis de négliger les différentes combinaisons auxquelles les phonèmes qui précèdent a_1 donneraient lieu. Ainsi $a_1 i$, $ka_1 i$, $ska_1 i$, rentreront pour nous dans le même type, et il suffira d'indiquer par x Z placé entre crochets qu'il peut y avoir différents éléments avant a_1. Ces formules ne comprennent que le premier grand embranchement de racines, mais conservent leur raison d'être dans le second, dont nous parlerons au § 14.

$$1^{er} \text{ type: } [\text{x Z} +] \, a_1 + Z.$$
$$2^e \text{ type: } [\text{x Z} +] \, a_1 + S + C.$$

Type résultant de l'exception à la seconde loi:

$$[\text{x Z} +] \, a_1 + \text{a} \, (\text{ǫ}) + S.$$

---

1. Il faut avertir le lecteur que nous restituons a_1 par hypothèse à certaines racines telles que *pū* «pourrir» qui ne le montrent plus nulle part et que nous considérons de plus près au chap. VI.

§ 12. Aperçu synoptique des variations du vocalisme amenées par la flexion.

REMARQUES PRÉLIMINAIRES.

1. *Forme des suffixes.*

Nous ne considérons que les suffixes primaires.

La loi fondamentale des racines était de renfermer le groupe $a_1 + Z$. Une loi analogue, mais plus large, régit les syllabes suffixales: *tout suffixe contient* a_1.

> Exception. Le suffixe du participe présent actif -*nt* ne possède pas a_1. Les formes dont l'analyse est douteuse cachent peut-être d'autres exceptions, dont on ne peut tenir compte.

Les suffixes se divisent en deux grandes classes, selon que a_1 est suivi ou non d'un phonème.

Dans le premier cas la formule coïncide avec celles des syllabes radicales. Les principaux suffixes de cette classe sont -a_1n, -ma_1n, -wa_1n, -a_1m, -a_1r, -ta_1r, -a_1s, -ya_1s, -wa_1s, -a_1i, -ta_1i, -na_1i, -a_1u, -ta_1u, -na_1u, -ya_1A etc. Un thème tel que sa_1r-ma_1n ou ma_1A-ta_1r est une combinaison de deux cellules parfaitement semblables l'une à l'autre. — Toutefois le parallélisme de ces suffixes avec les racines n'est pas absolu. Il est restreint par une loi qui exclut des suffixes presque tout autre phonème que t, s, et les sonantes.

La deuxième classe de suffixes est celle qui finit par a_1 (lequel alterne comme ailleurs avec a_2). Ce sont entre autres les suffixes -a_1, -ta_1, -na_1, -ma_1, -ya_1, -wa_1, -ra_1.

2. *Qu'est-ce qu'on peut appeler les variations vocaliques amenées par la flexion?*

Les deux seules modifications que puisse subir la racine, l'expulsion de a_1 et son changement en a_2, sont aussi *les deux seules modifications* dont les suffixes soient susceptibles.

Les variations proethniques du vocalisme, si l'on en fait le total, se composent donc: 1° des cas d'expulsion et de transformation de l'a_1 radical; 2° des cas d'expulsion et de transformation de l'a_1 suffixal.

Mais pour saisir les phénomènes dans leur lien intérieur, la classification des syllabes en syllabes radicales et syllabes suffixales ne convient pas. Il y faut substituer la division en *syllabes ou cellules présuffixales* et *prédésinentielles.*

Les syllabes présuffixales sont celles qui précèdent immédiatement un suffixe. Il s'entend de soi-même que, dans le mot primaire, ce ne peuvent jamais être que des racines.

Les syllabes prédésinentielles comprennent: 1° les racines
sans suffixe; 2° les suffixes.

Si le terme de *syllabe* n'était ici plus ou moins consacré par
l'usage, nous lui préférerions beaucoup celui de *cellule* ou d'*unité
morphologique*, car un grand nombre de racines et de suffixes —
p. ex. $sta_1{}_A$-, pa_1r_A- (§ 14), $-ya_1{}_A$, peut-être aussi ka_1i-, $-na_1u$ etc. —
sont disyllabiques. Définissons donc bien ce que nous entendons
par «syllabe» ou cellule: *groupe de phonèmes ayant, à l'état non
affaibli, le même* a_1 *pour centre naturel.*

Nous nous proposons d'étudier les variations vocaliques du
mot primaire (expulsions et transformations de l'*a*) qui sont en
rapport avec la flexion. Ce sujet ne touche, sauf une exception
douteuse (p. 221), à aucune des modifications que subissent les
syllabes présuffixales; il embrasse en revanche *la presque totalité
de celles qui s'accomplissent dans les syllabes prédésinentielles.*

Nous ne disons pas *la totalité*, parce que dans certains
thèmes-racines tels que skr. *mṛdh* ou (*açva-*)*yúǵ* on constate un
affaiblissement persistant à tous les cas de la déclinaison. Apparemment cet affaiblissement ne dépend pas de la flexion.

Le principe du changement de l'a_1 en a_2 étant presque aussi
mal connu pour les syllabes prédésinentielles que pour d'autres
on ne saurait affirmer que ce changement dépend de la flexion
avec une sécurité aussi grande que pour le second genre de modifications, l'expulsion de l'*a*. Néanmoins l'alternance qu'on observe
entre les deux *a*, alternance qui se dirige sur celle des désinences
nous a déterminé à ranger l'apparition de l'a_2 prédésinentiel
parmi les phénomènes de flexion.

Flexion verbale.

1. EXPULSION DE L'*a*.

De la conformation des racines et des suffixes (v. ci-dessus)
il résulte, soit pour les noms soit pour les verbes, deux types
principaux de thèmes. Dans le premier type a_1 finit le thème,
dans le second a_1 est suivi d'un ou de deux phonèmes.

Thèmes verbaux du premier type: $rá_1ika_1$- $(λείπε$-$)$, $riká_1$-
$(λιπέ$-$)$, ra_1iksya_1- $(λείψε)$, $spakya_1$- $(paçya$-$)$, $gmská_1$- $(βάσκε$-$)$.
Thèmes verbaux du second type:

a. Racine simple ou redoublée. Ex.: $á_1s$- $(έσ$-$)$, $á_1i$- $(εί$-$)$,
$bhá_1{}_A$- $(φā$-$)$, $rá_1igh$- $(leh$-$)$, $ká_1{}_As$- $(çās$-$)$, $bhá_1bhá_1r$- $(bibhár$-$)$.

b. Racine + suffixe. Nous pensons que les caractéristiques
$-na_1u$ et $-na_1{}_A$ des classes 5 et 9 ne sont pas plus des suffixes
proprement dits que $-na_1$-g dans $yunágmi$ (v. chap. VI). Mais cela
est indifférent pour la flexion, et nous pouvons réunir ici toutes
ces formes: $strná_1u$-^{1} $(strnó$-$)$, $prná_1{}_A$- $(prná$-$)$, $yuná_1g$-
$(yunág$-$)$, $righyá_1{}_A$- $(lihyá$-$)$, optatif).

Les expulsions d'*a*, dans les syllabes prédésinentielles, se
ramènent à deux principes très-différents: la *qualité du phonème
initial des désinences* et l'*accentuation*. Selon que l'un ou l'autre
des deux principes règne, il naît deux modes de flexion auxquels
on nous permettra d'appliquer les termes de **flexion faible** et de
flexion forte indo-européenne. Dans la flexion forte, la seule
qu'admette le verbe, l'expulsion de l'*a* se dirige d'après l'accent.

Tout le monde reconnaît aujourd'hui, après la belle découverte de M. Verner, que l'accentuation indienne peut passer, et
cela particulièrement dans les formes verbales, pour l'image
presque absolument fidèle de l'accentuation proethnique. La contradiction où était l'accent verbal grec avec celui du sanskrit et
du germanique se résout par la théorie de M. Wackernagel qui
en fait, comme on sait, un cas particulier de l'*enclisis*. Conformément à ce que fait attendre cette théorie, les infinitifs et les participes grecs échappent à la loi du verbe fini et s'accordent dans
leur accentuation avec les formes sanskrites.

Que l'accent à son tour soit la principale force en jeu dans

---

1. Il est beaucoup plus admissible de ramener l'*ū* du gr. $δείκνῡμι$ à
la diphthongue $ευ$ que de supposer que l'o du skr. $strnómi$ sorte de *ū*. L'*ū*
des formes iraniennes n'a rien à faire avec l'*ū* grec; c'est un allongement
de l'*u* des formes faibles. Peut-être la suppression de la diphthongue suffixale, en grec, fut-elle occasionnée par l'introduction secondaire de la diphthongue radicale, les formes comme *$ξευγνευμι$, *$δεικνευμι$, étant d'une
prononciation difficile. Si le verbe $κινέω$, à côté de $κίνυται$, est pour *$κινέϝω$,
nous aurions là un dernier reste de l'*e*.

les dégradations de la flexion, c'est un fait proclamé d'abord par M. Benfey, mis en lumière dans ces derniers temps par les travaux de M. Osthoff et de M. Brugman et sur lequel la plupart des linguistes tombent d'accord dès à présent.

Nous allons essayer de réduire à des principes aussi simples que possible: 1° les résultats des déplacements d'accent, 2° les déplacements d'accent eux-mêmes.

Il n'y a d'autres thèmes verbaux paroxytons que les formes comme $rá_1ika_1$-[1], où l'accent est indifférent, ainsi que cela ressort de la loi I (v. ci-dessous). On peut donc poser la règle comme si tous les thèmes étaient oxytons.

Ces règles sont celles de la flexion forte en général sans distinction du nom et du verbe.

I. L'a_1 QUI FINIT UN THÈME ET QUI PORTE LE TON NE PEUT S'EN DÉPARTIR EN AUCUN CAS.

II. SI LA LOI I N'Y MET OBSTACLE, TOUTE DÉSINENCE SUSCEPTIBLE D'ACCENT (C'EST-A-DIRE FORMANT UNE SYLLABE) S'EMPARE DU TON DE LA CELLULE PRÉDÉSINENTIELLE.

III. AUSSITÔT PRIVÉ D'ACCENT, L'a_1 DE LA CELLULE PRÉDÉSINENTIELLE SE PERD.

L'énoncé de la loi II renferme implicitement l'hypothèse à laquelle nous recourons pour expliquer la variation de l'accent: c'est de poser les désinences dites secondaires comme étant en réalité les plus primitives. La forme indo-européenne de ces désinences n'est pas encore déterminée pour chaque personne avec la même sûreté; mais du moins il n'y a pas de doute possible touchant celles du singulier de l'actif, et c'est là le point principal pour ce que nous avons en vue.

Actif: -m -s -t; -ma_1 -ta_1 -nt; -wa -tam -taam.
Moyen[2]: -mA? -sA -tA; -ma_1dha -dhwa_1 -ntA; -wadha —   — .

La combinaison de ces désinences avec les thèmes $rá_1ik$-, $prná_1A$-, $riká_1$- — ces exemples suffiront — donnera d'après ce qui est stipulé plus haut:

---

1. Sur le skr. *píparti* etc. v. p. 191.
2. Sur le grec -*σο*, -*το* etc. v. p. 101 seq.

Actif	Moyen	Actif	Moyen	Actif	Moyen
rá$_1$ik-m[1]	rik·mᴬ	pr̥ná$_1$ᴀ-m	pr̥nᴬ-mᴬ	riká$_1$-m	riká$_1$-mᴀ
rá$_1$ik-s	rik-sᴬ	pr̥ná$_1$ᴀ-s	pr̥nᴬ-ᴤᴬ	riká$_1$-s	riká$_1$-sᴀ
rá$_1$ik-t	rik-tᴬ	pr̥ná$_1$ᴀ-t	pr̥nᴬ-tᴬ	riká$_1$-t	riká$_1$-tᴀ
rik-má$_1$	rik-má$_1$dha[2]	pr̥nᴬ-má$_1$[3]	pr̥nᴬ-má$_1$dha	riká$_1$-ma$_1$	riká$_1$-ma$_1$dha
rik-tá$_1$	rik-dhwá$_1$	pr̥nᴬ-tá$_1$	pr̥nᴬ-dhwá$_1$	riká$_1$-ta$_1$	riká$_1$-dhwa
rik-n̥t	rik-n̥tᴬ	pr̥n n̥t	pr̥n-n̥tᴬ	riká$_1$-nt	riká$_1$-ntᴀ
rik-wá	rik-wádha[2]	pr̥nᴬ-wá	pr̥nᴬ-wadha	riká$_1$-wa	riká$_1$-wadha
rik-tám	—	pr̥nᴬ-tám	—	riká$_1$-tam	—
rik-táam	—	pr̥nᴬ-táam	—	riká$_1$-taam	—

A l'impératif, la 2ᵉ et la 3ᵉ pers. sing. moy. (skr. *dvikšvá, pr̥n̥išvá; dviš̥ṭám, pr̥n̥ītám* etc.) répondent à la règle. La 3ᵉ pers. de l'actif, forme forte (skr. *dvéš̥ṭu, pr̥n̥ấtu*), paraît être en contradiction avec le principe des «désinences qui font une syllabe». Mais ici nous touchons à la question des désinences «primaires».

La plupart des formes «primaires» peuvent se tirer des formes «secondaires» au moyen de l'élément *i* que suppose M. Fr. Müller: *-m-i -mᴬ-i*(?), *-s-i -sᴬ-i, -t-i -tᴬ-i, -nt-i -ntᴬ-i, -mas-i -madha-i, -was-i -wadha-i* (peut-être l's de *-mas-i* et *-was-i* vient-il de l'ancien *dh* transformé en *-s* à la fin du mot, conservé au moyen par l'*a* qui suivait?). M. Bergaigne fait remarquer (Mém. Soc. Ling. III 105) que deux couples de désinences· sanskrites du moyen, *-dhvam -dhve* et *-ram -re* présentent un rapport différent et il suppose que la nasale de *-dhvam* et *-ram* a été ajoutée après coup. Comme le grec *-σϑε* indique de son côté une forme *-dhwa₁*, cette hypothèse est extrêmement vraisemblable. La série s'augmente donc encore de 2 cas. Nous ne pouvons savoir si le *-tu* de *dvéš̥ṭu, pr̥n̥ấtu*, n'a point été formé par l'addition d'un *-u*, comme *-ti* par l'addition d'un *-i.*

Maintenant pourquoi, l'*i* ou l'*u* une fois ajoutés dans *ráikm-i* et les formes du même genre, le ton n'a-t-il pas passé selon la règle sur la désinence? A cela on peut trouver deux réponses principales. A l'époque où l'*i* (*u*) fut ajouté, l'attraction que la désinence exerçait sur l'accent, pouvait avoir cessé. En second

---

1. Comme nous l'avons dit p. 40 seq. nous supposons que *raikm* devant la voyelle initiale d'un mot venant après lui dans la phrase aurait été monosyllabe; qu'en général l'*m* de la 1ᵉ personne ne faisait syllabe que dans les cas de nécessité absolue.

2. Ou *rikma₁dhá, rikwadhá?*

3. Par altération secondaire *-nᴀ-* est devenu *-nᴬ-*, v. p. 178 seq.

lieu, il est très-digne de remarque que la voyelle désinentielle
soit dans les quatres formes en question (*dvéśmi*, *dvékśi*, *dvéśṭi*,
dvéśṭu) un *i* ou un *u*, qui n'est suivi d'aucun autre phonème.
Certains indices font croire que l'*i* et l'*u*, dans ces conditions,
avaient une prononciation très-faible qui les rendait incapables de porter l'accent[1]. C'est ce qui se vérifie dans la flexion
nominale pour le locatif *ukśáni*, *dātári* etc., peut-être aussi pour
les nominatifs neutres comme *páçu* (gén. *paçvás*), v. p. 222.   On
nous fera remarquer qu'une autre forme de l'impératif, la 2ᵉ personne *dviḍḍhí*, *pṛṇīhí* etc., s'oppose à une hypothèse de ce genre.
A cela on peut répondre premièrement que le thème fort fait de
fréquentes apparitions dans ces impératifs.   On a en sanskrit
çādhí, *çaçādhi*, *bodhí* (de *bodh*), *ǵahāhi* que cite M. Benfey *Or. u.
Occ.* I 303, *gṛbhṇāhi*, *prīṇāhi* (Ludwig Wiener Sitzungsber. LV
149), en grec βῆϑι, τλῆϑι, σύμ-πωϑι, δίδωϑι, ἴληϑι (Curt. Verb.
II 35).   En second lieu, quand on considère le caractère presque

---

1. Si l'on admet cette explication, l'hypothèse de la priorité des désinences secondaires n'est plus absolument nécessaire. Au reste certains
faits ne seraient pas loin de nous faire croire que les sonantes *i*, *u*, *ṛ*, *n̥*,
suivies ou non d'un phonème, étaient incapables de prendre l'accent, et
que la désinence pour attirer le ton devait contenir un *a* (a_1, a_2, *A*). C'est
la 3ᵉ personne du pluriel qui est en question. En sanskrit le présent de la
rac. *çās* fait suivant Pāṇini *çásmi*, *çássi*, *çásti*, *çisvás*, *çismás*, *çásati* (cf.
mārǵanti). Les présents redoublés, sans montrer, il est vrai, la racine
pleine, évitent cependant d'accentuer *-ṇti* et retirent le ton sur la réduplication: *píparmi*, *pipṛmás*, *píprati*. Enfin devant la désinence *-us* ou *-ur*,
bien qu'elle n'ait rien de commun avec la première (J. Darmesteter Mém.
Soc. Ling. III 95 seq.), on trouve réellement la racine pleine, *vivyaćus*, *avi-
vyaćus* en regard de *viviktás*, *viveçus*, *áǵuhavus*, *açiçrayus* etc. V. Delbrück
Altind. Verb. 65.
    Tout cela semble témoigner d'une époque où la 3ᵉ personne du plu-
riel *à l'actif* était une forme forte. Et cependant d'autres indices y contre-
disent. Ne retrouvons-nous pas dans les langues les plus diverses le pendant du skr. *s-ánti* «ils sont» où l'a_1 radical est perdu? Oui, mais ici se
présente une nouvelle complication. Ni le gr. ἐντί ni le lat. *sunt* ni le
sl. *saṭi* ni le goth. *sind* ne s'accordent avec un primitif *sṇti* à nasale sonante, et l'on se demande si l'affaiblissement radical incontestable pour
cette forme ne tiendrait pas précisément à la nature particulière de sa désinence. Nous ne voulons pas nous perdre dans ce problème très-compli-
qué déjà effleuré p. 39 i. n. Il nous semble qu'en somme la première théorie, basée sur les désinences secondaires, satisfait davantage que celle-ci.

facultatif de la désinence -dhí, on se demande si elle n'est pas
dans l'origine une particule libre agglutinée plus tard au thème.

Il reste à considérer différents paradigmes offrant une anomalie apparente ou réelle.

1. Les formes fortes de la 3ᵉ classe avaient, croyons-nous,
deux accents dans la langue mère, l'un frappant la racine et
l'autre le redoublement (v. § 13 fin). Le saut de l'accent dans
skr. *pipṛmás* en regard de *píparti* n'est donc qu'apparent.

2. Les aoristes sigmatiques comme *áǵaišam* ont un vocalisme
assez troublé. Les racines finissant par une consonne s'affaiblissent au moyen[1]; ex. *ávikšmahi*, en regard de *áćešmahi*. Cela nous
donne le droit de supposer que ce temps a possédé primitivement
dans toute son extension l'alternance de formes fortes et de
formes faibles que la structure du thème doit y faire attendre.
Le pluriel et le duel de l'actif ainsi que le moyen pour certaines
racines, ont donc subi un métaplasme. L'accentuation n'est pas
moins-corrompue que le vocalisme (Benfey Vollst. Gramm. p. 389).
En grec les formes fortes ont prévalu comme en sanskrit (p. 128).

3. La 2ᵉ et la 3ᵉ pers. sing. du parfait semblent se prêter
assez mal à notre théorie, puisque *-ta* (skr. *-tha*) et *-a* pouvaient
prendre l'accent. Mais aussi l'*a* radical n'est point a_1, il est a_2.
C'est là, je crois, une circonstance importante, bien qu'il soit difficile d'en déterminer au juste la portée. Le fait est que les règles
qu'on peut établir pour les déplacements de l'accent et la chute
de l'*a* sont souvent éludées quand cet *a* apparaît sous la forme
de a_2. Cf. § 13 fin.

4. Optatif en -yá₁ₐ. Fléchi comme *pṛná₁ₐ*- ce temps devait
faire au pluriel (**rikyₐ-má*) *rikyᴬ-má*, au moyen (**rikyₐ-tₐ́*),
rikyᴬ-tₐ. Mais le groupe *yᴬ* ne peut subsister. Il se change en *ī*
dès la période proethnique tout de même que *rᴬ* se change en *r̥*
(v. p. 179 et le chap. VI). Toutes les formes qui n'apartiennent
pas au singulier de l'actif avaient donc *ī* dans la langue mère.
Pour le moyen M. Benfey a établi ce fait dans son écrit *Ueber die
Entstehung etc. des indog. Optat.*[2] (Mémoires de l'Acad. de Gœttingue

---

1. Bopp *Kr. Gramm. der Sanskr.-Spr.* § 349. Delbrück *Altind. Verb.*
p. 178 seq.

2. Bopp considère que l'accentuation de διδοῖτο, διδοῖσθε, doit faire
admettre que la contraction s'est accomplie dans le grec même. Mais qui

XVI 135 seq.). Au pluriel et au duel de l'actif le même *i* apparaît dans toutes les langues européennes: lat. *s-ī-mus* (sing. *s-iē-m*), gr. ε-ἴ-μεν (sing. ε-ἴη-ν), sl. *jad-i-mŭ* (sing. *jaẑdĭ = *jadjĭ*), goth. *ber-ei-ma* (le singul. *bereiþ* s'est dirigé sur le pluriel). Nous renvoyons au travail déjà cité de M. Paul *Beitr*. IV 381 seq., sans pouvoir toutefois nous associer à la conception de l'auteur qui voit dans l'*i* «une contraction de -*yā*». En sanskrit nous trouvons au pluriel et au duel de l'actif *lihyáma, lihyáva* etc. Ces formes sont dûes à l'extension analogique du singulier. Qu'on considère: 1° que les langues d'Europe sont unanimes dans l'*ī*; 2° que la théorie générale de la flexion veut *ī*, non *yā*; 3° que les cas comme *pámi pāmás* en regard du gr. φᾱμί φᾰμέν établissent un précédent pour la propagation de l'*ā* long (p. 147); 4° qu'en sanskrit même le moyen offre l'*ī* et que toute divergence entre le moyen et le pluriel-duel de l'actif a un caractère anormal; 5° enfin que le zend montre l'*ī* dans quelques formes actives: Justi donne *daiδītem* (3ᵉ p. du.), puis *çāhīṭ, fra-zahīṭ, daidīṭ*, formes du singulier qui ont reçu l'*ī* par analogie[1].

Le précatif védique (Delbr. l. c. 196) suit exactement dans sa flexion l'exemple de l'optatif. Actif: *bhū-yās-am, kri-yās-ma*; moyen: *muć-īṣ-ṭa* etc.

---

sait si cette accentuation existait ailleurs que dans l'écriture où la théorie grammaticale ne pouvait manquer de l'amener. C'est ainsi que τιθεῖσι n'est propérispomène que grâce aux fausses conclusions tirées de τιθέασι, v. Brugman Stud. IX 296. — On sait que M. Benfey pose *iā* comme caractéristique. Les arguments objectifs pour l'*ī* long se bornent à ceci: 1° On trouve une fois dans le Mahābhārata *bhuṅǵiyam*; 2° Rig-Véda X 148, 2, le mètre, dit l'auteur, demande *sahīās* (dásīr víçaḥ súriena sahīās). Il serait plaisant que nous nous mêlions d'attaquer M. Benfey sur des points de métrique védique. Nous avouons seulement, comme impression toute personnelle, être peu satisfait d'une pareille chute de triṣṭubh et l'être bien davantage de súriena sahyās ($\smile\smile\_\_$), quand même on devrait faire deux syllabes de l'*ā* de *dāsīr*, parce que du moins la 8ᵐᵉ syllabe du pada se trouve ainsi être une longue, selon l'habitude. Quant à *duhīyat*, M. Benfey y voit une forme thématique. Nous sommes donc en droit d'y supposer le thème *faible duhī-*. — Parmi les optatifs que donne Delbrück (l. c. 196) on trouve *ǵakṣīyāt*. Outre que dans le texte cette forme est placée tout près de *papīyāt*, l'*ī* peut s'expliquer comme voyelle de liaison (allongée par l'effet de *y*).

1. En sanskrit l'optatif de la 3ᵉ classe accentue au moyen la syllabe de réduplication. Rien n'indique que cette particularité soit primitive.

5. Optatif de la conjugaison thématique. La caractéristique, ainsi que l'admet M. Benfey, est un -$\bar{\imath}$ long[1] que nous croyons sorti de -ya_{1A} à peu près comme dans les formes faibles dont il vient d'être question. Mais il est fort difficile de dire d'après quel principe la réduction de -ya_{1A} en -$\bar{\imath}$ = *y^A a pu se faire ici, la tonique précédant la caractéristique. La flexion est unique en son genre. On attendrait que le thème skr. *tudé* (= *$tud\acute{a}$-$\bar{\imath}$) fît au pluriel «*tudīmá*», puisque l'a est *suivi d'un phonème*. Mais on remarque que cet a est a_2 (p. 87), ce qui, nous l'avons vu, change beaucoup la question. L'a se maintient donc, et il en résulte ce phénomène inconnu d'ailleurs d'une flexion sans dégradation se faisant sur un thème qui ne finit point par a_1. — Par une coïncidence curieuse mais fortuite sans doute l'alternance des anciennes diphthongues slaves *ě* et *i* dans l'impér. *nesi, nesi, nesěmŭ, nesěte, nesěvě, nesěta* semble se refléter dans le zend *barōis, barōiṭ, baraēma, baraētem* (moy. *baraēsa, baraēta*; au pluriel *ōi* reparaît). Nous avons cherché en vain ce qui pourrait justifier une différence originaire entre la diphthongue du singulier et celle du pluriel ou du moyen[2].

Subjonctif des verbes thématiques. Nous ne sommes pas arrivé à nous faire une opinion sur la forme primitive d'un subjonctif comme le gr. φέρω φέρῃς etc. L'$\bar{a}$ du lat. *ferāt* serait composé de $a_1 + a_1$, $e + e$? Ne serait-ce pas plutôt *feram feres* le vrai subjonctif? Et a-t-on le droit de séparer *moneat, audiat*, de l'optatif ombrien *portaia*?

2. APPARITION DU PHONÈME a_2.

La flexion verbale ne connaît la transformation de l'a_1 en a_2 que dans deux cas:

---

1. On sait que l'οι de la 3e pers. sing. de l'optatif grec (παιδεύοι) ne compte jamais pour brève, et en conséquence l'accent reste sur la pénultième. Il y a peut-être là, comme on l'a supposé, un indice de l'$\bar{\imath}$ long.

2. On pourrait supposer que primitivement le ton passait sur les désinences et qu'en même temps l'a_2 du singulier était remplacé par a_1: 3e sg. *tudá_2īt*, plur. *tuda_1īmá*. Ceci permettrait à la vérité d'établir entre *nesi* et *nesěmŭ* la même proportion qu'entre *vlŭci* (λύκοι) et *vlŭcě* (*λνκει, v. p. 91). Mais, outre qu'en général l'$\bar{o}i$ et l'$a\bar{e}$ du zend paraissent varier sans règle fixe, on ne voit pas en vertu de quelle loi l'a, au lieu de tomber au pluriel, se serait contenté de devenir a_1.

1° Dans la conjugaison thématique, où le phénomène paraît pouvoir s'expliquer par la nature de la consonne qui suit l'*a*. Voy. p. 87.

2° Au singulier du parfait, où l'*a* transformé est un *a* radical. La 1ᵉ personne conservait peut-être a_1. Voy. p. 71 seq.

Flexion nominale.

1. EXPULSION DE L'*a*.

A. L'expulsion se produit en vertu des lois de la flexion forte.

THÈMES OXYTONS.

Les thèmes finissant par a_1 se comportent comme dans la flexion verbale. L'accent ne passe point sur les désinences, et l'*a* persiste par conséquent à toutes les formes [1].

La première remarque à faire relativement aux thèmes où l'a_1 est suivi d'un ou de deux phonèmes, c'est qu'*ils n'appartiennent à la flexion forte qu'au singulier*. Le pluriel et le duel devront donc être traités sous la lettre B.

On sait que l'ancienneté de l'accentuation sanskrite est prouvée ici par son accord avec celle des monosyllabes grecs.

Les cas faibles, c'est-à-dire accentués sur la désinence et dépourvus d'*a* dans la syllabe prédésinentielle, sont: l'instrumental, le datif, le génitif. Les désinences sont -*ā*, -*ai* (p. 92), -*as*.

Les cas forts ou pourvus d'*a* sont: le nominatif, l'accusatif, le locatif, le vocatif. Les désinences sont -*s*, -*m*, -*i*, et *zéro*.

On le voit, le principe posé plus haut se vérifie. Ce qui fait qu'il y a des cas forts, c'est uniquement l'incapacité de certaines désinences à recevoir le ton [2]. Au vocatif d'ailleurs l'accent fuit vers le commencement du mot.

---

1. L'accentuation du pronom skr. *a* dans les formes comme *asyá* (à côté de *ásya*) sera née secondairement, quand le besoin de distinguer certaines nuances se sera fait sentir (voy. le dictionnaire de Grassmann, col. 207). Celle qu'accuse le goth. *þize, þizos*, paraît être simplement proclitique: le sanskrit a *tásya, téšām, tásyās*.

2. Nous devons nous contenter de citer la théorie différente et très-complète que M. Bergaigne a présentée sur ce sujet Mém. Soc. Ling. II 371 seq. Comme cette théorie est liée intimement à la question de l'origine des désinences et de la flexion en général, la discussion qu'elle demanderait ne manquerait pas de nous entraîner fort loin.

Nous venons de ranger le locatif parmi les cas forts. Effectivement on sait qu'en sanskrit la forme forte y est permise, sinon obligatoire comme dans *pitári, dātári*[1]. Deux exemples particulièrement intéressants sont *dyávi* (cf. *divé* etc.) et *kšámi* en regard de l'instr. *kšamā́*. Sur l'aversion qu'a le ton pour l'*i* final v. p. 190.

Les phénomènes spéciaux du nominatif, qui parfois se formait sans *s*, demandent à n'être pas séparés de la question de l'a_2. Il nous faut donc renvoyer le lecteur à la page 213.

Dans l'application de la théorie qui vient d'être formulée, nous nous bornerons, le sujet étant immense, à relever les points saillants de la déclinaison de chaque espèce de thèmes. Nous adoptons complétement les principaux résultats de l'étude de M. Brugman sur les thèmes à liquide (Stud. IX 363 seq.). Ce travail avait été précédé de la théorie de M. Osthoff sur la déclinaison des thèmes à nasale (Beitr. de P. et B. III 1 seq.), qui s'en approchait beaucoup pour le fond de la conception, mais sans proclamer encore l'expulsion totale de l'*a* aux cas faibles et sans opérer avec le phonème a_2. M. Osthoff admettait une échelle d'*a* de forces différentes. — Nous mettrons encore à profit l'article de M. Brugman sur les suffixes *-as, -yas, -was* (K. Z. XXIV 1 seq.). Les restes de la dégradation des suffixes en letto-slave sont recueillis par M. Leskien *Archiv für slav. Philol.* III 108 seq.

Comme type de la forme faible nous choisirons le datif.

Thèmes en *-wás.* L'accent, en sanskrit, s'est retiré aux cas faibles sur le suffixe: *vidúše, ǵagr̥bhúše* pour **vidušé, ǵagr̥bhušé.* La forme proethnique *-us-* des cas faibles, telle que l'admet M. Brugman K. Z. XXIV 97, est assurée indirectement par le grec *-υια*, et *ἰδυῖοι* (ibid. 81), par le goth. *berusjos* et le sl. *-ŭs-je-.*

Thèmes à liquide. L'expulsion proethnique de l'*a* aux cas faibles a été mise en pleine lumière par M. Brugman. Le phénomène le plus singulier est celui du génitif indien en *-ur.* Nous essayons de l'expliquer de la manière suivante.

---

1. Les thèmes qui ne finissent pas par une sonante font exception; le locatif y a été mêlé aux cas faibles: *tudatí, vidúši* etc. — De quelque manière qu'on doive expliquer les locatifs védiques sans *i* comme *mūrdhán*, ils ne peuvent infirmer en rien la théorie.

La désinence du génitif est -^{A}*s* et non -*as*. Accentuée, comme dans *padás*, elle a dû en sanskrit se développer en -*ás* (p. 177). Non accentuée, on la voit donner -*us* dans *pátyus*, *sákhyus*, *gányus* (ici par conséquent il faut poser -*us*, non -*ur*). Peu à peu cependant la forme -*as* parvient à éliminer sa rivale.

L'hypothèse de cette désinence -^{A}*s* est confirmée: 1° par le vocalisme du grec -ος et du slave -*e*; 2° par les génitifs comme *yuktés*, *mṛdós*, dont il sera question plus bas. Enfin elle éclaircit, jusqu'à un certain point, le génitif sanskrit *mātúr*.

Le prototype de *mātúr* est *mātr-^{A}s*. Le groupe r^A doit donner *ṝ*, puis *ūr* (§ 14). La qualité de la voyelle est donc expliquée, mais non sa quantité. En zend on a les génitifs *nars*, *çāçtars*, qui viennent de *$n\bar{ṛ}s$, *$çā\bar{ç}t\bar{ṛ}s$, l'*r*-voyelle s'étant développé en *ar* devant *š* comme dans *arshan* et autres cas. Dans *ukšnás* le son ^{A} ne s'est point fondu avec la nasale qui précède, ce qui s'explique fort bien, croyons-nous, par des raisons physiologiques. Nous reviendrons sur ce point au chap. VI.

D'ordinaire la contraction de r^A en *ṝ* est proethnique. Dans le cas qui nous occupe, le gr. πατρός[1], le goth. *fadrs*, paraissent indiquer qu'elle n'est qu'indo-iranienne. Les conditions, aussi, sont assez particulières, l'accent reposant sur le phonème ^{A}, ce qui ailleurs n'est pas le cas.

Le paradigme indien des thèmes en -*an* est parfaitement régulier. Les langues européennes n'en ont conservé que des débris. On a en latin *caro carnis*, en grec κύων κυνός[2], ainsi que ἀρνός. M. Osthoff (l. c. 76 seq.) pose comme thème de ce dernier mot *varan-* (*waran-*). Il nous semble que le skr. *úraṇa* ne s'accorde bien qu'avec *wr-án*. Ceci donne la flexion grecque très-ancienne: *Ϝρ-ήν, gén. *Ϝṛ-ν-ός. Le nominatif subsiste dans πολύ-ρρην; le génitif est devenu régulièrement *Ϝαρνός, ἀρνός[3].

---

1. Est-ce que νύκτωρ serait pour *νυκτορς, νυκτῆ̣ς? Cf. ἡμέρας τε καὶ νύκτωρ = ἡμέρας τε καὶ νυκτός.

2. L'accent, dans κύων, a été reculé; cf. skr. *çvá*.

3. Hésychius donne: ῥάνα· ἄρνα. Ῥωμαῖοι δὲ βάτραχον. M. Mor. Schmidt écrit ῥᾶνα, ce qui est nécessaire pour la seconde partie de la glose, mais peu probable pour la première. On ne pourrait attendre que ῥῆνα. Nous pensons que les gloses ῥάνα et ῥᾶνα se sont confondues et que ῥᾶν- et ἄρν- remontent tous deux à Ϝ̣ṛν, comme δρατός et δαρτός à δṛτός.

L'arménien *gar^{c}n* dont parle M. Osthoff peut se ramener à la forme faible *w$\mathring{r}$-n-*.

La déclinaison φρήν φρενός, ποιμήν ποιμένος, vient de la généralisation de l'accusatif et aussi du locatif, car φρένι, ποιμένι, ont été de tout temps des formes fortes.

L'explication du goth. *auhsin* résulte du fait auquel nous venons de faire allusion: *auhsin* est identique avec le skr. *ukšáṇi*. Au génitif on attendrait *auhsns. Il paraît évident que *auhsins* est une imitation du datif *auhsin*.

J'ai déjà cité l'article de M. Leskien, où il est montré entre autres que le sl. *d̆ne* «diei» vient d'un thème *diwan-* ou *dian-*.

Pour les formes indiennes comme *brahmáṇe*, il sera difficile de décider si l'*a* s'est maintenu dès l'origine pour empêcher le conflit des consonnes ou si *brahmáṇe* représente un primitif **brahmṇ̍é*. La position de l'accent conseille peut-être la première solution.

Le thème en -*am* *ghi-ám* se décline comme les précédents. V. Brugman Stud. IX 307 seq. Le zend a au nominatif *zy-āo*, au gén. *zi-m-ō̄*.

Le suffixe participal -*nt*, lui-même dépourvu d'*a*, peut emprunter celui du thème quand ce dernier finit par *a*. Tout se passe alors comme si le suffixe était -*ant*. L'accent qui restait immobile tant que l'a_1 (a_2) qui le supportait finissait le thème passe aux désinences aussitôt que cet a_1 est revêtu du groupe -*nt* (lois I et II, p. 188). La flexion est donc en sanskrit *tudán, tudaté* (= *tudṇté*) etc. V. Brugman Stud. IX 329 seq.

Le grec λαβών λαβόντος a généralisé la forme forte. En latin au contraire -*ent* continue la forme faible à nasale sonante, que M. Sievers a reconnue en germanique dans *hulundi, þusundi* et autres féminins.

Une petite minorité seulement parmi les thèmes qui finissent par *i* et *u* appartient à la flexion forte. L'exemple le plus important est *di-á$_1$u-*[1] «ciel».

---

1. M. L. Havet (Mém. Soc. Ling. II 177) a montré que ce thème vient d'une racine *di* (*dai*) et point de *diw* (*dyau*).

nom.	$di\text{-}á_1u\text{-}s$	Cf. $(m\bar{a}\text{-}tá_1r)$	$(uks\text{-}á_1n)$
voc.	$di\text{-}a_1u$	$m\bar{a}\text{-}ta_1r$	$uks\text{-}a_1n$
acc.	$di\text{-}á_1u\text{-}m$	$m\bar{a}\text{-}tá_1r\text{-}m$	$uks\text{-}á_1n\text{-}m$
loc.	$di\text{-}á_1u\text{-}i$	$m\bar{a}\text{-}tá_1r\text{-}i$	$uks\text{-}á_1n\text{-}i$
dat.	$di\text{-}u\text{-}\acute{a}i$	$m\bar{a}\text{-}tr\text{-}\acute{a}i$	$uks\text{-}n\text{-}\acute{a}i$

Nominatif: plutôt que de voir dans le skr. *dyaus* l'allongement du nominatif il faut je crois, à cause du gr. Ζεύς, assimiler l'*au* de cette forme à celui de *yaúmi* etc. (p. 128). — Vocatif: gr. Ζεῦ. — Accusatif: *diá₁um* et la forme la plus ancienne, mais la coïncidence du gr. Ζῆν avec skr. *dyǎm* paraît établir que dès une époque très-reculée la diphthongue avait cessé d'exister. Cf. p. 41. L'*ā* de la forme *Δάν* que rapporte un grammairien est assurément singulier, mais la forme éolo-dorique ordinaire montre *η*, v. Schrader Stud. X 319. — Locatif: véd. *dyávi*.

Nous allons étudier quelques autres mots du type *di-au*. Pour ne point les disperser à plusieurs endroits nous citerons les paroxytons comme les oxytons; nous aurons aussi à faire la distinction de a_1 et a_2 aux formes fortes.

Parmi les thèmes en *-i*, nous reconnaissons pour avoir appartenu à la déclinaison de *di-au*: $^Au\text{-}á_1i$ «oiseau» qui dans le Véda fait *vés* au nominatif. Le reste de la flexion est dégénéré et même au nominatif, *vi-s* commence à prendre pied.

En latin on a encore les mots comme *vatēs*, acc. *vatēm*.

C'est un échantillon analogue qui se cache dans le skr. *kaví*, car en zend ce mot fait à l'acc. *kavaēm.* Seulement nous trouvons pour nominatif zd. *kava* = **kavā*. Etant donné *pitá(r)* de *pitár-*, le nom. **kavā(i)* de *kavai-* n'a rien de surprenant. Mais il faut provisoirement nous résigner à ignorer pourquoi les thèmes en *-u* n'ont jamais de nominatif sans *s* et pourquoi les thèmes en *i* eux-mêmes ont la double formation *ves* et **kavā*. Cf. p. 213.

Flexion de *gāu* «bœuf». Quelle est la forme exacte de ce thème? C'est, croyons-nous, $ga\text{-}a_1u$ et non ga_1u: 1° parce que dans l'hypothèse ga_1u on devrait trouver aux cas faibles *gu-*; 2° parce que le v. hᵗ-all. *chuo* suppose un *ā* long [1]. Les composés indiens comme *su-gú* ne sont dûs certainement qu'à un changement de déclinaison. La langue, partant de formes comme le gén. *sugós* ou le dat. *sugáve* et se laissant guider par les adjectifs en *-ú* (*pṛthú* etc.), devait aboutir à *sugús*. Du reste $ga\text{-}a_1u$ se

---

1. On pourrait dire qu'il y a ici le même allongement du nominatif que pour *fōt-* (p. 213). Mais Ζεύς (v. ci-dessus) montre qu'un thème comme ga_1u n'eût point allongé le nominatif. — J'ai été rendu attentif à la forme *chuo* par M. le Dʳ Kögel qui du reste l'expliquait différemment.

décline régulièrement soit en sanskrit soit en zend. Cf. skr. *gaus* (*ga-a₁u-s*) et *dy-au-s*, *gá-v-e* et *di-v-é*. Aux cas faibles, le ton s'est fixé sur l'*a* de *ga-v-*. Cet *a* n'y avait évidemment aucun droit, mais en sanskrit l'attraction qu'exercent sur l'accent les *a* radicaux de toute provenance paraît avoir été presque irrésistible. Le locatif *gavi* au lieu de **gāvi* est comme *divi* à côté de *dyavi*. Le gr. βο-⸜-F-, βοϝ = skr. *ga-v-*, *go-* indique que l'*a* radical est un ϱ. La forme forte s'est perdue: βοῦς a remplacé **βω(ϝ)ς. Homère a bien encore l'acc. βῶν [1] = arien *gā́m* (zd. *gā̃m*), que nous ramènerons sans hésiter à *gϱ-á₁u-m*, mais en elle-même cette forme pourrait être sortie de *gaŭm* comme Ζῆν sort de *dyăum*. Le latin ne nous apprend rien de particulier.

Thèmes en *u* qui prennent *a₂*. Le zend a les formes suivantes: acc. *naçāum* (cadavre) = **naçāvam* (n. pl. *naçāvō*); acc. *pěrěçāum* (côté), *garemāum* (chaleur). La flexion est complète pour l'ancien perse *dahyāu-s*, acc. *dahyāu-m* (nom. et acc. pl. *dahyāv-a*, gen. pl. *dahyunām*, loc. *dahyusuvā*). Le même mot en zend donne l'acc. *daṅhaom* — on attendrait *daṅhāum* — (et le nom. pl. *daṅhāvō*). On a en outre le nom. sg. *bāzāus* (bras) dont l'*ā* s'explique, comme pour le perse *dahyāus*, par l'influence de l'accusatif[2] (**bāzāum*) lequel ne nous est point parvenu. Il règne du reste, comme le montre *dahyăom* en regard de *dahyāvō*, une certaine confusion entre les thèmes qui prennent *a₂* et ceux qui ne le prennent pas. Justement en regard de **bāzāum* le Véda nous offre *bāhǎvā*, duel du même thème[3]. Cette flexion est d'autant moins suspecte d'origine récente qu'elle apparaît de préférence au sein d'une petite famille de thèmes en *u* avec laquelle nous avons fait connaissance p. 133: ce sont des féminins[4], qui ont *a₁* dans la racine. Il est possible, comme l'a conjecturé M. G. Meyer (Stammbildung p. 74), que les noms grecs en -εϝ-ς· aient quelque rapport avec cette déclinaison, seulement rapprocher l'*ā* arien de l'*η* de τοκῆος est, croyons-nous, inadmissible. Il ne faut pas oublier d'ailleurs l'absence de l'εϝ dans νέκυς, πῆχυς, où on serait le plus en droit de l'attendre. — M. Meyer rappelle les nominatifs gothiques comme *sunaus*. On pourrait penser en effet que c'est là un dernier souvenir de la double flexion primitive des thèmes en *u*.

---

1. Le dor. βῶς, βῶν, n'est que la transformation de βοῦς, βοῦν.

2. A moins d'admettre un allongement du nominatif coexistant avec l'*s*.

3. Il est inutile de forger un mot *bāhava* tout exprès pour expliquer cette forme.

4. Au masculin *pěrěçāum* est opposé en sanskrit le féminin *párçu*.

Thèmes en *i* qui prennent *a₂*. Le plus important est le thème skr. *sákhe-*, acc. *sákhāy-am* (zd. *hu-shaχāim*), voc. *sákhe*, dat. *sákhy-e* (nom. pl. *sákhāyas*). L'*ā* long du nominatif *sákhā* est tout autre que l'*ā* (= *a₂*) de *sákhāyam:* il suffit de rappeler *kavā en regard de *kavāyam (*kavaēm*). C'est ici peut-être que se place le nom. pl. *çtaomāyō* (Spiegel Gramm. 133).

Depuis le travail de M. Ahrens sur les féminins grecs en ω K. Z. III 81 seq. il est constant que le thème de ces mots finit par *ι*. Nous soupçonnons que ce sont là les correspondants du type skr. *sákhe.* Si l'on a le droit de mettre en parallèle

dātā	*dātāram*	*dātar*	*dātrā*
et δώτωϱ	δώτοϱα	δῶτοϱ	[δώτοϱος pour *δωτϱος]

on a aussi celui de comparer

sakhā	*sakhāyam*	*sakhe*	*sakhyā*
et Λητῴ	Λητῶ(*Λητόα)	Λητοῖ	[*Λητόος pour *Λητιος]

A l'accusatif nous avons écrit Λητῶ: c'est l'accentuation que prescrit Dionysius Thrax (Ahrens l. c. 93). Du reste il n'y aurait aucun témoignage en faveur du circonflexe que cela ne devrait pas arrêter, étant donnés les procédés des grammairiens, de voir dans ω la contraction de οα[1], cf. Brugman Stud. IV 163. Sans doute il y a les accusatifs ioniens comme Ἰοῦν, et l'on sait que M. Curtius en a inféré que le thème finissait par -οϜι. Mais les observations que fait à ce sujet M. Windisch Stud. II 229 montrent bien que cette explication n'a pas satisfait tout le monde. De *ἸοϜιν à Ἰοῦν le chemin n'est guère facile. De toute manière cette forme en -ουν est énigmatique et a l'air d'un emprunt fait à d'autres déclinaisons, peut-être à celle de βοῦς. L'hypothèse des thèmes en -οϜι ne permet pas du reste, ainsi que le reconnaît M. Curtius[2], d'expliquer l'ω du nom. Λητῴ. — On pourrait s'étonner

---

1. Parmi les nombreuses formes que cite M. Ahrens, il ne se trouve aucun accusatif qui ait l'*ι* souscrit ou adscrit, preuve que l'ω n'y est point primitif comme au nominatif, et qu'il est bien sorti de -*o(y)α*. La terminaison -*oyα* à son tour ne saurait être très-ancienne. La forme pure serait -*οιν*. On a cru en effet avoir conservé des accusatifs comme Λατοῖν, mais, M. Ahrens montre qu'ils proviennent d'une fausse leçon. Ils avaient donc péri dès avant l'époque historique. On peut comparer plus ou moins *Λη- τοyα pour *Λητοῖν à ἠδέϜα pour ἠδύν.

2. Le savant professeur conjecture seulement que l'analogie des formes

que les thèmes grecs en -*a₂i* soient employés si exclusivement à former des féminins. Toutefois il y a des traces du masculin dans les noms propres *Πατρώ, Μητρώ, Ἡρώ* (Curt. Erl. 54).

Il est probable que bon nombre de mots analogues sont à tout jamais cachés pour nous parce qu'ils ont revêtu la flexion courante des thèmes finissant par *i* et *u*. En voyant par exemple que dans le Rig-Véda *ávi* «mouton» fait au gén. *ávyas* et jamais *áves*, absolument comme on a en grec *οἰός* (pour *ὄϝιος) et non «*ὄεως*», il est naturel de croire que la flexion première a été: nom. *awa₁i-s* ou *awā₁i*, dat. *awy-ᴀi*, acc. *awa₁i-m* etc. Peut-être que le gén. goth. *balgis* des masculins en *i*, au lieu d'être ainsi que le dat. *balga* emprunté aux thèmes en -*a*, offre un vestige de la flexion dont nous parlons: *balgis* serait pour *balgiᴬs*.

L'immobilité de l'accent dans le paradigme sanskrit *apás apáse, ušás ušáse,* n'a pas grande importance. Il est possible, il est même fort probable que le ton y subissait primitivement les mêmes déplacements que partout ailleurs. C'est la persistance anormale de l'*a* suffixal qui est remarquable. Jusqu'ici les syllabes prédésinentielles ne nous offraient rien de semblable.

M. Brugman (K. Z. XXIV 14 seq.) donne pour ce fait de très-bonnes raisons: le désir d'éviter des formes trop disparates dans la même déclinaison, puis l'influence analogique des cas faibles du pluriel où l'*a₁* ne pouvait tomber (ainsi *apa₁s-bhis*).

Cependant à quoi se réduit après tout la classe des oxytons en -*as*? Au nom de l'aurore, skr. *ušás*, aux mots indiens *bhiy-ás* «peur», *pú-mas* pour *pumás* (p. 219), et aux mots comme *tavás, yaǵás, ψευδής.* Or ces derniers, M. Brugman l'a établi, ne sont que des neutres revêtus de la déclinaison du masculin. Il serait possible même qu'ils fussent nés séparément dans les différentes langues qui les possèdent, la flexion s'étant dirigée sur celle des composés (paroxytons) comme *su-mánas.* La forme pleine de leur syllabe radicale est très-suspecte pour des oxytons. Quant à *bhiy-ás* et *pu-más*, ils font régulièrement *bhī-ṣ-ā́* (instr. véd.), *pu-ms-é.* Le seul exemple dont on ait à commenter la déclinaison, c'est donc l'indo-eur. *ᴬušás*, et l'on peut croire en effet

comme *δαίμων* aurait, dans de certaines limites, agi sur les mots en -*ῳ*. V. Erläuterungen² 55 i. n.

que les formes faibles comme ^{A}*uss$_A$i* parurent trop inintelligibles [1]. L'*a* fut donc retenu: ^{A}*usas$_A$i*, skr. *ušáse*. Pour l'a_1 de *ušáse* en regard de l'a_2 de *ušásam* v. p. 215.

Les thèmes-racines, simples ou formant le second terme d'un composé, se présentent sous deux formes tout à fait différentes.

Dans le premier cas la racine est privée de son a_1 par une cause inconnue, mais évidemment indépendante de la flexion. Ces thèmes, auxquels nous faisions allusion à la page 186, ne rentrent donc point dans le sujet de ce paragraphe. Ayant perdu leur *a* avant la flexion, ils sont désormais à l'abri de toute modification [2]. Quand ils finissent par *i, u, r̥, n̥, m̥*, ils s'adjoignent un *t* dont les longues *ī, ū, r̥̄, n̥̄, m̥̄* (chap. VI) se passent. Exemples: skr. *dviš̍, mŕ̥dh, niç* (p. 177), *açva-yúǵ, mí-t, hrú-t, su-kŕ̥-t, aranya-ga-t* (= -*g̥m-t*); *bhi̍, bhú̍, gír* (= *gr̥̍*), -*ǵá* (= *ǵn̄*); zend *druǵ;* gr. *ἀλκ-ί, "Α-(ϝ)ιδ-, σύ-ξυγ-, ἀντ-ηρίδ-, ἔπ-ηλυς, -υδος* (métaplasme pour -*υϑος*); lat. *ju-dic-*, etc. [3]

Dans le second groupe de thèmes-racines l'affaiblissement résulte *de la flexion* et n'embrasse donc que les cas faibles. Les noms dont il s'agit font pendant aux verbes de la 2e classe. Toutes les racines n'affectionnent pas ce genre de déclinaison. A peine si celles qui finissent par *r* fournissent un ou deux exemples indiens comme *abhi-švár*.

Le vocalisme des différentes formes fortes ne peut-être traité ici où il ne s'agit que de l'expulsion de l'*a*; voy. p. 217 seq.

Parmi les composés sanskrits on remarque ceux de *han:*

---

1. Le Rig-Véda a un génitif sing. (et accusatif pl.) *ušás*. On le tire, avec raison probablement, d'un thème *uš*. Y supposer la continuation de la forme faible *us-s-* serait invraisemblable à cause du double *s* qui serait représenté par *š*.

2. Les déplacements d'accent restent naturellement les mêmes, du moins dans le mot simple. En composition, où ils sont censés avoir lieu également (Benf. Gramm. p. 319), l'usage védique contredit à la règle. Toutefois *vi-mr̥dh-ás* R. V. X 152, 2, témoigne bien que la règle n'a pas tort.

3. Tout renforcement nasal et toute perte de nasale étant choses étrangères à l'indo-européen, il est évident que la flexion du skr. *yúǵ* qui fait *yúnǵ* aux cas forts ne peut pas être ancienne. Du reste, dans le Rig-Véda, la forme *yunǵ-* est extrêmement rare.

accus. *vṛtra-hán-am*, dat. *vṛtra-ghn-é*. De *vah* se forme *anaḍváh*,
accus. *anaḍ-váh-am*, dat. *anaḍ-úh-e*.

On entrevoit encore la déclinaison grecque primitive de
Βελλερο-φῶν (dont l'accentuation est incompréhensible): le nom
Περσέ-φαττα, où *-φαττα* répond au *-ghnī* sanskrit, indique que le
génitif eût fait *Βελλερο-φατος (cf. p. 27 seq.).

En zend le thème *vaćʻ* «voix» fait à l'acc. *vāćim*, *vāćem* (= gr.
ϝόπα), au dat. *vắćē*, à l'instr. *vắća* etc. Cette flexion ne peut pas
être primitive. Aucune loi à nous connue n'autoriserait dans les
cas faibles d'autre forme que **uć-* (à moins que l'*ā* de *vāćem* ne
fût un véritable *ā* long indo-européen, ce qu'il n'est pas). La
forme *vắć-* est dûe évidemment à des influences d'analogie. En
sanskrit *vāć-* a envahi, comme on sait, toute la déclinaison.

Posant pour thème *ṛbhu-kšé-*, nous ramenons le nom. skr.
ṛbhu-kšắ-s à *ṛbhu-kšāi-s (cf. *rās* = *rāis). L'allongement de l'*ā*
est comme pour *dyaús*. L'instr. pl. *ṛbhu-kší-bhis* s'explique de lui-
même. Quant à l'accus. *ṛbhu-kšán-am* (au lieu de *ṛbhu-kšáy-am),
il est dû à quelque phénomène d'analogie. Cf. *divá-kšā-s* lequel
fait à l'accus. *divá-kšas-am*. On a dans le Rig-Véda, mais seulement
au pluriel, *uru-ǵráy-as*, *pári-ǵray-as*, de *ǵre*. Le nom. sing. eût été,
je pense, *-ǵrás*. Citons encore *dhī-ǵáv-as* R. V. IX 86, 1.

Quand la racine finit par *ā*, le *ᴬ* des cas faibles s'élide devant
la désinence: *soma-pắ*, acc. *soma-pắm* (*-pá₁ᴬ-m*), dat. *soma-p-é*
(*-pᴬ-é*). C'est ainsi qu'on a, dans le verbe, *ǵá-h-ati* = *ǵá-h-ṇti
venant de *ǵahᴬ* + *ṇti*. V. p. 36 et le § 14.

Sur la signification qu'on attribuera à l'échange de a_1 et a_2
dans les mots comme *pad* où l'*a* ne peut tomber, v. p. 215.

THÈMES PAROXYTONS.

Les thèmes paroxytons du sanskrit gardent, comme on sait,
l'accent sur la syllabe radicale à tous les cas de la flexion[1].

Admettrons-nous ce que M. Osthoff (l. c. 46 i. n.) indique
comme un résultat probable des recherches ultérieures, que l'indo-
européen n'ait point connu cette loi de l'accentuation indienne
et que le comparatif *wásyas* par exemple ait fait au datif *wa-*

---

1. Il y a de rares exceptions qui ne sont qu'apparentes. Ainsi *púmān*
(dat. *puṃsé*) aura été d'abord oxyton, ainsi que le suppose le vocalisme de
la racine. On peut en dire autant de *svàr* (*súar*) qui donne un dat. védique
sūré. Sur *sắnu*, gén. *snós*, v. p. 221 seq.

syasắi[1]? Tout au contraire, nous disons que la loi des paroxytons a toujours existé:

1° Il ressort de tout ce qui précède que l'accent, aux cas «forts», ne tend pas moins à gagner la désinence qu'au datif ou aux autres cas «faibles». Que signifieraient donc des déplacements d'accent tels que *wásyās wasyasắi*?

2° Une pareille mobilité d'accent est difficilement conciliable avec la fixité du vocalisme radical, qui est très-grande pour les paroxytons.

3° Il y a un contraste frappant entre les «cas faibles» des oxytons en *-was* et ceux des paroxytons en *-yas*. Toutes les conditions étant égales d'ailleurs, nous trouvons, là *vidúṣe* (= *viduṣé), ici *vásyase*. La non expulsion se vérifie aussi dans les infinitifs en *-man-e, -μεν-αι*, de thèmes paroxytons.

Donc dans les paroxytons normaux *tous les cas seront forts.*

Autre chose est de savoir si la dégradation du suffixe n'avait pas dès l'époque proethnique pénétré d'une manière ou d'une autre dans certains groupes de paroxytons.

Ce qui le fait supposer tout d'abord, c'est que la majorité des paradigmes du sanskrit, ne distingue point à cet égard entre oxytons et paroxytons: *bhrắtre, rắǵñe, bhárate,* montrent le même affaiblissement que *mātré, ukṣṇé, tudaté*.

On ne saurait attendre des langues européennes de données décisives pour cette question. Voici cependant un cas remarquable et qui confirmerait le témoignage du sanskrit: le *t* du germ. *svester* «sœur» n'a pu prendre naissance que sur une forme faible *svesr-* d'où il a gagné ensuite les cas forts (Brugman Stud. IX 394); preuve que la dégradation, dans ce mot, est bien ancienne. Or c'est un paroxyton: skr. *svásar.*

D'autre part le féminin *bhárantī* (cf. *tudatī*) des participes indiens paroxytons semble indiquer positivement que la flexion grecque *φέρων φέροντος* est plus primitive que le skr. *bháran bháratas*. C'est l'avis de M. Brugman l. c. 329[2].

---

1. C'est ce qui paraît être l'opinion de M. Brugman (Stud. IX 383).

2. La langue védique semble faire quelque différence entre les thèmes en -*man* selon qu'ils sont oxytons ou paroxytons. De ces derniers on a par exemple *ǵémanā, bhúmanā, bhúmanas, yámanas.* Au contraire *premán, prathimán, mahimán,* donnent les instrumentaux *preṇắ, prathinắ, mahinắ,*

La portée de la question diminue du reste considérablement, si l'on songe qu'au pluriel et au duel, où règne la flexion faible, oxytons et paroxytons étaient soumis à une même loi.

B. L'expulsion se produit en vertu des lois de la flexion faible.

M. Paul a consacré une partie du travail précédemment cité à une étude sur la déclinaison primitive des thèmes en *i* et en *u*, ou plus exactement sur l'espèce la·plus commune de cette déclinaison. L'auteur montre que la dégradation du suffixe, à tous les nombres, dépend du phonème initial de la désinence: selon que ce phonème est une voyelle ou une consonne, l'*a* suffixal apparaît ou disparaît[1]. Au vocatif, où la désinence est nulle, l'arien, le letto-slave, le germanique et le celtique prouvent que l'*a* existait (Beitr. IV 436).

C'est là ce que nous avons appelé plus haut la *flexion faible* (p. 187). Le principe de l'expulsion se résume pour elle dans cette loi unique: L'ADJONCTION D'UNE DÉSINENCE COMMENÇANT PAR UNE CONSONNE ENTRAÎNE LA PERTE DE L'a_1 PRÉDÉSINENTIEL.

— Thèmes finissant par *i* et *u*. —

Dans les cas où le suffixe a sa forme pleine, le ton, en sanskrit et en grec, se trouve sur l'*a*. Il y a tout lieu de croire que c'est là l'accentuation primitive. Celle des cas faibles du pluriel sera traitée plus bas, p. 209.

Nous pouvons parler tout de suite de la qualité de l'*a*. Les thèmes en *i* et en *u* de déclinaison faible semblent n'admettre que l'a_1. Le grec présente ε, le sanskrit un *a* bref. L'*o* du sl. *synove*, l'*a* du lith. *sunaus* sont des modifications secondaires de l'*e* (p. 67).

où le rejet de l'*m* atteste la grande pression que subissait le suffixe. Mais *bhúmanas, yámanas,* peuvent être une imitation de *kármaṇṣ, vártmanas,* et d'autre part le paroxyton *áçman* fait en zend *ashnō·* au génitif (Spiegel Gramm. 156). — Les thèmes faibles *yūn-* et *maghon-* de *yúvan* et *maghávan* ne prouvent pas grande chose en faveur de la dégradation des paroxytons; nous avons trop peu de garanties relativement à l'ancienneté de leur accentuation. La même remarque s'applique aux mots comme *sákhai- sákhi-.* Cf. *sakhibhyas,* Benfey Vollst. Gramm. p. 320.

1. On s'étonne que dans le même travail l'auteur s'efforce de tirer un parallèle entre les thèmes dont nous parlons et les thèmes à liquide et à nasale, parallèle que l'énoncé même de sa règle rend à notre sens chimérique.

En gothique l'*a* de *anstais*, *anstai; sunaus, sunau*, est encore inexpliqué, il ne paraît point se retrouver dans les autres dialectes
germaniques — au contraire le v. h^t-all. a encore *suniu* — et de
plus le plur. *sunjus* offre l'*e*.

Les thèmes yuktá$_1$i et m$\underset{\circ}{r}$dá$_1$u donneront conformément à
la loi posée ci-dessus[1].

	Singulier	Pluriel		Singulier	Pluriel
Nom.	yuktí-s	yuktá$_1$y-a$_1$s	Nom.	m$\underset{\circ}{r}$dú-s	m$\underset{\circ}{r}$dá$_1$w-a$_1$s
Voc.	yúkta$_1$i	yúkta$_1$y-a$_1$s	Voc.	m$\underset{\circ}{r}$da$_1$u	m$\underset{\circ}{r}$da$_1$w-a$_1$s
Acc.	yuktí-m	yuktí-ns	Acc.	m$\underset{\circ}{r}$dú-m	m$\underset{\circ}{r}$dú-ns
Dat.	yuktá$_1$y-ai	yuktí-bhyas	Dat.	m$\underset{\circ}{r}$dá$_1$w-ai	m$\underset{\circ}{r}$dú-bhyas
Loc.	yuktá$_1$y-i	yuktí-swa	Loc.	m$\underset{\circ}{r}$dá$_1$w-i	m$\underset{\circ}{r}$dú-swa

Différentes formes donnent lieu à des remarques particulières.

1. Génitif du singulier. La forme indo-européenne paraît
avoir été *yuktá$_1$īs, m$\underset{\circ}{r}$dá$_1$ūs*, vu l'accord du sl. *kosti, synu*, avec le
skr. *yuktés, m$\underset{\circ}{r}$dós* (Leskien Decl. 27). L'*i* est l'*u* devaient être
longs, puisqu'ils provenaient de la contraction de *y^A* et *w^A*, la désinence étant -^{A}s (p. 196). Cette contraction du reste n'est pas
absolument régulière: elle n'a lieu ordinairement, pour l'*u* du
moins, que si la semivoyelle est *précédée d'une consonne* comme
dans *dhūtá* = **dhw^{A}tá* (§ 14).

2. Les ablatifs du zend comme *garōit, tanaot*, n'infirment
point la règle: ils sont probablement de création récente (Leskien
Decl. 35 seq.) et d'ailleurs la désinence est -*ad*, non -*d*. Si *garōit*
était ancien, il serait donc pour «*garayad*».

3. L'instrumental sing. et le génitif plur. sont malheureusement difficiles à étudier, à cause de la formation nouvelle *yuktī-*

---

1. Dans un article sur la gradation des voyelles (Académie de Vienne
LXVI 217) M. Fr. Müller attirait l'attention sur l'antithèse des déclinaisons de *yukti, m$\underset{\circ}{r}$dú*, et des thèmes consonantiques. Il faisait remarquer
que le premier genre de thèmes affaiblit le suffixe précisément dans les
formes qui pour les seconds sont fortes. Mais — outre que la «déclinaison consonantique» contient aussi, comme nous l'avons vu, des thèmes
en *i* et en *u* — l'antithèse est pour ainsi dire fortuite: elle n'existe que
dans la limite donnée par le principe des deux flexions et la nature des
désinences. Au locatif et au vocatif les paradigmes se rencontrent nécessairement: *m$\underset{\circ}{r}$do* cf. Ζεῦ, *dátar; sūnávi* (véd.) cf. *dyávi, dātári*.

nām, mṛdūnām. Il reste pourtant des instrumentaux védiques comme *pavyā̆, ūrmiā̆*, et en zend les génitifs plur. *raϑwām, χraϑ-wām, vaṅhvãm* (Spiegel Gramm. p. 142). Les langues congénères ne sont pas d'accord entre elles.

Les types *pavyā̆, vaṅhvãm*, sont évidemment en contradiction complète avec la flexion faible; nous devons les accepter tels qu'ils sont, comme un essai de déclinaison forte. L'anomalie paraît tenir à la nature des désinences.

4. Duel. Le dat.-abl. skr. *yuktíbhyām, mṛdúbhyām*, sl. *kostima, synuma*, ne présente rien de particulier. Pour le génitif-locatif, nous prions de voir à la page 209. La forme du nom.-acc. *yukti, mṛdú*, sl. *kosti, syny*, n'est point encore bien éclaircie, et nous ne savons quoi en penser.

Les thèmes en *i* et *u* subissent dans la dérivation le même traitement que dans la flexion. Ils maintiennent leur *a* tant que l'élément ajouté ne commence pas par une consonne; *y* compte comme voyelle. C'est ainsi qu'on a en sanskrit *vāstavya* de *vāstu*[1], en grec ἀστεῖος de ἄστυ[1], δέν-δρεον de δρυ, en gothique *triva-, kniva-* de **tru, *knu*. Que les adjectifs verbaux grecs en -τέο soient apparentés aux formes indiennes en -*tavya* c'est ce que les observations de M. Curtius (Verb. II 355 seq.) rendent douteux. Qu'ils soient sortis comme les adjectifs indiens de thèmes en -*tu*, c'est l'opinion commune qu'il n'y a pas lieu, croyons-nous, d'abandonner. Le mot ἐτεός dont le digamma apparaît dans Ἐτεϝάνδρω (inscr. cypriote, Revue archéologique 1877 p. 4) est accompagné encore de ἔτυ-μος. Devant les consonnes nous trouvons *i, u:* skr. *çućitvá, bandhutá*, gr. ταχυτής etc. — Au féminin, le gr. πλατεῖα est probablement plus primitif que le skr. *pṛthvī́*; cf. toutefois ὄργυια, Ἄρπυια etc.

La flexion faible ne paraît avoir été en usage, au singulier, que pour les thèmes finissant par *i* et *u*. Toutefois on en peut soupçonner la présence dans les mots comme skr. *yantúr, aptúr, vandhúr*. Un thème à liquide eût fait au nomin. *yamtṛ́-s*, au dat. *yamtá₁r-ai*, à l'acc. *yamtṛ́-m*. Or *yamtṛ́s* a pu à la rigueur donner en sanskrit *yantúr* et par extension *yantúram* etc. En grec μάρ-τυρ serait pour **μάρτρς*.

— Pluriel et duel des thèmes de flexion forte. —

Mieux que toute autre forme, l'accusatif du pluriel montre comme quoi le principe qui régit au singulier la déclinaison de

---

1. Nous devrions dire *vāsto, ἄστεν* etc. Malheureusement en nommant les thèmes sous cette forme, on s'expose à plus d'un malentendu.

thèmes comme *pitár, ukšán* etc., ne se vérifie plus aux autres nombres.

La place de l'accent à ce cas est donnée, comme nous l'avons vu (p. 39 seq.), par la désinence arienne -*as* pour -*n̥s* qui serait devenue -*ans*, -*ān*, si elle avait porté le ton. L'accentuation primitive s'est conservée du reste dans le grec (πόδας, cf. ποσσί) et, dans l'indien même, pour les thèmes sans dégradation qui, dans les Védas, accentuent rarement la désinence -*as*[1].

Ayant reconnu que l'accent frappait originairement le thème, M. Brugman crut être forcé d'aller plus loin et d'admettre — par hypothèse pure, car le témoignage du zend et de l'européen est ici tout à fait équivoque — que l'accusatif pluriel était anciennement un cas fort. A la page 40 nous avons adopté cette manière de voir, parce que nous ne comprenions pas encore que le pluriel des thèmes dont il s'agit dût être jugé autrement que le singulier. Mais à quelles invraisemblances ne conduit-elle pas? Comment cet affaiblissement systématique de toutes les espèces de thèmes sanskrits à l'accusatif plur. serait-il dû au hasard d'un remaniement secondaire? Comment, en particulier, expliquer la forme des thèmes à liquides, *pitṝn*? Cette forme renverse toute l'hypothèse: elle ne se conçoit qu'en partant de l'indo-eur. *p⁴tṝ-ns* (cf. goth. *fadruns*). Dans la supposition de M. Brugman on ne pourrait attendre en sanskrit que «*pitrás*» (pour «*pitáras», «**pitárn̥s*»). Ainsi les deux choses coexistaient. La syllabe prédésinentielle était *affaiblie malgré l'accent*. Or cela est la négation même de toute flexion forte.

En revanche la simple confrontation de *pitṝ-ns, *sákhi-ns, *dyú-ns avec **mr̥dú-ns* nous apprend que ces formes entrent sans la moindre difficulté dans le canon de la déclinaison faible.

La nasale de la désinence -*ns* a eu l'effet d'une consonne: de là *mr̥dú-ns* et *p⁴tṝ-ns*, non *mr̥dáw-n̥s*, *p⁴tár-n̥s*. On ne doit donc pas s'étonner de trouver aussi *bhárm̥t-ns*, *tudn̥t-ns*, *vidús-ns*, *áp-ns* (*bháratas, tudatás, vidúšas, apás*). Les thèmes à nasale ont dû faire *uksń̥s* ou bien *uksń̥n̥s*. On

---

1. Exemples: *íšas, kšápas, gíras, túgas, díças, drúhas, dvíšas, dhíyas, dhúras, púras, pṛ́kšas, psúras, bhídas, bhúgas, bhúvas, míhas, mṛ́dhas, yúdhas, rípas, vípas, víças, vṛ́tas, vríças, çríyas, stúbhas, spáças, spṛ́dhas, srágas, srídhas, srúças, hrútas.* V. le dictionnaire de Grassmann.

pourrait, sans improbabilité trop grande, retrouver cette dernière forme dans le véd. *ukšánas, vŕšanas.* En tous cas *ukšnás* n'est pas un type pur.

Au nominatif, le parallélisme de *pitáras, ukšánas, sákhāyas, dyāvas,* avec *yuktáyas, mṛdávas,* saute aux yeux.

Nous arrivons aux cas dont la désinence commence par *bh* et *s,* p. ex. l'instr. *pātṛ-bhis, ukšn-bhis, saki-bhis, dyu-bhis.* Comme dans *yukti-bhis, mṛdu-bhis,* l'affaiblissement est causé par la consonne initiale de la désinence et point par l'accentuation. Etudions cependant cette accentuation. Ni en sanskrit ni en grec la désinence n'a le ton (*pitṛbhis, πατράσι* etc.). M. Osthoff (Beitr. de P. et B. III 49) rétablit **pitṛbhís, *πατρασί.* Dès qu'on admet la flexion faible, cette correction est inutile [1].

Mais il y a les mots-racines. Ici l'accent frappe les désinences *-bhis, -bhyas, -swa:* gr. *ποσσί,* skr. *adbhís, adbhyás, apsú.* Nous devons croire que c'est là une imitation, proethnique mais hystérogène, de l'accentuation du singulier. En tous cas, lors même que cette supposition serait fausse, et que les désinences en question auraient eu partout le ton, comme le pense M. Osthoff, le fait que l'affaiblissement n'est dû qu'au contact de la consonne désinentielle ne nous en semblerait pas moins certain.

Cependant, en présence de l'accord des formes fortes (*mṛdáve, pitáras*) avec les formes comme *pitṛbhis* d'une part et l'accusatif pluriel de tous les thèmes de l'autre (v. ci-dessus), il nous semble qu'on a le droit de poser *la non attraction du ton vers les désinences* comme un des caractères distinctifs de la flexion faible.

Le génitif plur. skr. *ukšnám* (goth. *auhsne*), zd. *brāϑrãm* (gr. *πατρῶν*) etc. se place à côté de *yukty-ám, mṛdu-ám* (zd. *vanhvãm*), v. p. 207.

Duel. Le nom.-acc. *pitárau, ukšánau, sákhāyau, bāhávā,* est conforme aux règles de la déclinaison faible, plus conforme même que la forme étrange *yuktī* et *mṛdū* des thèmes qui sont si fidèles à cette flexion (p. 207). Au gén.-loc. *yuktí* et *mṛdú* font en sanskrit *yuktyós, mṛdvós.* Il faudrait **yuktáyos, *mṛdávos,*

---

1. En faveur de l'accentuation *pitṛbhis,* on peut remarquer qu'elle est de règle pour les monosyllabes composés de *racine + suffixe,* comme *ví-bhis, dyú-bhis, snú-bhis, stŕ-bhis.* Si *-bhis* avait originairement possédé toujours le ton, on attendrait certes «*vibhís, dyubhís* etc.».

14

et pareillement *pitáros* etc. Or cette dernière forme précisément, d'après les recherches de Grassmann, est exigée par le mètre dans les 20 passages du Rig-Véda où le texte porte *pitrós*[1]; *mā-taros* apparaît dans trois passages sur quatre. Nous ignorons s'il y a un grand nombre de cas analogues. Ceux-là nous semblent déjà très-significatifs. En zend on a le gén. duel *çpeñtōχratavāo*. En slave *kostiju, synovu*, sans être de nature à confirmer grandement notre conjecture, ne lui donnent pas de démenti. Les formes comme *yuktyós, pitrós*, se seront formées en analogie avec les génitifs du pluriel.

La dégradation des thèmes *paroxytons* au pluriel et au duel (*bhárantas, bháradbhis* etc., *bháradbhyām*) doit être ancienne, puis-qu'ici il n'est plus question d'accent. Les thèmes en -*yas* ont l'anomalie de maintenir leur *a*, peut-être sous l'influence du singulier, dont nous avons parlé p. 203 seq.

— Le nom de nombre quatre. —

Le goth. *fidvor* montre que l'*ā* du skr. *ćatváras* n'est point a_2, mais un véritable *ā* long (= *a* + *a*). On devra diviser ou: $k_2a_1tv_A$-$á_2r$-a_1s, ou: $k_2a_1tvá_2_Ar$-a_1s. La première hypothèse est la plus naturelle, car où trouve-t-on des thèmes en -a_Ar? Dans l'un et l'autre cas les formes faibles comme l'instrumental devaient faire *$k_2a_1tv_Ar$-*, d'où le gr. *$τετϝαρ$-*. Le sl. *ćetyr-ije*, le goth. *fidūr-dogs* supposent une autre forme faible *$k_2a_1tv^4r$-, $k_2a_1tūr$-* qui s'accorde parfaitement avec la donnée du goth. *fidvor*. En sanskrit on attendrait *$ćatūr$-* et non *ćatur-*. Il est remarquable cependant que l'accusatif fasse *ćatúras*, non «*ćatṝn*».

— Nominatif-accusatif sing. du neutre. —

Tous les thèmes finissant par a_1 + *sonante* prennent au nom.-acc. sing. du neutre leur forme réduite, quelle que soit d'ailleurs leur flexion. Pour les thèmes à nasale[2] v. p. 26 seq. Les thèmes à liquide ont en sanskrit *ṛ̥*: *dātṛ́*[3]; cf. gr. *νέκταρ*

. 1. Notons bien que l'instr. sg. *pitrá̄*, le dat. *pitré*, ne donnent lieu à aucune remarque semblable. — *Pitaros* avait à coup sûr le ton sur la 2ᵉ syllabe.

2. Les formes grecques comme *τέρεν, εὔδαιμον* etc. sont hystérogènes.

3. Il y a un neutre *sthātṛ́r* (l'opposé de *ǵagat*) dont je ne m'explique pas la syllabe finale.

(thème *$\nu\varepsilon\varkappa\tau\varepsilon\varrho$-). Puis on a ҫúćі, mŗdú, et, des thèmes de flexion forte comme dyu, su-dyu.

Il est impossible que ce phénomène dépende de l'accentuation: elle varie en effet, et d'ailleurs les expulsions d'a ne sont jamais amenées par le ton que quand il vient après la syllabe attaquée.

L'affaiblissement tient donc ou à une cause purement dynamique ou à une influence pareille à celle qui crée la flexion faible, le conflit avec des phonèmes résistants. Nous préférons cette dernière explication.

Le thème nu étant supposé la forme première du nom.-acc. neutre, il se confondait primitivement avec le vocatif du masculin. Ainsi mŗda$_1$u, remplissait deux fonctions. Mais, tandis que le vocatif, en sa qualité d'interjection, était placé en dehors de la phrase, le nom.-acc. neutre subissait un frottement qui eut l'effet d'une désinence commençant par une consonne. Il rejeta son a_1.

Il paraît certain que le même phénomène s'est produit sur la particule nu, pour *na$_1$u conservé dans ná$_1$w-a (p. 82).

Les neutres hétéroclites, comme kard (p. 224), et les neutres en -as, -yas, -was (mánas, vásyas, $\varepsilon\iota\delta\delta\varsigma$) ne subissent point cette réduction. Citons comme exception rentrant dans la règle précédente le skr. áyus en regard du grec (masc.) $\alpha\iota F o\sigma$- qui a donné l'acc. $\alpha\iota\tilde{\omega}$; en outre yós = lat. jus.

La forme sthá, neutre védique de sthá-s, doit être comptée parmi les anomalies.

2. APPARITION DU PHONÈME a_2.

Nous étudierons d'abord la répartition de a_1 et a_2 dans les suffixes comme -an, -ar, -tar, -was etc. qui peuvent expulser l'a dès qu'il est sollicité de tomber et qui ne présentent point d'autre a que l'a légitime des cas forts.

Il faut remarquer premièrement que le même suffixe peut prendre ou ne pas prendre a_2. Le suff. -tar des noms d'agents prend a_2; le suff. -tar des noms de parenté conserve partout a_1. Le premier cas seul nous intéresse ici; l'histoire du second rentre toute entière dans le chapitre de l'expulsion de l'a.

Les formes où l'on constate tout d'abord qu'un suffixe prend a_2 sont l'accusatif sing. et le nominatif du pluriel et du duel.

14*

Quand l'une de ces formes présente le phonème a_2, on est sûr qu'il existe aussi dans les deux autres[1].

Il reste à savoir, et c'est là la question que nous examinerons, si l'apparition de a_2 dans les formes précitées entraîne aussi sa présence aux trois autres cas forts, le nominatif, le locatif et le vocatif du singulier.

1. Nominatif. Pour ce qui concerne la *quantité* de l'*a*, v. ci-dessous p. 213. Considérons d'abord sa qualité. M. Brugman a établi que le skr. *dātāram* est rendu en grec par δώτορα, nullement par δωτῆρα. Après cela il n'y a point de motif pour croire que l'équivalent grec du skr. *dātā* soit δωτήρ plutôt que δώτωρ. Le lat. *dator* nous paraît même trancher la question. Bien que M. Brugman ne dise rien d'explicite à ce sujet, ce savant est loin de mettre en doute la primordialité de *dator*, puisqu'il s'en sert pour expliquer la longue de l'acc. *datōrem* (primit. **datórem*). Cela étant, la flexion de δωτήρ n'apparaît plus que comme une variété de la flexion de γαστήρ et πατήρ, variété où l'η du nominatif s'est communiqué à plusieurs autres cas[2]. On devra admettre une classe de noms d'agent sans a_2 qui en sanskrit n'existe plus que dans *çámstar* (acc. *çámstāram*). — Dans les thèmes à nasale on trouve, en regard du gr. χι-ών, le lat. *hi-em-s*. Ne serait-ce pas l'indice d'une flexion qui, traduite en grec, donnerait au nom. «χιήν», à l'acc. χιόνα? C'est peu probable. Qui sait si l'*e* de *hiems* ne provient point d'une assimilation semblable à celle qu'on observe dans *bene* de *bonus*? Elle pouvait se produire par exemple à l'acc. **hiomem*, au plur. **hiomes*. Telle est aussi la raison de l'*e* de *juvenis*, cf. skr. *yúvānam*. A côté de *flamen*, *flamōnium*[3] pourrait faire conclure à l'acc. **flamōnem*, **flamŏnem;* mais cette forme s'explique suffisamment par l'analogie de *matrimonium* etc.[4] — Pour les thèmes en *-was*, M. Brugman admet avec raison

---

1. Le pluriel indien *dyávas* en regard de Ζῆν = *Ζενν doit sûrement son *ā* long au voisinage de *dyaus* et de *dyám* (sur lesquels v. p. 197) ou à l'analogie de *gávas*.

2. L'ancien accusatif en -τερα a laissé une trace dans les féminins en -τειρα. Ceux-ci en effet n'ont pu être créés que sur ce modèle, le type -τρια étant le seul qui réponde au skr. -trī.

3. Usener, *Fleckeisen's Jahrb.* 1878 p. 51.

4. Rien n'est plus incertain que les étymologies qui tirent le lat. *mulier* et le gr. ὑγιής des thèmes du comparatif en -ya_2s.

que le gr. *εἰδώς* (accus. ancien *$*εἰδόσα$*) est le continuateur direct de la forme primitive.

Ainsi rien ne peut faire admettre que la couleur vocalique du nominatif différât jamais de celle de l'accusatif.

En ce qui concerne la *quantité* de l'*a* du nominatif, c'est aujourd'hui l'opinion dominante que pour les thèmes à liquide, à nasale et à sifflante, il était long dès la période proethnique. Le système vocalique s'augmente donc de deux phonèmes: l'$\bar{a}_1$ et l'$\bar{a}_2$ longs, phonèmes tout à fait sporadiques et restreints, autant qu'on en peut juger, à cette forme de la flexion, les autres $\bar{a}$ longs étant des combinaisons de deux *a* brefs.

La question de savoir si, après la syllabe à voyelle longue, venait encore l's du nominatif a été l'objet de vifs débats. Le premier M. Scherer avait révoqué la chose en doute et vu dans l'allongement une façon spéciale de marquer le nominatif. A leur tour ceux qui admettent l's et qui attribuent l'allongement à l'effet mécanique de la sifflante ne sont pas d'accord sur l'époque où elle a dû disparaître.

Pour ce qui concerne ce dernier point, nous nous permettrons seulement d'attirer l'attention sur le parallèle *sákhā(i)* — *Λητώ* posé à la page 200, et qui nous détermine, avec les autres arguments bien connus, à admettre *l'absence de sifflante après* ān, ām, ār *et* āi *dans la dernière phase de l'indo-européen.*

Nous adoptons la théorie où l'allongement provient d'une cause (inconnue) autre que l'action de l's, sans croire toutefois que les deux caractères se soient toujours exclus l'un l'autre. Comment concevrait-on skr. *vés,* lat. *rates,* gr. Ζεύς (à côté de zd. *kava,* skr. *sákhā,* cf. p. 198), si l's déterminait l'allongement? En outre il y a des cas où la voyelle longue se trouve devant une explosive. Ainsi le nom. sanskrit de *pa$_2$d* « pied » est *pād,* p. ex. dans *a-pắd.* Si cette forme est ancienne, elle suppose un $\bar{a}$ long proethnique. Mais sans doute on peut alléguer l'analogie des formes comme *pắdam* (= *πόδα*). Citons donc tout de suite le germ. *fōt-*[1] dont l'ō, si l'on n'admet quelque part un $\bar{a}$ long dans la flexion primitive du mot, est purement et simplement inexplicable. Or où l'$\bar{a}$ long pouvait-il exister si ce n'est au nominatif singulier? Le dor. *πώς* confirme ce qui précède; *-πος* dans *τρίπος* etc., est refait sur les cas obliques, cf. *Πόλυ-βος* de *βοῦς.* Quant à *πούς,* c'est une forme obscure de toute façon et que nous ne considérons pas comme la base de *πώς.* — Si l'on admet que l'$\bar{a}$ du skr. *nápātam* soit a$_2$ (p. 227), l'$\bar{a}$ du nom. *nápāt* = zd. *napāo* (pour *$*napā[t]s*), comme l'ō du lat. *nepōt-,* prouvent aussi l'allongement. — Le lat. *vōx*

---

1. Le norr. *fōt-* est encore consonantique. Le goth. *fotu-* est né de *fot-* comme *tunþu-* de *tunþ-.* La langue a été induite en erreur par le dat. pl. *fotum* et l'acc. sg. *fotu* lesquels provenaient du thème consonantique.

permet la même conclusion: cf. gr. ὄψ et *vŏcare* lequel est apparemment
dénominatif de *rŏc-. — Enfin tous les mots comme lat. *fūr*, gr. φώρ,
κλώψ, ῥώψ, σκώψ, παρα-βλώψ venant de racines contenant *e* ne s'expliquent
qu'à l'aide de l'allongement du nominatif. Plus tard la longue pénétra
dans toutes la flexion et même dans des dénominatifs comme *fūrari*, φω-
ράω, κλωπάω, lesquels se propagèrent de leur côté (cf. βρωμάω, δρωμάω,
δωμάω, νωμάω, πωτάομαι, τρωπάω, τρωχάω, στρωφάω). — A côté d'*oῖνοψ*
on trouve *oἰνώψ*, à côté d'*ἔποψ* ἔπωπα (Hes.). Cette variation de la quantité paraît remonter à la même source.

2. **Locatif.** Ici la permutation est manifeste. En sanskrit on
a *dātáram* et *dātári*, *ukšáṇam* et *ukšáṇi*, *kšámi* et *kšámas* (= gr.
χθόνες). Le même échange se traduit en gothique par *auhsin* =
ukšáṇi (p. 197) en regard de *auhsan* et *auhsans* = *ukšáṇam*,
ukšáṇas. M. J. Schmidt a comparé à ce paradigme germanique le
lat. *homo hominis homonem* (vieux lat.), parallèle qui s'est confirmé de plus en plus pour ce qui est du nominatif et de l'accusatif. Aux cas obliques il est difficile d'admettre que l'*i* (= *e*) de
homin- réponde à l'*i* (= *e*) de *auhsin*. La voyelle latine paraît
plutôt être purement anaptyctique, *hominis* se ramenant à *homnis
(cf. p. 47 en bas, et l'ombr. *nomne* etc.). En grec αἰϝεί pourrait
bien appartenir au thème αἰϝοσ- (acc. αἰῶ) plutôt qu'à *αἰϝο =
lat. *aevum*.

3. **Vocatif.** M. Brugman Stud. IX 370 pose *dáta₁r* comme prototype du skr. *dátar*. Mais cette forme peut tout aussi bien sortir
de *dáta₂r*, et une fois qu'en grec le nom. δωτήρ est séparé de δώτορα (p. 212), le voc. σῶτερ que fait valoir M. Brugman n'a plus
rien de commun avec les mots en -τωρ. M. Brugman lui-même a
reconnu plus tard (K. Z. XXIV 92) que la qualité de l'*a* n'est pas
déterminable — δῶτορ pouvant de son côté être hystérogène
pour *δῶτερ —, et en conséquence il écrit pour les thèmes en
-*was*: *widwa₂s* ou *widwa₁s*. L'incertitude est la même soit pour
les thèmes à nasale soit pour les thèmes en *i* et *u* de flexion forte
(*sákhe*, Λητοῖ, p. 200). Nous parlerons plus loin (p. 216) de la
circonstance qui fait pencher les chances vers a_1. Il n'en est pas
moins vrai que l'apparition de a_1 dans les thèmes dont nous parlons n'est démontrable que pour une seule forme, le locatif.

Voilà pour la permutation $a_2 : a_1$ dans les syllabes prédésinentielles qui ne gardent l'*a* qu'aux cas forts. Mais on comprend

que celles de ces syllabes où la chute de l'*a* est impossible présentent encore une permutation d'un tout autre caractère, la permutation *forcée* si on peut l'appeler ainsi. La déclinaison du nom de l'aurore dans un grec très-primitif serait (cf. Brugman K. Z. XXIV 21 seq.): nom. $*α\dot{v}σώς$ (skr. *uṣā́s*), acc. $*α\dot{v}σόσα$ (skr. *uṣā́sam*), voc. $*α\ddot{v}σος$ ou $*α\ddot{v}σες$ (skr. *úṣas*), loc. $*α\dot{v}σέσι$ (skr. *uṣā́si*); gén. $*α\dot{v}σεσός$ (skr. *uṣā́sas* pour $*uṣasás$), v. p. 201 seq. Dans ce paradigme l'apparition de l'*e* au locatif — et au vocatif si $*α\ddot{v}σες$ est juste — résulte de la permutation *libre* étudiée ci-dessus. Au contraire l'*e* de $*α\dot{v}σεσός$ = skr. *uṣā́sas* n'existe absolument que parce qu'une cause extérieure empêche l'expulsion de l'*a* suffixal, et dans ce cas nous avons vu que c'est toujours a_1 qui apparaît (p. 134).

Dans les thèmes-racines, la permutation forcée est fréquente. Ainsi l'a_1 du lat. *pedis*, gr. $πεδός$, skr. *pádás* en regard de *compodem*, $πόδα$, *pádam* (Brugman Stud. IX 369) est tout à fait comparable à l'a_1 de $*α\dot{v}σεσός$. Le locatif en revanche faisait à coup sûr *pá₁di*, avec permutation *libre*.

Considérons à présent la permutation $a_2 : a_1$ dans les thèmes où *tous les cas sont forts*, c'est-à-dire les paroxytons (p. 204). Les comparatifs en -*yas*, qui ont a_2 au nominatif (lat. *suavior*) et à l'accusatif (skr. *vásyāṃsam* reflétant un ancien $*vásyāsam$, gr. $\dot{η}δίω$ = $*\dot{η}διοα$), présentent un *a* bref, soit a_1, dans les cas obliques du sanskrit: *vásyase*, *vásyasas*, *vásyasā*. Il est évident qu'ici ne saurait être question de permutation forcée, et nous apprenons ainsi que le génitif, le datif et l'instrumental, quand l'accent leur permet d'être forts, ont le vocalisme du locatif[1].

Ceci aide à comprendre la flexion des neutres paroxytons en -*as*, lesquels ont a_2 au nominatif-accusatif, a_1 aux autres cas (Brugman l. c. 16 seq.). Si l'on convertissait en masculin le neut. *mána₂s*, dat. *mána₁sᴀi*, on obtiendrait au nom. *mánā₂s*, à l'acc.

---

1. La conjecture de M. Brugman (l. c. 98 seq.) part du point de vue que la présence de l'*a* aux cas faibles des noms en -*yas* est irrégulière, ce dont nous ne pouvons convenir (p. 203 seq.). — Ce qui précède fait voir que *padás*, $*uṣasás$ auraient a_1 quand même la permutation n'y serait pas forcée. Néanmoins nous avons cru qu'il était plus juste de présenter la chose comme on vient de la lire.

mána$_2$sm, au dat. *mána$_1$sai*, c.-à-d. la même flexion que pour les comparatifs. Le datif serait donc tout expliqué. L'a_2 du nom.-acc. se justifie directement par le fait que le neutre de *wásyā$_2$s* est *wásya$_2$s* (lat. *suavius*), et le neutre de *widwā́$_2$s*, *widwá$_2$s* (gr. εἶδός). Ces trois types font exception à la règle qui demande l'expulsion de l'*a* au nom.-acc. neutre (p. 211).

Au pluriel et au duel (flexion faible) les thèmes, oxytons et paroxytons, qui ne peuvent rejeter l'*a* devant les consonnes initiales des désinences prenaient, selon la règle, a_1: les formes grecques μένεσ-σι, ὄρεσ-φι, en témoignent, aussi bien que les accusatifs indiens *pădás, ušăsas* (= *padn̥s, ušasn̥s*), cf. *pádas, ušásas*.

En anticipant ce qui est dit plus bas sur le vocatif, le résultat de l'étude qui précède peut se formuler ainsi: *Dans la flexion nominale les syllabes prédésinentielles où* a$_1$ *est suivi d'un phonème et qui admettent la modification en* a$_2$, *présentent toujours cette modification 1° au nominatif des trois nombres, 2° à l'accusatif du singulier, 3° au nom.-acc. sing. du neutre lorsqu'il conserve l'a. Partout ailleurs l'a, s'il n'est expulsé, ne peut avoir que la valeur* a$_1$.

L'échange des deux *a* dans les thèmes finissant par *a* est traité plus haut p. 90 șeq. Dans les cas qui, pour les thèmes tels que *uksán*, sont les cas forts on observe un parallélisme frappant entre les deux classes de suffixes:

Sing. nom. *uks-á̊$_2$n*	Cf. *yuk-tá$_2$-s*
acc. *uks-á$_2$n-m*	*yuk-tá$_2$-m*
loc. *uks-á$_1$n-i*	*yuk-tá$_1$-i*
Plur. nom. *uks-á$_2$n-a$_1$s*	*yuk-tá$_2$-a$_1$s*

Reste le vocatif sing. On a vu que la voyelle de ce cas ne peut pas se déterminer directement pour les thèmes comme *uksan* (p. 214). Seulement M. Brugman tire du voc. *yŭkta$_1$* une présomption en faveur de l'hypothèse *dắta$_1$r* (*ŭksa$_1$n*) et nous adoptons son opinion, non point toutefois pour les raisons qu'il donne et dont nous parlerons tout à l'heure, mais uniquement parce que le locatif atteste la symétrie des deux paradigmes.

M. Brugman est convaincu que l'échange de a_1 et a_2 s'explique par l'accentuation, et en particulier que l'a_1 du voc. *yúkta$_1$*, qu'il regarde comme un affaiblissement, tient au recul du ton à ce cas. Or le locatif qui n'a point cette particularité d'accent montre exactement le même vocalisme. Ensuite où est-il prouvé que l'accentuation en question ait une influence quelconque sur l'a_2? On compte autant de a_2 après le ton que sous le ton, et d'ailleurs les deux a se trouvent placés cent fois dans les mêmes conditions d'accent, montrant par là qu'ils sont indépendants de ce facteur pour autant que nous le connaissons. C'est ce qui apparaît clairement, quand on parcourt par exemple la liste de suffixes donnée plus bas, le même suffixe pouvant avec la même accentuation prendre a_2 dans certains mots et garder a_1 dans d'autres. — Ainsi que nous l'avons dit p. 133 seq., nous considérons a_1 comme une voyelle primitive et nullement affaiblie, et a_2 comme une modification de cette voyelle. Autant il est vrai qu'on retrouve partout les trois termes a_2, a_1, a-zéro, autant, à notre avis, il serait erroné, de croire qu'ils forment une *échelle* à trois degrés et que a_1 est une étape entre a_2 et *zéro*.

M. Brugman dit (Stud. IX 371): «tous les doutes qui pour-
«raient surgir relativement au droit que nous avons de tenir l'*e*
«du vocatif pour un *affaiblissement* sont levés par les thèmes
«en -$\bar{a}$,» et il cite alors le vocat. *νύμφᾰ, ženo, ambă.* C'est là cet incompréhensible parallélisme des thèmes en -$\bar{a}$ avec les thèmes en -a_1 (a_2) qui se vérifie encore au locatif et dont nous avons déjà parlé p. 93. On ne pourra y attacher grande valeur, tant que l'énigme ne sera pas résolue.

Nous avons vu de quelle manière, étant donné qu'un thème prend a_2, ce phonème alternera avec a_1 aux différents cas de la déclinaison. Il reste à établir ou plutôt à enregistrer, car on n'aperçoit aucune loi dans cette répartition, quels sont ces thèmes, quels sont au contraire ceux qui maintiennent a_1 partout.

Pour abréger nous écrivons, par exemple, *suffixe -$a_2 n$*, ce qui signifie: variété du suff. -$a_1 n$ admettant l'a_2.

I. La syllabe prédésinentielle prend a_2:
Thèmes-racines. Les plus importants sont *$pa_2 d$* «pied»:
skr. *pádam*, gr. πόδα (Brugman Stud. IX 368); *$wa_2 k$* «voix»: skr. *vácam* (cf. p. 203), gr. Ϝόπα. Sur le lat. *vōcem* v. p. 214. En grec χοῦς (gén. χοός), δόρξ, φλόξ (ce mot est hystérogène, la racine

étant φληγ, v. p. 173 i. n.), πτώξ, θώψ. On pourrait douter si l'$\bar{a}$ du skr. $\bar{a}p$ « eau » représente a_{1A} ou a_2. Nous nous décidons dans le premier sens pour 3 raisons: 1° si l'$\bar{a}$ de $\acute{a}p$-am était a_2 on devrait, rigoureusement, avoir au datif p-$\acute{e}$, 2° la parenté du gr. 'Aπι- (p. 56) est probable, 3° dans les composés comme $dv\bar{\imath}p\acute{a}$, $an\bar{u}p\acute{a}$, l'a initial de ap s'est fondu avec l'i et l'u qui précèdent, ce que n'eût pas fait a_1. — En composition on a p. ex. gr. Βελλερο-φῶν, 'Ιο-φῶν, dont l'accusatif a dû faire primitivement -φόνα. Une partie des composés indiens de vah, sah etc. ont à l'acc. -$v\bar{a}h$-am, -$s\bar{a}h$-am. La forme faible existe p. ex. pour $ana\d{d}$-$v\acute{a}h$-am qui fait $ana\d{d}$-uh- (p. 202; sur le nominatif v. p. 43 i. n.). Pour -$s\bar{a}h$- (= sa_2h) la forme faible devait être *$s\check{a}h$-, le groupe sgh n'étant pas admissible. Or dans le Rig-Véda on ne trouve presque jamais que les cas forts, sauf pour $ana\d{d}vah$. L'alternance de -$v\bar{a}h$- et -uh-, de -$s\bar{a}h$- et -sah- s'était donc perdue, sans qu'on osât cependant transporter dans les cas faibles la forme à voyelle longue. Il n'existe qu'un ou deux exemples tels que $satr\bar{a}$-$s\acute{a}h$-e. — Les nominatifs ont l'$\bar{a}$ long ($havya$-$v\bar{a}!$ etc.). Comme la syllabe est fermée, la longue est dûe ou à une extension analogique ou à l'allongement du nominatif (p. 213).

Suffixes.

1. -a_2n. Ce suffixe abonde dans toutes les langues de la famille.

2. -a_2m. On trouve le suff. -a_2m dans ghi-$\acute{a}m$, gr. χι-ών (zd. $zy\bar{a}o$, lat. $hiems$, cf. p. 197) et ghs-$\acute{a}m$: gr. χθ-ών, skr. nom. pl. $k\check{s}\acute{a}m$-as. Brugman Stud. IX 308.

3. -a_2r. Skr. dv-$\acute{a}r$-as[1] (nom. pl.). La forme forte reparaît dans le sl. $dvor\u{u}$, le lith. $dv\acute{a}ras$, le lat. $fores$. Brugman l. c. 395. — On peut mettre ici $swasa_2r$, skr. acc. $sv\acute{a}s\bar{a}ram$, lat. $soror$, lith. $ses\ddot{u}$, irl. $siur$ (cf. $athir$), gr. ἔορ-ες[2].

---

1. L'aspirée dh a subsisté, pensons-nous, dans ce mot jusqu'au jour où naquit la forme $dh\acute{u}r$ «timon, avant-train» venant de $dh\bar{r}$. L'équivoque perpétuelle qui s'établit alors entre $dh\acute{u}r$ et les cas faibles de *$dhvar$ (comme $dhur\check{a}m$) poussa à différentier ces formes.

2. M. Leo Meyer a vu dans ὄαρ le représentant grec de swa_1sar, opinion à laquelle personne n'a adhéré. En revanche il n'y a aucune difficulté phonique à identifier avec skr. $sv\acute{a}saras$ ἔορες· προσήκοντες, συγγενεῖς; cf. ἴορ· θυγάτηρ, ἀνεψιός (probablement un vocatif), εὐρέεσφι· γυναιξίν. Un grand nombre d'autres formes voisines quoique assez hétérogènes ont été

4. **-ma₂n.** Suffixe connu en grec, en latin, en germanique et dans l'arïen. Il serait intéressant de savoir pourquoi, en grec, l'accusatif ancien en -μova et l'accusatif hystérogène en -$\mu \tilde{\omega} v a$ se répartissent exactement entre paroxytons et oxytons.

5. **-wa₂n.** Ce suffixe, fréquent en sanskrit, se retrouve avec plus ou moins de certitude dans le gr. $\pi i\omega v$, $\pi \acute{\epsilon}\pi\omega v$, $\dot{\alpha}\mu\varphi\iota\varkappa\tau iov\epsilon\varsigma$, et $i\vartheta v\pi\tau i\omega v$ bien qu'on ne puisse peut-être identifier purement et simplement -$\pi\tau\iota\omega v$ avec skr. *patvan* ainsi que le fait M. Fick.

6. **-ta₂r.** Noms d'agent.

7. **-a₂s.** Skr. nom. pl. *ušás-as*, zd. *ushaoṅh-em*, gr. $\dot{\eta}\dot{\omega}\varsigma$, lat. *aurōra;* gr. $\alpha i\delta\dot{\omega}\varsigma$. — Puis tous les neutres en -*as.* V. p. 215 seq.

8. **-ma₂s,** paraît exister dans l'ind. *púmas,* acc. *púmāṃsam* pour **pumā́sam.* Cf. p. 43 i. n. 203 i. n. 201.

9. **-ya₂s,** suff. du comparatif. Brugman K. Z. XXIV 54 seq. et 98.

10. **-wa₂s,** suff. du participe passé. Brugman l. c. 69 seq.

A cette première série se rattachent, comme nous l'avons vu, les suffixes finissant par *a* (-*a, -ta, -ma* etc.), qui tous prennent a_2.

II. La syllabe prédésinentielle n'admet pas a_2:

Thèmes-racines. $\varkappa\tau\epsilon i\varsigma$ $\varkappa\tau\epsilon v\acute{o}\varsigma$ (primitivement le gén. devait être **$\varkappa\tau\eta v\acute{o}\varsigma$, *$\varkappa\tau av\acute{o}\varsigma$*), $v\acute{\epsilon}\varkappa\epsilon\varsigma$· $v\epsilon\varkappa\varrho oi$, $\varkappa\tau\acute{\epsilon}\varrho\epsilon\varsigma$ (id.), lat. *nex* etc. En composition: skr. *vṛtra-hán(-am)*, *ṛtī-ṣáh(-am)* à côté de *ṛtī́-ṣáh(-am)*.

Quand un thème-racine se trouve en même temps ne pas prendre a_2 et être hors d'état de rejeter l'*a* — ex.: skr. *spaç,* *spā́çam, spaçé,* gr. $\dot{\epsilon}\pi i$-$\tau\epsilon\xi$ — il est naturellement impossible de dire à coup sûr s'il n'appartient pas au type *dviš* (p. 202).

Suffixes.

1. **-a₁n.** Plusieurs thèmes sanskrits comme *vṛ́ṣan,* acc. *vṛ́ṣaṇam.* En grec on a $\check{\alpha}\varrho\sigma\epsilon v$- (peut-être identique avec *vṛ́ṣan*), $\tau\acute{\epsilon}\varrho\epsilon v$-, $a\dot{v}\chi\acute{\epsilon} v$-, $\varphi\varrho\acute{\epsilon} v$-. Parfois ces mots généralisent l'η du nominatif, ainsi $\lambda\epsilon\iota\chi\acute{\eta} v$ -$\tilde{\eta}vo\varsigma$, $\pi\epsilon v\vartheta\acute{\eta} v$ -$\tilde{\eta}vo\varsigma$. Le suff. -$a_1 n$ sans a_2 manque au germanique.

2. **-a₁r.** Skr. *n-ár*, acc. *náram* = gr. $\dot{\alpha}v\acute{\epsilon}\varrho a$. Cf. sabin. **nero·**

_____

réunies par M. Ahrens *Philologus* XXVII 264. La déviation du sens n'a pas été plus grande que pour $\varphi\varrho a\tau\acute{\eta}\varrho$.

On a en outre $\alpha i\vartheta$-$\acute{\epsilon}\varrho$-, $\dot{\alpha}F$-$\acute{\epsilon}\varrho$-, $\sigma\pi\iota\nu\vartheta$-$\acute{\epsilon}\varrho$-, $\lambda\alpha$-$\pi\tau\upsilon$-$\acute{\eta}\varrho$· $\sigma\varphi o\delta\varrho\tilde{\omega}\varsigma$ $\pi\tau\acute{\upsilon}\omega\nu$ Hes.

3. -ma₁n. Gr. $\pi o\iota\mu\acute{\epsilon}\nu$-, $\pi\upsilon\vartheta\mu\acute{\epsilon}\nu$-, $\lambda\iota\mu\acute{\epsilon}\nu$- etc. Le letto-slave (kamen-, akmen-) a perdu -ma₂n et ne connaît plus que -ma₁n. C'est l'inverse qui a eu lieu soit pour le germanique soit pour le sanskrit[1].

4. -ta₁r. Noms de parenté[2] et noms d'agent (v. p. 212).

5. -wa₁r. C'est le suffixe qu'il faut admettre dans devár, acc. deváram. En effet le gr. $\delta\alpha\acute{\epsilon}\varrho$-montre Λ dans la racine; or celle-ci ne peut être $d\Lambda\iota\varkappa$ (v. p. 182). Sur ce mot cf. Brugman Stud. IX 391.

6. -a₁s. Nous avons vu p. 201 skr. bhiy-ăs(-am). Les thèmes en -a₂s formant le second terme d'un composé renoncent à l'a₂: skr. su-mánăs-am, gr. $\epsilon\dot{\upsilon}$-$\mu\epsilon\nu\acute{\eta}\varsigma$, $\dot{\alpha}\nu$-$\alpha\iota\delta\acute{\eta}\varsigma$, lat. degener. Les adjectifs comme gr. $\psi\epsilon\upsilon\delta\acute{\eta}\varsigma$, skr. tavás se comportent de même.

Le sanskrit ne possède rien d'équivalent à la règle grecque qui veut que $\pi\alpha\tau\acute{\epsilon}\varrho$-, $\dot{\alpha}\nu\acute{\epsilon}\varrho$-, $\gamma\alpha\sigma\tau\acute{\epsilon}\varrho$- etc., donnent en composition $\epsilon\dot{\upsilon}$-$\pi\acute{\alpha}\tau o\varrho$-, $\dot{\alpha}\nu$-$\acute{\eta}\nu o\varrho$-, $\varkappa o\iota\lambda o$-$\gamma\acute{\alpha}\sigma\tau o\varrho$-, phénomène qui est l'inverse de celui que nous venons de voir pour les thèmes en -as. La règle des neutres en -$\mu\alpha$, analogue en apparence, a peut-être une signification assez différente. Il est évident tout d'abord que $\pi\tilde{\eta}\mu\alpha$ n'a pu produire $\dot{\alpha}$-$\pi\eta\mu o\nu$- qu'à une époque où l'n du premier mot existait encore, si ce n'est au nominatif-accusatif, du moins aux cas obliques[3]. Mais l'association de ces deux formes pourrait être même tout à fait primitive. Si l'on admet que les neutres en question sont des thèmes en -ma₂n et non en -ma₁n — question qui ne peut guère être tranchée —, -$\pi\eta\mu o\nu$- nous représente le propre masculin de $\pi\tilde{\eta}\mu\alpha$. Le sanskrit est favorable à cette hypothèse: dvi-gánmān-am : gánma = $\dot{\alpha}$-$\pi\acute{\eta}\mu o\nu$-α : $\pi\tilde{\eta}\mu\alpha$[4].

---

1. La quantité de l'a varie en zend, comme dans tant d'autres cas. On ne saurait y attacher grande importance. En sanskrit aryamán fait aryamănam, mais c'est un composé de la rac. man.

2. Sur l'anomalie de ces noms en gothique où ils présentent a dans le suffixe (fadar etc.), anomalie que ne partagent point les autres dialectes germaniques, v. Paul Beitr. IV 418 seq.

3. Après que l'n se fut évanoui on forma des composés comme $\breve{\alpha}\sigma\tau o$-$\mu o\varsigma$ au lieu de *$\dot{\alpha}\sigma\tau\acute{o}\mu\omega\nu$.

4. Le rapport de $\varkappa\acute{\epsilon}\varrho\alpha\varsigma$ et $\chi\varrho\upsilon\sigma\acute{o}$-$\varkappa\epsilon\varrho\omega\varsigma$ n'a évidemment rien de commun avec celui de $\pi\tilde{\eta}\mu\alpha$ et $\dot{\alpha}\pi\acute{\eta}\mu\omega\nu$, -$\varkappa\epsilon\varrho\omega\varsigma$ étant une simple contraction

Il n'est pas besoin de faire ressortir la confirmation éclatante de la théorie du phonème a_2 que M. Brugman a pu tirer de ces différents suffixes. Parmi les thèmes indiens en *-ar* ceux qui allongent l'*ā* sont 1° des noms d'agent, 2° les mots *dvár* et *svásar :* dans le gréco-italique les thèmes en *-ar* qui prennent *o* sont: 1° des noms d'agent, 2° les thèmes correspondant à *dvár* et *svásar.* L'arien offre *ušásam* en regard de *sumánāsam :* nous trouvons en gréco-italique *ausos-* et *εὐμενέσ-, degener-.*

Nous nous abstiendrons de toute hypothèse relativement aux féminins en *-ā,* à la nature de leur suffixe et de leur flexion[1].

Pour terminer nous considérons deux genres de déclinaison où, contre la règle ordinaire, les phénomènes de la flexion s'entrecroisent avec ceux de la formation des mots.

1. Déclinaison de quelques thèmes en *u.*

En sanskrit *g̍n̍u* (qui n'existe qu'en composition) et le neutre *dru* sont évidemment avec *g̍ánu* et *dáru* dans le même rapport que *snu* avec *sánu.* L'*ā* des formes fortes est a_2, v. p. 86. En fait de formes faibles on trouve en grec *γνύξ, πρό-χνυ, ἰγνύς, δρυ-;* en gothique *knussjan, kn-iv-a-, tr-iv-a-.*

Or la règle de la grammaire hindoue relativement à *snu* est que cette forme se substitue à *sánu* — lequel peut aussi se décliner en entier — aux cas obliques des trois nombres (plus l'acc. plur.). Benfey Vollst. Gramm. p. 315.

La déclinaison primitive, d'après cet indice, a pu être: nom.-acc. *dá₂r-u,* dat. *dr-á₁w-ai* etc. Ce n'est guère plus qu'une possibilité mais, à supposer que le fait se confirmât, il introduirait dans la flexion indo-européenne un paradigme tellement extraordinaire qu'il est nécessaire d'examiner le cas et de voir s'il est explicable.

Etant donnée la déclinaison *dá₂r-u, dr-á₁w-ai,* on ne pourrait sans invraisemblance supposer deux thèmes *différents de fondation,* hypothèse qui résoudrait la question de la manière la plus

---

de *-κεραος.* Au contraire celui de *πεῖραρ* (*-ατος*) et *ά-πείρων* serait intéressant à étudier.

1. Cf. p. **93, 217.**

simple, mais qui n'expliquerait pas l'alternance fixe des deux
formes.

Il s'agit de trouver le moyen de réunir *da₂ru-* et *dra₁u-* dans
un seul type primitif sans avoir recours à d'autres modifications
que celles qu'entraîne la flexion du mot. En partant d'un thème
paroxyton *dár a₁u* cela est impossible: le ton qui frappe la racine
ne passe jamais sur le suffixe (p. 204). Supposons au contraire
un thème premier **dar-á₁u: dr-á₁w-ʌi* est pour **dar-á₁w-ʌi* (voy.
p. 236). Au nom.-acc. *dá₂r-u* nous constatons que le ton s'est retiré sur la racine, où il a protégé l'*a*. Toute la question est de
savoir si l'on peut expliquer ce mouvement rétrograde de l'accent.
Il nous semble que oui. En vertu de la règle que nous avons vue
p. 210, le nom.-acc. du neutre **dar-áu* devait faire: **dar-ú. Mais
l'i et l'u finissant un mot refusent de porter l'accent* (v. p. 190). Le
ton était donc forcé de se rejeter sur la syllabe radicale.

Si l'on admet la déclinaison indo-européenne *dá₂ru drá₁wʌi*
et l'explication de *dá₂ru* qui précède, il s'ensuit une rectification
touchant la forme primitive du neutre d'un adjectif comme
mr̥dú-s qui a dû être *mrádu*. Cette forme était trop exposée aux
effets d'analogie pour pouvoir se maintenir.

Dans la même hypothèse on posera pour la déclinaison du
neut. *paku* (*pecus*): nom.-acc. *pá₁k₁-u*, dat. *pa₁k₁-w-ʌi*. Nous mettons *pakwʌi* et non *pakáwʌi*, parce qu'il y a des indices que ce mot
suivait la déclinaison forte. En regard de l'adj. skr. *dráv-ya* on a
paçv-yà, et le génitif védique du masc. *paçú-s* est invariablement
paçvás (cf. *drós, snós*). Du reste la flexion forte ne change rien à
la question de l'accent. Voici les raisons qui pourraient faire admettre la même variation du ton que pour les trois neutres précédents. L'acc. neutre skr. *paçu* se rencontre deux fois dans les
textes (v. B. R.): la première fois il est paroxyton, en concordance avec le goth. *faihu*, la seconde oxyton. Puis vient un fait
que relève M. Brugman Stud. IX 383, le parallélisme du masculin
oxyton *paçú-s* avec *drú-s, δρῦ-ς*, et le masc. zd. *zhnu.* Cette circonstance resserre le lien du neutre *páçu* avec la famille *dáru,
ǵánu, sánu.* — Le nom.-acc. *pá₁k₁u* est paroxyton pour la même
raison que *dá₂ru*[1]. Dans le dat. *pa₁kwʌi* et le masc. *pa₁kú-s* l'a

---

1. La coloration divergente de l'*a* dans *pá₁ku* et *dá₂ru, gá₂nu, sá₂nu,*
dépend de facteurs que nous ne connaissons pas. Supposer la même in-

radical subsiste seulement, comme le dit M. Brugman, parce que
pkú- eût été imprononçable (le zd. *fshu* résulte d'altérations
secondaires); cf. p. 48.

    Le gérondif skr. *gatvá, çrutvá,* en regard de l'inf. *gántum, çrótum*
rentre, à première vue, dans la catégorie que nous venons de voir. En
réalité il n'en est rien. L'explication proposée pour *dáru,* basée sur l'*u*
final de cette forme, ne s'appliquerait plus à *gántum.* D'ailleurs il faudrait
que les infinitifs védiques en *-tave* eussent la racine réduite et l'accent sur
le suffixe, mais on sait que c'est le contraire qui à lieu (*gántave*). Il convient d'en rester à la conclusion de M. Barth (Mém. Soc. Ling. II 238) que
le gérondif en *-tvā* ne sort pas du thème de l'infinitif. On trouverait même
le moyen de réunir ces deux formes qu'il resterait à expliquer les gérondifs
védiques comme *krtví.*

2. Mots hétéroclites.

a. LES NEUTRES.

    Il y a longtemps que M. Scherer a supposé que le paradigme
indien des neutres comme *ákši,* où alternent les suffixes *-i* et *-an,*
devait dater de la langue mère. Dans les idiomes congénères en
effet on retrouve ces mots tantôt comme thèmes en *-i* tantôt
comme thèmes en *-an.* M. Osthoff (l. c. 7) s'est joint à l'opinion
de M. Scherer. Mais les mots en *-i, -an,* ne sont qu'une branche
d'une famille plus grande, dont l'étroite union est manifeste.

    La déclinaison de ce qu'on peut appeler les neutres hétéro-
clites se fait sur deux thèmes différents [1]. Le premier est formé
à l'aide du suff. *-an;* il est oxyton; la racine y est affaiblie.

    Ce premier thème donne tous les cas dont la désinence
commence par une voyelle. Il suit la flexion forte.

---

fluence des sonantes que plus haut p. 87 serait une conjecture assez frêle.
Peut-être le masculin $pa_1kú$ et les cas obliques oxytons où l'a_1 était
forcé ont-ils influé par analogie sur le nomin. *$pá_2ku$.* — Je ne sais
comment il faut expliquer le datif védique (masculin) *páçve* si ce n'est
par l'attraction qu'exerce l'*a* radical (p. 174). — M. Brugman (l. c.) montre
qu'il a existé une forme ga_1nu à côté de *gnu* et ga_2nu; de même l'irland.
derucc «gland» joint au lith. *dervà,* au sl. *drěvo* (J. Schmidt Voc. II 75)
remonte à da_1ru. En tous cas il paraît inadmissible que cette troisième
forme ait alterné *dans la déclinaison* avec les deux premières. Sur le lat.
genu et le véd *sanubhis* cf. p. 47, 46.

    1. Les nominatifs-accusatifs du pluriel et du duel devront rester en
dehors de notre recherche, vu l'incertitude qui règne sur leur forme primitive.

Le second thème a le ton sur la racine, laquelle offre sa forme pleine. Normalement ce thème semble devoir être dépourvu de suffixe. Quand il en possède un, c'est ou bien *i* ou bien un élément contenant *r*, *jamais u ni ṇ*. Ce suffixe du reste n'en est probablement pas un; il est permis d'y voir une addition euphonique nécessitée à l'origine par la rencontre de plusieurs consonnes aux cas du pluriel (*asth-i-bhis*, etc.).

Les cas fournis par ce second thème sont ceux dont la désinence commence par une consonne, plus le nom.-acc. sing. lequel leur est assimilable (p. 210). En d'autres termes ce sont les cas moyens de la grammaire sanskrite ou encore les cas faibles de la flexion faible.

Les variations du vocalisme radical dont nous venons de parler rentrent dans le chapitre de la formation des mots, puisqu'elles correspondent à l'alternance de deux suffixes. A ce titre la déclinaison hétéroclite aurait pu être placée au § 13. Mais l'alternance des suffixes étant liée à son tour à celle des cas, il nous a paru naturel de joindre cette déclinaison aux faits relatifs à la flexion.

Les neutres désignent presque tous des parties du corps.

1e série: le thème du nom.-acc. est dépourvu de suffixe.

1. Gr. *οὖς* = lat. *aus* dans *aus-culto*. Le thème des cas obliques est *οὖατ-*, c.-à-d. **οὖσ-ν-* (p. 28). Il a donné le goth. *auso ausins*. La double accentuation primitive explique le traitement divergent de l's dans *auso* et le v. hᵗ-all. *ōrā*. — Le nom.-acc. paraît hésiter entre deux formations, car, à côté de *ous*, le lat. *auris*, le lith. *ausìs* et le duel sl. *uśi* font supposer *ọusi*. D'autre part le sl. *ucho* remonterait à *ọusas*.

2. Lat. *ōs* = skr. *ās* (et *āsyà*), dat. *ās-n-é* (peut-être primit. *ăsné?*).

3. Le skr. *çīrs-ṇ-é* se ramène a **krᴬs-n-Aí*, lequel suppose un nom.-acc. *krá₁As* que le grec conserve peut-être dans *κατάκρᾱς* et indubitablement dans *κρᾱ́(σ)-ατ-(ος)*: la syllabe *κρᾱσ-* est empruntée au nom.-acc., le correspondant exact de *çīrs-n-ás* ne pouvant guère être que **κορσατος*.

4. Le mot pour cœur a dû être *ká₁rd*, dat. *krd-n-Aí*, ce qui rend assez bien compte du gr. *κῆρ* ou plutôt *κή̣ρ*, v. Brugman Stud. IX 296, du goth. *hairto hairtins*, du lat. *cor* etc. Cf. skr. *hŕdí* et *hárdi*.

5. Skr. *dós*, dat. *dos̄-ṇ-é* «bras».

6. Lat. *jūs* «jus, brouet». Le sanskrit offre le thème *yūs̄-án*, employé seulement aux cas obliques.

7. Skr. *vár* «eau» à côté de *vári*; le thème en *-an* paraît être perdu.

2ᵉ série: le nom.-acc. se forme à l'aide d'un élément contenant *r*. Quand *r* est à l'état de voyelle, il se fait suivre de g_2 ou plus ordinairement d'une dentale qui paraît être *t* (cf. p. 28). Ces additions sont vraisemblablement les mêmes que dans -*kši-t, -kr̥-t* (p. 202) et -*dhr̥-k* (au nominatif des composés de *dhar*). Les dérivés *asra* (skr.) et *udra* (indo-eur.) indiquent bien que ce qui suit l'*r* n'est pas essentiel.

1. Skr. *ás-r̥-g,* dat. *as-n-é.* Gr. ἔαρ, εἶαρ (Grdz. 400). L'*a* du lat. *s-an-gu-i-s, san-ies* (cf. p. 28) paraît être anaptyctique (cf. chap. VI). Nous devons poser pour l'indo-européen, nom.-acc. $á_1s$-*r̥-g_2*, dat. *s-n-ái*. En sanskrit l'*a* des cas obliques a été restitué en analogie avec le nom.-acc. L'*a* du lette *assins* est sans doute hystérogène, cf. p. 93 i. n. — D'après ce qui précède nous regardons lat. *assir, assaratum,* comme étrangers à cette famille de mots. Otfr. Müller (ad. Fest. s. v. *assaratum*) les croit d'ailleurs d'origine phénicienne.

2. Véd. *áh-ar,* dat. *áh-n-e* (pour *ahné probablement).

3. Véd. *údh-ar* (plus tard *údhas*), dat. *údh-n-e* (primit. *ūdhné?*); gr. οὖθ-αρ, οὖθ-ατ-ος; lat. *ūb-er* et *Oufens;* v. hᵗ-all. *ūt-er* (neut.).

4. Lat. *fem-ur fem-in-is.* M. Vaniček dans son dictionnaire étymologique grec-latin cite ce passage important de Priscien (VI 52): dicitur tamen et hoc femen feminis, *cujus nominativus raro in usu est.* — Peutêtre y a-t-il communauté de racine avec le skr. *bhámsas, bhasád.*

5. Gr. ἧπ-αρ ἧπ-ατ-ος; zd. *yākare* (gloss. zd.-pehlvi); skr. *yák-r̥-t yak-n-é;* lat. *jec-ur jec-in-or-is, jocinoris;* lith. *jekna.* On peut conjecturer que les formes primitives sont: ya_1Ak-*r̥-t*, dat. *yAk-n-ái*, ce qui rend compte de l'*ā* long du zend et du grec. Mais il est vrai que l'*e* du lithuanien et du latin s'y prête mal: on attendrait *a*.

6. Gr. ὕδ-ωρ ὕδ-ατ-ος (ῦ); v. sax. *watar,* goth. *vato vatins;* lat. *u-n-da;* lith. *va-n-dŭ;* sl. *voda;* skr. *udán* usité seulement aux cas obliques (nom.-acc. *údaka*). Conclusion: indo-eur. *wá₂d-r̥(-t)*, dat. *ud-n-ái*. La nasale du latin et du lithuanien est évidemment épenthétique.

7. Gr. σκ-ώρ σκ-ἄτ-ός; skr. *çák-r̥-t çak-n-é* (lat. *stercus*). Ces formes ne s'expliquent que par une flexion primitive: $sá_1k$-*r̥-t*, dat. *sk-n-ái*.

3ᵉ série: le thème du nom.-acc. se forme au moyen d'une finale *i*. — D'après ce que nous avons vu plus haut (p. 112, 113 en bas, 114) l'*o* des mots ὄσσε, ὀστέον, οὖς, doit être ǫ. Au point de vue de la dégradation du vocalisme radical, ces exemples ne sont pas des plus satisfaisants. La racine apparaît invariable.

1. Skr. *ákš-i,* dat. *akš-n-é* [1]. Le thème nu apparaît dans *an-ákš* «aveugle»,

---

1. Par une extension du thème nasal, le dialecte védique forme *akšábhis.* Le duel *akšíbhyām* est encore plus singulier.

nomin. *anák*. La forme en -*i* donne le gr. ὄσσε, le lith. *akìs* et le duel sl. *oči*, l'autre le goth. *augo augins* où l'accentuation du thème en -*án* est encore visible.

2. Skr. *ásth-i*, dat. *asth-n-é*[1]. Gr. ὄστι-νος, ὀστ-έ(y)o-ν (cf. *hŕd-aya*), lat. *os ossis* (vieux lat. *ossu*). Les formes comme ὄστρεον (huître) font supposer une finale *r̥* à côté de la finale -*i*. V. Curtius Grdz. 209.

3. Skr. *dádh-i*, dat. *dadh-n-é*. Le boruss. *dadan* est sans grande valeur ici: c'est un neutre en -*a* (Leskien Decl. 64).

4. Skr. *sákth-i*, dat. *sakth-n-é*. Galien rapporte un mot ἴκταρ (τὸ τῆς γυναικὸς αἰδοῖον) employé, dit-il, par Hippocrate mais que la critique des textes paraît avoir eu des raisons d'extirper («jam diu evanuit» Lobeck *Paralip.* 206). Cette forme s'accorderait cependant très-bien avec *sákth-i*. Doit-on comparer ἰξύς, ἰσχίον, ἴσχι (Hes.)?

5. M. Benfey (Skr.-engl. Dict.) compare le skr. *aúgi* et le lat. *inguen*. Mais le mot latin, outre les autres explications proposées (v. J. Schmidt Voc. I 81), se rapproche aussi du skr. *ǵaghána*.

b. MASCULINS ET FÉMININS.

Nous retrouvons ici le *thème en* -an et le *thème sans suffixe*. Ce dernier peut prendre la finale *i*. Seulement c'est le thème en -*an* qui est paroxyton et qui montre la racine pleine, et c'est le thème court qui est affaibli. Ces deux thèmes se répartissent de telle manière que les cas «forts» du masculin correspondent aux cas «très-faibles» (plus le locatif sing.) du neutre et que les cas «moyens» et «très-faibles» du masculin font pendant aux cas «moyens» du neutre. Décliné au neutre, *pánthan, pathi*, ferait certainement: nom. *pánthi*, dat. *pathné* (instr. pl. *pánthibhis*). — De plus les formes équivalentes *path* et *path + i*, contrairement à ce qui a lieu pour les neutres, coexistent d'habitude dans le même mot, la première étant employée devant les voyelles, la seconde devant les consonnes.

Le paradigme est complet pour le skr. *pánthan: pánthān-as, path-é, path-i-bhis*. La forme *pathin* est une fiction des grammairiens[2], voy. Böhtl.-Roth; *path, pathí* sont pour *pn̥th, pn̥thí*, cf. p. 24. Le lat. *ponti-*, le sl. *pǫti*, reproduisent au sein de la forme en *i* le vocalisme du thème en -*an* et nous apprennent que l'*a* radical de

---

1. Le génitif consonantique zend *açtaçça* pourrait suggérer que le nominatif-accusatif a été primitivement *ast*, et que *asti-* était réservé aux cas du pluriel. Cf. plus bas les 3 thèmes du masculin.

2. *paripanthín* contient le suffixe secondaire -*in*.

pánthan est a_2. La même racine donne le goth. *finþa, fanþ*. Sur *pánthan* se décline *mánthan*.

Les cas «très-faibles» du skr. *pūṣ-án* (ici le thème en *-an* est oxyton) peuvent se former sur un thème *pūṣ*. Vopadeva n'admet la forme *pūṣ* que pour le locatif sing. Benfey Vollst. Gramm. p. 316.

Les autres exemples ne peuvent plus que se deviner. C'est entre autres le gr. *ἄξ-ων* qui est opposé au lat. *ax-i-s*, au sl. *osĭ*; le skr. *naktán* et *nákti* (on attendrait au contraire *náktan et *naktí, cf. lith. *naktìs*) avec le gr. *νυκτ-* et le goth. *naht-*. La triple forme se manifeste aussi dans le gr. *χερ-, χειρ-* (pour **χερι-*) et *χερον (dans *δυσχεραίνω* de *δυσχέρων). En zend *χshapan* «nuit» donne au nom. *χshapa*, à l'acc. *χshapan-em*, mais au gén. *χshap-ō* (Spiegel Gramm. 155); le sanskrit a éliminé *ḱšapan en généralisant *ḱšap*.

Peut-être *pati* «maître» n'est-il pas étranger à cette famille de mots, ce qui expliquerait *patnī́, πότνια*. Le lith. *pàts* offre une forme sans *i*, et le désaccord qui existe entre l'accent du skr. *páti* et celui du goth. *-fadí-* cache bien aussi quelque anguille sous roche. La déclinaison de ce mot est remplie de choses singulières. En zend il y a un nomin. *paiti*. Cf. aussi *Ποσειδάων*.

C'est à titre de conjecture seulement que nous attribuerons la naissance du thème indien *náptar* (qui dans le Rig-Véda n'apparaît point aux cas forts) à l'insertion d'un *-r-*, semblable à celui de *yák-r̥-t* etc., dans les cas faibles du pluriel de *nápat*[1], ainsi *nápt-r̥-bhis* au lieu de *naptbhis*.

Il faut être prudent devant ce grand entrecroisement des suffixes. Nous sommes sur le terrain de prédilection d'une école qui s'est exercée à lès faire rentrer tous les uns dans les autres. Nous croyons néanmoins que le choix d'exemples ʹqui est donné

---

1. Le fém. *naptī́* prouve que l'ā de *nápātam* est a_2, autrement il devrait rester une voyelle entre *p* et *t*. Le lat. *nepōtem* a pris, ainsi que *datōrem*, son *ō* au nominatif (v. p. 213). L'irl. *niae*, gén. *niath* ne décide rien quant à la quantité de l'*a* (cf. *bethăd* = *βιότητος*, Windisch *Beitr. de P. et B.* IV 218), mais il s'accommode fort bien de a_2. Cf. enfin *νέποδες*(?). — La substitution de *nápt-r̥-bhis* à «*naptbhis*» aurait une certaine analogie avec une particularité de la déclinaison védique de *kšip* et de *kšap*: ces mots font à l'instrumental plur. *kšíp-ā-bhis, kšap-ā́-bhis*.

plus haut ne laisse pas de doute sur le fait qu'un ordre parfaitement fixe présidait à l'échange des différents thèmes, et sur
l'équipollence de certains d'entre eux comme p. ex. *akš* et *akš + i*,
en opposition à *akš + an*.

§ 13. Aperçu synoptique des variations du vocalisme amenées par la formation des mots.

Au § 12 nous avons dressé l'état des modifications qui s'observent dans les syllabes prédésinentielles. Ce qui suit aurait à
en donner le complément naturel, l'histoire des modifications qui
atteignent les syllabes présuffixales. Nous devons dire d'emblée
que cet aperçu sera nécessairement beaucoup plus incomplet
encore que le précédent. Ni les phénomènes de vocalisme ni ceux
de l'accentuation n'ont été sérieusement étudiés pour ce qui concerne la formation des mots. En dehors de cette circonstance
fâcheuse, il est probable qu'on n'arrivera jamais sur cette matière
à des résultats aussi précis que pour ce qui touche à la flexion.
Les exceptions aux règles reconnues sont trop considérables.

Nous commençons par une revue très-succincte des principales formations. A chaque suffixe nommé, nous enregistrons
quelle accentuation et quel vocalisme radical il admet.

I. Thèmes nominaux.

Thèmes finissant par a_1-a_2.

Thèmes en **-a₂**. — 1ᵉ série: Oxytons (autant qu'on en peut
juger, v. p. 82 seq.); racine au degré 2; v. p. 79 seq. 155. —
2ᵉ série: Oxytons; racine faible[1].

Thèmes en **-ta₂**. — 1ᵉ série: Paroxytons(?); racine au degré 2; v. p. 76. — 2ᵉ série: Oxytons; racine faible (participes);
cf. p. 14, 23, 149, 157.

---

1. Voici quelques exemples: indo-eur. *yugá*, skr. *u̯šá*, *kr̥çá*, *piçá*, *bhr̥çá*,
r̥dhá, *vrá*, etc., zd. *gĕrĕδa* «hurlant» de *gared*, *bĕrĕǵa* «désir» de *bareǵ*;
gr ἀγός, ὀφλοί· ὀφειλέται, στραβός de στρεφ, ταρσός de τερσ, et avec déplacement du ton, ὄτλος, στίβος, στίχος, τύκος; germ. *tuga*- «trait» (F.
III³ 123), *fluga*- «vol» (F. 195), *buda* «commandement» (F. 214), goth.
drusa «chûte», *quma* «arrivée». En composition ces thèmes ne sont pas
rares: skr. *tuvi-grá*, *á-kra*; gr. νεο γνό-ς, ἀ-τραπό-ς, ζα-βρό-ν· πολύφαγον,
ἐλα-θρά· ἐν ἐλαίῳ ἐφθά, δί-φρο-ς, ἔπι-πλα, *γνυ-πτό dans γνυπτεῖν (Hes.);
lat. *privi-gnu-s*, *prŏ-bru-m* (quoi qu'en dise Corssen Sprachk. 145).

Thèmes en **-na₂**. — 1ᵉ série: Paroxytons(?); racine au degré 2; v. p. 77 seq. — 2ᵉ série: Oxytons; racine faible[1] (participes). Quelques traces du degré 1; v. p. 77.

Thèmes en **-ma₂**. — 1ᵉ série: Accentuation douteuse; racine au degré 2; v. p. 74 seq. en ajoutant βωμός, θωμός, ῥωχμός (p. 138, 140, 167). — 2ᵉ série: Oxytons; racine faible[2].

Thèmes en **-ra₂**. — 1ᵉ série (peu nombreuse): Racine au degré 2; v. p. 138, 156. — 2ᵉ série: Oxytons; racine faible; v. Lindner p. 100 et ci-dessus p. 157.

Il est difficile d'apercevoir la règle des thèmes en -ya_2 et -wa_2. L'exemple a_1kwa_2 (cheval) ne permet point à lui seul de dire que les thèmes en wa_2 ont a_1 dans la racine; ce peut être une formation secondaire, comme l'est par exemple le skr. *him-á*, gr. -χιμ-ο-ς, qu'on dirait contenir le suff. -*ma*, mais qui dérive du thème *ghi-am*.

Il semble qu'on puisse conclure ainsi: les différents suffixes finissant par a_2 admettent également la racine réduite et la racine au degré 2, mais n'admettent pas la racine au degré 1. Quant à l'accent, il repose toujours sur le suffixe lorsque la racine est réduite. La plus grande partie de la série qui est au degré 2 paraît avoir été composée aussi de thèmes oxytons; cependant la règle n'apparaît pas d'une manière nette.

Thèmes finissant par a_1 + *sonante ou s.*

I. Le suffixe n'admet pas a_2.

Thèmes en **-a₁n**. Oxytons; racine réduite: gr. φρ-ήν, *Ϝρ-ήν (p. 195); skr. *ukšán* (acc. *ukšánam* et *ukšánam*), *plihán* (les langues européennes font supposer que le suff. est a_1n). Dans le skr. *vŕšan* (acc. *vŕšanam*) et le gr. ἄρσην il faut admettre que l'accentuation est hystérogène. Quelques exemples ont la racine au degré 1: gr. τέρην, λειχήν -ῆνος, πευθήν -ῆνος.

Thèmes en **-ma₁n**. Oxytons; racine faible. Gr. ἀϋτμήν, λιμήν, πυθμήν. V. p. 131. Si l'on range ici les thèmes neutres en -*man*, nous obtenons une seconde série composée de paroxytons

---

1. Goth. *fulls* = *fulnás*, gr. λύχνος, σπαρνός, ταρνόν· κολοβόν et tous les participes indiens en -*ná*.

2. Skr. *tigmá, yugmá, yudhmá, rukmá, sidhmá* (p. 171) etc.; gr. ἀκμή, ἐσυνυός. πυυή. στινή.

où la racine est au degré 1. L'accentuation est assurée par l'accord du grec et du sanskrit, le degré 1 par les exemples réunis p. 130 seq., cf. p. 137 et 156.

Thèmes en -a₁r. Oxytons; racine faible. Skr. *n-ár, us-ár.*

Thèmes en -ta₁r. 1ᵉ série: Oxytons; racine faible. Gr. (*ἀ)σ-τήρ,* zend *ç-tăr-ō,* lat. *s-tella* (Brugman Stud. 388 seq.). Des noms de parenté comme *duhitár, pitár*[1], *yātár (yn̥tár).* — 2ᵉ série: Paroxytons; racine au degré 1. Skr. *bhrátar,* gr. *φράτηρ;* skr. *çámstar.* Le mot *mātár* et les noms d'agent grecs en -τήρ soulèvent une question difficile que nous examinerons plus bas à propos du suff. -ta₂r.

Pour les thèmes en -a₁i, il serait important de savoir si la flexion primitive de chaque exemple était forte ou faible, ce que nous ignorons bien souvent. Ce qu'on peut affirmer c'est qu'il y a des thèmes en -a₁i qui prennent a₂ dans la racine (v. p. 85), que d'autres, comme l'indo-eur. *n̥sá₁i* (p. 24), et les infinitifs védiques tels que *dr̥çáye, yudháye,* affaiblissent la racine. Dans toutes les langues cette classe de mots est fortement mélangée de formes qui lui étaient étrangères à l'origine.

Thèmes en -ta₁i (flexion faible). La racine est réduite, v. p. 15, 23, 150; Lindner p. 76 seq., Amelung *Ztschr. f. deutsches Alterth.* XVIII 206. On attend donc que le suffixe ait l'accent, mais les faits qui le prouvent n'abondent pas. En grec le ton repose au contraire sur la racine (*πίστις, φύξις* etc.). En germanique comme en sanskrit oxytons et paroxytons se balancent à peu près. On a en gothique *ga-taurþi-, ga-kunþi-* etc., à côté de *ga-mundi-, ga-kundi-, dēdi-* etc. M. Lindner compte 34 paroxytons védiques contre 41 oxytons (masculins et féminins). Les probabilités sont malgré tout pour que le ton frappât le suffixe. Nous pouvons suivre historiquement le retrait de l'accent pour *matí, kīrtí* (véd.) qui devinrent plus tard *máti, kírti.* De plus *gáti, yáti, ráti* de *gam, yam, ram,* et *sthíti, díti* de *sthā, dā,* ont dû être oxytons à l'origine, autrement la nasale sonante des 3 premiers, aurait produit -*an*-[2] (p. 36) et l'*i* des seconds apparaîtrait sous la forme d'un *a* (p. 177). — Notons en sanskrit *s-tí* de *as.*

---

1. La racine de *pitár* peut être a₁pʌ ou pa₁ʌ; dans les deux cas il y a affaiblissement.

2. Ce fait défend de reconstruire un primitif paroxyton *gn̥ti* tel que

Thèmes en -a₁u de flexion faible. — 1ᵉ série (fort nombreuse): Oxytons (Bezzenberger *Beiträge* II 123 seq.[1]); racine faible; v. p. 15, 23, 157; Lindner p. 61. — 2ᵉ série: Oxytons; racine au degré 2, comme skr. *çaṅkú*, sl. *sǫkŭ*; v. p. 85 seq.

Thèmes en -a₁u de flexion forte. Oxytons; racine faible. Ex.: *di-á₁u, gǫ-á₁u* (p. 198).

Thèmes en -ta₁u. — 1ᵉ série: Oxytons; racine faible. Skr. *r̥tú, aktú* (= goth. *uhtvo* p. 24); zd. *pĕrĕtu* = lat. *portus;* goth. *kustus.* — 2ᵉ série: Paroxytons; racine au degré 2. Germ. *đauþus* (Verner K. Z. XXIII 123), gr. *οἰ-σύ-α* de la rac. *wa₁i* (v. Fick II³ 782), skr. *tántu, mántu, sótu* etc. C'est probablement à cette formation qu'appartiennent les infinitifs en *-tu-m* (cf. p. 223).

Thèmes en -a₁s. Oxytons; racine faible. Skr. *bhiy-ás* (v. p. 219). Sur les mots comme ψευδής v. p. 201.

II. Le suffixe admet *a₂*.

Thèmes en -a₂n. Oxytons; racine faible. Skr. *çv-án* «chien» (acc. *çvánam*). Le gr. κύων a retiré le ton sur la racine, tandis qu'aux cas obliques on a inversement: gr. κυνός, skr. *çúnas*. La loi générale des thèmes germaniques en *-a₂n* est d'affaiblir la racine, v. Amelung loc. cit. 208; sur l'accentuation de ces thèmes qui primitivement ont été tous oxytons, Osthoff *Beitr. de P. et B.* III 15. — Quelques thèmes du degré 1: gr. εἰκών, ἀηδών, ἀρηγών; μάκων, σκάπων; skr. *snehan* (gramm.), *rájan*, et plusieurs neutres tels que *gámbhan, mamhán*.

Thèmes en -ma₂n. La racine est toujours au degré 1, v. p. 131, 137, 140, 156. On trouve en grec des paroxytons comme τέρμων; le sanskrit en possède un petit nombre, ainsi *géman, bhásman, klóman.* Le goth. *hiuhma, milhma*, accuse la même accentuation. Mais les deux premiers idiomes offrent en outre des thèmes en *-ma₂n oxytons* où la racine n'est point affaiblie, ainsi χειμών, *premán, varṣmán, hemán* etc.

M. Brugman paraît disposé à l'admettre sur la foi du goth. *ga-qumþi-*, du skr. *gáti*, et du gr. βάσις (Stud. IX 326). Au reste il est juste de dire qu'on a des formes indiennes comme *tánti, hanti.*

1. Il est regrettable que dans ce travail le point de vue du vocalisme radical soit négligé, et que des formations très-diverses se trouvent ainsi confondues.

Thèmes en **-a₂m.** Oxytons; racine faible (p. 217).

Thèmes en **-a₂r.** — 1ᵉ série: Oxytons; racine faible (*dhu-ár*).
— 2ᵉ série: Paroxytons; racine au degré 1 (*sₐá₁s-ar*). V. p. 218.

Thèmes en **-ta₂r.** L'accentuation et la conformation primitive des thèmes en *-tar* sont difficilement déterminables. A la p. 212 nous sommes arrivés à la conclusion que les noms d'agent grecs en -τήρ et -τωρ formaient dès l'origine deux catégories distinctes. La flexion des premiers devait se confondre primitivement avec celle des noms de parenté. Or les noms d'agent en -τήρ sont oxytons. On attend donc d'après les règles générales et d'après l'analogie des noms de parenté (v. p. 230), que la syllabe radicale y soit affaiblie. Elle l'est dans les mots comme δοτήρ, στατήρ etc. L'ancienneté de ces formes semble même évidente quand on compare δοτήρ δώτωρ, βοτήρ βώτωρ, à πυθμήν πλεύμων. Mais voici que l'affaiblissement en question ne s'étend pas au-delà des racines en *-ū*, car on a πειστήρ, ἀλειπτήριον etc. (p. 132). Voici de plus que le sanskrit ne possède aucun nom d'agent dont la racine soit affaiblie. On dira que les noms d'agent indiens ont pour suffixe *-ta₂r*, non *-ta₁r*. Mais il en existe un de cette dernière espèce: *çámstar* (acc. *çámstăram*), et cet unique échantillon non-seulement n'affaiblit pas la racine, mais encore lui donne le ton. Du reste en admettant même que les deux types δοτήρ δώτωρ nous représentent l'état de choses primitif, on ne comprendra pas comment un grand nombre de noms d'agent indiens — lesquels, ayant tous *a₂*, ne peuvent correspondre qu'au type δώτωρ — mettent le ton sur *-tar*. Deux circonstances compliquent encore cette question que nous renonçons complétement à résoudre: l'accentuation variable des noms d'agent sanskrits selon leur fonction syntactique (*dātắ maghắnam, dắtā maghắni*), et le vieux mot *mātár* «mère» qui a la racine forte malgré le ton. — Il faut ajouter que le zend fournit quelques noms d'agent à racine réduite: *kĕrĕtar, dĕrĕtar, bĕrĕtar* etc.

Thèmes en **-a₂s.** — 1ᵉ série: Paroxytons; racine au degré 1. Ce sont les neutres comme μένος, v. p. 129. — 2ᵉ série: Oxytons; racine faible. Skr. *uśás*. Les mots comme *toçás* (duel *toçásā*) sont probablement hystérogènes, cf. p. 201.

Thèmes en **-ya₂s.** Paroxytons (Verner K. Z. XXIII 126 seq.); racine au degré 1; v. p. 130, 156 seq.

Thèmes en -wa₂s. Oxytons; racine (redoublée) faible. Cf. p. 35, 71 i. n., 155. Skr. *jagr̥bhvắn*, gr. *ἰδυῖα*, goth. *berusjos* (= bebr-usjos).

Les participes de la 2ᵉ classe en *-n̥t* forment une catégorie particulière, vu l'absence de tout *a* suffixal (p. 185). Ils ont le ton sur le suffixe, et la racine réduite. L'exemple typique est l'indo-eur. *s-n̥t* de *a₁s* (Osthoff K. Z. XXIII 579 seq.). En sanskrit: *u̯ánt-, dviṣánt-* etc. Cf. p. 38 et § 15.

Il faut nommer encore les formes comme *mr̥ắh* et *(açva-)yúǵ* dont nous avons parlé p. 202, et où l'affaiblissement, quoique portant sur une syllabe prédésinentielle, n'est point causé par les désinences. Nous notons sans pouvoir l'expliquer un phénomène curieux qui est en rapport avec ces thèmes. Après *i, u, r̥, n̥, m̥*, un *t* est inséré. Or les racines en *ā*, on ne sait pourquoi, ne connaissent pas cette formation: «*pari-ṣṭhí-t*» de *sthā* serait impossible; *pari-ṣṭhắ* seul existe[1]. Ainsi *pari-ṣṭhā*, type coordonné à *vr̥tra-han*, se trouve enrôlé par l'usage dans un groupe de formes avec qui il n'a rien de commun: *pari-ṣṭhā, go-ǵí-t, su-kŕ̥-t* etc. sont placés sur le même pied. Jusqu'ici rien de bien surprenant: mais comment se fait-il que ce parallélisme artificiel reparaisse devant ceux des suffixes commençant par *y* et *w* qui demandent l'insertion du *t*? A côté de *ā-ǵí-t-ya, ā-kŕ̥-t-ya* nous avons *ā-sthắ-ya*; à côté de *ǵí-t-van, kŕ̥-t-van*, on trouve *rắ-van*. Les mêmes formations ont encore ceci d'énigmatique que la racine y est accentuée malgré son affaiblissement.

Thèmes féminins en **ā** (cf. p. 82). 1ᵉ série: Oxytons; racine faible. Skr. *druhắ, mudắ, ruǵắ* etc.; gr. *βαφή, γραφή, κοπή, ῥαφή, ταφή, τρυφή, φυγή, ὁμο-κλή, ἐπι-βλαί*[2]. 2ᵉ série: Paroxytons; racine au degré 1. Goth. *gairda, giba, hairda*, v. hᵗ-all. *speha;* gr. *εἴλη, εἴρη, ἔρση, ἐρείκη, λεύκη, μέθη, πέδη, πεύκη, σκέπη, στέγη, χλεύη*. En sanskrit *varṣắ*, identique avec *ἔρση*, est anormal par son accentuation.

---

1. Disons toutefois que le type *madhu-pá* (v. p. 177) est peut-être ce qui correspond à *go-ǵí-t, su-kŕ̥-t*. Mais à quoi attribuer l'absence du *t*?

2. L'accent est déplacé dans *βλάβη, δίκη, λύπη, μάχη, νάπη, ὄθη, σάγη, μεσό-δμη*. — Dans certains cas l'expulsion de l'*a* est empêchée: indo-eur. *sa₁bhắ* pour *sbhắ* (skr. *sabhắ*, goth. *sibja*, gr. *ἐφ-έται*).

II. Thèmes verbaux.

Plusieurs ont été *dérivés* d'autres thèmes verbaux. Ces formations ne rentrent pas dans le sujet que nous considérons, et il suffira de les indiquer sommairement: 1° Aoriste en -*s* (skr. *dik-šá-t*, gr. *ἴξον*) dérivé de l'aoriste en -*s* (*da₁ik-s-*). 2° Thèmes oxytons en -*a* tels que *limpá-*, *muńćá-*, *kṛntá-*, dérivés, ainsi que l'admettait Bopp, de thèmes de la 7ᵉ classe: exemple *tṛmhá[ti]* = *tṛṇah-* (dans *tṛṇédhi*) + *á*. 3° Le futur en -*s-yá* est probablement une continuation de l'aor. en -*s*. 4° Les subjonctifs (p. 127). — Les optatifs tels que *syā-* (v. ci-dessous) sont à vrai dire dérivés, aussi bien que *bharaī-* (p. 193) et que les formes qui viennent d'être citées.

Thèmes en -**a₁**. — 1ᵉ série: Paroxytons; racine au degré 1; v. p. 126, 153, 159. — 2ᵉ série: Oxytons; racine (simple ou redoublée) faible; v. p. 9 seq., 20, 153 seq., 160 seq.

Thèmes en -**ya₁**. Racine faible, soit en sanskrit soit dans les langues congénères (p. 157, 159). Contre l'opinion commune qui regarde l'accentuation indienne de la 4ᵉ classe comme hystérogène, M. Verner (l. c. 120) se fonde sur cette accentuation pour expliquer le traitement de la spirante dans le germ. *hlahjan* etc. Dans ce cas le vocalisme des thèmes en -*ya* ne peut guère se concevoir que si l'on en fait des dénominatifs: ainsi *yúdh-ya-ti* serait proprement un dérivé de *yúdh* «le combat», *páç-ya-ti* se ramènerait à *spáç* (*σκοπός*). La langue se serait habituée plus tard à former ces présents sans l'intermédiaire de thèmes nominaux[1].

Thèmes en -**ska₁**. Oxytons; racine faible; v. p. 13, 22, 149. Dans le skr. *gáććhati*, *yáććhati*, l'*a* radical (sorti de *m̥*) s'est emparé du ton (cf. p. 174).

[Thèmes en -**na₁-u** et -**na₁-A**. Oxytons; racine faible; v. p. 22 et 187.]

Thèmes en -**ya₁A**. Oxytons; racine (simple ou redoublée) faible. Indo-eur. *s-yá₁ₐ-*, optatif de *a₁s*. Skr. *dvišyá-* de *dveš*,

---

1. L'accentuation primitive de la caractéristique n'est pas malgré tout très-improbable, car, outre le passif en -*yá*, on a les formes comme *d-yá-ti*, *s-yá-ti* etc., qui paraissent venir de *ad*, *as* etc. De plus *sídhyati*, *tímyati* (p. 171 seq.) ne se comprendraient pas davantage que *sthíti* (p. 230) si le ton n'avait frappé primitivement le suffixe. Il faut ajouter que même dans l'hypothèse où *yúdhyati* serait dénominatif, on attendrait l'accentuation *yudhyáti*: cf. *devayáti*. — On trouve vraiment le ton sur -*ya* dans le véd. *raṇyáti* (Delbr. 163). Pour *haryánt* cf. Grassmann s. v. *hary*.

vavr̥tyá- de *vart*, *ćaćchadyá-* de *ćhand;* goth. *berjau* (= *be-br-jau*), *bitjau* (= *bibitjau). La formation est secondaire (cf. plus haut). Mentionnons le thème de l'aoriste sigmatique comme *dá₁ik-s-* (p. 128, 191) qui ne rentre ni dans la formule *racine simple* ni dans la formule *racine + suffixe.*

Résumons brièvement ce qui ressort de cette énumération.

1. Les phénomènes qu'on constate dans la formation des mots ne peuvent être mis en relation qu'avec l'accent. On n'observe pas d'effets comparables à ceux qui se produisent dans les déclinaisons faibles (perte de l'*a₁* du premier élément causée par une consonne initiale dans le second).

2. Qu'est-ce qui détermine la place de l'accent? Voilà le point qui nous échappe complétement. Le ton opte pour le suffixe ou pour la racine, nous devons nous borner à constater pour chaque formation le choix qu'il a fait[1]. Comme le même suffixe peut prendre et ne pas prendre l'accent (*riká₁-*, *rá₁ika₁-*), on prévoit que la règle sera extraordinairement difficile à trouver.

3. Relation du vocalisme avec l'accentuation.

Le ton repose-t-il sur la syllabe radicale, celle-ci apparaît sous sa forme pleine, au degré 1 ou au degré 2.

> Nous avons cherché à écarter les exceptions, dont la plus considérable est le cas des thèmes verbaux en *-ya*. — L'affaiblissement des mots sans suffixe comme *mŕ̥dh* (v. ci-dessus p. 233) est d'un caractère tout à fait singulier: on ne sait même à quoi le rattacher.

Le ton repose-t-il sur le suffixe, la racine est au degré réduit ou (plus rarement) au degré 2, jamais au degré 1.

> Exceptions principales. Certains thèmes en *-man* tels que χειμών, *varṣmán* (v. plus haut), et probablement une partie des thèmes en *-tar*, puis des exemples isolés assez nombreux. Comme

---

1. Sans cette alternative, le *principe du dernier déterminant* de M. Benfey et de M. Benlœw pourrait presque passer pour la loi générale de l'accent indo-européen. — M. Lindner (Nominalbild. 17 seq.) propose pour les thèmes nominaux du sanskrit les deux lois suivantes (la seconde pouvant annuler l'effet de la première): 1. L'accent frappe la racine dans le nom abstrait (Verbalabstractum), et le suffixe dans le nom d'agent. 2. L'accentuation du nom répond à celle du verbe au présent. La latitude que laisseraient ces deux lois est singulièrement grande.

nous l'avons dit, les oxytons en - *as* tels que ψευδής ne constituent pas d'exception formelle.

Les oxytons du degré 2 auxquels la règle fait allusion ici sont presque uniquement des thèmes finissant par *a* (v. ci-dessus p. 229) ou des thèmes en *u* de flexion faible (p. 231), ainsi λοιπός, πλοχμός, *ketú*. C'est une chose curieuse que de voir les deux *a* se comporter différemment vis-à-vis de l'accent. Elle donnerait à penser que la naissance du phonème a_2 est antérieure à la période d'expulsion. De fait, dans les syllabes prédésinentielles, il n'est jamais besoin de supposer l'expulsion d'un a_2 (par l'accent), puisque, d'après ce qu'on a vu p. 215, les cas faibles des oxytons montrent a_1 dans les paroxytons, et que ces derniers nous représentent l'état de choses qui a précédé les phénomènes d'expulsion.

———

Pourvu qu'on admette l'immobilité de l'accent dans les thèmes paroxytons (p. 203 seq.), les phénomènes d'accentuation et d'expulsion peuvent sans inconvénient pratique s'étudier séparément dans les deux sphères de la flexion et de la formation des mots. C'est ainsi que nous avons procédé.

Seulement ce que nous avons devant nous, ce sont des mots et non des thèmes. Quand on dit que l'affaiblissement de la racine, dans le thème *uks-án*, est dû à l'accentuation du suffixe, il reste à chercher ce que représente cette phrase dans la réalité, et si vraiment les faits de ce genre nous introduisent de plain-pied dans l'époque paléontologique antérieure à la flexion, telle que M. Curtius la reconstruit par la pensée dans sa *Chronologie des langues indo-européennes*. Doit-on penser au contraire que tous les phénomènes se sont accomplis dans le mot fléchi[1]? Nous ne savons, et nous nous garderons d'aborder ce problème. Nous voudrions seulement, en combinant la loi des expulsions prédésinentielles avec celle des expulsions présuffixales, exprimer le plus simplement possible la somme des affaiblissements dûs à l'accent, telle qu'elle nous apparaît dans son résultat final: 1° TOUS LES a_1 PLACÉS DANS LA PARTIE DU MOT QUI PRÉCÈDE LA SYLLABE

———

1. Les cas dont nous avons parlé où l'on entrevoit une rencontre des phénomènes de flexion avec ceux de la formation (*dar-u*, *dr-aw-ái*, p. 221 seq.) seraient un argument à l'appui de cette seconde hypothèse.

ACCENTUÉE TOMBENT, à moins d'impossibilité matérielle (p. 48);
2° AUCUNE AUTRE EXPULSION D'a_1 N'EST CAUSÉE PAR L'ACCENT.

tá$_1$ ig + ya$_1$ s + ʌi   produit *tú$_1$igia$_1$sʌi* (skr. *tégīyase*).
ya$_1$ ug + tá$_1$ i + a$_1$ s   »   *yuktá$_1$ya$_1$s* (skr. *yuktáyas*).
wa$_1$ id + wa$_1$ s + ʌ́i   »   *widusʌ́i* (skr. *vidū́ṣe*).

Il resterait à obtenir une règle unique d'où découlerait *la place de l'accent* dans chaque forme. Quand la question se pose entre syllabe prédésinentielle et désinence, on est fixé pourvu qu'on connaisse le genre de flexion (forte ou faible). On a vu en revanche que le parti que prend l'accent devant la bifurcation entre racine et suffixe peut se constater pour des groupes considérables de thèmes, mais non se prévoir. Nous nous contentons donc de dresser un tableau récapitulatif. Ce tableau devra justifier les a_1 qui existent et qui manquent dans n'importe quelle forme primaire répondant aux conditions normales.

I. *Racine + suffixe*[1].

1er cas. *Le ton reste sur la racine.*
Aucune expulsion n'est possible du fait de l'accent. Cf. ci-dessous.

2e cas. *Le ton quitte la racine.*

a. *Le ton ne passe point aux désinences* (flexion faible).
L'expulsion par le fait de l'accent atteindra tous les a_1 présuffixaux et aucun autre. Cf. ci-dessous.

b. *Le ton est attiré vers les désinences* (flexion forte)[2].
Il y aura expulsion: 1° de tout a_1 présuffixal, 2° si l'a_1 ne finit le thème, de tout a_1 prédésinentiel placé devant une désinence susceptible d'accent.

Dans la flexion faible les désinences commençant par une consonne produisent l'expulsion de l'a_1 prédésinentiel.

II. *Racine sans suffixe.*

Nous ne nous sommes pas préoccupés jusqu'ici des syllabes de redoublement. Le peu de chose qu'on sait de leur forme primitive rend leur analyse tout à fait conjecturale. Ils s'agirait

---

1. Il faudrait, rigoureusement, ajouter une troisième case: *racine + infixe*, à cause du type *yu-na-g* de la 7e classe (§ 14). En faisant de *-nag* un suffixe fictif, les phénomènes sont ceux de *racine et suffixe*.

2. Nous considérons la flexion thématique comme un cas spécial de la flexion forte (p. 188).

avant tout de déterminer si le redoublement doit être regardé comme une espèce d'onomatopée, ou s'il constitue une *unité morphologique* régulière, le caractère de l'unité morphologique étant de contenir, à l'état normal, a_1.

Au parfait, rien n'empêche d'admettre cette dernière hypothèse. Comme le ton repose au singulier de l'actif sur la racine[1] et partout ailleurs sur les désinences, la réduplication perd forcément son a_1, mais elle ne le possède pas moins virtuellement. Ainsi l'on a: indo-eur. *uwáₐka*, *ūkmá* (skr. *uvắća*, *ūćimá*) pour *wa₁wắₐka, *wa₁wa₁kmá. Dans les formes comme *papắta*, l'*a* est forcé de rester. Quand l'a_1 radical est suivi d'une voyelle, on constate que celle-ci se répercute dans le redoublement: *bhibhắₐida* pour *bha₁ibhắₐida, etc.[2]

A l'aoriste en -*a*, il faut, pour expliquer à la fois l'affaiblissement radical et l'état normal du redoublement dans *vóćat*, supposer un double ton primitif (*wá₁-uk-á₁-t*), tel que le possèdent les infinitifs en -*tavai* et d'autres formes indiennes (Böhtlingk *Accent im Sanskrit* p. 3). Il concilie du reste l'accentuation du gr. εἰπεῖν avec celle de *vóćat*. Les aoristes sanskrits comme *atitviṣanta* ou modifié leur réduplication: il faudrait *atetviṣanta.

Au présent, la plus grande incertitude règne. L'*i* de ἵστημι et de *píparti* pose une énigme que nous n'abordons point. Toutefois la variabilité de l'accent dans la 3ᵉ classe sanskrite semble indiquer un double ton dans les formes fortes, ce qui permettrait de comprendre *nenekti*, *vevekti*, *veveṣṭi* (qui peuvent passer, il est vrai, pour des intensifs), zd. *zaozaomī*, *daēdōist*, et en grec δείδω. Au pluriel le ton, passant sur la désinence redevenait un, et en conséquence le redoublement perdait son *a*. De là les présents comme *didéṣṭi*. La flexion originaire serait: *dédéṣṭi, didiçmás*[3].

---

1. Le goth. *saizlep* permet de contrôler l'accent indien.

2. Le véd. *vavắća* est à coup sûr une innovation, car, en le supposant primitif, on ne pourrait plus expliquer *uvắća*. En grec δείδοικα et εἰοικυῖαι sont, en conséquence, hystérogènes.

3. Dans cette hypothèse le redoublement *dā*- du slave *damŭ, damŭ*, vient du singulier, et le *dă*- du skr. *dádāmi*, du pluriel. Formes premières: *dá₁ǫ-dá₁ǫ-mi*, plur. *dǫ-dǫ-más*.

Chapitre VI.

De différents phénomènes relatifs aux sonantes
i, u, r, n, m.

§ 14. Liquides et nasales sonantes longues.

Dans le 21ᵉ volume du Journal de Kuhn, pour la première fois peut-être depuis la fondation de la grammaire comparée, une voix autorisée a plaidé la primordialité des présents sanskrits de la 7ᵉ formation. Tout a été imaginé, on le sait, sous l'empire de l'idée théorique que l'indo-européen a horreur de l'infixe, pour expliquer comment ce groupe de présents avait pu sortir de la 5ᵉ et de la 9ᵉ classe. M. Windisch déclare qu'aucune hypothèse ne le satisfait, constate qu'aucune ne rend véritablement compte de l'organisme délicat des formes alternantes *yunag- yung-*, et trouve que ces présents offrent au contraire tous les caractères d'une formation primitive. La 9ᵉ classe dont personne ne met en doute l'origine proethnique a péri dans toutes les langues européennes, hors le grec. Quoi d'étonnant si la septième, flexion bizarre et insolite, ne s'est conservée qu'en sanskrit et en zend?

Le spectre de l'infixe se trouve d'ailleurs conjuré, si l'on admet avec le même savant que la 7ᵉ classe soit une manifestation du travail d'élargissement des racines: dans *yunag-* par exemple, la racine serait proprement *yu (yau)* et *g* ne représenterait que le déterminatif. Pour peu cependant qu'on repousse cette théorie, qui n'a pas pour elle d'argument vraiment décisif, nous nous déclarons prêt à admettre l'infixe. Surtout M. Windisch accompagne sa supposition d'un corollaire dont nous ne saurions faire notre profit à aucune condition. Il conjecture dans la 7ᵉ classe une sorte de continuation de la 9ᵉ, et nous serons amené à voir dans la 9ᵉ un cas particulier de la 7ᵉ.

Formulons la règle au moyen de laquelle on passe de la racine, telle qu'elle apparaît dans les temps généraux, au thème de la 7ᵉ classe:

L'a₁ radical tombe, et la syllabe -ná₁- est insérée entre les deux derniers éléments de la racine réduite.

bha₁id: *bhi-ná₁-d*   ya₁ug: *yu-ná₁-g*   wa₁d: *u-ná₁-d*
ta₁rgh: *tr̥-ná₁-gh*   bha₁ng: *bhn̥-ná₁-g*

La flexion est donnée par les lois de la page 188. Elle amènera les formes faibles bhi-n-d, yu-n-g, $t\mathring{r}$-n-gh, $bh\mathring{n}$-n-g [1], u-n-d.

Maintenant plaçons en regard de cette formation le présent de la 9ᵉ classe analysé conformément à notre théorie de l'$\bar{a}$ long: pu-$ná_1$-$_A$, forme faible pu-n-$_A$. Une parenté difficile à méconnaître se manifeste, et nous posons:

$$bhina_1d:\ bha_1id\ \begin{cases} = puna_1A : \text{x} \\ = p\mathring{r}na_1A : \text{x} \\ = g\mathring{r}bhna_1A : \text{x} \end{cases}$$

Les valeurs des x, c'est-à-dire les racines véritables de nos présents en -$n\bar{a}$, seront évidemment: pa_1wA, pa_1rA, ga_1rbhA (ou gra_1bhA).

C'est la rigoureuse exactitude de cette règle de trois que nous allons tâcher de démontrer.

A part d'insignifiantes exceptions, toutes les racines sanskrites non terminées par -$\bar{\imath}$ qui appartiennent à la 9ᵉ classe prennent à l'infinitif en -tum, dans les thèmes en -$tavya$ et en -tar, et au futur en -sya, l'i (long ou bref) dit *de liaison*. De plus elles n'admettent à l'aoriste sigmatique que la formation en -i-$\check{s}am$.

punā́ti: pavi-tár, paví-tra [2], pavi-šyáti, á-pāvi-šus.

lunā́ti: lávi-tum, lavi-šyáti, á-lāvi-šam.

g̊rnā́ti: g̊ari-tár [3].

g̊rnā́ti «dévorer» (v. B. R.): gári̊-tum, gari-šyáti, á-gāri-šam

p̊rnā́ti: pári̊-tum, pári̊-šyáti (*cf.* pári̊-man, pári̊-nas).

m̊rnā́ti: ā-marī-tár.

ç̊rnā́ti: çárī-tos, çári̊-šyáti (*cf.* çárī-ra, á-çari̊-ka).

st̊rnā́ti: stári̊-tum, stári̊-šyáti (*cf.* stári̊-man).

gr. δάμνημι: d̊ami-tár.

çamnā́ti [4]: çami-tár.

grathnā́ti: gránthi-tum, granthi-šyáti.

mathnā́ti: mánthi-tum, mánthi-šyáti.

çrathnā́ti: á-çr̊thi-ta [5].

---

1. Le skr. *bhanágmi* sort régulièrement de *bh̊nágmi*, mais dans les formes faibles comme *bhanǵmás* la nasale paraît avoir été restituée par analogie: *bh̊ng* devait en effet donner *bh̊g*, qui en sanskrit eût fait *bhāǵ-*.

2. Le dialecte védique offre aussi *potár* et *pótra*.

3. Tel est là l'état de choses primitif; plus tard on forme le futur *garitā*.

4. Voy. Delbrück *Altind. Verb.* p. 216.

5. Voy. Grassmann s. v. Le $\mathring{r}$ de ce participe indique que les formes

mṛdnáti: márdi-tum, mardi-šyáti.
gṛbhṇáti: grábhī-tar, grábhī-tum, a-grabhī-šma, etc.
skabhnáti: skámbhi-tum, skabhi-tá.
stabhnáti: stámbhi-tum, stabhi-tá, a-stambhi-šam.
açnáti: pra-açi-tár.
išṇáti: éši-tum, eši-šyáti.
kušṇáti: kóši-tum, koši-šyáti.
mušṇáti: móši-tum, moši-šyáti (*cf.* mušī-ván).

Les exceptions sont, autant que j'ai pu m'en rendre compte: *badhnáti* qui n'offre l'*i* qu'au futur *bandhišyáti; pušṇáti* qui fait *póštum* ou *póšitum*, mais *pušṭa,* jamais **pušitá;* et *kliçnáti* où l'*i* est partout facultatif. De quelque manière qu'on ait à expliquer ces trois cas, ils sont tout à fait impuissants comparativement aux vingt et un précédents, et il est légitime de conclure: si l'on tient que la racine de *pinášṭi* est *peš,* celle de *gṛbhṇáti* ne doit point être nommée sous une autre forme que *grabhī* (soit *gra₁bhₐ*). L'*ĭ* de *gṛbh-n-ī-más* a un rapport tout aussi intime avec l'*ī* de *grábhī-tar* que le *š* de *pi-m-š-más* avec le *š* de *péš-ṭar.*

Pour juger complétement du rôle et de la valeur de l'*ĭ* dont nous parlons, on aura à observer trois points principaux:

1. Dès qu'on admet le lien qui unit le présent en -*nā* avec l'*ĭ* final, on reconnaît que cet *ĭ*, loin d'être une insertion mécanique vide de sens, fait partie intégrante de la racine [1].

2. Quant à sa nature: il n'y a point de motif pour ne pas l'identifier avec l'*ĭ* de *sthitá, pītá.* Nous avons reconnu dans ce dernier le descendant d'une voyelle faible proethnique désignée par *ₐ* (p. 178 seq.), voyelle qui n'est elle-même qu'une modification de l'espèce d'*a*, ou des espèces d'*a* autres que a_1 et a_2 (*ₐ, ǫ*). — Plus haut l'*ā* long de *sthā-, pā-,* dont la moitié est formée par la voyelle mise à nu dans *sthi-, pī-,* nous a prouvé que celle-ci avait été une voyelle pleine dans la période proethnique très-ancienne. Ici l'*ā* de *punā-, gṛbhṇā-,* donne la même indication relativement à l'*ĭ* de *pavi-, grabhī-.*

à nasale *çránthi-tum, çranthi-šyáti,* ne sont pas primitives. Le présent même devrait faire **çṛthnáti.*

1. A la juger même dans sa valeur intrinsèque, l'idée qu'on se fait par habitude de l'*ĭ* de *pavitár* et de *grábhītar* n'est pas moins arbitraire que si l'on comptait par exemple pour des quantités négligeables l'*i* de *sthitá* ou l'*ī* de *pītá.*

3. D'autre part il y a entre l'$\overset{\star}{i}$ ou ^{A} de *sthitá*, *pītá*, et l'$\overset{\star}{i}$ ou ^{A} de *pavi-*, *grabhī-*, cette importante différence morphologique, que le premier résulte de la réduction d'un $\bar{a}$ (a_1A), tandis que le second paraît exister de fondation à l'état autophthongue. S'il se combine avec a_1 dans le présent en -$n\bar{a}$, il n'en préexistait pas moins à ce présent.

En résumé nous avons devant nous comme types radicaux: pa_1w^A, pa_1r^A, gra_1bh^A etc. Sous leur forme inaltérée — qui est la base du présent en -na_1A —, ces types sont pa_1w_A, pa_1r_A, gra_1bh_A.

D'un côté, on vient de le voir, le rôle du phonème A dans *pav-i punā-* est absolument parallèle à celui que remplissent *d* ou *s* dans *bhe-d- bhinad-*, *pe-ṣ- pinaṣ-*. D'un autre côté, si l'on prend les racines *grabhī*, *mardi*, *moṣi*, il devient évident que notre phonème possède cependant des propriétés morphologiques toutes spéciales: aucune sonante, si ce n'est peut-être *u* (v. p. 244), et aucune consonne ne pourrait être mise à la place de l'$\overset{\star}{i}$ dans les trois exemples cités.

Si donc on s'en tient purement à la base de classification, plus ou moins extérieure, que nous avons adoptée à la page 184, il convient d'établir deux grandes catégories de racines. Premièrement les différents types distingués à la page citée. Deuxièmement les mêmes types à chacun desquels serait venu s'ajouter A. On est ramené en un mot, sauf ce qui regarde la conception de l'$\overset{\star}{i}$, à la division qu'établit la grammaire hindoue entre les racines *udāttās*, ou demandant l'*i* «de liaison», et les racines *anudāttās* qui en sont dépourvues.

Revenons un instant à la 9ᵉ classe pour considérer un point laissé de côté jusqu'ici.

Aux présents *kṣiṇáti*, *lináti*, répondent les infinitifs *kṣétum*, *létum*. On attendait «*kṣáyitum*, *láyitum* etc.» Il faut supposer que le groupe -ay^A- subit un autre traitement que -aw^A-, -ar^A-, etc. Comme l'optatif indo-eur. *bharaīt* = **bharay^At* (p. 193) fournit un parallèle à cette contraction, il y a lieu de la croire proethnique [1]. Que le phonème A, en tous cas, existe réellement dans

1. Les exemples *çáyitum*, *çráyitum*, seraient alors des formations d'analogie. — Nous ne savons par quel moyen résoudre le problème que

les racines précitées, c'est sur quoi l'*ī* long des participes *kšī-ṇá,*
lī-ná (v. plus bas), ne laisse aucune espèce de doute. Ajoutons à
ces deux exemples *riṇáti* : *rī-tí.* — Dans les présents *krīṇáti, prī-*
ṇáti, bhrīṇáti, çrīṇáti, l'*ī* long n'a certainement pénétré que sous
l'influence analogique des formes comme *krīta, prīta.* C'est ainsi
que le védique *mináti* s'est changé plus tard en *mīnáti.* Les infinitifs *krétum, prétum, çrétum,* sont tout pareils à *kšétum, létum.*

On peut évaluer certainement le nombre des *udāttās* à la
moitié environ du chiffre total des racines. Plus bas nous aug-
menterons de quelques exemples la liste commencée p. 240. Mais
auparavant on remarquera que la théorie de la 9ᵉ classe nous
permet de prévoir, au moins pour un groupe considérable de racines, la propriété d'être *anudāttās.* Ce groupe, ce sont les racines
de la 7ᵉ classe. Car autrement, d'après la loi («*l'insertion de -na-*
se fait entre les deux derniers éléments de la racine») elles eussent
donné évidemment des présents en *-nā*[1].

riṇákti : réktum, rekšyáti.	ćhinátti : ćhéttum, ćhetsyáti.
bhanákti : bháṅktum, bhaṅkšyáti.	bhinátti : bhéttum, bhetsyáti.
bhunákti : bhóktum, bhokšyáti.	ruṇáddhi : róddhum, rotsyáti.
yunákti : yóktum, yokšyáti.	pináṣṭi : péṣṭum, pekšyáti.
vináćmi : véktum, vekšyáti.	çináṣṭi : çéṣṭum, çekšyáti.

zend ćinaçti : *véd.* ćéttar.

Pour *anákti, tanákti,* et *tṛṇédhi,* l'*i* «de liaison» est facultatif. Les verbes
tṛṇátti et *ćhṛṇátti* forment le futur *avec* ou *sans i,* l'infinitiv *avec i.* Les
autres verbes contenant le groupe *ar + consonne* (*ardh, parć, varǵ, kart*),
ainsi que *vináǵmi,* ont toujours l'*i* dans les formes indiquées.[2] Dans tous
ces exemples la voyelle de liaison, quand elle apparaît, a été introduite
par analogie. La plupart du temps on en avait besoin pour éviter le
groupe incommode *ar + consonne double* (cf. *drakšyáti,* de *darç* etc.). Ce
qui prouve cette origine postérieure, ce sont les formes faibles en *-ta* et en
-na : *aktá, takta, tṛḍhá, tṛṇṇa, ćhṛṇṇa, ṛddhá, pṛktá, vṛktá, vigna.* Com-

---

posent les formes telles que *lāsyáti* de *lináti* (parallèlement à *leśyáti*),
māsyáti de *mináti* etc. M. Curtius (Grdz. 337) regarde *mā* comme la racine de ce dernier verbe. Dans ce cas l'*i* de *mináti* ne pourrait être qu'une
voyelle de soutien: *m-i-náti* pour *mnáti* serait à *ma₁a* ce que *unátti* est
à *wa₁d.*

　　1. La racine *vabh,* contre toute règle, suit à la fois la 7ᵉ et 9ᵉ classe :
véd. *unap* et *ubhnás.* Il y a là un fait d'analogie, à moins qu'à côté de
vabh il n'existât une racine *vabhi.*

　　2. Voy. Benfey Vollst. Gramm. § 156.

parez les participes des verbes de la 9e classe *açita* (*açnáti*), *išitá* (*išṇáti*),
kušita (*kušṇáti*), *gṛhītá* (*gṛhṇáti*), *mušitá* (*mušṇáti*), *mṛdítá* (*mṛdnáti*), *ska-*
bhitá (*skabhnáti*), *stabhitá*[1] (*stabhnáti*). Nous ne citons pas *grathitá*,
mathitá, *á-gṛthita* (de *grathnáti*, *mathnáti*, *çrathnáti*); l'aspirée *th* y rendait peut-être l'*i* nécessaire d'ailleurs. Dans l'exemple *kliçita* ou *klišṭa* de
kliçnáti, la forme contenant *i* tend à être remplacée, mais enfin elle existe,
ce qui n'est jamais le cas pour les racines de la 7e classe.

Le principe de la formation en -*na₁u* (5e classe) ne saurait être regardé comme différent de celui des autres présents à nasale. Les formes
en -*na₁·u-ti* supposent donc, à l'origine, des racines finissant par *u*. Dans
plusieurs cas, la chose se vérifie: *vanó-ti*, *sanó-ti* (= *vṇ-ná₁-u-ti*, *sṇ-ná₁·u-ti*)
sont accompagnés de *vanutar*, *sánutar* (= *va₁nu-tar*, *sa₁nu-tar*[2]); *vṛṇó-ti*,
outre *varūtár*, *rárūtha*, a pour parents gr. εἰλύ-ω, lat. *volv-o*, goth. *valv-jan*;
kṛṇó-ti se base sur une racine *karu* d'où *karóti*[3]. Même type radical dans
taru-te (prés.) *taru-tár*, *taru-tra*, *tárū-šas*, *táru-šanta*, non accompagné
toutefois d'un présent **tṛṇóti* (cf. τρωννύω). La place de l'*a₁* dans la racine ne change rien aux conditions d'existence de notre présent: *çra₁u*
«écouter» pourra donc former *çṛ-ná₁-u-ti*, *çṛṇóti*[4].

Mais dès l'époque proethnique, on ne le peut nier, la syllabe -*na₁u*
a été employée à la manière d'une simple caractéristique verbale: ainsi
k₂i-ná₁uti (skr. *çinóti*, gr. τίννυται), *tṇ-ná₁uti* (skr. *tanóti*, gr. τανύω), ne seraient point explicables comme formations organiques. — Toute cette question demanderait du reste un examen des plus délicats: il y a lieu en
effet de se demander si l'*u* des exemples comme *tarutár*, *sanutár* (et comme
sanóti par conséquent) est bien l'*u* ordinaire indo-européen. Sa contraction avec *r* dans les formes comme *tūrti* et *cūrṇa* de *carvati* (équivalent
à *taruti* moins *a*, *caruna* moins *a*) rend ce point plus que douteux. Cf.
aussi, en grec, le rapport de ὀμό-σσαι ὄμνυ·μι.

---

1. Les formes *skabdha* et *stabdha* ne sont pas védiques. — Comme
pušṇáti et *badhnáti* se distinguent d'une manière générale par l'absence de
l'*i* (p. 241), les participes *pušṭá*, *baddhá*, n'entrent pas en ligne de compte.
2. Cf. gr. ἀνύω et Ἐννάλιος.
3. Quelles que soient les difficultés que présentent à l'analyse les différentes formes de ce verbe, l'existence du groupe radical *karu*, à côté de
kar, paraît absolument certaine. — Le présent *karóti* est fortement rema-
nié par l'analogie. Un groupe comme *karó-* ne saurait être morphologiquement pur, car, si l'on en veut faire une racine, l'*a* double ne se conçoit
pas, et si c'est un thème à deux cellules, la première devait encore perdre
son *a*. On arrive donc à supposer **káru-mi*, **káru-ši* etc., c.-à-d. un présent de la 2e classe pareil à *taru-te* et à *ródi-mi*. L'influence de *kṛṇómi*
amena ensuite la diphthongue et réagit sans doute aussi sur le pluriel et
le duel, sur lesquels on nous permettra de ne rien décider de plus précis.
4. En zend, *r* s'étant imbibé de l'*u* qui suivait, on trouve *çurunu-* au
lieu de **çěrěnu-*.

Aux racines *udāttās* énumérées plus haut ajoutons quelques nouveaux exemples qui ne possèdent point de présent de la 9ᵉ classe. Nous avons principalement en vue les cas où ◁ est précédé d'une sonante[1].

avi « *assister* »: avi-tá (2ᵉ pl.), ávi-tave, avi-tár, ắvi-šam.

dhavi « *agiter* »: dhávi-tum, dhavi-šyáti, á-dhāvi-šam.

savi « *mettre en mouvement* »: savi-tár, sávī-man, á-sāvi-šam.

havī « *invoquer* »: hávī-tave, hávī-man (mais aussi hótrā).

karĭ « *verser* »: karĭ-tum, á-kāri-šam.

kari « *louer* »: á-kāri-šam.

ćari « *aller* »: ćári-tum, ćari-tra, á-ćāri-šam.

ǵarĭ « *vieillir* »: ǵárĭ-tum, ǵarĭ-šyáti, á-ǵūri-šam.

tarĭ « *traverser* »: tárĭ-tum, tari-tra, pra-tarī-tár, á-tāri-šam, tárī-ša.

khani « *creuser* », kháni-tum, khaní-tra, á-khāṇi-šam.

ǵani « *engendrer* »: ǵáni-šva (impér.), ǵani-tár, ǵaní-tra, ǵáni-man (aussi ǵánman), ǵáni-tva, ǵani-šyáte, á-ǵani-šſa.

vani « *aimer* »: váni-tar, vani-tá (forme forte introduite par analogie dans les thèmes en -ta), vani-šīšṭa. L'aoriste *váṃsat*, sans *i*, est difficile à expliquer.

sani « *conquérir* »: sani-tár, saní-tra, sáni-tva, sani-šyáti, á-sāni-šam.

amĭ « *nuire* »: amī-ši (2ᵉ sg.), ami-ná, ámī-vā (amítra?).

bhrami « *voyager* »: bhrámi-tum, bhrami-šyáti.

vamĭ « *vomir* »: vami ti, a-vamī-t (Delbr. 187).

çamĭ « *se donner de la peine* »: çamī-šva, çamī-dhvam (Delbr. l. c.), çami-tár.

çrami « *se fatiguer* »: çrámi-tum, çrami-šyáti.

Comme on voit, les différents suffixes commençant par *t* et *s* sont favorables à la conservation de l'*ĭ*. Il n'en est pas toujours de même quand c'est un *m* qui suit ce phonème. Devant le suffixe *ma* l'*ĭ* n'apparaît jamais. Parmi les formations en -*man*, *ǵániman*, *dárīman*, *párīman*, *sávīman*, *stárīman*, *hávīman*, sont réguliers, mais on a en même temps *ǵánman*, *darmán*, *hóman*, et d'autres formes de ce genre[2]. Il est permis de supposer que l'*m* a exercé sur la voyelle faible une absorption toute semblable à celle qui a donné *ćinmás*, *ǵuhmás*, pour *ćinumás*, *ǵuhumás*.

Un autre groupe de formes où l'extirpation de l'*ĭ* peut se

---

1. On trouve une partie des formes védiques réunies par M. Delbrück *Altind. Verb.* 186 seq.

2. Inversement une minorité de thèmes en -*ī-man* sont tirés, analogiquement, de racines *anudāttās*. Ce sont, dans les Saṃhitās, *dhárīman*, *bhárīman, sárīman*.

suivre clairement, ce sont les présents de la 2ᵉ et de la 3ᵉ classe.
Certains verbes ont maintenu intégralement le paradigme: la rac.
rodi (*ródi-tum*. *rodi-ṣyáti, rudi-tvā, á-rodi-ṣam*) possède encore le
présent *ródi-ti*, plur. *rudi-más*. On connaît les autres exemples:
áni-ti, cf. *áni-la, ani-ṣyáti; çvási-ti*, cf. *çvási-tum, çvasi-ṣyáti; vámi-ti*
(Pāṇini), cf. *vámi-tum, vami-ṣyáti*. Comment douter après cela,
quand nous trouvons d'une part *ǵani-tár, ǵáni-trī, ǵáni-man, ǵani-*
tvī etc., de l'autre l'impératif *ǵáni-ṣva* et la 2ᵉ personne *ǵa-ǵáni-ṣi*
(Bopp Kr. gramm. § 337) — Westergaard ajoute pour le dialecte
védique *ǵanidhve, ǵanidhvam, ǵaniṣe* —, comment douter que *ǵa-*
ǵaṃ-si, ǵa-ǵan-ti, ne soient hystérogènes? Chaque fois qu'un *ĭ*
apparaît dans quelque débris du présent tel que *amī-ṣi, çamī-ṣva*,
on constate que la racine montre l'ī à l'infinitif et au futur.[1]
Aussi nous n'hésitons pas un instant à dire que dans *píparti* de
parĭ, dans *ćakarti* de *karĭ*, l'ī final de la racine a existé une fois,
et que son absence n'est dûe qu'à une perturbation dont nous ne
pouvons encore nous rendre compte. Peut-être la ressemblance
de **pipparīti, *ćakarīti*, avec les intensifs est-elle ce qui a déterminé la modification.

　　Un autre fait qui ne doit point induire en erreur, c'est l'apparition fréquente de l'ī en dehors de son domaine primitif. Le
nombre considérable des racines *udāttās*, l'oubli de la signification
de l'ī, expliquent amplement cette extension hystérogène. D'ailleurs elle est le plus souvent toute sporadique. La propagation
systématique de l'*i* ne se constate, entre les formations importantes, que pour le futur en *-sya*, qui a étendu cette voyelle à
toutes les racines en *-ar*, et de plus aux racines *han* et *gam*. Devant les suffixes *-tar, -tu* et *-tavya*, — les trois formations obéis-
sent à cet égard aux mêmes règles (Benfey Vollst. gramm. § 917)
— l'ī, sauf des cas isolés, est en général primitif.[2] L'usage de
l'aoriste en *i-ṣam*, malgré des empiétements partiels considérables, coïncide dans les lignes principales avec celui de l'infinitiv en *i-tum* (Benfey § 855 seq.). Parmi les exemples védiques

---

　　1. Il y a une exception, c'est *svápiti sváptum*.
　　2. Parmi les cas irréguliers on remarque les formes védiques *srávitave,*
srávitavaí, yámitavaí. Inversement *tarī-tum* est accompagné de *tar-tum pa-*
vitár de *potár*. La liste de ces variations ne serait jamais finie.

(Delbrück 179 seq.) on en trouve peu qui ne viennent pas d'une racine en *i*[1].

Une statistique spéciale que nous ne nous sentons pas en état d'entreprendre pourrait seule déterminer au juste, dans quelle mesure la théorie proposée nécessite d'admettre l'extension et aussi la disparition de l'*ĭ*.

La conservation de l'*i* dans les mots-racines mérite d'être notée: *váni* et *sáni* donnent les composés *vṛ̥ṣṭi-váni-s, upamāti-váni-s, vasu-váni-s; ūrǵa-sani-s, go-sáni-s, pitu-šáni-s, vāǵa-sáni-s, hṛdaṃ-sáni-s.* Ces formes -*vani*- et -*sani*-, évidemment très-usuelles, ne sont pas de véritables thèmes en -*i*: l'accent, les racines dont elles dérivent, enfin le fait qu'on évite visiblement de former les cas à diph'.hongue — le Rig-Véda, sauf *ūrǵasane* (voc.), n'offre jamais que le nominatif et l'accusatif sing. —, tout y fait reconnaître le type *vṛtra-hán*. Le génitif de -*sani* n'a pu être primitivement que -*san-as* = -*sṇn-as* (cf. plus bas).

Devant les suffixes commençant par une voyelle, qu'observe-t-on? Les racines *mardi, pavi, tarĭ, ǵani,* donnent *mṛḍú, páv'ate, tár'ati, ǵán'as.* On pouvait le prévoir: le cas est le même que pour *somap'é* = *somapᴬ-ć*, datif de *soma-pá* (p. 203), et la voyelle élidée dans *páv'a-* n'est autre, comme on a vu, que celle qui a dû subir le même sort dans la 3° pers. pl. *pun'ate* = *pun'-ṇté* (p. 36).

Si maintenant nous prenons pour objet spécial de notre étude le groupe *sonante* + *A*, il ressort premièrement de ce qui précède cette règle-ci:

Le groupe sonante + *A précédé d'une voyelle rejette* A *s'il est suivi d'une seconde voyelle et demeure tel quel devant les consonnes.*

Nous passons à la démonstration de la règle complémentaire, qui forme le sujet proprement dit du présent paragraphe:

---

1. La forme *agrabhīṣma* offre un intérêt particulier. Dans son *ī* long, évidemment le même que celui de *grábhī-tar, gṛbhī-tá,* est écrite toute l'histoire du soi-disant aoriste en -*iṣam.* L'existence distincte de cet aoriste à côté de l'aoriste en -*s* repose principalement sur l'innovation qui a fait diverger les deux paradigmes en transformant la 2° et la 3° personne du dernier, *áǵais,* (véd.) en *áǵaisīs* et *áǵaisīt.* Ajoutons que cette innovation, comme le suppose M. Brugman Stud. IX 312, venait elle-même, par analogie, de l'aoriste en -*iṣam,* où -*īs* et -*īt* étaient nés de -*ĭs-s* et -*ĭs-t.*

Le groupe sonante $+ ^A$, *précédé d'une consonne ou placé au commencement du mot, se change en* sonante longue, *quel que soit le phonème qui suit.*

Ici plus qu'ailleurs il est indispensable de ne pas perdre de vue le principe que nous nous sommes efforcé d'illustrer dans les chapitres précédents. A part certains cas spéciaux, du reste douteux, tout affaiblissement proethnique, toute dégradation, toute alternance de formes fortes et faibles consiste invariablement, quelle que soit l'apparence qu'elle revête, dans l'expulsion d'a_1. C'est ce principe qui exigeait que nous prissions pour *unité morphologique* non la syllabe, mais le groupe ou la cellule dépendant d'un même a_1 (p. 186). Quand il y a déplacement d'accent, le ton passe non d'une syllabe à l'autre, mais d'une cellule à l'autre, plus exactement d'un a_1 à l'autre. L'a_1 est le procureur et le modérateur de toute la circonscription dont il forme le centre. Celle-ci apparaît comme le cadre immuable des phénomènes; ils n'ont de prise que sur a_1.

D'après la définition, ce qui est *cellule prédésinentielle* dans une forme comme l'ind. *róditi*, c'est *rodi*; dans *bódhati* au contraire ce serait *a*. Aussi le pluriel de *ródi-ti* est-il nécessairement *rudi-más*, parce que *rodi-* tombe sous le coup des lois II et III (p. 188). Il en est de même dans la formation des mots. Ainsi *grábhī-tar, skámbhi-tum, móši-tum*, thèmes à racine normale, sont accompagnés de *gr̥bhī-tá, skabhi-tá* ($= *skr̥bhitá$), *muši-tá*. Quel son a été sacrifié dans le type réduit? Est-ce la voyelle faible ^{A} qui précède immédiatement la syllabe accentuée? Nullement, c'est forcément l'*a* plein, placé deux syllabes avant le ton.

Cela posé, lorsqu'à côté de *pavi-tár* nous trouverons *pū-tá*, le phénomène ne peut pas se concevoir de deux manières différentes: *pū-* ne sera pas «une contraction», «une forme condensée» de *pavi-*. Non: *pūtá* sera *égal à pavitá moins a*; l'*ū* de *pūtá* contient le *-vi-* de *pavi-*, rien de moins, rien de plus.

Thèmes en *-ta, -ti*, etc.

1. Série de l'*u*. **avi-tár**: (*indra-ūtá*), *ū-tí;* **dhávi-tum**: *dhū-tá, dhú-ti;* **pávi-tum**: *pū-tá;* **savi-tár**: *sū-tá;* **hávī-tave**: *hū-tá, devá-hū-ti*.

Comparez: **éyó-tum**: *éyu-tá, -éyu-ti;* **pló-tum**: *plu-tá, plu-ti;*

çró-tum: *çru-tá, çrú-ti;* só-tum (presser): *su-tá, sóma-su-ti;* sró-tum: *sru-tá, sru-tí;* hó-tum: *hu-tá, ắ-hu-ti*[1].

2. Série de l'*r.* çári-tum: *çī́r-tvā*[2], *çúr-ti;* ǵari-tár: *gūr-tá, ǵūr-tí;* tárī-tum: *tīr-thá, a-tū́r-ta, su-prá-tūr-ti;* párī-tum: *pūr-tá, pūr-tí;* çárī-tos: *çūr-tá* (Grassmann s. v. *çūr*).

Comparez: dhár-tum: *dhṛ-tá, dhṛ́-ti;* bhár-tum: *bhṛ-tá, bhṛ́-tí;* sár-tum: *sṛ-tá, sṛ̥-tí;* smár-tum: *smṛ̥-tá, smṛ-tí;* hár-tum: *hṛ-tá,* etc.

3. Série de l'*n.* kháni-tum: *khā-tá, khắ-ti;* ǵáni-tum: *ǵā-tá, ǵā-tí;* váni-tar: *vā-tá;* sáni-tum: *sā-tá, sā-tí*[3].

Comparez: tán-tum: *ta-tá;* mán-tum: *ma-tá;* hán-tum: *ha-tá, -ha-ti.*

4. Série de l'*m.* dami-tár: *dān-tá;* bhrámi-tum: *bhrān-tá, bhrān-ti;* vámi-tum: *vān-tá;* çámi-tum: *çān-tá, çán-ti;* çrámi-tum: *çrān-tá,* etc.

Comparez: gán-tum: *ga-tá, gá-ti;* nán-tum: *na-tá, ắ-na-ti;* yán-tum: *ya-tá, yá-ti;* rán-tum: *ra-tá, rá-ti.*

Avant de passer à d'autres formations, arrêtons-nous pour fixer les données qu'on peut recueillir de ce qui précède.

1. Série de l'*u.* Les modifications secondaires étant nulles, cette série doit servir de point de départ et de norme pour l'étude des séries suivantes. Nous constatons que $*pw^4ta$, ou $*pu^4ta$, qui est à pa_1w^4 ce que *pluta* est à pla_1u, s'est transformé en *pūta.*

2. Série de l'*r.* Il devient évident que *īr* et *ūr* ne sont que l'expression indienne d'un ancien *r*-voyelle long[4]. Dans les cas

---

1. Les racines des participes *ruta* et *stutá* ont des formes très-entre-mêlées, dont plusieurs prennent l'*ī*, probablement par contagion analogique. Sur *yuta* v. plus bas.

2. Cette forme se rencontre Mahābh. XIII 495, d'après l'indication de M. J. Schmidt (Voc. II 214).

3. La forme *sániti* est évidemment une création nouvelle imitée des formes fortes; *san* admettrait aussi, à ce qu'il paraît, *sati* pour *sāti;* inversement on indique *tāti* de *tan,* Benfey Vollst. Gramm. p. 161 seq.

4. Ici par conséquent la formule de la grammaire hindoue se trouve être juste, abstraction faite de l'erreur fondamentale qui consiste à partir des formes faibles des racines comme de leur état normal. Il est aussi vrai et aussi faux de poser *ǵṝ*- comme racine de *ǵūr-tá* que de dire que *pū* est la racine de *pū-tá.* Le lien nécessaire des formes fortes en *i* avec les phonèmes *ū* et *īr, ŭr,* est constaté dans cette règle: «les racines en *ū* et en *ṝ* prennent l'*i* de liaison».

où il existe encore, comme *pitŕ̥n* et *mr̥ḍáti* pour **mr̥ẓdáti*[1], ce phonème ne s'est formé que très-tard par le procès dit *allongement compensatif*. — Nous ajoutons tout de suite *que* ĭr *et* ūr *ne sont en aucune façon des allongements secondaires de* ir *et* ur. Partout où il existait un véritable *r̥̄* (c'est-à-dire devant les consonnes), nous trouvons tout naturellement *īr*, *ūr*, et c'est seulement quand *r̥̄* s'était dédoublé en *r̥r* (c'est-à-dire devant les voyelles), qu'on voit apparaître *ĭr*, *ŭr:*

$$\text{ĭr, ūr : ĭr, ŭr} = \text{ū : uv.}$$

C'est ce qui explique le fém. *ŭrvĭ́* de *urú* (rac. *war*) en regard de *pūrvĭ́* = **pr̥̄vĭ́* de *purú*[2].

La raison qui, dans chaque cas, détermine la teinte *i* ou la teinte *u* est la plupart du temps cachée. Voy. sur ce sujet Joh. Schmidt Voc. II 233 seq.

Parfois le groupe *ūr* cache un *w* qui s'est fondu dans l'*u*: ainsi *ūrṇā* pour *wūrṇā = sl. *vlŭna*. L'existence du *r̥̄* long n'en est pas moins reconnaissable: *r̥* bref eût donné «*vr̥ṇā*», ou tout au moins «*ŭrṇā*». Il serait à examiner pourquoi dans certains exemples comme *hotr̥-vū́rya*, *v* persiste devant *ūr*.

Peut-être le groupe *ŭl* + *consonne* est-il quelquefois l'équivalent, dans sa série, des groupes *ĭr* et *ūr* + *consonne; ul* pourrait aussi être une modification du *l̥* bref déterminée, dans *phullá* par exemple, par une durative qui suit la liquide.

3. Séries de l'*n* et de l'*m*. L'entier parallélisme de l'*ā* de *gātá* avec *ī*, *ū* et *īr* = *r̥̄*, parle assez haut pour qu'on ne puisse sans invraisemblance donner à cet *ā* aucune autre valeur préhistorique que celle d'une nasale sonante longue. Et cependant la mutation de *n⁴* en *n̥̄* n'est pas peut-être sans offrir quelque difficulté. Je comprends celle de *r⁴* en *r̥̄*: c'est, à l'origine, une prolongation de l'*r* durant l'émission du *⁴*. Pareil phénomène semble impossible quand c'est une nasale qui précède *⁴*, l'occlusion de la cavité buccale, et par conséquent la nasale, cessant nécessaire-

---

1. M. Benfey a montré que le verbe *mr̥láti*, dans les Védas, a un *r̥̄* long, et M. Hübschmann en a donné l'explication par la comparaison du zd. *marezhd*.

2. Nous admettons que dans *sagū́rbhis* de *sagus*, *āçír-dā* de *āçis*, la longue est due à un effet d'analogie dont le point de départ était fourni par les nominatifs du singulier *sagúḥ*, *āçī́ḥ*, cf. *pū́ḥ*, *gī́ḥ*, de *pūr*, *gir*.

ment au moment où le son ^{A} commence. De fait nous avons vu,
à côté du gén. *māt́́ír* = **māt́r-́ís*, le groupe n^A subsister dans
uḱṣṇás. Le témoignage des langues congénères n'est pas décisif,
car la voyelle qui suit l'*n* dans lat. *anăt-*, v. hᵗ-all. *anud* = skr.
ấtí, ainsi que dans *janitrices*, skr. *yātár* (sur ces mots cf. plus bas),
pourrait être émanée de la nasale sonante longue, et n'avoir rien
de commun avec le ^{A} proethnique qui détermine cette dernière.
Il est concevable aussi, et c'est la solution qui nous paraît le plus
plausible, que n^A se soit changé en $\overset{\circ}{\bar{n}}{}^A$: il s'agirait donc, exactement, d'une nasale sonante longue *suivie d'une voyelle très-faible*.

Nous ne faisons pas d'hypothèse sur la suite de phénomènes
qui a transformé un tel groupe en $\bar{a}$ long. L'idée qu'une *voyelle
nasale* aurait formé la transition est ce qui se présente le plus
naturellement à l'esprit, mais je ne sais si la série de l'*m*, où c'est
évidemment *ūm* (*dāntā́* = *dāmtá) qui fait pendant à l'*ā*, est de
nature à confirmer une telle supposition.

Remarque concernant certaines formes de la 9ᵉ classe.

Le fait que le groupe $n + A$ doit dans des cas donnés apparaître en
sanskrit sous la forme d'un $\bar{a}$ long intéresse directement la flexion de la
9ᵉ classe, où ce groupe règne à travers toutes les formes faibles. Dans
punīthá, *pṛ̥ṇīthá*, rien que de régulier: ainsi que dans *ǵanitár*, n^A se trouve
précédé d'une voyelle. Au contraire *gṛbhṇīthá*, *muṣṇīthá*, offraient le groupe
dans les conditions voulues pour qu'il produisît $\bar{a}$. De fait, nous sommes
persuadé que sans le frein puissant de l'analogie, on serait arrivé à con-
juguer *gṛbhṇā́ti*, **gṛbhā́thá*. Je ne sais s'il est permis d'invoquer le zd.
friyāṇmahi = *prīṇīmási;* en tous cas le sanskrit lui-même fournit ici des
arguments. Le verbe *hṛṇī-té* (iratum esse) possède un thème dérivé *hṛṇī-yá-*
dans le partic. *hṛṇī-yá-māna*. Essayons de construire la même formation
sur un présent du type *gṛbhṇā-;* nous obtenons, en observant la loi phonétique, *gṛbhā-yá-*. Chacun sait que non-seulement *gṛbhāyáti* existe, mais
encore que tous les verbes en -*āyá* qui ne sont point dénominatifs, montrent le rapport le plus étroit avec la 9ᵉ classe [1]. M. Delbrück a cherché à
expliquer cette parenté en conjecturant des formes premières telles que

---

1. Si l'on admet l'existence d'un *y* de liaison, les verbes comme *hṛṇī-
y-á-te* et *gṛbhā-y-á-ti* peuvent se comparer directement aux dérivés de la
7ᵉ classe tels que *tṛṃhá-ti* (p. 234):

$$\overset{\circ}{h}\underset{\circ}{r}\underset{\circ}{n}\text{ī-}y\text{-}á: \quad \begin{matrix}\text{hṛná}_1\text{ᴀ-}\\\text{rac. ha}_1\text{ʀᴀ}\end{matrix} \quad = \quad tṛmh\text{-}á\text{:} \quad \begin{matrix}\text{tṛná}_1\text{h-.}\\\text{rac. ta}_1\text{rh.}\end{matrix}$$

*$gr̥bhanyá$-, mais an ne se change jamais en $\bar{u}$, et le thème de $gr̥bh n̥áti$ n'est point $gr̥bhan$ [1].

Comme on le suppose d'après ce qui précède, -$\bar{a}yá$- devra toujours être précédé d'une *consonne* et jamais d'une *sonante*, mais m fait exception, on a p. ex. *damāyáti*. Cela tient apparemment à la nature du groupe -*mn*- qui se prononce en réalité comme -*mmn*-. En conséquence *$dm̥(m)n^{a}yá$- devint *damāyá*- et non «*damnīyá*-».

Thèmes en -*na*.

Série de l'*u*. dhavi: *dhū-n̥á*; lavi: *lū-ná*.

Série de l'*r*. karĭ: *kīr-n̥á*; garĭ: *gīr-n̥á*; ćari: *ćīr-n̥á*; g̓arĭ: *g̓īr-n̥á*; tarĭ: *tīr-n̥á*; parĭ: *pūr-n̥á*; marĭ: *mūr-n̥á*; çarĭ: *çīr-n̥á*.

Thèmes verbaux en -*ya*.

On peut réunir la 4ᵉ classe et le passif. Ces formations diffèrent pour l'accentuation, mais non pour le vocalisme.

Les séries de l'*i* et de l'*u* n'offrent rien d'intéressant, car on constate un allongement général de ces voyelles devant *y*. Ainsi *g̓e*, *çro*, donnent *g̓īyáte*, *çrūyáte* pour *$g̓iyáte$, *$çruyáte$.

Série de l'*r*: g̓ari: *g̓īr-yati*; karĭ (verser): *kīr-yáte*; garĭ (dévorer): *gīr-yáte*; parĭ: *pūr-yate*; çarĭ: *çīr-yáte*, etc.

Comparez: kar: *kr̥-iyáte*; dhar: *dhr̥-iyáte*; bhar: *bhr̥-iyáte*; mar: *mr̥-iyáte* [2].

Même divergence des racines en -*ari* et des racines en -*ar* devant le -*yā* de l'optatif et du précatif: *kīr-yāt*, *tīr-yāt*, *pupūr-yās* etc.; cf. *kr̥-iyāma*, *sr̥-iyāt*, *hr̥-iyāt* etc.

---

1. M. Kuhn a mis en parallèle avec les verbes en -*āyáti* le présent *stabhūyáti* qui accompagne *stabhnóti* de même, en apparence, que *stabhāyáti* accompagne *stabhnáti*. Cette remarque est certes bien digne d'attention; cependant nous avons cru devoir passer outre, vu l'impossibilité absolue qu'il y aurait à expliquer *stabhāyá*- par *stabhĭ* + *yá*.

2. Apparemment *kriyáte* équivaut à *kr̥-yáte*: *r̥* et *i* ont échangé leurs rôles. M. J. Schmidt qui traite de ces formes Vocal. II 244 seq. ramène *kriyate* à *$kiryate$ (pour *$karyate$) et ne reconnaît pas de différence foncière entre ce type et *çīryáte*. Tout ce que nous avons cru pouvoir établir plus haut nous défend d'accepter cette opinion. Dans les formes iraniennes que cite l'auteur, *kiryētē* et *mĭryēitē* (= *kriyáte*, *mriyáte*), *ĭr* n'est probablement qu'un *ĕr̥* (= *r̥*) coloré par *y*. Ce qui correspond en zend au groupe indien *īr*, c'est généralement *are*. Nous regrettons de ne pas être en état d'apprécier les arguments que M. Schmidt tire des dialectes populaires de l'Inde.

Série de l'*n*. Une confusion partielle s'est glissée entre les racines en -*an* et les racines en -*ani*: **khani, sani**, donnent *khā-yáte* ou *khan-yáte*, *sā-yáte* ou *san-yáte*; à son tour **tan** fait *tan-yáte* et *tā-yáte*. Il ne saurait régner de doute sur ce qui est primitif dans chaque cas, dès qu'on considère que **ǵani** forme invariablement *ǵā́-yate* et que **man, han**, n'admettent que *mán-yate, han-yáte*. Le groupe *an*, dans *hanyáte* etc., est le représentant régulier de *n̥* devant *y* (p. 35). — A l'optatif, **ǵani** fait *ǵaǵā-yā́t* ou *ǵaǵan-yā́t* (Benfey Vollst. Gr. § 801).

Série de l'*m*: **dami**: *dám-yati*; **bhrami**: *bhrám-yati*; **çami**: *çám-yati*; **çrami**: *çrám-yati* etc.

Comparez: **nam**: *nam-yáte*; **ram**: *ram-yáte*.

Formes faibles des présents de la 2ᵉ et de la 3ᵉ classe.

Série de l'*u*: **hávī**: *hū-máhe*, *ǵu-hū-mási*; **bravī**: *brū-más*, *brū-té* (3ᵉ sg. act. *brávī-ti*).

Série de l'*r*: **ǵari** «louer»: *gūr-ta* (3ᵉ sg. moy.); **parĭ**: *pipūr-más, pipūr-thá* etc.; véd. *pūr-dhí*. La forme védique *pipr̥-tám* pourrait, vu le gr. πιμπλᾰ-, être sortie d'une racine plus courte qui expliquerait du même coup le thème fort *pipar-*[1].

Série de l'*n*: **ǵani**: *ǵaǵā-thá, ǵaǵā-tás*. Il n'est pas facile, faute d'exemples décisifs, de dire si *n̥*, placé devant *w* et *m* devient *ā* comme devant les consonnes ou *an* comme devant les voyelles. Le traitement qu'il subit devant *y* parlerait pour la première alternative, et dans ce cas *ǵaǵanvás, ǵaǵanmás* devront passer pour des métaplasmes.

Nous avons obtenu cette proportion:

$$\left.\begin{array}{l} \text{*ǵaǵā-thás* : *ǵaǵáni-ṣi*} \\ \text{*brū-thás* : *brávī-ṣi*} \end{array}\right\} = \text{*rudi-thás* : *ródi-ṣi*.}$$

Formes faibles de l'aoriste sigmatique.

Le Rig-Véda offre l'aor. du moyen *a-dhūṣ-ata* (3ᵉ p. pl.), de la racine *dhavi*. Cette forme passe pour un «aoriste en -*s-am*»; en

---

1. L'hypothèse de M. Kuhn qui fait de *írte* le moyen de *íyarti* paraît si vraisemblable qu'on ose à peine la mettre en question. Et cependant, si l'on compare *irmá* «rapide», *írya* «violent» et le gr. ὄρ- (ὄρσο: *ī́rṣva* = κόρση: *çīrṣá*) ce présent fait tout l'effet d'être à *ari* ce que *pūrdhí* est à *pari*. L'accent aurait subi un recul.

revanche *a-dhāviš-am* est classé dans les «aoristes en -*iš-am*». Nous avons vu que ces deux formations n'en forment qu'une dans le principe, et qu'en général la différence apparente réside uniquement dans le phonème final des racines (p. 246 seq. 247 i. n.). Ici elle a une autre cause: c'est bien la même racine qui donne *dhāviš-* et *dhūš-*, seulement *dhūš-* contient l'*i* de *dhāviš-* à l'état latent; l'un est la forme faible de l'autre.

Voilà qui explique une règle que consigne le § 355 de la grammaire sanskrite de Bopp: au parasmaipadam, les racines en $\bar{r}$ suivent la formation en -*iš-am*; à l'ātmanepadam elles admettent aussi la formation en -*sam* et changent alors $\bar{r}$ en *īr*, *ūr*. La chose est transparente: on a conjugué d'abord *á-stāriš-am*, *á-stīrš-i*, comme *á-kšaips-am*, *á-kšips-i* (cf. p. 191); le moyen *á-stariš-i* n'est qu'une imitation analogique de l'actif.

Thèmes nominaux du type *dviš*.

Nous n'envisageons ici que les formes où la désinence commence par une consonne, représentées par le nominatif du singulier.

Série de l'*u:* **pavi:** *ghṛta-pū́-s;* **havī:** *deva-hū́-s.*

Série de l'*r:* **ǵari** «louer»: *ǵúr(-s);* **ǵari** «vieillir»: *amū-ǵúr(-s);* **tari:** *pra-tūr(-s);* **pari:** *púr(-s);* **mari:** *ā-mū́r(-s);* **stari:** *upa-stír(-s).* — Dans le premier membre d'un composé: *pūr-bhíd* etc.

Série de l'*n:* **khani:** *bisa-khā́-s;* **ǵani:** *ṛte-ǵā́-s;* **sani:** *go-ṣā́-s.*

Série de l'*m:* **çami:** *pra-çán(-s)*, instr. pl. *pra-çám-bhis.*

Remarque sur quelques désidératifs.

On ne doit point être surpris de trouver *ǵíhīrṣati* de *har*, *bubhūrṣati* de *bhar* etc., puisque l'on a aussi *ǵigīṣati*, *çuçrūṣati* etc. de racines *anudāttās* comme *ǵe* et *çrō*.

Avant d'entamer la seconde partie de ce sujet, il est bon de se mettre en garde contre une idée très-naturelle et plus vraisemblable en apparence que la théorie proposée ci-dessus. Elle consisterait à dire: au lieu d'admettre que $\bar{u}$; $\bar{r}$ etc., dans *lūna*, **pṛ́ta* etc., sont des modifications de *u + A*, *r + A*, pourquoi ne pas poser des racines telles que *la₁ū*, *pa₁r̄*? Les formes fortes skr. *lavi-*, *pari-*, en peuvent fort bien dériver, et l'explication des formes faibles serait simplifiée. C'est à quoi nous opposons les remarques suivantes:

1. L'hypothèse à laquelle il vient d'être fait allusion est inadmissible:

a) Supposons pour un instant que les racines de *lavitár lūnấ* et de *parītár pūrtá* soient réellement *laū̆*, *paⱨ̄*. Quel avantage en résulte? Aucun, car on ne saurait sans pousser l'invraisemblance au dernier degré, prétendre que l'$\overset{\circ}{\check{\imath}}$ de *grábhītar* et de *móšitum* n'a pas existé après les sonantes comme ailleurs *au moins dans un nombre limité de cas*. Or *toutes* les racines finissant par *sonante* $+$ $\check{\imath}$ donnent *sonante longue* dans les formes faibles. On en reviendrait donc à reconnaître pour un nombre d'exemples grand ou petit la règle qu'on aurait voulu supprimer, et au lieu de simplifier on aurait compliqué.

b) En partant des racines *laū̆*, *paⱨ̄* etc., on renonce à expliquer la 9e classe comme un cas particulier de la septième. Dès lors on ne comprend ni la prédilection des racines «à sonante longue», ni l'aversion des racines «à sonante brève» pour le présent en *-nā̆*.

c) Accordons, s'il le faut, qu'il n'y a aucun lien nécessaire entre la sonante longue et le présent en *-nā̆*; assimilons la syllabe *-nā̆* aux suffixes tels que *-ya* ou *-ska*. Comment expliquera-t-on, au moyen de racines *laū̆*, *paⱨ̄*, les présents *lŭnã́ti* et *pⱨ̥nã́ti*? Comment, en règle générale, est-il concevable que *laū̆* puisse donner *lŭ* et que *paⱨ̄* puisse donner *pⱨ̥*? — Ce point ne réfute pas seulement l'hypothèse de racines à sonante longue, c'est en même temps celui sur lequel nous croyons pouvoir ancrer en toute confiance la théorie de la 9e classe et partant la théorie des racines comme *law_A*, *par_A*. Car ceci est évident *a priori*: toute théorie fondée sur l'idée que *-nā̆* est un simple suffixe se trouvera dans l'impossibilité d'expliquer la différence typique et radicale du vocalisme de la formation *lŭnã́ti*, *pⱨ̥nã́ti*, et de la formation *lūnã́*, *pūrṇã́*.

2. L'autre hypothèse, bien loin d'offrir des difficultés, est dictée par l'observation des cas analogues:

Dans les racines qui présentent successivement *sonante* $+$ a_1 $+$ *A*, par exemple *ǵyā̆*, *vā̆*, *çrā̆*, nous sommes bien sûrs que *A* fait partie intégrante de la racine. Si donc notre hypothèse est juste et si *kŝī-ņá, lū-ná, pūr-ņí* etc. viennent de racines toutes pareilles à *gya₁ₐ*, où il n'y a de changé que la place de l'*a₁*, il faudra que les deux types radicaux se rencontrent dans les formes où *a₁* tombe. C'est ce qui a lieu.

Série de l'*i:*

> *ǵyā* (*g₂ya₁ₐ*) «vieillir»: *ǵyā-syáti, ǵī-ná.*
> *ǵyā* (*g₁ya₁ₐ¹*) «triompher de»: *ǵyá̆-yas, ǵī-tá.*
> *pyā* «s'engraisser»: *pyá̆-yati, pī-ná.*
> *çyā* «faire congeler»: *çyá̆-yati, çī-ná* et *çī-tá.*

La série de l'*u* offre *ŭ-ti* «tissu» de *vā, vāsyati.*

Série de l'*r:*

> *krā* «blesser, tuer» dans *krá̆-tha,* d'où *krāthayati²;* forme faible: *kīr-ņá.*
> *çrā* «cuire, mélanger»: prés. *çrá̆-ti, çrá̆-tum, çīr-tá, ā-çīr³.*

La série de l'*n* offre *ǵānáti* de *ǵñā:* c'est là une formation qui permet de rétablir *ǵūtá = **ź̥ñtá* (cf. *ǵātávedas?*) comme participe perdu de *ǵñā.* Le présent *ǵānáti* ne saurait être absolument primitif. La forme organique serait *ǵānáti* pour *ź̥ņáti:* cf. *ǵināti* de *ǵyā.* L'introduction secondaire de l'*n̄* long est comparable à celle de l'*ī* long dans *prīņáti* (p. 243).

Ces exemples forment la minorité: la plupart des racines sanskrites qui finissent par -*rā*, -*lā*, -*nā*, -*mā*, apparaissent dépourvues de formes faibles⁴: *trātá, prāņá, glāná, mlātá, ǵñātá, mnātá, snātá, dhmātá* etc.

<hr>

1. Cette dernière racine, comme l'a montré M. Hübschmann, se retrouve dans le zd. *zināt̲* et l'anc. perse *adinā* (skr. *aǵinūt*): elle a donc *g₁* et n'est apparentée ni au gr. *βία* ni au skr. *ǵáyati, ǵigắya.*

2. *krathana* est apparemment une formation savante tirée de la soidisant racine *krath.*

3. Cf. aussi *pŭr-va* en regard de *prā-tár.*

4. M. J. Schmidt qui, dans un article du Journal de Kuhn, a attiré l'attention sur cette particularité en présente une explication purement phonétique, fondée essentiellement sur la supposition d'une métathèse. Mais notre principe même nous empêche de discuter son ingénieuse théorie, car elle répond en définitive à la question que voici: *pourquoi est-ce qu'en sanskrit* dhmā *ne fait point* *dhmitá *quand* sthā *fait* sthitá? Si l'on admet ce que nous avons cru pouvoir établir plus haut, cette question *cesse d'en être une,* et l'on ne peut plus demander que ceci: *pourquoi* dhmā *ne fait-il pas* dhāntá *quand* sthā *fait* sthitá? — En outre l'hypothèse **dhamtá,* *dhamatá (comme primitif de *dhmātá*) est incompatible avec la loi d'expulsion proethnique de l'*a.* La métathèse, si elle existe en sanskrit, ne paraît admissible que pour un nombre d'exemples insignifiant.

La raison n'en est pas difficile à trouver. Entre *trátum* et **tūrtá*, entre *ǵnátum* et **ǵātá*, *dhmátum* et **dhāntá*, la disparate était excessive, et l'unification inévitable. Ne voyons-nous pas le même phénomène en train de s'accomplir sur les racines en *-yā̆*, où *çĭna*, *çĭta*, *pĭna*, sont accompagnés de *çyāna*, *çyāta*, *pyāna*, et où **khĭta* de *khyā̆* a déjà fait place à *khyāta*?

A ces exemples empruntés à des syllabes radicales s'ajoute le cas remarquablement limpide de l'*ĭ* de l'optatif formé également de *i* + *ᴬ* (p. 191 seq.).

Ce qui achève de marquer l'identité de composition des racines qui ont produit *pŭtá*, *pūrṇá* etc., avec les types *gya₁ᴬ*, *kra₁ᴬ*, ce sont les présents *ǵináti*, zd. *zināṭ* de *g₁yā̆*; *ǵináti*, zd. *ǵināiti* (gloss.) de *g₂yā̆*; *kṛṇáti* de *krā̆* «blesser»; **ǵanáti* (v. ci-dessus) de *ǵnā̆*. On retrouve là ces présents de la 9ᵉ classe, qui constituent un caractère si remarquable de notre groupe de racines. Il n'est pas besoin d'en faire encore une fois l'anatomie:

Type A: rac. *ǵya₁-ᴬ: ǵi-ná₁-ᴬ-ti; *ǵi-ᴬ-tá (ǵĭ-tá).*
Type B: rac. *pa₁w-ᴬ: pu-ná₁-ᴬ-ti; *pu-ᴬ-tá (pū-tá).*
(Type A: rac. *çra₁-u: çṛ-ná₁-u-ti; çṛ-u-tá.*)
(Type B: rac. *pa₁r-k: pṛ-ná₁-k-ti; pṛ-k-tá.*)

———

Nous avons vu (p. 247) la règle en vertu de laquelle la racine *ta₁rᴬ* élidera le phonème final dans un thème comme *tar'ati*. Les conditions sont tout autres s'il s'agit d'une formation telle que celle de la 6ᵉ classe: ici l'*a₁* radical tombe, et l'on obtient le primitif *trᴬ* + *áti*. Se trouvant appuyé d'une consonne, l'*r* ne laisse point échapper le son *ᴬ*: selon la règle il se l'assimile. Il en résulte *tṝ* + *áti*, et enfin, par dédoublement de *r̄*, *tṛr-áti*. Si la racine était *tar*, la même opération eût produit *tr-áti* (cf. gr. πλ-έσϑαι etc., p. 9).

Ce procès donne naissance, dans les différentes séries, aux groupes *-iy-*, *-uv-*, *-ṇn-*, *-ṃm-*, *-ṛr-*. Le sanskrit garde les deux premiers intacts et change les trois autres en *-an-*, *-am-*, *-ir-*[1] (*-ŭr-*).

———

1. La théorie de M. J. Schmidt (Voc. II 217) tend à faire de *ir*, *ur*, des modifications de *ar*. L'auteur dit, incontestablement avec raison, que *kiráti* ne saurait équivaloir à *kṛ* + *áti*: cela eût donné «*kráti*». Mais la formule *kar* + *áti* sur laquelle se rabat M. Schmidt se heurte, elle, au

Thèmes verbaux en -á.

Série de l'*u*. **dhavi**: *dhuv-áti*; **savi** (exciter): *suv-áti*.

Série de l'*r*. **kari** (verser): *kir-áti*; **gari** (dévorer): *gir-áti, gil-áti*; **gari** (approuver): *ā-gur-áte*; **tari**: *tir-áti, tur-áti*; **sphari** (aor. véd. *spharīs*): *sphur-áti*.

Série de l'*n*. **vani**: véd. *van-éma, van-áti*; **sani**: véd. *san-éyam, san-éma*. La place de l'accent ne laisse aucune espèce de doute sur la valeur du groupe -*an* qui est pour -*ṇn*. C'est une accentuation très-remarquable, car d'habitude les *a* radicaux hystérogènes se sont hâtés de prendre le ton et de se confondre avec les anciens. Dans nos verbes même, il est probable que *vánati, sánati* n'ont de la 1ᵉ classe que l'apparence: ce sont les égaux de *vanáti, sanáti*, après le retrait de l'accent.

Série de l'*m*. On ne peut décider si un présent tel que *bhrámati* vient de *bhrá₁mati ou de **bhr̥mmáti*[1].

Parfait.

On trouve, en conformité avec *dudhuvús, dudhuvé* de **dhavi**, des formes comme *taturúśas, titirús* de **tari**, *tistire, tistirāṇá* de **stari** (Delbrück p. 125), *guguruśas* de **gari**[2].

En dehors de ces cas, on sait que les racines «en $\bar{r}$» ne sont pas traitées, dans les formes faibles du parfait, de la même manière que les racines «en $\underset{\circ}{r}$». Le maintien de l'*a* y est facultatif et pour certains verbes obligatoire: ainsi **stari** fait *tastariva* (Benfey p. 375). La raison de cette particularité nous échappe: on attendrait «*tastīrva*».

La série nasale offre de nombreuses modifications analogiques. Les formes telles que *gáganus* (véd.) pour *gagṇnus de **gani**, *vavamus* = *vavṃmus de **vami** sont les seules régulières. Elles sont accompagnées de *gagnus, vemus*[3] etc.

---

principe de l'expulsion des *a*, principe qui ne permet pas d'admettre, qu'à aucune époque l'indien ait possédé des présents comme «*karáti».

1. Il est à croire que *bhrámati* a suivi l'analogie de *bhrámyati*, car on ne concevrait point que le groupe -*ṃm*- produisît -*ām*-.

. 2. La brève de *gugúrvān* paraît être due à la réaction du thème faible *gugurus*-. Il faudrait *gugūrván. La racine **tari**, outre *titirván*, offre l'optatif *turyā*- pour *tūryā-: l'*u* bref peut avoir été communiqué par le thème du moyen *turī*-.

3. Notons cependant cette remarque d'un grammairien cité par Westergaard: *vemuḥ, tadbhāśyādiṣu cirantanagrantheṣu kutrāpi na dṛṣṭam.*

Thèmes nominaux du type *dviš*.

On a, devant les désinences commençant par une voyelle:
De *mano-ǵŭ́-*: *mano-ǵúv-*.
De *ǵ́ir-* (*ǵī̆*): *gir-* (*gr̥r-*).
De *go-šắ* (*go-šń̥-*): *go-šán-as* (*go-šn̥n-as*)... R. V. IV 32, 22.
D'ordinaire le type *go-šắ* a cédé à l'attraction de la déclinaison de *soma-pắ*.

Dans la série de l'*m*, *pra-çām-*, grâce sans doute à une unification postérieure, conserve l'*ā* long devant les voyelles.

Les racines en -*a₁A* présentent des exemples remarquables:
prā (comparatif *prắ-yas*, zd. *frā-yaiḥ*) donne *pur-ú* soit *pr̥r-ú*
(fém. *pūrvī́* soit *pr̥-vī́*); **çrā** donne *ā-çír-as*. Dans la série nasale, il est fort possible que *mánati* et *dhámati* viennent vraiment de *mnā* et *dhmā*, comme l'enseigne la grammaire hindoue. Ces formes se ramèneraient alors à *mn̥náti*, *dhm̥máti*.

En terminant mentionnons deux faits que nous sommes obligé de tenir pour des perturbations de l'ordre primitif:

1. Certaines formes nominales à racine faible offrent la sonante brève.
1° Devant les voyelles: *tuvi-grá* (à côté de *sam-girá* qui est normal) de *garī̆*; *pápri* (à côté de *pápuri*) de *parī̆*; *sásni*, *sišn̥u* de *sani*. 2° Devant les consonnes: *čarkr̥tí* de *kari* «louer»; *sátvan*, *satvaná* de *sani*, etc.

2. L'*ā* résultant de la nasale sonante longue donne lieu à des méprises: ainsi *sā* forme faible de *sani* est traité comme racine, et on en tire p. ex. *çata-séya*. D'un autre côté les racines *anudāttās han* et *man* présentent *ghāta* et *mắtavaí*. La création de ces formes ne paraît explicable qu'en admettant une idée confuse de la langue de la légitimité de l'échange -*an*- : -*ā*- puisée dans les couples *sánitum* : *sātá*, et appliquée parfois à faux.

Un petit nombre d'exemples offrent *ū* et *r̥̄* à *l'intérieur* d'une racine finissant par une consonne. Il est rare malheureusement que la forme forte nous ait été conservée: ainsi *mūrdhán*, *sphúr-ǵati*, *kúrdati*, et beaucoup d'autres en sont privés. Nous avons cru retrouver celle de *çīršán* dans le gr. *κρᾱσ-* (p. 224). L'exemple capital est: *dīrghá* «long» comparé à *drághīyas*, *drāghmán*, zd. *drāǵanḥ*.

dīrghá (= *dr̥̄ghá*, *dr^Aghá*) : *drághīyas* = *pr̥thú* : *prăthīyas*
$$= \text{çīr-tá} : \text{çr̥ắ-ti}$$
$$= \text{pūr-tá} : \text{parī̆-tár, etc.}$$

17*

Plusieurs racines paraissent être à la fois *udāttās* et *anudāttās*. Dans la série de l'*u*, on trouve, à côté du participe *yu-tá*, les mots *yū-tí* et *yū-thá* dont l'*ū* long s'accorde bien avec le fut. *yaci-tá*, l'aor. *a-yāci-ṣam*, et le prés. *yunáti* (gramm.). On peut suivre distinctement les deux racines var et varī, signifiant toutes deux *élire:* la première donne *várati, vavrus, vriyāt* (préc.), *ávr̥ta, vr̥tá;* la seconde *vr̥ṇīté, vavarus, vūryāt, vurīta* (opt.), *vūrṇá, hotr̥-várya, varītum.* À côté de **dari** (*dr̥ṇáti, darītum, dīryáte, dīrṇá*, gr. δέρα-ς), une forme **dar** se manifeste dans *dŕ̥ti*, zd. *děrěta*, gr. δρατός. Au double infinitif *stártum* et *stárītum* correspond le double participe *str̥tá* et *stīrṇá*, et le grec continue ce dualisme dans στράτος : στρωτός (= *στρ̥τος, *στῑρτός). On pourrait facilement augmenter le nombre de ces exemples.

D'une manière générale, la racine *udāttā* peut n'être qu'un élargissement entre beaucoup d'autres de la racine *anudāttā*. Qu'on observe par exemple toutes les combinaisons radicales qui tournent autour des bases -u- «tisser», k_1-u- «s'accroître», gh_1-u- «appeler».

1. -a₁u.	*ó-tum, r̥y-òman* (Grassm.);		*r̥y-ùta, u-ma.*		
	—		*á-r̥v-a-t.*		
	hó-trā, hó-man;		*á-hv-a-t.*		
2. -a₁wᴬ.	—				
(udāttā)	*rávī-ra*				
	hávī-tare, hávī-man		*ū-ti, ūvús.*		
3. -waₗᴬ.	*rá-tum, ra-vaú,*	gr. ἤ-τριον	*çŭ-ra.*		
	çvū-trá(?)		*hū-tá* etc., *huv-á-te.*		
	hvá-tum etc.,	zd. *zbū-tar*			
4. -waₗi.	*ráy-ati, uváya.*				
	çráy-ati, çráyitum.				
	hváy-ati.				

Les racines citées généralement sous la forme *bhū* et *sū* (gignere) offrent deux caractères singuliers: 1° Aux formes fortes, apparition anormale de -*ŭv*- et -*ū*- au lieu de -*av'*- et -*avĭ*-, lesquels toutefois sont maintenus dans une partie des cas; ainsi la première des racines mentionnées donne *babhūva, bhūvana, ábhūt* (1ᵉ p. *ábhūvam*), *bhūman*, et en même temps *bhávati, bhavítra, bhávītva, bhávīyas*[1]; la seconde fait *sasūva* (véd.), *su-ṣŭma*, et en

---

1. *bhūyas* est fait probablement à l'imitation du positif *bhū-ri*. Le zd. *baēvare* paraît avoir pour base le comparatif qui est en sanskrit *bhávīyas*.

même temps *sávati*. 2° Plusieurs formes faibles ont un *u* bref: *çam-bhú, mayo-bhú, ád-bhuta; su-tá*.

Ces anomalies se reproduisent plus ou moins fidèlement en grec pour φῠ̆ = *bhū* et pour δῠ̆. On sait que dans ces racines la quantité de l'*v* ne varie pas autrement que celle de l'*a* dans βᾰ̆ ou στᾰ̆, ce qu'on peut exprimer en disant que l'*v̄* long y tient la place de la diphthongue εv. L'obscurité des phénomènes indiens eux-mêmes nous prive des données qui pourraient éclaircir cette singularité. On classera parmi ces racines *pū* «pourrir» qui ne possède d'*a* dans aucun idiome et qui, en revanche, offre un *u* bref dans le lat. *pŭ-tris*. Il serait bien incertain de poser sur de tels indices une série *ū : u*, parallèle par exemple à $a_1u : u$. Qu'on ne perde pas de vue l'*a* du skr. *bhávati, bhávītva*.

Ce n'est point notre intention de poursuivre dans le grec ou dans d'autres langues d'Europe l'histoire fort vaste et souvent extrêmement troublée des racines *udāttās*. Nous bornerons notre tâche à démontrer, si possible, que les phénomènes phoniques étudiés plus haut sur le sanskrit et d'où sont résultées les longues *ī, ū, r̥̄, n̥̄, m̥̄*, ont dû s'accomplir dès la période indo-européenne.

Pour la série de l'*i*, cette certitude résulte de l'*ī* paneuropéen des formes faibles de l'optatif (p. 191 seq.).

Dans la série de l'*u*, on peut citer l'indo-eur. *dhū-má* de la racine qui est en sanskrit *dhavi*, le sl. *ty-ti* «s'engraisser» en regard du skr. *távī-ti, tavi-šá, tuv-í, tū-ya*; le lat. *pū-rus* en regard de *pavi-tár, pū-tá*. Ce qui est à remarquer dans les verbes grecs θύω et λύω (skr. *dhavi dhū, lavi lū*[1]), ce n'est pas tant peut-être la fréquence de l'*v* long que l'absence du degré à diphthongue. Qu'on compare κλεv κλv = skr. *çro çrŭ*, πλεv πλv = skr. *plo plŭ*, ῥεv ῥv = skr. *sro srŭ*, χεv χv = skr. *ho hŭ*[2]. Cette perte marque nettement la divergence qui existait entre les organismes des deux séries de racines.

Passons à la série des liquides.

---

1. κομβο-λύτης· βαλαντιο-τόμος Hes. est intéressant au point de vue de l'étymologie de λύω.

2. Dans le latin, où *rŭtus* et *inclŭtus* sont les seuls participes du passif en -*ŭ-to*, la longue ne prouve pas grande chose. Elle se montre même dans *secūtus* et *locūtus*. Les exemples qui, sans cela, nous intéresseraient sont *so-lūtus* et peut-être *argūtus*, si l'on divise *arguo* en ar + *guo* = *huváti*.

A. Devant les consonnes.

Quiconque reconnaît pour le sanskrit l'identité *pūrṇá* = *pr̥-⁴ná* devra forcément, en tenant compte de la position de la liquide dans le lithuanien *pìlnas*, placer du même coup *l'époque de la mutation* dans la période proethnique. Et quant à la valeur exacte du produit de cette mutation, nous avons vu que, sans sortir du sanskrit, on est conduit à y voir un *r̥*-voyelle (long), non point par exemple un groupe tel que *ar* ou *⁴r*. Entre les idiomes européens, le germanique apporte une confirmation positive de ce résultat: le son qui, chez lui, apparaît devant la liquide est ordinairement *u* comme pour l'r-voyelle bref.

En LITHUANIEN *r̄* est rendu par *ir, il*, plus rarement par *ar, al.* *gìrtas* «laudatus» = *gūrtá; žìrnis,* cf. *gĩrṇá; tìltas* = *tīrthá; ìlgas* = *dīrghá*(?); *pìlnas* = *pūrṇá; vìlna* = *ū́rṇā; — žarnà* «boyau», cf. plus bas gr. *χορδή; száltas* = zd. *çareta* lequel serait certainement en sanskrit *çī́rta,* vu le mot parent *çiçirá; spragù* = *sphū́rǵati.*

Le PALÉOSLAVE présente *ri, rŭ, lŭ.* *krŭnŭ* = *kīrṇá* «mutilé»; *zrŭno* = *gīrṇá; prĭvŭ* = *pū́rva; dlŭgŭ* = *dīrghá; plŭnŭ* = *pūrṇá; vlŭna* = *ū́rṇā.* Nous trouvons *lo* dans *slota* = lith. *száltas.*

Exception: lith. *beržas,* sl. *brĕza* «bouleau» = skr. *bhūrǵa.*

Le GERMANIQUE hésite entre *ur, ul* et *ar, al.* Gothique *kaurn* = *gīrṇá; fulls* = *pūrṇá; vulla* = *ū́rṇā; — arms* = *īrmá; (untila-)malsks* = *mūrkhá; hals* = *çīršá*(?), cf. *κόρρη· τράχηλος* Hes. L'*a* suit la liquide dans *frauja* = *pūrvyá.*

Le GREC répond très-régulièrement par *οϱ, ολ*[1], ou *ϱω, λω.*

---

1. Nous ne décidons pas si dans certains cas *οϱ* et *ολ* ne représentent point les brèves *r̥* et *l̥.* Les principaux exemples à examiner seraient: *ὄρχις,* zd. *ĕrĕzi; ὀρχέομαι,* skr. *r̥ghāyáte;* Ὀρφεύς, skr. *r̥bhú; ὀρσο-* (dans ὀρσοθύρα, ὀρσοτριαίνης, ὀρσιπετής), skr. *r̥ṣvá; μορτός,* skr. *mr̥tá* (cf. toutefois véd. *murĭya*): *χοῖρος* (cf. *χλούνης*), skr. *ghr̥ṣvi; τόργος,* germ. *storka-* (Fick I³ 825). L'omicron suit la liquide dans: *τρόνος,* skr. *tŕ̥ṇa; βλοσυρός,* goth. *vulþus* (Fick); *ἤμβροτον* = *ἤμαρτον; ἄλοξ* = *αὖλαξ* (p. 17); *κρόκος* (Hes.), cf. skr. *kr̥kavāku,* lat. *corcus.* On pourrait même citer pour *ϱω* et *λω:* *γρωθύλος,* skr. *gr̥há* (J. Schmidt Voc. II 318), *βλωθρός* à côté de *βλαστός.* On ne doit pas comparer *πρωκτός* et *pr̥ṣṭhá,* vu le zd. *parçta.* — De même en latin *r̥* paraît pouvoir donner *ar* et *ra: fa(r)stigium,* skr. *bhr̥ṣṭi* (gr. *ἄφλαστον*); *classis* est sûrement le skr. *kr̥ṣṭi* (cf. *quinque classes* et *páñca*

ὀργή[1])	ūrǵá.	δολ-ι-χός[3])	dīrghá.	πρώϊος	pūrvyá.
ὀρθός[2])	ūrdhvá.	πόρτις[4])	pūrtí.	τρώω	tū́rvati(?).
κόρση	çīršá.	οὖλος[5])	ū́rṇā.	βρωτός	cf. gīrṇá.
				στρωτός	cf. stīrṇá.

Au lieu de ρω on aurait ρο dans βρότος «sang coagulé», si M. Bugge a raison d'en rapprocher le skr. mūrtá «coagulé», K. Z. XIX 446. Cf. ἄβρομος (Hes.) = ἄβρωμος.

1) D'après ce qui est dit p. 250, il est indifférent que la racine commence ou non par w. — 2) La remarque précédente s'appliquerait à ὀρθός — ūrdhvá; seulement le zd. ərədwa montre que la racine de ūrdhvá n'a point de w initial. Si donc, en se fondant sur βωρθία· ὀρθία et contre l'opinion d'Ahrens (II 48), on attribue à ὀρθός le digamma, le parallèle ὀρθός — ūrdhvá tombe. — 3) L'ι de δολιχός n'est pas organique. A une époque où le second ε de la forme forte *δέλεχος (ἐνδελεχής) était encore la voyelle indéterminée ₄, cette voyelle a pu être adoptée analogiquement par *δολχός; le traitement divergea ensuite dans les deux formes. — 4) Cf. p. 265, note 4. — 5) οὖλος «crépu» est égal à *Ϝολνος. Cf. οὖλη λευκή· θρίξ λευκή.

En LATIN ar, al, et rā, lā, équivalent aux groupes grecs ορ, ολ, ρω, λω.

arduus	ūrdhvá.		grātus	gūrtá.
armus	īrmá.		grānum	gīrṇá.
largus[1])	dīrghá.		(?)plānus	pūrṇá[2]).
pars	pūrtí.		strātus	στρωτός.
cardo	cf. kūrdati.			

1) Pour *dargus, malgré le l de δολιχός, l'échange entre l et r étant assez fréquent précisément dans les racines dont nous parlons [1]. On pourrait aussi partir de *dalgus, admettre une assimilation: *lalgus, puis une dissimilation. — 2) Cf. complanare lacum «combler un lac», dans Suétone; plēnus est tiré par analogie de la forme forte. — Sans λάχνη, lāna pourrait se ramener à *clāna = ū́rṇā.

Au groupe al est opposé ul en sanskrit (p. 250) dans calvus = kulva et alvus = úlva, úlba.

On trouve -ra- dans fraxinus, cf. skr. bhūrǵa. D'autre part M. Budenz, approuvé par M. J. Schmidt (Voc. I 107), réunit prō-

kṛṣṭáyas?); fastus, comme M. Bréal l'a montré, contient dans sa première syllabe l'équivalent du gr. θαρσ (p. 129).

1. Exemples: χορδή et χολάς (p. 264); δέρας et dolare; κολοκάνος et cracentes; χάλαζα et grando; gr. στορ, sl. stelja; gr. χρυσός, goth. gulþ (p. 265); gr. κόρση, goth. hals; lat. marceo, goth. -malsks; lith. gìreti, sl. glagolati, etc.

rincia au skr. *pŕtva*. Ce mot se retrouve aussi dans *prīvi-gnus* qui sera pour *prōvi-gnus (cf. *convīcium*) [1].

Exemples qui se présentent entre différentes langues européennes:

Lat. *crātes*, goth. *haurdi-*. — Lat. *ardea*, gr. ῥωδιός (par prothèse, ἐρωδιός). — Lat. *cracentes* et *gracilis*, gr. κολ-ο-κάνος, κολ-ε-κάνος, κολ-ο-σσός. — (?)Lat. *radius*, gr. ὀρ-ό-δαμνος. — Gr. χορδή, norr. *garnir*, lith. *žarnà*.

B. Devant les voyelles.

Nous venons de voir les représentents européens du $\bar{\overset{\circ}{r}}$ proprement dit. Il reste à le considérer sous sa forme scindée qui donne le groupe $\overset{\circ}{r}r$ (skr. *ir*, *ur*), et ici les phénomènes du GREC prennent une signification particulière. Il semblerait naturel que cette langue où $\overset{\circ}{r}$ et $\overset{\circ}{l}$ deviennent αρ et αλ rendît également par αρ et αλ les groupes $\overset{\circ}{r}r$ et $\overset{\circ}{l}l$. L'observation montre cependant que ορ et ολ sont au moins aussi fréquents et peut-être plus normaux que αρ, αλ, en sorte par exemple que πόλις répond au skr. *puri* tout de même que κόρση répond à *çīršá*. De ce fait on doit inférer que le phonème $\overset{\circ}{d}$, en se fondant dans la liquide, lui avait communiqué, dès la période proethnique, une couleur vocalique particulière dont le $\overset{\circ}{r}$ bref est naturellement exempt.

Βορέας	} *giri.*	(?)Φορωνεύς	*bhuraṇyú* (Kuhn).
Ὑπερ-βόρειοι		χολάς, χόλιξ	} *hirā.*
πόλις	*puri.*	(cf. χορδή)	
πολύς	*purú, pulú.*	χόριον [2]	*éira* [3].
(?)πομ-φόλυγ-	*bhurágate* (Joh. Schmidt Voc. II 4).		

1. Doit-on admettre lat. *er* = $\overset{\circ}{r}$ dans *hernia* (cf. *haruspex*) en regard du lith. *žarnà* et *verbum* = goth. *vaurd* (lith. *vardas*)? On se rapellera à ce propos *cerebrum* opposé au skr. *çiras*, *termes* variant avec *tarmes* (racine udāttā *tere*), ainsi que l'*er* de *terra* qui équivaut à *or* dans *extorris*.

2. χρώς est apparemment un nom tel que *gīr*, *pūr* en sanskrit, c'està-dire qu'il remonte à $\chi\bar{r}$ς. Les génitifs χροός et χρωτός sont hystérogènes pour *χορός. Le verbe χραίνω paraît être un souvenir du présent *χρα-νημι, *χρ̥νημι, qui est à χρώς ce que *gr̥ṇâti*, *pr̥ṇâti* sont à *gīr*, *pūr*. — χρῶμα n'est pas absolument identique à *cárman*: le groupe ρω y a pénétré après coup comme dans βρῶμα.

3. Dans un petit nombre de formes indiennes, *īr*, *ūr*, par un phénomène surprenant, apparaissent même devant les voyelles; en d'autres termes $\bar{\overset{\circ}{r}}$ ne s'est pas dédoublé.

En regard du skr. *híraṇya* et *hiri-* on a l'éol. χροισός (forme ancienne de χρῡσός), lequel paraît égal à *χ̄ριχ̥ό, cf. goth. *gulþa-*[1].

Formes verbales:

βόλεται skr. *-gurá-te*[2] «approuver».

τορεῖν skr. *tirá-ti, turá-ti.*

μολεῖν skr. *milá-ti*[3] «convenire».

Même coïncidence dans les racines suivantes pour lesquelles le thème en -*á* fait défaut dans l'une des deux langues:

ὁρ-έσθαι, [ὅρ-σο] cf. skr. *ír-te, ῑr-ṣva* (p. 253 i. n.).

βορ-ά, [βρω-τός] cf. skr. *gir-áti, gῑr-ṇá.*

πορ-εῖν, [-πρω-τος] cf. skr. *purayati* etc.[4]

στορ-, [στρω-τός] cf. skr. *stir-ati, stῑr-ṇá.*

αἷμα-κουρίαι, cf. skr. *kir-áti.*

Les formes qui viennent d'être nommées ne représentent jamais qu'un des degrés vocaliques de leur racine, bien qu'en fait ce degré ait presque toujours usurpé la plus large place. La restitution du vocalisme primitif des différentes formes appartiendrait à l'histoire générale de notre classe de racines dans la langue grecque, histoire que nous ne faisons point. Voici très-brièvement les différentes évolutions normales d'une racine comme celle qui donne στόρνυμι:

1. cτερα. 2. cτορ, cτρω. 3. cταρ-.

1. cτερα, ou cτερε. C'est la racine pleine et normale, répondant au skr. *starī̆*. Dans le cas particulier choisi, le grec n'a conservé qu'une forme de ce

---

1. On a comparé *ἀγορά* et *agirá* «cour» (Savelsberg K. Z. XXI 148). M. Osthoff (Forsch. I 177) combat cette étymologie en se fondant: 1° sur l'*o* du grec, 2° sur la solidarité de *ἀγορά* avec *ἀγείρω*. La seconde raison seule est bonne, mais elle suffit.

2. Je tiens de M. Brugman ce rapprochement que le sens de βουλή, βουλεύω, rend plausible et qui ferait de βούλομαι un parent du lat. *grātus*. Toutefois son auteur n'y avait songé que parce que le β panhellène rend, à première vue, inadmissible pour le linguiste rigoureux la liaison avec le lat. *volo*, le sl. *velją* etc. Comme nous venons de reconnaître que βόλεται sort de βl̥εται, il devient possible d'expliquer β pour ſ par le voisinage de la liquide (cf. βλαστός = *vṛddhá*). Si, en conséquence, on retourne à l'étymologie ancienne, il faut comparer le -ολ- de βόλεται au -*ur*- du skr. *vur-ītá* (cf. *vṛṇīté, vūrṇá, hotr-vū́rya* etc.).

3. Le parfait *mimela* est naturellement hystérogène.

4. Ainsi que l'admet M. Fick, la racine sanskrite *pari* semble correspondre à la fois au gr. πελε (dans πέλεθρον?) et au gr. πορεῖν, πέπρωται etc. Les mots indiens signifient en effet non-seulement *remplir*, mais aussi *donner, accorder, combler de biens* (cf. Curtius Grdz. 283).

degré: τέρα·μνον ou τέρε-μνον¹ pour *στέρα-μνον (Grdz. 215). C'est la
continuation d'un thème en -man, où la racine pleine est de règle (p. 131),
cf. skr. stárī-man. — Autres exemples: πέρᾰ-σαι, περᾰ-σω; — τερά-μων,
τέρε-τρον, τέρε-σσεν (ἔτρωσεν, Hes.); — τελα-μών, τέλα-σσαι (Hes.). Comme
le font voir déjà ces quelques formes, le degré en question est resté confiné
très-régulièrement dans les thèmes qui veulent la racine non affaiblie.

2. στορ, στρω, degré réduit dont nous nous sommes occupés spécialement ci-dessus, et qui répond au skr. stīr. En regard de τέρα-μνον on a
στρω-τός, en regard de πέρα-σαι, πόρ-νη, en regard de τερά-μων: τορ-εῖν,
τορ-ός, τι-τρώ-σκω, etc.

3. στᾰρ-, ou στρᾰ- = str. Cette forme, dans le principe, appartient
uniquement au présent en ·νῃμι ou aux autres formations nasales que le
grec lui a souvent substituées. La théorie de ce présent a été suffisamment
développée plus haut, p 240 seq. — Exemples: μάρναμαι, corcyr. βάρνα-
μαι², = skr. mṛṇáti de la rac. marī; τε-τραίνω de τερα.

Les trois formes précitées se mélangent continuellement par extension
analogique. La troisième est de ce fait presque complétement supprimée.
Exemples. Parallèlement à μάρναμαι, Hésychius rapporte μόρναμαι dont
l'o est sans doute emprunté à une forme perdue, du même genre que ἔτο-
ρον. Parallèlement à πέρνημι — qui est lui-même pour *παρνημι, grâce à
l'influence de περάσω —, le même lexicographe offre πορνάμεν (cf. πόρνη).
L'aoriste ἔθορον fait soupçonner dans θόρνυμαι le remplaçant d'un présent en -νῃμι, -ναμαι; en tous cas l'o, dans ce présent à nasale, est hystérogène, et en effet Hésychius donne θάρνυται et θαρνεύω (θάρνυται : ἔθορον = stṛṇáti : stiráti). L'omicron est illégitime aussi dans ὄρνυμι,
στόρνυμι, βούλομαι = *βολνομαι etc. — Le degré qui contient ορ, ρω,
empiète d'autre part sur le degré non affaibli: de là p. ex. στρωμνή, βρῶμα,
ἔβρων³. — On peut croire en revanche que ἔβαλον de la rac. βελε ne doit
son α qu'au prés. βάλλω = *βαλνω. Régulièrement il faudrait *ἔβολον.

L'o résultant des groupes phoniques dont nous parlons a
une certaine propension à se colorer en υ (cf. p. 99). Ainsi πύλη
est égal à -pura dans le skr. gopura (Benfey), μύλη a une parenté
avec mūrṇá «écrasé»¹, φύρω et πορφύρω rendent bhuráti et
ǵarbhurīti⁵, μύρχος est l'ind. mūrkhá. Il serait facile de multi-

---

1. La variabilité de la voyelle sortie de ⁴ est fort remarquable. Il y a
d'autres exemples pareils, ainsi τέρε-τρον et τερά-μων, τέμε-νος et τέμα-χος.

2. Le β de cette forme me paraît une preuve directe, entre beaucoup
d'autres, de l'r-voyelle grec.

3. La flexion pure d'un aoriste de cette espèce serait: *ἔ-βερα-ν, plur.
ἔ-βρω-μεν.

4. La même souche a produit μάρναμαι qui répond directement à
mṛṇáti.

5. La racine de ces formes sanskrites est, autant qu'on peut le pré-

plier les exemples en se servant de la liste que donne M. J. Schmidt Voc. II 333 seq. — Le groupe $v\varrho$ ($v\lambda$) paraît même sortir quelquefois du ‿r bref.

Voici les exemples peu nombreux où le grec a développé α devant la liquide:

$\beta\alpha\varrho\acute{v}\varsigma$	*gurú*.	$\pi\acute{\alpha}\varrho o\varsigma$	*purás*.
(?)$\gamma\alpha\lambda\acute{\varepsilon}\eta$	*giri* «souris».	$\psi\acute{\alpha}\lambda\upsilon\gamma$-$\varepsilon\varsigma$	*sphuliṅga*.
$\pi\alpha\varrho\acute{\alpha}$	*purā̆*.	(?)$\varphi\acute{\alpha}\varrho\upsilon\gamma\xi$	*bhuríg* (Bugge).

(?)$\varkappa\alpha\lambda\bar{\iota}\acute{\alpha}$ *kulā̆ya* (plus probablement, composé de *kúla*).

Ajoutons: $\check{\varepsilon}$-$\beta\alpha\lambda$-ov de la rac. $\beta\varepsilon\lambda\varepsilon$ ($\grave{\varepsilon}\varkappa\alpha\tau\eta$-$\beta\varepsilon\lambda\acute{\varepsilon}$-$\tau\eta\varsigma$, $\beta\acute{\varepsilon}\lambda\varepsilon$-$\mu\nu o\nu$), $\gamma\acute{\alpha}\varrho$-$ov$ de la même souche que $\beta o\varrho$-$\acute{\alpha}$, $\varphi\alpha\varrho$-$\acute{o}\omega$[1] (zd. *bareneñti*, 9e classe).

A propos des cas énumérés ci-dessus, il faut remarquer qu'entre autres formes plus ou moins certaines que prend en grec le phonème ‿r, outre $o\varrho$, $o\lambda$, il semble représenté parfois par $\alpha\lambda\alpha$, $\alpha\varrho\alpha$. Exemples: $\tau\alpha\lambda\alpha$- (forme forte dans $\tau\varepsilon\lambda\alpha\cdot$); $\pi\alpha\lambda\acute{\alpha}\mu\eta$ = germ. *folma*, lat. *palma* (forme forte dans $\pi\varepsilon\lambda\varepsilon\mu\acute{\iota}\zeta\omega$?); $\varkappa\acute{\alpha}\lambda\alpha\vartheta o\varsigma$ qui serait à $\varkappa\lambda\acute{\omega}\vartheta\omega$ ce que *dīrghá* est à *drághīyas*; $\sigma\varphi\alpha\varrho\alpha\gamma\acute{\varepsilon}\omega$ = skr. *sphūrgáyati*; $\beta\acute{\alpha}\varrho\alpha\vartheta\varrho ov$ à côté de $\beta o\varrho$-, $\beta\varrho\omega$-.

Le LATIN présente tantôt *ar, al*, tantôt *or, ol:*

1. **ar, al** (**ra, la**, lorsqu'une sonante-voyelle qui suivait s'est changée en consonne):

grăvis	*gurú*.	*trans*	*tirás*[2](?).
haru-spex	*hirā̄*.	*parentes*	gr. $\pi o\varrho\acute{o}\nu\tau\varepsilon\varsigma$ (Curtius).
mare	*mı̄́ra*.	*caries*	goth. *hauri*.

2. **or, ol:**

orior	gr. $\dot{o}\varrho$- (p. 265).	*molo, mola*	gr. $\mu\acute{v}\lambda\eta$ (p. 266).
corium	skr. *ćı̄́ra*.	*torus, storea*	skr. *stir-* (cf. p. 110
vorare	skr. *gir-*.		et 111).

Quand le grec montre α au lieu d'o, le latin semble éviter les groupes *ar, al*, et donner décidément la préférence à *or, ol;*

---

sumer, *bhari ou *bhrā. Elle paraît être la même qui se cache dans le présent *bhṛṇāti* «rôtir» (gramm.).

1. Le rapport de *çíras* avec $\varkappa\acute{\alpha}\varrho\eta$ est obscurci par l'η final de la dernière forme.

2. L'identité en est douteuse: *trans* et *tiras* se concilieraient tous deux avec un primitif *tṛṇs*, si le mot sanskrit n'avait pas le ton sur la dernière. En conséquence -*as* n'y peut facilement représenter -*ṇs*. Peut-être *trans* est-il le neutre d'un adjectif qui répondrait au gr. $\tau\varrho\bar{\alpha}\nu\acute{\eta}\varsigma$ (lequel n'a qu'un rapport indirect avec *tirás* comme $\pi\varrho\bar{\alpha}\nu\acute{\eta}\varsigma$ avec *purás*).

gravis = βαϱύς fait exception. Les exemples sont consignés à la
p. 107: *volare*, gr. βαλ-[1]; *tolerare*[2], gr. ταλ-; *dolere, dolabra*, gr.
δαλ-; *por-*, gr. παϱά; *forare*, gr. φαϱόω.

Il est douteux que le latin puisse réduire le groupe ͎r ou
l͎l à un simple *r* ou *l*, quoique plusieurs formes offrent l'apparence de ce phénomène. Ce sont en particulier *glos*, (*g*)*lac, grando,
prae*, comparés à γαλόως, γάλα, χάλαξα, παϱαί. Les parallèles
indiens font malheureusement défaut précisément à ces exemples.
Mais pour *glos*, le paléosl. *zlŭva* appuie le latin et donne à l'α du
grec γαλόως une date peu ancienne; γαλακτ- est accompagné de
γλακτο-φάγοι, γλάγος etc. Quant à χάλαξα — *grando*, c'est un
mot en tous cas difficile, mais où le grec -αλα-, vu le skr. *hrāduni,*
doit évidemment compter pour un tout indivisible[3], et adéquat
au lat. *-ra-*. Le rapprochement de *prae* et παϱαί est fort incertain.
Il reste *glans* en regard du paléosl. *želǫdǐ* et du gr. βάλανος. En
lithuanien on a *gilė*, et M. Fick en rapproche, non sans vraisemblance, skr. *gula* «glans penis»[4]. Mais cet exemple même prouve
peu de chose: le groupe initial du mot italique, slave et grec a
pu être *gl̄-*.

LITHUANIEN. *gìrė* «forêt», skr. *girí; gilė* «gland», skr. *gula*
(v. ci-dessus); *pilìs*, skr. *purì; skurà,* skr. *číra; — marės,* skr.
mìra; malù = lat. *molo* (v. plus haut).

PALÉOSLAVE. *gora,* skr. *girí* (la divergence du vocalisme de
ce mot dans le lithuanien et le slave coïncidant avec le groupe *ir*
du sanskrit est des plus remarquables); *skora,* skr. *číra; morje,*
skr. *mìra.*

GOTHIQUE. *kaurs* ou *kaurus,* skr. *gurú; faura,* skr. *purá*
(Kuhn); germ. *gora,* skr. *hirā* (Fick III[3] 102); goth. *þulan,* gr.
ταλ-; v. h[t]-all. *poran,* gr. φαϱόω; — goth. *marei,* skr. *mìra; mala*
= lat. *molo.*

---

1. Il est vrai de dire que l'α de βαλεῖν semble plutôt emprunté au
présent βάλλω, v. ci-dessus.

2. Cependant le son *a* apparaît dans *lātus.*

3. On le peut ramener peut-être à *-lā-; ou bien, si c'est une forme
faible liée au skr. *hrād* de la même façon que *dīrghá* l'est à *drāgh,* on
tirera *-αλα-* de r̄, cf. p. 267, l. 13 seq.

4. Si l'on n'avait que les formes du latin et du slave, on penserait au
skr. *granthí.*

filu = skr. *purú* est une exception des plus extraordinaires, qui rappelle norr. *hjassi* (= *hersan-*) en regard du skr. *çῑršắn*.

Abordons la série des nasales. Elle demande à être éclairée par la précédente, plutôt qu'elle ne répand elle-même beaucoup de lumière autour d'elle.

A. Devant les consonnes.

Les phénomènes grecs paraissent liés à la question si compliquée de la métathèse. C'est assez dire sur quel terrain scabreux et incertain nos hypothèses auront à se mouvoir.

Remarques sur les phénomènes grecs compris généralement sous le nom de *métathèse*.

Nous écartons tout d'abord le groupe *ϱω* (*λω*) permutant avec *oϱ* (*oλ*): l'un et l'autre ne sont que des produits de *r̥* (p. 263).

I. La transformation d'un groupe comme *πελ-* en *πλη-* est inadmissible, ainsi qu'on en convient généralement.

II. La théorie représentée en particulier par M. J. Schmidt suppose que *πελ-* s'est changé par svarabhakti en *πελε-*; c'est ce dernier qui a produit *πλη-*. — Nous y opposerons les trois thèses suivantes:

1. Dans la règle, le groupe *πελε-* sera originaire, et on n'a point à remonter de *πελε-* à *πελ-*. *πελε* est une racine *udāttā*.

2. Si vraiment *πελε-* a produit parfois *πλη-*, c'est à coup sûr la moins fréquente de toutes les causes qui ont pu amener les groupes radicaux de la dernière espèce.

3. Toujours en admettant le passage de *πελε-* à *πλη-*, on devra placer le phénomène dans une époque où le second *ε* (= *A*) de *πελε* était fort différent et beaucoup moins plein que le premier, qui est a_1.

III. Avant tout rappelons-nous que chaque racine possède une forme pleine et une forme privée d'a_1. Il faut toujours spécifier avec laquelle des deux on entend opérer. La différence des voyelles qui existe par exemple entre *γεν* (plus exactement *γενε*) et *καμ* n'a rien de nécessaire ni de caractéristique pour les deux racines. Elle est au contraire purement accidentelle, la première racine ayant fait prévaloir les formes non affaiblies, tandis que la seconde les perdait. Si les deux degrés subsistent dans *ταμεῖν* : *τέμαχος*, *βαλεῖν* : *βέλος*, c'est encore, à vrai dire, un accident. Donc il est arbitraire, quand on explique *γνη-*, *κμη-*, *τμη-*, *βλη-*, de partir, ici de *γεν*, là de *καμ*, et ainsi de suite, au hasard de la forme la plus répandue.

Il y a plus. Quand on aura acquis la conviction que le type «à métathèse» a régulièrement pour base la même forme radicale, la forme faible par exemple, encore faudra-t-il se reporter à l'ordre de choses préhistorique, où l'*α* des formes telles que *ταμεῖν* n'existait point encore; en sorte que *τμᾱτός* peut fort bien — le fait est même probable — n'être venu ni de *ταμτός* ni de *τεμτός* ni de *τεματός*.

IV. Le type où la voyelle suit la consonne mobile ne procède pas né-cessairement de l'autre en toute occasion. Au contraire, il est admissible par exemple que la racine de $\vartheta\alpha\nu\varepsilon\tilde{\imath}\nu$ (= $\vartheta\eta\nu\varepsilon\tilde{\imath}\nu$) soit $\vartheta\nu\bar{\alpha}$. On aurait alors:

$$\vartheta\alpha\nu\text{-}\varepsilon\tilde{\imath}\nu\colon \vartheta\nu\bar{\alpha} = \text{skr. } dh\acute{a}m\text{-}ati \ (*dhmm\text{-}\acute{a}ti)\colon dhm\bar{a}$$
$$= \text{skr. } pur\text{-}\acute{u}\colon pr\acute{a}\text{-}yas, \text{ etc.}$$

Un exemple très-sûr, en-dehors du grec, nous est offert dans le lith. $\check{z}in\text{-}a\acute{u}$, $pa\text{-}\check{z}in\text{-}tis$, goth. $kun\text{-}\bar{p}s$ (p. 273 seq.). Ces rejetons de $gn\bar{a}$ «connaître» ont pour base la forme faible $g\bar{n}$- (devant les voyelles: gnn), qui est pour gn^A-.

Dans le cas dont nous parlons, le type $\vartheta\alpha\nu\varepsilon\tilde{\imath}\nu$ est forcément faible, et la voyelle y est donc toujours anaptyctique.

V. Enfin les deux types peuvent être différents de fondation. Il y aura à distinguer deux cas:

a) Racine $ud\bar{a}tt\bar{a}$ et racine en -$\bar{a}$ (ne différant que par la position de l'a_1, cf. p. 260). En grec on peut citer peut-être $\tau\varepsilon\lambda\alpha$ ($\tau\varepsilon\lambda\alpha\mu\acute{\omega}\nu$) et $\tau\lambda\bar{\alpha}$ ($\tau\lambda\acute{\alpha}\mu\omega\nu$), $\pi\varepsilon\lambda\varepsilon$ ($\pi\acute{\varepsilon}\lambda\varepsilon\vartheta\varrho o\nu$) et $\pi\lambda\eta$ ($\pi\lambda\acute{\eta}\varrho\eta\varsigma$ etc.), cf. skr. $par\breve{\imath}$ et $pr\bar{a}$.

b) Racine $anud\bar{a}tt\bar{a}$ et racine en -$\bar{a}$. La seconde est un élargissement (proethnique) de la première. Exemple: $\mu\varepsilon\nu$, $\mu\acute{\varepsilon}\nu o\varsigma$, $\mu\acute{\varepsilon}\mu o\nu\alpha$, $\mu\acute{\varepsilon}\mu\alpha\mu\varepsilon\nu$ et $\mu\nu\text{-}\bar{\alpha}$, $\mu\nu\acute{\eta}\mu\eta$, $\mu\iota\mu\nu\acute{\eta}\sigma\varkappa\omega$ (skr. man et $mn\bar{a}$).

C'est proprement à ce dernier schéma que M. Brugman, dans un tra-vail récemment publié, voudrait ramener la presque totalité des cas de «métathèse». Il admet un élément -$\bar{a}$ s'ajoutant à la forme la plus faible — nous dirions la forme faible — des racines, *et qui échapperait à toute dégradation*. Le fait de l'élargissement au moyen de -$\bar{a}$ (-$a_1 A$) est certaine-ment fort commun; nous le mettons exactement sur la même ligne que l'élargissement par -$a_1 i$ ou par -$a_1 u$, qu'on observe entre autres dans $k_1 r\text{-}a_1 i$ (skr. *çre*) «incliner», cf. $k_1 a_1 r$ (skr. *çárman*); $sr\text{-}a_1 u$ (skr. *sro*) «cou-ler», cf. $sa_1 r$. Mais *çre* et *sro* ont leurs formes faibles *çri* et *sru*. Aussi ne pouvons-nous croire à cette propriété extraordinaire de l'élément $\bar{a}$, que M. Brugman dit exempt d'affaiblissement. Cette hypothèse hardie repose, si nous ne nous trompons, sur le concours de plusieurs faits accidentels qui, en effet, font illusion, mais, considérés de près, se réduisent à peu de chose.

Premièrement certains présents grecs comme $\check{\alpha}\eta\mu\iota$ gardent partout la longue, ce qui s'explique facilement par l'extension analogique. En san-skrit *tous* les présents en $\bar{a}$ de la 2e classe offrent la même anomalie (p. 146). Il est clair dès lors que des comparaisons telles que $\check{\alpha}\eta\mu\varepsilon\varsigma\colon v\bar{a}m\acute{a}s$ ne prouvent rien.

En second lieu les racines sanskrites en -$r\bar{a}$, -$n\bar{a}$, -$m\bar{a}$, gardent l'$\bar{a}$ long dans les temps généraux faibles. Ainsi on a *sthitá*, mais *snátá*. Nous avons cru pouvoir donner à la p. 257 la raison de ce fait, qui est de date récente.

Restent les formes grecques comme $\tau\varrho\eta\tau\acute{o}\varsigma$, $\tau\mu\eta\tau\acute{o}\varsigma$. Mais ici la pré-sence de l'élément -$\bar{a}$ étant elle-même à démontrer, on n'en saurait rien conclure à l'égard des propriétés de cet -$\bar{a}$.

En ce qui concerne plus spécialement le grec, nous devons présenter les objections suivantes.

1. Les formes helléniques demandent à être soigneusement distinguées, dans leur analyse, des formes indiennes telles que *trātá*, *snātá*. Pour ces dernières la théorie de la métathèse peut être considérée comme réfutée. Elles sont accompagnées dans la règle de toute une famille de mots qui met en évidence la véritable forme de leur racine: ainsi *trātá* se joint à *trǎ́ti*, *trǎ́yati*, *trātár* etc.; nulle part on ne voit *tar*[1]. Au contraire, en grec, les groupes comme τϱη-, τμη-, sont inséparables des groupes τεϱ-, τεμ- (τεϱε-, τεμα-), et c'est visiblement dans les formes faibles qu'ils s'y substituent.

2. On n'attribuera pas au hasard le fait que les groupes comme τϱη-, τμη-, γνη-, *lorsqu'ils ne forment pas des racines indépendantes* du genre de μνη-, viennent régulièrement de racines appartenant à la classe que nous nommons *udāttās*.

3. Que l'on passe même sur cette coïncidence, je dis que, étant donnée par exemple la racine *udāttā* $ga_1 n^A$ et l'élément *ā*, leur somme pourrait produire *gṇn-ā* (gr. «γανη»), mais jamais *gn-ā* (gr. γνη)[2]. Il suffit de renvoyer aux pages 257 seq.

Nous reconnaissons aux groupes «métathétiques» trois caractères principaux:

1° Ils montrent une préférence très-marquée pour les formations qui veulent la racine faible.

2° Ils n'apparaissent que dans les racines *udāttās*.

3° La couleur de leur voyelle est donnée par celle que choisit le ^{A} final de la racine *udāttā*:

-γνη-τος : γενε-τήϱ	κμᾱ-τός : κάμα-τος
-κλη-τος : καλέ-σω	τμᾱ-τός : τέμα-χος
βλη-τός : -βελε-της	1 δμᾱ-τός : δαμά-τωϱ
τϱη-τός : τέϱε-τϱον	2 δμᾱ-τός : δέμα-ς
σκλη-ϱός : σκελε-τός	κϱᾱ-τήϱ : κέϱα-σσαι
	πλᾱ-τίον : πέλα-σσαι
	πϱᾱ-τός : πέϱᾰ-σσαι

Dans la série nasale, ces trois faits se prêtent à merveille à une comparaison directe avec les groupes faibles indiens tels que *ǵā-* de *ǵani*, *dām-* de *dami*. En effet leurs primitifs sont, selon ce que nous avons cru établir plus haut (p. 251): $\acute{g}\bar{\dddot{m}}{}^A$-, $d\bar{\dddot{m}}{}^A$-. Le son ^{A} étant supposé subir le même traitement dans les deux degrés de la racine, on obtient la filière suivante:

---

1. Sur *manati* et *dhamati* à côté de *mnā* et *dhmā* v. p. 259.
2. Grassmann commet la même erreur, quand il voit dans les racines *prā* et *çrā* des «amplifications de *pur* et *çir*». On aurait alors, non *prā*, *çrā*, mais *purā*, *çirā*.

[Forme forte: $*\gamma\varepsilon\nu^\varepsilon\text{-}\tau\acute{\eta}\varrho$, $\gamma\varepsilon\nu\varepsilon\tau\acute{\eta}\varrho$.]
Forme faible: $*\gamma\bar{\overset{\circ}{n}}{}^\varepsilon\text{-}\tau\acute{o}\varsigma$, $\text{-}\gamma\nu\eta\tau o\varsigma$.
[Forme forte: $*\tau\acute{\varepsilon}\mu^\alpha\text{-}\chi o\varsigma$, $\tau\acute{\varepsilon}\mu\alpha\chi o\varsigma$.]
Forme faible: $*\tau\bar{\overset{\circ}{m}}{}^\alpha\text{-}\tau\acute{o}\varsigma$, $\tau\mu\bar{\alpha}\tau\acute{o}\varsigma$.

La variabilité de la voyelle étant ainsi expliquée et la règle d'équivalence générale confirmée par l'exemple

$$\nu\tilde{\eta}\sigma\sigma\alpha\ (\text{dor. } \nu\tilde{\alpha}\sigma\sigma\alpha) = \text{skr. } \bar{a}t\acute{i}{}^1,$$

nous identifions $\text{-}\gamma\nu\eta\tau o\varsigma$, $\varkappa\mu\bar{\alpha}\tau\acute{o}\varsigma$, $\delta\mu\bar{\alpha}\tau\acute{o}\varsigma$, avec skr. $\acute{g}\bar{a}t\acute{a}$, $\varsigma\bar{a}nt\acute{a}$, $d\bar{a}nt\acute{a}{}^2$. Tout le monde accorde que $\gamma\nu\acute{\eta}\sigma\iota o\varsigma$ correspond au skr. $\acute{g}\bar{a}tya$.

Nous ne pouvons, il est vrai, rendre compte de ce qui se passe dans la série des liquides. Là, toute forme faible primitive devait avoir un $\bar{\overset{\circ}{r}}$ pur et simple — et non point $\bar{r}^A$ —; ce $\bar{\overset{\circ}{r}}$, nous l'avons retrouvé en effet dans les groupes $o\varrho$, $o\lambda$, et $\varrho\omega$, $\lambda\omega$. Où classer maintenant les formes comme $\pi\varrho\bar{\alpha}\tau\acute{o}\varsigma$, $\beta\lambda\eta\tau\acute{o}\varsigma$? Par quel phénomène le degré faible correspondant à $\pi\acute{\varepsilon}\varrho\bar{\alpha}\text{-}\sigma\alpha\iota$ nous offret-il parallèlement à $\pi\acute{o}\varrho\text{-}\nu\eta$, type normal, cette formation singulière: $\pi\varrho\bar{\alpha}\tau\acute{o}\varsigma$? C'est à quoi nous n'entrevoyons jusqu'à présent aucune solution satisfaisante.

Observations.

I. Le grec, si l'hypothèse proposée est juste, confond nécessairement le degré normal et le degré faible des racines en $\text{-}n\bar{a}$ et en $\text{-}m\bar{a}$. Qu'on prenne par exemple la racine $\gamma\nu\omega$ «connaître»: la forme réduite est $*g\underset{\circ}{n}{}^o$, lequel produit $\gamma\nu\omega$. Il est donc fort possible que la syllabe $\gamma\nu\omega\text{-}$, dans $\gamma\nu\acute{\omega}\mu\omega\nu$ et $\gamma\nu\tilde{\omega}\sigma\iota\varsigma$, réponde la première fois au v. h^t-all. $chn\bar{a}\text{-}$ (skr. $\acute{g}\tilde{n}\bar{a}\text{-}$), la seconde au goth. $kun\text{-}$ (skr. $\acute{g}\bar{a}\text{-}$), cf. plus bas. — Une conséquence de

---

1. M. Fick met en regard de $k\bar{a}\acute{c}ana$, $\varkappa\nu\eta\varkappa\acute{o}\varsigma$, qui serait alors pour $*\varkappa\mu\eta\varkappa\acute{o}\varsigma$; autrement il faudrait «$k\bar{a}\acute{c}ana$». Le rapprochement est des plus douteux. — Dans $\varepsilon\grave{\iota}\nu\acute{a}\tau\eta\varrho = y\bar{u}t\acute{a}r$ (type premier $y\bar{\overset{\circ}{n}}{}^A t\acute{a}r$) on peut conjecturer que l'ε grec est prothétique, et qu'ensuite le y devenant i fit prendre à la nasale la fonction de consonne: $*ey\bar{\overset{\circ}{n}}{}^A t\acute{e}r$, $ein^A t\acute{e}r$, $\varepsilon\grave{\iota}\nu\acute{a}\tau\varepsilon\varrho$. — Dans cette hypothèse, l'$\bar{\overset{\circ}{n}}$ ayant été éludé, $\varepsilon\grave{\iota}\nu\acute{a}\tau\eta\varrho$ ne peut nous fournir aucune lumière.

2. Il est intéressant de confronter les deux séries:

$tat\acute{a}$: $\tau\alpha\tau\acute{o}\varsigma$; $mat\acute{a}$: $\text{-}\mu\alpha\tau o\varsigma$; $hat\acute{a}$: $\text{-}\varphi\alpha\tau o\varsigma$; $gat\acute{a}$: $\beta\alpha\tau\acute{o}\varsigma$.

$\acute{g}\bar{a}t\acute{a}$: $\gamma\nu\eta\tau\acute{o}\varsigma$; $\varsigma\bar{a}nt\acute{a}$: $\varkappa\mu\eta\tau\acute{o}\varsigma$; $d\bar{a}nt\acute{a}$: $\delta\mu\eta\tau\acute{o}\varsigma$.

Les formes telles que $\gamma\varepsilon\gamma\acute{a}\tau\eta\nu$ de $\gamma\varepsilon\nu\varepsilon$ sont imitées de la première série, et intéressantes comme telles, mais aussi peu primitives que $\gamma\acute{\iota}\text{-}\gamma\nu\text{-}o\mu\alpha\iota$, ou que le skr. $s\acute{a}\text{-}sn\text{-}i$ (p. 259); $\gamma\acute{\iota}\gamma\nu o\mu\alpha\iota$ est très-certainement une modification analogique de l'ancien présent de la 3e classe qui vit dans le skr. $\acute{g}\acute{a}\acute{g}\acute{a}nti$.

cette observation, c'est que l'α bref de τέθνᾰμεν doit s'expliquer par l'analogie: la loi phonétique ne permet point de formes radicales faibles en -vᾰ (-vε, -vo) ou en -μᾰ (-μɛ, -μo). M. J. Schmidt, partant d'un autre point de vue, arrive à la même proposition.

II. On connaît le parallélisme des groupes -ανα- et -νη-, -αμα- et -μη-, p. ex. dans ἀθάνατος : θνητός; — ἀδάμας : ἀδμής; — ἀκάματος : κμητός. Deux hypothèses se présentent: ou bien -ανα-, -αμα- sont des variantes de -νη-, -μη-, qui ont leur raison d'être dans quelque circonstance cachée; ou bien ils proviennent de -ενα-, -εμα- — formes fortes — grâce au même mélange du vocalisme qui a produit τάλασσαι à la place de τέλασσαι[1]. Ainsi παν-δαμά-τωρ serait pour *παν-δεμά-τωρ et n'aurait pris l'α que sous l'influence de δάμνημι et de ἔδαμον.

Les exemples LATINS sont:

anta	skr. átā[2].		gnā-tus ⎫	skr. ǵā-tá.
anăt-	ātí.		nātio ⎭	ǵā-tí.
janitrices	yātár.		cf. geni-tor = ǵani-tár.

C'est encore -an- que présente man-sio, qui est au gr. μενε (μενετός) ce que gnātus est à geni-: puis sta(n)g-num, contenant la racine réduite de τένᾰγ-ος. Il est possible que gnā- dans gnārus soit la forme faible de gnō-. Il répondrait alors au second des deux γνω- helléniques dont nous parlions plus haut. Quant à co-gnitus il appelle le même jugement que τέθνᾰμεν.

Ainsi -an-, -ani- ou -nā-, voilà les équivalents italiques du phonème nasal que nous étudions. Qu'on ne s'étonne pas de l'ā de gnātus en regard de l'η de γνητος. Rien n'est au contraire plus normal. On a vu qu'à l'ε grec sorti de A, le latin répond régulièrement par a, au moins vers le commencement des mots:

$$gnātus\ (*g\bar{\underset{\circ}{n}}{}^atos) : γνητος\ (*γ\bar{\underset{\circ}{n}}τος) = sătus : ἐτός.$$

Dans les idiomes du nord nous trouvons en général les mêmes sons que pour la nasale sonante brève. Le phonème A dont n̄, selon nous, était suivi, n'a pas laissé de trace. Il a été supprimé pour la même raison que dans dŭšti, goth. dauhtar = θυγάτηρ, etc. (p. 179 seq.).

LITHUANIEN: gimtis, cf. skr. ǵáti; pa-žin-tis «connaissance» de gnā. Cette dernière forme est des plus intéressantes. Elle nous montre ce degré faible $g\bar{\underset{\circ}{n}}{}^A$ que les langues ariennes n'ont con-

---

1. Cette forme se trouve dans Hésychius.
2. Osthoff K. Z. XXIII 84.

servé que dans le prés. *ǵā-nāti*[1] et qui est à *gnā* ce que skr. *çĭr*-est à * çrā*, v. p. 256 et 259. — Au skr. *ātí* répond *ántis*. — PALÉO-SLAVE: *jętry*, cf. skr. *yātár*.

GERMANIQUE: goth. (*qina-*)*kunda-* = skr. *ǵātá; kunþja-*[2], cf. lith. *-žintis* «connaissance»; anglo-s. *thuṇor* «tonnerre» = skr. *tāra* «retentissant» (évidemment de *stani* ou *tani* «retentir, tonner»); anglo-s. *sundea* «péché», comparé par M. Fick au skr. *sātí;* v. hᵗ-all. *wunskan*, cf. skr. *vāńćhati*[3]; — v. hᵗ-all. *anut* = skr. *ātí*.

B. Devant les voyelles (groupes -*ṇn*- et -*ṃm*-).

Le GREC change, comme on s'y attend, *ṇn* et *ṃm* en αν et αμ.

Les aoristes ἔταμον, ἔδαμον, ἔκαμον, ἔθανον, font pendant aux formes sanskrites *vanáti, sanáti* pour **vṇnáti,* *sṇnáti (p. 258), et supposent comme elles des racines *udāttās*. On a en effet

en regard de ἔταμον: τέμε-νος, τέμα-χος, τμη-τός.

  —   ἔδαμον: skr. *dami-tár*, παν-δαμά-τωρ, Λαο-δά-μα-ς, δμη-τός.

  —   ἔκαμον: skr. *çami-tár*, κάμα-τος, ἀ-κάμα-ς, κμη-τός.

  —   ἔθανον[4]: θάνα-τος, θνη-τός.

Dans ἔκτανον en regard de κτατός (p. 46) le groupe αν ne se justifie que par la consonne double κτ.

Comme on aurait grand peine à retrouver les formations de ce genre dans d'autres langues d'Occident que le grec, nous nous bornerons à consigner quelques exemples paneuropéens remarquables dont l'analyse morphologique est du reste douteuse. Il

---

1. Le zend a les formes très-curieuses *paiti-zañta, ā-zaiñti*. Il nous semble impossible d'y reconnaître des formations organiques, car celles-ci seraient **pāiti-zāta,* *ā-zāiti. Mais, *devant les voyelles,* zan- (= *zṇn*-) est effectivement le degré faible régulier de *znā;* en sorte que -*zañta,* -*zaiñti* ont pu être formés sur l'analogie de mots perdus, où la condition indiquée se trouvait réalisée.

2. C'est un autre *un* qui est dans *kunnum* = skr. *ǵānimás,* car nous avons vu que cette dernière forme est un métaplasme de **ǵānimás,* *ǵṇnīmás (p. 256).

3. La racine ne peut être que *vami;* elle paraît se trouver dans *vām-a.*

4. La racine est peut-être non θενα mais θνᾱ (v. p. 270). Pour la théorie du -αν-, cela est indifférent.

s'en trouve même un, *tṇn-ú*, qui vient certainement d'une racine *anudātā* (*tan*). A la rigueur on pourrait écarter cette anomalie en divisant le mot ainsi: *tṇ* + *nú*. Cependant il est plus naturel de penser que le suffixe est -*u*, que la forme organique devait effectivement produire *tn-ú*, seulement que le groupe -*ṇn*- naquit du désir d'éviter un groupe initial aussi dur que *tn*-.

Skr. *tanú*, gr. *ταϜϜ*-, lat. *tenuis*, v. hᵗ-all. *dunni*.

Skr. *sama* «quelqu'un», gr. *ἁμός*, goth. *suma*- (cf. p. 95 i. n.).

Goth. *guma*, lat. *homo, hemonem* (*hūmanus* est énigmatique), lith. *żmú̃*.

Gr. *κάμαρος*, norr. *humara*- (Fick).

[Il est probable que sl. *žena* = goth. *qino* est un autre thème que le gr. *βανά, γυνή* (p. 99). Ce dernier étant égal au skr. *gnā́* (et non «*ganắ*»), paraît n'avoir changé *n* en *ṇn* que dans la période grecque. — Le mot signifiant *terre:* gr. *χαμαί*, lat. *humus*, sl. *zemja*, lith. *żemĕ̆*, skr. *kšamā́*, a contenu évidemment le groupe *ṃm*, mais il était rendu nécessaire par la double consonne qui précédait.] Les syllabes suffixales offrent: le skr. -*tana* (aussi -*tna*) = gr. -*ταϜο* dans *ἐπ-ηε-ταϜό-ς*, lat. -*tino;* skr. -*tama* = goth. -*tuma* dans *aftuma* etc., lat. -*tumo*.

A la page 30 nous avons parlé des adjectifs numéraux comme skr. *daçamá* = lat. *decumus*. Dans la langue mère on disait à coup sûr *da₁k₁ṃmá*, et point *da₁k₁amá*. Le goth. -*uma*, l'accentuation, la formation elle-même (*da₁km̥* + *á*) concourent à le faire supposer. Le grec a conservé un seul des adjectifs en question: *ἕβδομος*. M. Curtius a déjà conjecturé, afin d'expliquer l'adoucissement de *πτ* en *βδ*, que l'o qui suit ce groupe est anaptyctique. Sans doute on attendrait plutôt: «*ἔβδαμος*», mais l'anomalie est la même que pour *εἴκοσι, διακόσιοι* et d'autres noms de nombre (§ 15). A Héraclée on a *ἔβδεμος*.

§ 15. Phénomènes spéciaux.

I.

Le groupe indien *ra* comme représentant d'un groupe faible, dont la composition est du reste difficile à déterminer.

1. Dans l'identité: skr. *raǵatá* = lat. *argentum*, deux circonstances font supposer que le groupe initial était de nature

particulière: la position divergente dans les deux langues de la liquide, et le fait que la voyelle latine est *a* (cf. *largus* — *dīrghá* etc.). Ces indices sont confirmés par le zend, qui a *ĕrĕzata* et non «*razata*».

2. Le rapport de *ĕrĕzata* avec *raǵatá* se retrouve dans *tĕrĕçaiti* — appuyé par l'anc. perse *tarçatiy*, et non «*ϑraçatiy*» — en regard du skr. *trásati*. On ne peut donc guère douter que la syllabe *tras-* dans *trasati* n'offre, en dépit des apparences, le degré *faible* de la racine. Il serait naturel de chercher le degré fort correspondant dans le véd. *tarás-antī*, si le même échange de *ra* et *ara* ne nous apparaissait dans l'exemple 3, où on aurait quelque peine à l'interpréter de la sorte.

3. Le troisième exemple est un cas moins limpide, à cause de la forme excessivement changeante du mot dans les différents idiomes. Skr. *aratni* et *ratnī*, zd. *ar-e-ϑnāo* nom. pl. (gloss. zend-p.) et *rāϑna*; gr. ὠλένη, ὠλέ-κρᾱνον et ὀλέ-κρᾱνον, lat. *ulna*; goth. *aleina*. Peut-être le lith. *alkúně* est-il pour **altně* et identique avec le skr. *ratnī*. Le groupe initial est probablement le même dans une formation parente: gr. ἄλαξ· πῆχυς. Ἀϑαμάνων, lat. *lacertus*, lith. *olektis*, sl. *lakŭtĭ*. V. Curtius Grdz. 377.

II.

Dans une série de cas où elles se trouvent placées au commencement du mot, on observe que les sonantes ariennes *i̯*, *u̯*, *r̥*, *n̥*, *m̥*, sont rendues dans l'européen d'une manière particulière et inattendue: une voyelle qui est en général *a* y apparaît accolée à la sonante, qu'elle précède. Nous enfermons entre parenthèses les formes dont le témoignage est indécis.

Série de l'*i*:

     1. Skr. *íḍ-e* pour **iẓd-e:* goth. *aistan* (cf. allem. *nest* = skr. *nīḍá*).

     2. Skr. *iná* «puissant»: gr. αἰνός(?).

Série de l'*u*:

     3. Skr. *u* et *uta:* gr. αὖ et αὖτε, goth. *au-k*.

     4. Skr. *ví:* lat. *avis*, gr. αἰετός.

     5. Skr. *ukšáti:* gr. αὔξω (*vákšati* étant ἀέξω).

     6. Skr. *ušás:* lat. *aurora*, éol. αὔως.

7. Skr. *usrá:* lith. *auszrà.*

8. Skr. *uv-é* «appeler»: gr. αὔω[1] (?).

Série de l'*r*:

9. Skr. *r̥ça:* lat. *alces* (gr. ἄλκη, v. h^t-all. *elaho*).

Série des nasales:

10. Skr. *a-* (négat.): osq. ombr. *an-* (lat. *in-*, gr. ἀ-, germ. *un-*).

11. Skr. *ágra:* lat. *angulus*, sl. *ǫglŭ.*

12. Skr. *áhi*, zd. *azhi:* lat. *anguis*, lith. *angìs*, sl. *ąžĭ*, gr. ὄφις[2] (v. h^t-all. *unc*).

13. Skr. *áhati* (pour **aháti*): lat. *ango*, gr. ἄγχω (sl. *v-ęzą*).

14. Skr. *ahu*, parallèlement à *aṃhú*, dans *paro'hvī* (v. B. R.): goth. *aggvus*, sl. *ązŭkŭ*, cf. gr. ἐγγύς.

15. Skr. *abhí:* lat. *amb-*, gr. ἀμφί, sl. *obŭ* (v. h^t-all. *umbi*).

16. (Skr. *ubhaú:* lat. *ambo*, gr. ἄμφω, sl. *oba*, lith. *abù*, goth. *bai*.)

17. Skr. *abhrá:* osq. *anafriss* (lat. *imber*), gr. ὄμβρος[3].

La dernière série présente une grande variété de traitements. Il n'est évidemment pas un seul des exemples cités, auquel on soit en droit d'attribuer, en rétablissant la forme proethnique, la nasale sonante brève ou la nasale sonante longue ou le groupe plein *an*. Mais cela n'empêche pas les différents idiomes d'effacer parfois les différences. En germanique, le son que nous avons devant nous se confond d'ordinaire avec la nasale sonante (*un*); cependant *aggvus* montre *an*. Le letto-slave offre tantôt *an*, tantôt *a*, et une fois, dans *v-ęzą*, le groupe qui équivaut à l'*un* germanique. En latin, même incertitude: à côté de *an* qui est la forme normale, nous trouvons *in*, représentant habituel de η̥, et il est curieux surtout de constater dans deux cas un *in* latin opposé à un *an* de l'osque ou de l'ombrien[4]. Le grec a presque toujours αν,

---

1. L'hiatus, dans αὔσας, rend ce rapprochement douteux. Cf. cependant αϝτοῦ (Corp. Inscr. 10) = αὐτοῦ.

2. La parenté de ὄφις avec *áhi* a été défendue avec beaucoup de force par M. Ascoli (*Vorlesungen* p. 158). Le vocalisme est examiné plus bas. Quant au φ grec = *gh₂*, νείφει en est un exemple parfaitement sûr, et l'on peut ajouter τέφρα (rac. *dha₁gh₂*, p. 111 i. n.), πεφνεῖν, φατός = skr. *hatá*, τρυφή = skr. *druhă*, peut-être aussi ἀλφή (Hes.) et ἄλφοι, cf. skr. *arghá*, *árhati* (Fröhde Bezz. Beitr. III 12}. Sur ἔχις v. p. 279, note 2.

3. Faut-il ajouter: skr. *agni*, sl. *ogni*, lat. *i(n)gnis*?

4. Ce fait se présente encore pour *inter*, ombr. *anter;* aussi est-il sur-

αμ, une fois seulement α. Dans ὄμβρος la voyelle a pris une teinte
plus obscure, enfin ὄφις a changé om en o par l'intermédiaire de
la voyelle nasale longue ō. Homère, Hipponax et Antimaque em-
ploient encore ὄφις (ōphis) comme trochée; pour les références v.
Roscher Stud. I[b] 124. Il n'est pas absolument impossible qu'une
variante de ὀφι- se cache dans ἀμφίσμαινα et ἀμφίσθμαινα
(Etym. Mag.), formation qu'on pourrait assimiler à σκύδμαινος
(Hes.), ἐριδμαίνω, ἀλυσθμαίνω. — ἀμφίσβαινα (Eschyle) serait
né par étymologie populaire.

En raison des difficultés morphologiques que présente le
type ušás — αὔως, abhí — ἀμφί, etc. (v. p. 280 seq.), il n'est
guère possible de déterminer la nature du son que pouvaient
avoir dans la langue mère les phonèmes initiaux de ces formes.
On peut supposer à tout hasard que la voyelle faible ᴬ (p. 178 seq.)
précédait la sonante, et qu'il faut reconstruire ᴬusas, ᴬmbhi, etc.

Les formes comme ἀμφί, ὄμβρος et ὄφις nous amènent à des
cas analogues qu'on observe sur certains groupes à nasale mé-
diaux. Avant tout: gr. εἴκοσι et ἱκάντιν (Hes.) = skr. viṃçáti.
Cf. ὄφις et anguis = skr. áhi. Le second élément de εἴκοσι prend
la forme -κον- dans τριάκοντα[1] (skr. triṃçát) — cf. ὄμβρος:
abhrá —; il n'accuse dans ἑκατόν qu'une nasale sonante ordinaire,
et reprend la couleur o dans διακόσιοι. Si d'une part certains
dialectes ont des formes comme ϝίκατι, en revanche δεκόταν et
ἑκοτόμβοια (p. 102) renforcent le contingent des o[2]. Enfin le
slave n'a point «sęto» (cf. lith. szìmtas), mais sŭto. — Un second
cas relativement sûr est celui du préfixe ὀ- alternant avec ἀ-[3]
(cf. ἑκατόν : διακόσιοι), dans ὕπατρος, ὄξυξ etc., en regard de
ἀδελφειός etc. En lithuanien on trouve są-, en paléoslave są-
(sąlogŭ : ἄλοχος); l'équivalence est donc comme pour ὄφις : ąži[4].

---

prenant qu'en sanskrit nous trouvions antár et non «atár». Il faut observer cependant que l'adjectif ántara, dont la parenté avec antár est
probable, se trouve rendu en slave par v-ŭtorŭ. Or le nom de nombre
sŭto nous montrera ci-dessous que l'apparition de l'ŭ slave, en tel cas, est
un fait digne de remarque.

    1. Nous ne décidons rien quant à l'analyse de τριακοστός (triṃçattamá).
    2. Cf. p. 102.
    3. Non pas ἀ-, lequel est forme faible de ἐν- (p. 34).
    4. Autres exemples possibles d'un o de cette nature: βρόχος, cf. goth.

Ces faits engagent pour le moins à juger prudemment certains participes qu'on s'est peut-être trop pressé de classer parmi
les formes d'analogie, en particulier ὀντ-, ἰοντ- et ὀδοντ-. La
singularité de ces formes se traduit encore dans d'autres idiomes
que le grec, comme on le voit par le v. hᵗ-all. *zand*, parallèlement
au goth *tunþus*, le lat. *euntem* et *sons* à côté de *-iens* et *-sens*. Ces
trois exemples sont des participes de thèmes consonantiques. Il
est facile de recourir, pour les expliquer, à l'hypothèse de réac-
tions d'analogie. Mais quelle probabilité ont-elles pour un mot
qui signifie «dent», et dont l'anomalie se manifeste dans deux
régions linguistiques différentes? Elles sont encore moins ad-
missibles pour le lat. *euntem* et *sons*, les participes thématiques
(tels que *ferens*) étant dépourvus de l'*o* (p. 197). Remarquons de
plus que ὅσιος est très-probablement identique avec skr. *satyá*
(Kern K. Z. VIII 400).

Le groupe grec *-εν-*, dans certains mots tout analogues,
mériterait aussi un sérieux examen. Ainsi dans ἐντι, ἔντασσι, si
ces formes sont pour *σ-εντι, *σ-εντασσι. C'est comme groupe
initial surtout qu'il peut prendre de l'importance. Nous avons
cité déjà ἐγγύς, en regard du goth. *aggvus*[1], du skr. *áhu*. On a
ensuite ἔγχελυς[2] = lat. *anguilla* (lith. *ungurýs*); enfin ἐμπίς, l'équi-

---

vruggo; στόχος comparé par M. Fick au goth. *staggan;* κοχώνη, cf. skr.
ǵaghána de *ǵamh* (d'où *ǵánghā* «gamba»); πόθος à côté de παθεῖν (cf.
p. 103); ἁρμόζω de ἅρμα, etc.

1. Cf. ἔγχουσα, variante de ἄγχουσα.

2. De même qu'il y a échange entre *ον* et *ο* (τριάκοντα : εἴκοσι), de
même ε équivaut à εν dans ἔχις comparé à ἔγχελυς. Le parallélisme de
ce dernier mot avec *anguilla* semble compromettre le rapprochement de
ὄφις avec *anguis* et *áhi* (p. 277), et on se résoudra difficilement en effet à
séparer ἔχις de ces formes. Mais peut-être une différence de ton, destinée à
marquer celle des significations et plus tard effacée, est-elle la seule cause
qui ait fait diverger ἔχις et ὄφις; ils seraient identiques dans le fond.
Peut-être aussi doit-on partir d'un double prototype, l'un contenant gh_2
(ὄφις) et l'autre gh_1 (ἔχις). La trace s'en est conservée dans l'arménien
(Hübschmann K. Z. XXIII 36). Quoi qu'il en soit, le fait que l'ε de ἔχις
rentre dans la classe de voyelles qui nous occupe est évident par le grec
même, puisque la nasale existe dans ἔγχελυς. — L'ε de ἕτερος, en regard
de ἅτερος (dor.) et de θάτερον, n'est dû qu'à l'assimilation analogique telle
qu'elle a agi dans les féminins en -Ϝεσσα (p. 35).

valent du latin *apis*[1] dont la forme germanique, v. hᵗ-all. *bīa-*, rappelle vivement *ἄμφω* = goth. *bai*[2] (p. 277).

Dans la série des formes énumérées p. 276 seq. le propre des langues ariennes est de ne refléter le phonème initial en question que comme une sonante de l'espèce commune. Mais, ce qui est plus étrange, la même famille de langues nous montre encore ce phonème encastré dans un système morphologique pareil à celui de toutes les autres racines et obéissant, au moins en apparence, au mécanisme habituel.

Premier cas. Dans la forme forte l'*a* précède la sonante. — A côté de *áhati* (pour **aháti*) = lat. *ango*, on a le thème en -*as* *ámhas*, et à côté de *abhrá*, *ámbhas*. L'identité de *ukśáti* et *αὔξω* fait supposer que l'*u* de *ugrá*, dont la racine est peu différente, serait *au* dans les langues d'Europe, et qu'on doit lui comparer lat. *augeo*, goth. *auka;* or il est accompagné des formes fortes *ógas*, *óǵīyas*. Semblablement *uśás* (= *αὔως*) est lié au verbe *óśati*.

Deuxième cas. Dans la forme forte l'*a* suit la sonante. — Au présent de la 6ᵉ classe *ukśáti* (= *αὔξω*) correspond dans la 1ᵉ classe *rákśati*. Au skr. *ud-* (p. ex. dans *uditá* «dit, prononcé») répond le gr. *αὐδ-* dans *αὐδή*[3]; mais le sanskrit a en outre la formation non affaiblie *vádati*.

C'est la question de la représentation des deux séries de formes fortes dans les langues européennes qui fait apparaître les difficultés.

---

1. Cette forme a probablement passé par le degré intermédiaire *āpis*, ce qui ferait pendant aux évolutions qu'a parcourues en grec *ὄφις*.

2. Cf. aussi *ἔνϑα* = skr. *ádha*(?).

3. *αὐδή* ne se dit que de la *voix humaine* et renferme toujours accessoirement l'idée du sens qu'expriment les paroles. Cela est vrai aussi dans une certaine mesure du skr. *vad,* et cette coïncidence des significations donne une garantie de plus de la justesse du rapprochement. — Remarquons ici que l'*a* prothétique ne s'étend pas toujours à la totalité des formes congénères. Ainsi l'on a *ὕδω* parallèlement à *αὐδή*; *ὑγιής* en regard de *augeo;* *ὑτϑόν* (Curtius, Stud. IV 202) à côté de *αὔω*, *αὐστηρός*. Sans doute *ἀπο-ύρας* et *ἀπ-ανράω* offrent un spécimen du même genre. A la p. 276 nous avons omis à dessein le v. hᵗ-all. *eiscōn* en regard du skr. *icchâti*, parce que le lith. *j-ëskóti* accuse la prothèse d'un *e* et non d'un *a*. Si l'on passe sur cette anomalie, le gr. *l-ότης* comparé à *eiscōn* (skr. *iś-*) reproduit le rapport de *ὕδω* avec *αὐδή* (skr. *ud-*).

Reprenons le *premier cas* et considérons cet échange qui a lieu entre *uš-ás* et *óš-ati, ug-rá* et *óǵ-as, abh-rá* et *ámbh-as, áh-ati* et *ámh-as.* Il est difficile d'imaginer que l'*a* des formes fortes puisse représenter autre chose que a_1. Mais, cela étant, nous devrions trouver en Europe, parallèlement à une forme faible telle que *angh* par exemple, une forme forte contenant *e: engh*. De fait nous avons en grec εὔω (lat. *uro*) = *óšati* à côté de αὔω «allumer», ἀναλέος, αὐστηρός (mots où αὐ(σ) équivaut au skr. *uš*, comme l'enseigne αὔως — *ušás*). D'autre part la valeur de cet indice isolé est diminuée par certains faits, entre lesquels l'identité du skr. *ándhas* avec le gr. ἄνϑος nous paraît particulièrement digne d'attention. Il est remarquable que l'*a* de cette forme soit un *a* initial et suivi d'une sonante, précisément comme dans *ámbhas, ámhas.* L'analogie s'étend plus loin encore, et ce sera ici l'occasion d'enregistrer une particularité intéressante des types radicaux d'où dérivent les formes comme [A]*usas*. Ils sont régulièrement *accompagnés d'une racine sœur où la place de l'a est changée*[1], et dans cette seconde racine l'*a* accuse toujours nettement sa qualité d'a_1.

1ᵉ RACINE		2ᵉ RACINE
Forme faible	Forme forte, observable dans l'arien seulement, et où la qualité de l'*a* est à déterminer	(Forme forte)
ušás — αὔως	*óšati*	wa_1s: skr. *vāsara, vasanta,* gr. (Ϝ)ἔ(σ)αϱ.
ugrá — *augeo*	*óǵas*	wa_1g: lat. *vegeo,* zd. *vazyañt*[2].
ahati — *ango*	*ámhas*	na_1gh: lat. *necto,* gr. νέξας· στϱώματα.
abhrá — *anafriss*	*ámbhas*	na_1bh: skr. *nábhas,* gr. νέφος, etc.
skr. *a-,* osq. *an-* (nég.)	—	na_1: skr. *na,* lat. *nĕ.*

1. Nous ne parlons, bien entendu, que des exemples qui rentraient dans le *premier cas*. Le type radical du second cas est précisément (au moins en ce qui touche la place de l'*a*) celui de la racine sœur en question.

2. Le zend prouve que la gutturale est g_1, tandis que la première ra-

Revenons au mot *ándhas*. Pour nous il n'est pas douteux que la nasale qui s'y trouve n'ait été primitivement *m* et que la souche de ce mot ne 'soit la même que dans *mádhu* «le miel». Nous écrivons donc:

— | *ándhas* | ma_1dh : skr. *mádhu*, gr. μέϑυ.

Mais comme *ándhas* est en grec ἄνϑος, il s'en suivrait que *ámbhas* représente *ἄμφος, non «ἔμφος», et que le lat. *angos dans *angustus* doit se comparer directement à *ámhas*. En un mot les a *radicaux de la seconde colonne ne seraient pas des* a_1. Ce résultat, qui paraît s'imposer, nous met en présence d'une énigme morphologique qu'il est sans doute impossible de résoudre à présent.

Nous passons à l'examen du *deuxième cas.* Ici les langues occidentales permettent encore de distinguer la forme forte. Si *ukṣáti* est rendu en grec par αὔξω, *vákṣati* l'est par ἀ(ϝ)έξω. Autre exemple analogue: la rac. skr. *vas* «demeurer» se retrouve dans le gr. ἄ(ϝ)ε(σ)-σα, ἀ(ϝ)έσ-(σ)κοντο, dont la forme faible (en sanskrit *uṡ*) apparaît dans αὐλή, ἰ-αύω [1].

A première vue la clef de toutes les perturbations que nous observons semble enfin trouvée dans la nature de la sonante initiale (pour les cas précités, *u, w*). On n'aurait à admettre qu'une prononciation plus épaisse de cette sonante, effacée secondairement dans l'arien, traduite dans l'européen par la prothèse d'un *a, et s'étendant aussi bien à la forme forte qu'à la forme faible.* Rien de plus clair dès lors que notre diagramme:

---

cine montre g_2. Nous pensons néanmoins, vu d'autres cas analogues, qu'il n'y a pas lieu d'abandonner le rapprochement.

1. Sous l'influence de l'*u* (cf. p. 101), l'α de ce groupe radical αὐσ- se colore en o dans différentes formes rassemblées par M. Curtius, Grdz. 273. Ainsi οὐαί· φυλαί, et ὠβά traduction stricte de οὐή en dialecte laconien (p. 169 i. n.). Puis ὑπερ-ῷον, formation de tout point comparable au skr. *antar-uṡya* «cachette». L'ω n'est dans ce mot qu'un allongement d'o exigé par les lois de la composition grecque. On remonte donc à ὑπερ-οῖον (cf. οἴη = κώμη), ὑπερ-ουῖον, ὑπερ-αυ(σ)-ιον. — Le verbe ἀ(ϝ)ειδω serait-il à αὐδή ce que ἀ(ϝ)έξω est à αὔξω? De toute manière la diphthongue en est inexpliquée. Cf. ἀηδών. — ἀλέξω répond à *rákṣati* comme ἀϝέξω à *vákṣati*, mais la forme réduite manque aux deux idiomes. Il est vrai que celle-ci peut se suppléer en recourant à la racine plus courte qui donne ἤλ-αλκ-ον et lat. *arc-eo*.

$$α\text{-}ὐξ = ukš \qquad ἀ\text{-}ϝεξ = vakš.$$

Cet espoir d'explication tombe devant une nouvelle et fort étrange particularité des mêmes groupes radicaux. On observe en effet parallèlement aux types tels que ἀϝεξ ou ἀϝεϲ une sorte de type équivalent ϝαξ, ϝαϲ. Ce dernier apparaîtra soit dans les langues congénères soit dans le grec même.

ἀϝέξ-ω: goth. *vahs-ja* (parf. *vohs*, peut-être secondaire).

ἀϝέσ-(σ)κοντο: ϝάσ-τυ.

Voici d'autres exemples fournis par des racines qui se trouvent être restreintes aux idiomes occidentaux:

ἄϝεϑ-λον: lat. *vas*, *vad-is;* goth. *vad-i.*

Ἀρεπ-υῖαι [1]: lat. *rap-io.*

ἀλεγ-εινός [1] (et ἀλέγ-ω?): λαγ-εινά · δεινά (Hes.).

Cette inconstance de la voyelle révélerait, dans d'autres circonstances, la présence du phonème ᴬ; mais si telle est la valeur de l'ε dans ἀϝέξω, la relation de cette forme avec *vákšati*, *ukšáti*, αὔξω, aussi bien que sa structure considérée en elle-même cessent d'être compréhensibles pour nous.

---

1. ἁρπ- est à ἀρεπ- ce que αὐξ est à ἀϝεξ. C'est la forme réduite. Il en est de même de ἀλγ dans son rapport avec ἀλεγ. ἀλεγεινός prouve qu'on a dit d'abord *ἄλεγος; ἄλγος est dû à l'influence des formes faibles.

Additions et Corrections.

P. 7. La présence de l'r-voyelle en ancien perse paraît se trahir dans le fait suivant. Au véd. *mártia* correspond *martiya* (ou plus simplement peut-être *martya*); au véd. *mr̥tyú* est opposé (*uvā-*)*marshiyu*, soit (*uvā-*) *marshyu*. Indubitablement la différence des traitements qu'a subis le *t* tient à ce que l'*i*, dans *martia*, était voyelle et dans *mr̥tyú* consonne. Mais cette différence n'est déterminée à son tour que par la quantité de la syllabe radicale, et il faut, d'après la règle de M. Sievers, que la syllabe radicale de -*marshyu* ait été brève, en d'autres termes *que l'r y ait fonctionné comme voyelle*. Peut-être le r̥ existait-il encore à l'époque où l'inscription fut gravée, en sorte qu'on devrait lire *uvāmr̥shyu*.

P. 9, note. M. Curtius admet une déviation semblable d'imparfaits devenant aoristes pour les formes énumérées Verb. I² 196 seq.

P. 10, lignes 11 seq. On peut citer en zend *çc̓-a-ñtu* de *çac̓* et en sanskrit *r-a-nte, r-a-nta* de *ar*.

P. 11, note. Biffer *sídati* (cf. p. 172, ligne 14).

P. 15. L'hypothèse proposée (en note) pour *ἰάλλω* est comme je m'en aperçois, fort ancienne. V. Aufrecht K. Z. XIV 273 et contre son opinion A. Kuhn ibid. 319.

P. 16. L'étymologie présentée pour goth. *haurn* est insoutenable. La forme runique *horna* (acc.) suffit à la réfuter.

P. 20. A παθεῖν de πενθ se joignent λαχεῖν de λεγχ, χαδεῖν de χενδ, δακεῖν de *δεγκ; v. le registre. — Pour l'aoriste redoublé, cf. p. 107, l. 13.

P. 21, lignes 11 seq. Depuis l'impression de ces lignes M. Brugman a publié sa théorie dans les *Beiträge de Bezzenberger* II 245 seq. Signalons une forme intéressante omise dans ce travail: ἀπ-έφατο· ἀπέθανεν (Hes.) de φεν. Contre la reconstruction de formes comme *ἔκνυμεν de κου (Brugman p. 253) cf. ci-dessus p. 182 i. n.

P. 30, ligne 2. Ajouter: «lorsqu'il ne le supprime pas.» Il n'est pas besoin de rappeler l'acc. *pan-a* et les formes semblables.

P. 32, note 2. La vue du travail en question, réimprimé à présent dans le second volume des *Studj Critici,* nous eût épargné de parler de plusieurs points (p. 30 seq.) qui s'y trouvaient déjà traités, et de main de maître, par M. Ascoli.

P. 33, ligne 12. Vérification faite, il faut joindre à *açmāsyà* le composé *ukṣắnna* de *ukṣán* et *anna*.

P. 37. La note 1 devait être ainsi conçue: Le moyen *punate* (= *puṇṇte*), où l'absence d'*a* suffixal est manifeste, ne permet pas d'hésiter sur la valeur du groupe *an* dans *punánti*.

P. 42, ligne 1. «L'*ę* ne termine le mot que dans ce cas-là.» Cela est erroné. Nous aurions dû prendre garde à *korę* et aux pronoms *mę, tę, sę*, formes où *ę* final est notoirement sorti de *ē long* + nasale. Néanmoins l'opinion mise en avant relativement à *imę* ne nous paraît pas de ce fait improbable.

P. 42, note. Comme, dans le travail cité, M. Osthoff ne vise qu'un cas particulier de l'*r*-voyelle, il est juste de rappeler que l'existence de ce phonème n'a été affirmé d'une manière générale que dans l'écrit de M. Brugman sur les nasales sonantes. Ce qui revient exclusivement au premier savant, c'est d'avoir posé *or* comme représentant latin de l'*r*-voyelle. Cette dernière règle, dont nous devions la connaissance à une communication verbale de M. le prof. Osthoff, avait été publiée avec son autorisation dans les Mémoires de la Soc. de Linguistique (III 282), et il ne pouvait y avoir indiscrétion à la reproduire ici. — On sait que l'existence de l'*r*-voyelle dans la langue mère a toujours été défendue en principe soit par M. Hovelacque soit par M. Miklosich. Seulement ces savants n'indiquaient pas quels étaient les groupes spéciaux qui correspondaient dans les langues d'Europe au *r̥* indien.

P. 44, note 2. Le skr. *amá̄* ne saurait représenter *n̥mā,* car cette forme eût produit «*anmā*».

P. 46, ligne 10. Une forme semblable à *μ-ία* se cache peut-être dans *μ-ῶνυξ*, si on le ramène à **σμ-ῶνυξ*. En outre *μόνος* est pour **σμ-όνος* et identique sans doute au skr. *samāná*, équivalent de *eka* (pour **sm-āná* par svarabhakti). Toutefois la forme *μοῦνος* ne s'explique pas.

P. 52. Pendant l'impression du présent mémoire a paru le premier cahier des *Morphologische Untersuchungen* de MM. Osthoff et Brugman. Dans une note à la p. 238 (cf. p. 267), M. Osthoff reconnaît, à ce que nous voyons, l'existence de la voyelle que nous avons appelée *A* et pour laquelle il adopte du reste la même désignation que nous. L'idée que M. Osthoff se fait du rôle morphologique de cette voyelle ainsi que de sa relation avec l'*ā* long n'est autre que celle contre laquelle nous avons cru devoir mettre le lecteur en garde, p. 134 seq. Nous ne pouvons que renvoyer au § 11 pour faire apprécier les raisons, à nos yeux péremptoires, qui militent contre cette manière de voir.

P. 53, ligne 12. L'étymologie proposée à présent par M. Fick et qui réunit *κεφαλή* au goth. *gibla* (Beitr. de Bezzenb. II 265) contribuera à faire séparer définitivement *caput* de *κεφαλή*. — Ligne 14. Sur *quattuor* cf. L. Havet, Mém. Soc. Ling. III 370.

P. 56. On joindra peut-être à la liste *ptak* (*ptāk*): gr. *πτακεῖν*, lat. *taceo* (cf. goth. *þahan*).

P. 58, ligne 2. Le mot *ῥομφεύς* «alêne» est fait pour inspirer des doutes sur la justesse du rapprochement de M. Bugge. Il indiquerait que la racine de *ῥάπτω* est ρεμφ et que l'*α* y représente la nasale sonante.

P. 60. Le nom latin *Stator* est placé parmi les formes de la rac. *stā* qui ont un *ā* long. C'est une erreur; l'*a* est bref. — Le suff. lat. *-tāt* = dor. *-τᾱτ* (Ahrens II 135) aurait pu être mentionné.

P. 70, lignes 13 seq. Cf. plus bas la note relative à la p. 121.

P. 78, ligne 11. Ajouter goth. *hlai-na-* «colline», de k_1la_1i «incliner».

P. 81, ligne 13. Ajouter: λέμφο-ς «morve», φειδό-ς «parcimonieux».

P. 84, note 1. Il nous semble probable d'admettre pour des cas sporadiques une seconde espèce d'*s* indo-européen, d'un son plus rude que celui de l'espèce ordinaire. En effet l'apparition de *ç* pour *s* en sanskrit coïncide dans plusieurs cas avec des exceptions aux lois phonétiques qui frappent cette sifflante en grec, en latin ou en slave. Skr. *çuška*, *çúṣyati*: gr. σαυ-κός, σαυσαρός. Skr. *çerala* «matière visqueuse»: gr. σίαλον «salive». Skr. *kéçara*: lat. *caesaries*. L'ancienne identification de ἶσος avec skr. *víçva*, bien que désapprouvée par M. Curtius, nous paraît des plus convaincantes[1]; or le slave a de son côté *vĭsĭ* (et non *vĭsĭ*). Le cas de ἥμι-συ ne diffère point, comme on va le voir, du cas de ἶσος. M. Ascoli a reconnu dans -συ l'élément formatif du zd. *ϑri-shva* «le tiers»[2]. Or n'est-il pas évident que la seconde moitié de *wi-s₂u* (skr. *riśu*), et de *wi-s₂wa* (ἶσος) qui n'en est qu'une continuation, offre cette même syllabe *-s₂u* composée avec *wi-* pour *dwi-*[3] «deux»? — Notons delph. ἥμισσον = ἡμι-σϝο-ν.

P. 102, lignes 16 et 17 Ajouter *frūstra, lūstrum*, en regard de *fraus, lavare*. — Ligne 20. Ce qui est dit sur le rapport de *incolumis* à *calamitas* est faux, le vieux latin possédant un mot *columis* synonyme de *incolumis*.

P. 103, ligne 10 d'en bas. Après la correction apportée plus haut à la page 58, l'exemple ῥάπτω — ῥομφεύς doit disparaître.

P. 108, liste b. Ajouter: [δολιχός — *largus*], v. p. 263.

P. 119, ligne 23. La forme κάνδαλος n'est évidemment qu'une variante de σκάνδαλον et ne doit point être comparée à *kandará*.

P. 121, lignes 5 seq. Il convient de remarquer que la séparation de a_2 et a_1 est consacrée à peu près partout dans le système de Schleicher. Son tort consistait seulement à confondre a_2 avec *ā*. On a peine à concevoir à présent comment les yeux du grand linguiste ne se dessillèrent point sur une pareille erreur, qui, en elle-même, a quelque chose de choquant,

---

1. Sans doute *visu*, base de *víçva*, n'a pas le *ç*. Mais c'est là une oscillation fort explicable.

2. Signalons cependant ce qui pourrait venir troubler cette analyse. M. Justi propose de voir dans *ϑrishva, ćaϑrushva*, des dérivés de *ϑris* «ter», *ćaϑrus* «quater». Cette opinion prendrait de la consistance, si l'existence de l'élément *-ra*, employé de la sorte, se confirmait d'ailleurs. Or le sanskrit offre en effet *ćátur-va-ya* (*-ya* comme dans *dva-yá*, *ubhá-ya*). D'autre part M. Ascoli mentionne comme inséparables de *ϑrishva: haptaṅhu, ashtaṅhu*, ce qui changerait la question. *Studj Crit.* II 412.

3. On sait que la chute proethnique du *d* est constatée dans le nom de nombre vingt.

puisqu'elle conduit à identifier l'o et l'ā grecs. Les faits propres à la ré-
véler ne faisaient cependant pas défaut. Ainsi Schleicher affirme très-bien,
contrairement à l'opinion d'autres autorités, que l'a thématique de φέρο-
μες — bhárāmas diffère de celui de φέρετε — bhárătha; en revanche il le
confond aussitôt avec la voyelle longue de δάμνᾱμι — punāmi. Or, considérons l'imparfait, qui offre une syllabe fermée. Le sanskrit lui-même
prend soin d'y marquer et d'y souligner la divergence, puisqu'à l'o d'ἔφε-
ρον répond l'ă d'ábharăm, tandis que ápunām, en regard de ἐδάμνᾱν,
maintient la longueur de l'ā.

P. 124 seq. Les vues que nous exposions sur le gouna paraissent avoir
surgi simultanément dans l'esprit de plusieurs linguistes. Tout dernière-
ment M. Fick a proposé dans les Beiträge de Bezzenberger (IV 167 seq.) la
théorie défendue ci-dessus.

P. 140, ligne 4 d'en bas. Le mot θωή «punition» va, semble-t-il, avec
θωμός, rac. θη. Cf. θωήν ἐπι-θήσομεν, Odys. II 192.

P. 147. M. Brugman indique dans les Morphologische Untersuchungen
qu'il publie en collaboration de M. Osthoff et dont le premier cahier a
paru pendant l'impression du présent mémoire une autre explication de
l'au de dadhaú, áçvau etc. Ce savant croit y voir le signe distinctif des ā
longs finaux du sanskrit qui contenaient a_1 dans leur seconde moitié (loc.
cit. 161). — A la page 226, M. Osthoff l'approuve et présente en outre sur
le type dadhaú des observations qui s'accordent en partie avec les nôtres.

P. 148. Nous sommes heureux de voir exprimer sur πέφη par M. G.
Mahlow une opinion toute semblable à la nôtre. V. K. Z. XXIV 295.

P. 150, lignes 12 seq. Nous aurions dû mentionner l'exception que
font les causatifs tels que snăpayati de snā, exception du reste sans portée, vu le caractère moderne de ces formes.

P. 160 seq. Le mot γρομφά̄ς que M. Curtius (Grdz. 57) ne peut se décider à séparer de γράφω prouverait que cette dernière forme est pour
*γρμφω̄ (rac. γρεμφ); γράφω n'a donc rien à faire dans la question du
phonème _A_ et ne doit pas être identifié au goth. graba.

P. 167. δῶρον «largeur d'une main, écartement» pourrait se ramener,
avec δῆρις «division, discorde», à une rac. dēr.

P. 171, ligne 6. Ajouter dur-găha. — Ligne 21. Ajouter hlādate : pra-
hlătti (Benf. Vollst. Gramm. p. 161).

P. 172, ligne 10. Ajouter çākvará «puissant».

P. 174, ligne 13. Nous citons ailleurs (p. 258) deux exceptions des
plus intéressantes, vanáti et sanáti. Trop isolées pour infirmer la règle,
elles viennent à point pour témoigner de son caractère tout à fait hystérogène dans la teneur absolue qu'elle a prise dans la suite.

P. 179, ligne 7 d'en bas. Ajouter: nactus et ratis, de racines $a_1 n$_Ak_1 [1]
et $a_1 r$_A_$ [1]. D'après les lois exposées au § 14, le phonème _A_ aurait dû, dans

---

1. Skr. anaç dans anaçāmahai, gr. ἐνεκ (pour ἐνεκ, bien que plus tard
ce soit le second ε qui alterne avec o_2: ἐνήνοχα); — skr. ari, gr. ἐρε. Les
formes germaniques nōh et rō ont accompli, comme d'autres racines de

ces formes, donner naissance à des sonantes longues, et on attendrait
*anctus ou *anactus et *artis. Il serait trop long de rechercher ici pourquoi le phénomène n'a point eu lieu. Mentionnons le goth. -nauhts, qui
coïncide entièrement avec nactus.

P. 183, note. Ajouter μάνδρα «étable» en regard du skr. mandirá.
Ce rapprochement est douteux.

P. 191 seq. Dans le moment où nous corrigions l'épreuve de ce
feuillet, le Journal de Kuhn (XXIV 295 seq.) nous apportait une savante dissertation de M. Johannes Schmidt traitant des optatifs. Il y
a entre les résultats auxquels il arrive et les nôtres une conformité flatteuse pour nous. — Ce que nous cherchons vainement dans le travail
de l'éminent linguiste, c'est une explication du fait que les formes faibles
ont converti ia en ī.

P. 197, ligne 1. L'r-voyelle devient en effet ar dans l'arménien: artsiv
= skr. r̥gipyá; arg̊ = skr. r̥kṣa; gail = skr. vŕka, etc.

P. 198, ligne 4 d'en bas. L'adjectif ind. gau-rá apporte quelque confirmation à l'hypothèse ga-au, car autrement la diphthongue āu n'aurait
pas de raison d'être dans ce dérivé.

P. 204, note. Ajouter dānā́ de dāmán.

P. 220, lignes 20 seq. Nous aurions dû prendre en considération les
composés de φρήν, tels que ἄφρων. Nos conclusions en auraient été modifiées.

P. 259 en bas. La racine du mot ūrdh-vá pourrait être rādh, rádhati.
En ce cas, ce serait un exemple à joindre à dīrghá: drághīyas.

P. 263, ligne 3. Noter le dor. κάρρα = κόρση. Il semble indiquer que
le son qui précédait ρ ne s'est fixé que fort tard.

---

cette espèce (ainsi knō = skr. g̊ani, hrō «glorifier» = skr. kari) une évolution métathétique.

Registre des mots grecs.

N. B. — Les mots dont se composent différentes listes énumératives compactes
ne sont pas portés sur ce registre.

ἀ- (cop.) 278
ἀ- (nég.) 276
ἀ- 278 i. n.
ἄανθα 114
ἀβλαδέως 16 i. n.
ἀβλοπές 100
ἄβρομος 263
ἀγ- 103, 116
ἀγαρρίς 15
ἀγερμός 75
ἄγη (aor.) 154
ἄγιος 45 i. n. 117
ἀγκών 104
ἀγορά 265 i. n.
ἀγός 228 i. n.
ἄγος 117, 156
ἄγος 117
ἀγοστός 53
ἄγυρις 98
ἀγυρτής 76 i. n.
ἄγχω 96, 277
ἄγω 96, 159 seq. 173
ἀγωγός 156
ἀδάμας 273
ἀδαχέω 101
ἀδμής 273
ἄεθλον 54, 283
ἀείδω 282 i. n.
ἀέξω 282, 283
ἄεσα 282
ἀέσκω 54, 282, 283
ἄετμα 131 i. n.

ἀϝυτοῦ 277 i. n.
ἀξηχής 156
ἄζομαι 157, 173
ἀηδών 231, 282 i. n.
ἄημι 141, 270
αήρ 220
ἀθήρ 116
αἴγλη 99 i. n.
αἰγυπιός 99 i. n. 104
Ἄιδ- 202
αἰδώς 219
αἰετός 101, 276
αἰϝεί 214
αἰθήρ 220
αἴκλον 55, 99
αἱμακουρίαι 265
αἰνός 276
αἲξ 116
αἰπόλος 104
αἰῶ 214
ἀκμή 229 i. n.
ἄκμων 64, 181
ἀκόλουθος 81
ἄκρος 157
ἀκτίς 24
ἀκωκή 156
ἄκων 116
ἀλαλκεῖν 282 i. n.
ἄλαξ 276
'λανές 61
ˌλαστος 157
ἄλγος 283 i. n.

ἀλεγεινός 283
ἀλέγω 283
ἄλειφα 29
ἀλέξω 282 i. n.
ἀλεύομαι 84 i. n.
ἀληθής 156
Ἀλιθέρσης 129
ἀλίνειν 74
ἅλις 101 i. n.
ἀλιτεῖν 75
ἄλκη 277
ἀλκί 202
ἀλλανής 61
ἄλλος 96
ἀλλότερρος 46
ἄλλυ 98
ἀλοιμός 74
ἀλοιτός 75
ἄλοξ 262 i. n.
ἀλυκτεῖν 60
ἀλυσκάζω 84 i. n.
ἀλφή 277 i. n.
ἅμα 46
ἀμαχεί 91
ἀμείψεται 129
ἀμερφές 129
ἀμέσω 104
ἀμῖξαι 101
ἄμμε 25
ἀμνός 56
ἀμός 95, 275
ἄμπωτις 150

19

βλαστός 14, 265 i. n.
βλητός 271, 272
βλωμός 111
βολέμενvς 88 i. n.
βόλεται 265
βολή 103
βορ- 98, 111, 265
Βορέας 264
βόσις 150
βόσκω 149, 180
βοτήρ 137, 180, 232
-βοτος 149
βουβῆτις 144 i. n.
βουλεύω 265 i. n.
βούλομαι 111, 265, 266
βοῦς 110, 115, 150, 199, 200, 213
βραδύς 16
βραχεῖν 161
βροτός 97
βρότος 263
βρόχος 278 i. n.
βρῶμα 266
βρωτός 263
βυθός 100 i. n.
βυσσοδομεύω 100 i. n.
βωμός 100, 138, 144, 229
βῶν 41, 199
βωρθία 263
βωτάζειν 138 i. n.
βώτωρ 137, 232
γαίω 181
γάλα 268
γαλέη 267
γαλόως 268
γαμφή 101
γάρον 267
γατάλη 101, 138 i. n.
γαῦρος 57, 181
γεγάασι 21
γεγάτην 21, 272 i. n.
γέγηθα 181
γεκαθά 39
γέλος 81 i. n.
γενετήρ 272

γέννς 133
γέργερος 55
γίγνομαι 10, 11, 272 i. n.
γλάγος 268
γλάφω 160, 161
γλίχομαι 161 i. n.
γλύφειν 161
γνάθος 100 i. n.
γνήσιος 272
-γνητος 271, 272, 273
γνυθός 100 i. n.
γνύξ 221
γνυπτεῖν 228 i. n.
γνω- 105, 272, 273
γόδα (macéd.) 181
γόμφος 101, 115
γόνυ 29, 86, 221 seq.
γουνατ- 29
γραφή 233
γράφω 160, 161, 163, 287
γράω 160 i. n.
γρόφω 100
γρώνη 138
γρωθύλος 262 i. n.
γύαλον 107
γυμνός 115 i. n.
γυνή 99, 275
δαήμων 107
δαήρ 220
δαίομαι 150
δαίρω 157 i. n.
δαίω (inflammare) 181
δακεῖν 152, 174 i. n.
δάκνω 152, 158
δάλλω 107, 182, 268
δαμάζω 107
-δαμάτωρ 271
δαμεῖν 273, 274
δάμνημι 240, 273
Δάν 198
δαόν 107
δαπάνη 56
δάπτω 56, 158
δαρθάνω 107, 152 i. n.
δαρτός 14, 196 i. n.

δασύς 24
δαυχμόν 99 i. n.
δαύχνα 99 i. n.
δάφνη 99 i. n.
δέδαε 107
δεδαρμένος 12
δέδηα 181
δεδίωχα 140
δέδοκται 173 i. n.
δέδοται 149
δείδιμεν 149
δείδοικα 149, 238 i. n.
δείδω 238
δείκνυμι 22 i. n. 153, 187 i. n.
δειμός 75
δεῖπνον 55
δειράς 17
δείρω 157 i. n.
δέκα 29 seq. 102
δέκατος 32
δεκόταν 102, 278
Δελφοί 81
δελφύς 133
δέμας 271
δέμω 95
δένδρεον 207
δέρας 260, 263 i. n.
-δερκτος 14
δέσις 150
δέσποτα (voc.) 93
-δετός 142, 149
δῆγμα 152, 156
δηλέομαι 107, 182
δῆμος 95
δήξομαι 152, 155
δῆρις 287
δηρός 107
δήσω 140
δήω 153, 173
διάδημα 140
διακόσιοι 278
διδάσκω 104, 107
δίθημι 140
δίδωθι 190

19*

RENVOIS.

Errata.

P. 17, l. 5 d'en haut,   lire *fornus*   au lieu de ** fornus.*
P. 20, note 3,   — la « vriddhi »   —   le « vriddhi ».
P. 22, l. 16 d'en haut,   — ῥ̥μμαι   —   ῥῃμαι.
P. 28, ll. 2 et 4 d'en bas, — ῆμαρ   —   ῆμαρ.
P. 61, l. 6   —   — vieux latin   —   vieux-latin.
P. 65, l. 7 d'en haut,   — *svōtja-*   —   *svōtya-.*
P. 70, l. 4   —   — intimement   —   intimément.
P. 79, l. 1 d'en bas,   — la règle   —   le règle.
P. 86, l. 12   —   — φερβ   —   φέρβ.
P. 92, note 2,   — différentié   —   différencié.
P. 107, l. 7 d'en bas,   — allusion   —   allusions.
P. 113, l. 2 d'en haut,   — *chāyā́*   —   *chāyā̆.*
P. 125, l. 1 d'en bas,   — veut   —   vent.
P. 166, l. 3   —   — rac. ληγ, gr. λήγω —   rac. ληγ.
P. 207, l. 5   —   — *yantúr*   —   *yantúr.*
P. 228, note,   — ἀταρπός   —   ἀτραπός.
P. 229, l. 8 d'en bas,   — 196   —   195.
P. 254, l. 8   —   — *çro*   —   *çrō.*
P. 256, l. 10 d'en haut,   — *ūti*   —   *ŭti.*
P. 272, l. 4 d'en bas,   — ** ḡ̥°*   —   ** gn̥°.*

794534

Printed in Great Britain by
Amazon.co.uk, Ltd.,
Marston Gate.